财务管理教程

江 景 主编

立信会计出版社
LIXIN ACCOUNTING PUBLISHING HOUSE

图书在版编目(CIP)数据

财务管理教程 / 江景主编. —上海：立信会计出版社，
2009.1(2020.7重印)
ISBN 978-7-5429-2202-1

Ⅰ.财… Ⅱ.江… Ⅲ.财务管理—教材 Ⅳ.F275

中国版本图书馆 CIP 数据核字(2009)第 006021 号

责任编辑　　王斯龙
封面设计　　周崇文

财务管理教程
Caiwu Guanli Jiaocheng

出版发行	立信会计出版社		
地　　址	上海市中山西路 2230 号	邮政编码	200235
电　　话	(021)64411389	传　真	(021)64411325
网　　址	www.lixinaph.com	电子邮箱	lixinaph2019@126.com
网上书店	http://lixin.jd.com		http://lxkjcbs.tmall.com
经　　销	各地新华书店		
印　　刷	江苏凤凰数码印务有限公司		
开　　本	787 毫米×960 毫米	1/16	
印　　张	23.25		
字　　数	429 千字		
版　　次	2009 年 1 月第 1 版		
印　　次	2020 年 7 月第 4 次		
书　　号	ISBN 978-7-5429-2202-1/F		
定　　价	42.00 元		

如有印订差错，请与本社联系调换

序

　　财务管理在企业管理中处于核心地位。面对日趋复杂的竞争环境和管理环境,企业财务管理的重要性、必要性和战略意义在人们的心目中已形成共识。财务管理的许多理论和方法已走出了象牙塔,被广泛运用于企业追求经济效益的经营实践之中。因此,财务管理这门学科充满了无限的生机和活力,已成为各财经类高等院校的专业必修课。

　　我们处于一个变革的时代。我国在整体经济改革的进程中,近年来采取了一系列重大的战略性举措,如对我国《公司法》、《证券法》等法律进行了全面系统的修订和完善,新会计、审计两大准则体系以及新《企业财务通则》、《企业内部控制基本规范》正式发布和顺利实施等,所有这些都标志着我国经济制度正在走向成熟和规范。我国法制建设的最新成果必然对会计理论和方法的发展产生极为重要的影响,从而为会计教材建设提供良好的发展契机。就财务管理教材而言,目前迫切需要进行理念和内容上的更新。

　　本书是以新《企业财务通则》为主要依据而组织编写的财务管理教材。教材切合应用型人才的培养目标,充分体现以就业为导向的基本思路,着重培养学生面对新情况、解决新问题的适应能力,以及站在财务管理理论前沿的创新能力。编者在编写过程中,充分吸收其他版本同类教材的长处,强调理论和实践紧密结合,力求教材内容深入浅出和简明适用。从教材内容上看,全书围绕资金筹集、资产营运、成本控制、收益分配、信息管理和财务监督六大财务管理要素进行阐述,其中,将信息管理和财务监督单列两章,纳入教材理论体系之中,是本书的独到之处。仔细阅读本书,不难发现,编者结合丰富的企业财务管理实践,阐明了一些实际工作中遇到的新情况和新问题,如高风险业务管理、职工要素参与企业收益分配、企业资源计划系统等,富有时代气息,引导读者以全新的视角去了解、分析和思考现代企业面临的现实问题,这些均成为本书的亮点。

我坚信,随着会计改革和教育改革的不断深入,我国会计界、教育界的同仁在科学发展观的指导下,齐心协力,不断创新,在深入探讨实际工作中出现的新情况、新问题,探寻事物的发展规律,总结出宝贵的实践经验的基础上,将会编写出更多的能够体现时代要求的会计精品教材,为培养高素质的会计人才作出积极的贡献。

南京大学商学院教授、博士生导师

冯巧根

2008年12月于南京大学

前　　言

在我国改革开放持续深入、经济市场化程度日益提高的情况下,为了规范公司的组织和行为,保护公司、股东和债权人的合法权益,维护社会经济秩序,促进社会主义市场经济的发展,我国的《公司法》于2005年10月27日由第十届全国人民代表大会常务委员会第十八次会议进行了修订。新《公司法》(中华人民共和国主席令[2005]第42号)自2006年1月1日起施行。而后,伴随新会计、审计两大准则体系的发布,2006年12月4日,财政部又发布了新《企业财务通则》(财政部令[2006]第41号),自2007年1月1日起施行。新《企业财务通则》对1993年7月1日起实施的《企业财务通则》进行了全面改革,它集中体现了依法理财和制度创新的新理念,对于促进企业加强财务管理、依法处理各种利益关系、完善法人治理结构、推进现代企业制度建设、实现企业与社会的协调发展具有重大的理论指导意义和实践意义,被誉为"新世纪企业财务管理的国家标准"。与此同时,我国企业内部控制规范制定工作稳步推进。2008年6月28日,财政部、证监会、审计署、银监会、保监会联合发布了《企业内部控制基本规范》(财会[2008]7号),自2009年7月1日起施行。基本规范在立足我国国情并借鉴国际惯例的基础上,确立了我国企业建立和实施内部控制的基础框架;一套以基本规范为统领,以评价指引、应用指引和鉴证指引等配套办法为补充的内控标准体系正在逐步建立。为了适应新形势的要求,我们吸收了法制建设的最新成果,充分体现改革与创新精神,编写了本教材。

本教材具有以下特点。

一、内容新颖

1. 紧扣新《公司法》和新《企业财务通则》,介绍企业资金筹集、资产营运、收益分配以及财务监督等方面的新理念和新规定。

2. 确立"现金至上"的财务管理思想,按照《企业内部控制基本规范》所提出的加强和规范企业内部控制、提高企业经营管理水平和风险防范能力的要求,将风险管理和内部控制贯穿企业价值运动的全过程。

3. 研究企业财务管理实际工作中出现的新情况,阐明高风险业务管理、作业成本管理、职工要素参与企业收益分配等新问题。

4. 适应我国企业加快信息化建设的新形势,介绍企业资源计划系统等信息管理的现代化手段,体现教材的先进性。

二、结构安排具有特色

本教材共12章,以阐述资金筹集、资产营运、成本控制、收益分配、信息管理和财务监督六大财务管理要素为主线,重点突出,结构严谨,脉络清晰。各章结构安排上的特色主要体现在:

1. 每章开始时展示"本章结构图",使结构安排一目了然。

2. 每章内容前面列示"本章学习目标";在阐述学习目标时,我们用了"掌握、熟悉、了解"等不同的词汇,体现不同的教学要求。

3. 每章内容结束时列示"本章小结",归纳知识要点。

4. 列举富有时代气息的典型案例,增加信息量,提高可读性。

5. 每章后面配有一定数量的复习思考题和习题,便于读者在学习过程中加强练习,巩固和消化所学知识。

三、针对性强

结合高等院校教学改革和教材建设的要求,本教材在编写过程中,力求符合教学规律和认知规律,充分考虑高等院校培养应用型人才的目标,密切结合实际,强化应用,注重实践,全面准确地阐述企业财务管理的基本理论和方法,在培养学生的学习能力、实践能力和创新能力方面,具有较强的针对性。

我们以热切的心情期盼着读者能够通过阅读本教材,树立新理念,熟悉新规定,掌握企业财务管理的基本理论和方法。

在科学发展观的指引下,在坚持财务管理改革和创新的征途上,在对新知识的学习、思考和领会中,我们将与读者一起共同努力,牢牢把握经济发展对财务管理提出的新要求,深入探讨财务管理中出现的新情况、新问题,研究发展规律,总结实践经验,求真务实,与时俱进。

本教材由江景副教授任主编。具体分工是:第一、第二、第五、第十、第十一、第十二章由江景编写,第三章由葛静编写,第四章由唐青玉编写,第六章由郑倩编写,第七章由朱秀萍编写,第八章由罗程编写,第九章由丁素坚编写。初稿完成后,由江景负责统改,并最后定稿。

江苏省行政学院王建教授在本教材的编写过程中提出了许多宝贵的意见,镇江行政学院周莉副教授参与了本教材的提纲设计、内容编排和修改的全过程,在此表示衷心的感谢。

在编写过程中,我们参阅了大量相关书籍和文献资料,吸收了有关专家学者的研究成果,在此一并表示诚挚的谢意。由于时间和水平有限,书中难免有疏漏和不当之处,敬请读者指正。

为了方便教学,本教材配有电子课件及习题参考答案,读者可登录立信会计出版社网站(www.lixinaph.com)下载有关资料。

编 者

2008 年 12 月

目　　录

第一章　总论 ··· 1
- 第一节　财务管理概述 ·· 2
- 第二节　财务管理目标 ·· 6
- 第三节　财务管理环境 ·· 8
- 第四节　财务管理体制 ··· 15
- 本章小结 ·· 17
- 复习思考题 ··· 17
- 习题 ·· 18

第二章　财务管理观念 ··· 21
- 第一节　货币时间价值 ··· 22
- 第二节　投资风险报酬 ··· 29
- 第三节　财务管理观念的创新与发展 ····································· 31
- 本章小结 ·· 34
- 案例 ·· 35
- 复习思考题 ··· 35
- 习题 ·· 35

第三章　资金筹集 ··· 40
- 第一节　资金筹集概述 ··· 41
- 第二节　筹资规模 ·· 44
- 第三节　筹资方式 ·· 49
- 第四节　资本成本 ·· 54
- 第五节　财务杠杆与资本结构 ··· 58
- 本章小结 ·· 66
- 案例 ·· 66
- 复习思考题 ··· 68
- 习题 ·· 69

第四章　资产营运(一) …… 74
第一节　资产营运概述 …… 75
第二节　货币资金管理 …… 77
第三节　应收款项管理 …… 84
第四节　存货管理 …… 92
本章小结 …… 99
案例 …… 99
复习思考题 …… 100
习题 …… 100

第五章　资产营运(二) …… 104
第一节　固定资产管理 …… 105
第二节　无形资产管理 …… 124
第三节　高风险业务管理 …… 129
本章小结 …… 134
案例 …… 134
复习思考题 …… 137
习题 …… 138

第六章　成本控制 …… 143
第一节　成本控制概述 …… 144
第二节　标准成本控制 …… 149
第三节　作业成本管理 …… 158
本章小结 …… 167
案例 …… 168
复习思考题 …… 169
习题 …… 169

第七章　收益分配 …… 175
第一节　收益分配概述 …… 176
第二节　收入与利润管理 …… 180
第三节　利润分配管理 …… 189
第四节　职工要素参与分配的管理 …… 194
本章小结 …… 197

案例 197
　　复习思考题 198
　　习题 199

第八章　重组清算 204
　　第一节　重组清算概述 205
　　第二节　企业重组 207
　　第三节　企业清算 212
　　本章小结 219
　　案例 219
　　复习思考题 221
　　习题 221

第九章　财务预算 224
　　第一节　财务预算概述 225
　　第二节　财务预算的编制 228
　　第三节　财务预算的组织实施 243
　　本章小结 246
　　案例 246
　　复习思考题 249
　　习题 249

第十章　财务分析 252
　　第一节　财务分析概述 253
　　第二节　财务分析的程序与方法 255
　　第三节　综合分析与评价 265
　　本章小结 276
　　案例 276
　　复习思考题 278
　　习题 279

第十一章　信息管理 285
　　第一节　信息管理概述 286
　　第二节　企业资源计划系统 288

第三节　财务预警机制…………………………………………… 293
　　第四节　财务会计报告管理………………………………………… 297
　　本章小结………………………………………………………………… 300
　　案例……………………………………………………………………… 301
　　复习思考题……………………………………………………………… 304
　　习题……………………………………………………………………… 305

第十二章　财务监督………………………………………………………… 307
　　第一节　财务监督概述……………………………………………… 308
　　第二节　企业内部财务监督………………………………………… 310
　　第三节　社会监督…………………………………………………… 313
　　第四节　国家监督…………………………………………………… 318
　　本章小结………………………………………………………………… 322
　　案例……………………………………………………………………… 323
　　复习思考题……………………………………………………………… 326
　　习题……………………………………………………………………… 326

附　录……………………………………………………………………… 329
　　附录一　企业财务通则……………………………………………… 329
　　附录二　企业内部控制基本规范…………………………………… 341
　　附录三　表一　复利终值系数表…………………………………… 349
　　　　　　表二　复利现值系数表…………………………………… 351
　　　　　　表三　年金终值系数表…………………………………… 353
　　　　　　表四　年金现值系数表…………………………………… 355

第一章 总 论

本章结构图

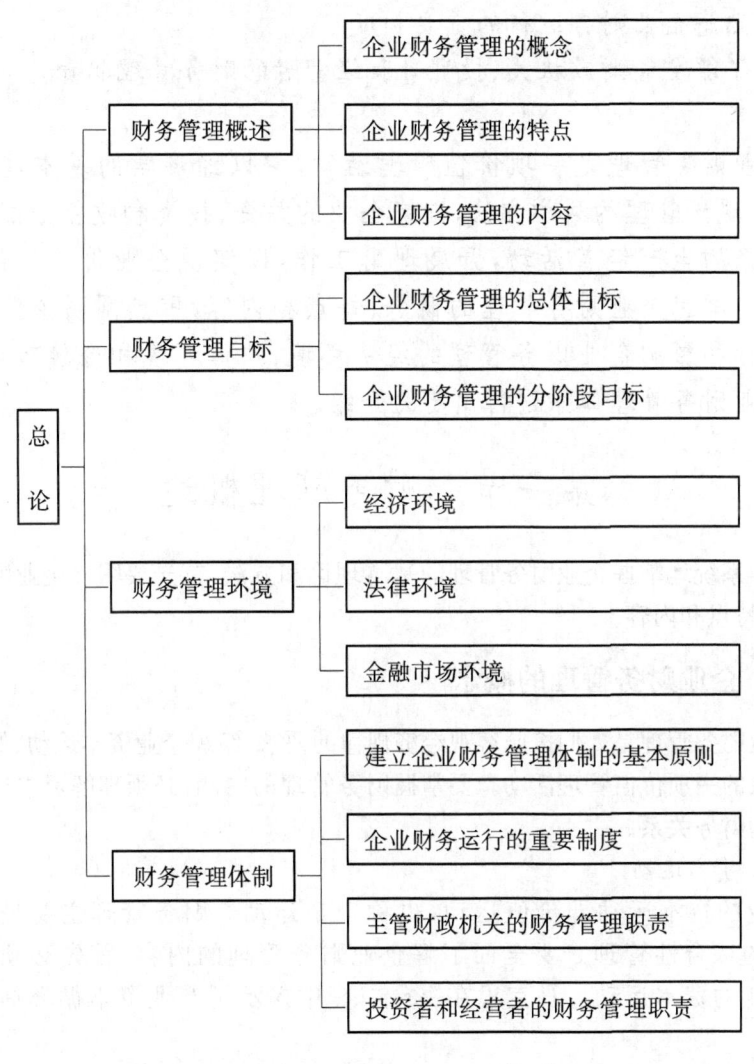

> **本章学习目标**
> - 理解企业财务管理的概念
> - 熟悉企业财务管理的特点
> - 熟悉企业财务管理的内容
> - 掌握企业财务管理的目标
> - 熟悉影响企业财务管理的外部环境
> - 了解建立企业财务管理体制的基本原则
> - 熟悉企业财务运行的重要制度
> - 了解主管财政机关、投资者和经营者的财务管理职责

企业财务管理是一项价值管理活动,它以经济学的基本理论为基础,运用现代管理的科学方法,围绕企业的筹资、投资和收益分配以及与之相联系的生产经营活动,开展理财工作,以实现企业价值的最大化。本章主要阐述企业财务管理的概念、特点和内容,重点阐明企业财务管理的目标和影响企业财务管理的经济环境、法律环境和金融市场环境,并对企业财务管理体系进行简要的介绍。

第一节 财务管理概述

为了系统地掌握企业财务管理的基本理论和方法,首先要明确企业财务管理的概念、特点和内容。

一、企业财务管理的概念

企业财务管理是人们按照客观经济规律的要求,组织企业资本运动、处理企业财务关系的一项价值管理活动。要掌握财务管理的内涵,必须理解资本运动及其所体现的财务关系。

(一)资本运动

企业的资本运动即价值运动,也称资金运动。财务管理主要是一种价值形态的综合性管理。要全面了解企业财务管理的内容,首先必须认真地考察企业的资本运动。马克思在《资本论》中揭示了产业资本循环周转的总公式:

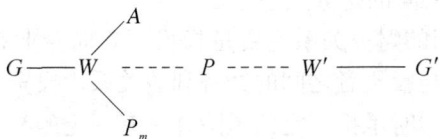

马克思精辟地指出："在这里，资本表现为一个价值，它经过一系列互相联系的、互为条件的转化，经过一系列的形态变化，而这些形态变化也就形成总过程的一系列阶段。"(马克思《资本论》节选本第225页，中共中央党校出版社1983年版)

在现实经济生活中，企业为了进行生产经营活动，首先要筹措一定数量的资本，资本投入企业以后，随着生产经营活动的不断进行，不停地循环与周转。从运动的具体过程来看，资本运动形式是通过一定的财务活动内容来实现的，企业资本运动就是资本的筹集、运用、收回与分配的过程。

1. 资本的筹集

资本是企业的血液，筹资活动是资本运动的起点。企业通过资本市场及其他筹资渠道，运用适当的筹资方式筹措资本，满足企业生产经营和对外投资活动的需要。从一定意义上讲，筹资规模、时间、方式、结构和成本等直接影响企业经济效益的高低。

2. 资本的运用

企业筹集的资本，运用在各类资产上，即资本运用，它表现为企业物化劳动和活劳动的占用和消耗。俗话说：巧妇难为无米之炊。在企业的生产经营活动中，企业必须拥有或者控制一定数量和质量的各类资产，而且必须是适度的资产规模和合理的资产结构，才能使资产的循环周转顺畅，实现预期的资产营运效益。

3. 资本的收回与分配

在有效的资产营运过程中，资本每周转一次，都将成本、费用进行了足额补偿，并取得利润，也就是将垫付的资本收回，实现资本的保值增值，并按规定对缴纳所得税后的净利润进行分配。

上述三个阶段的内容既相互独立，又相互联系，共同构成了企业的资本运动。

(二) 财务关系

资本运动，从表面上看，是钱与物的运动，但其实质体现了一定的经济关系。企业在资本运动中与有关各方之间的经济利益关系称为财务关系。

1. 企业与政府之间的财务关系

企业与政府之间的财务关系主要是指政府依法征税，企业依法纳税，由此而形成的企业与政府之间的经济利益关系。政府作为社会管理者，有权以税收的形式无偿参与企业收益的分配，而企业必须按照国家税法的规定及时足额缴纳各种税款。它体现的是一种强制和无偿的分配关系。

2. 企业与投资者之间的财务关系

企业与投资者之间的财务关系主要是指投资者向企业投入资本,企业接受投资,由此而形成的企业与投资者之间的经济利益关系。投资者按照投资合同、章程的规定履行出资义务,同时承担一定的风险并享有一定的权利,如有权参与企业净利润的分配、对企业的剩余资产享有索偿权等。企业进行资本运营,实现净利润后,按照出资比例或投资合同、章程的规定向投资者支付投资报酬。它体现的是经营权与所有权分离的关系。

3. 企业与被投资者之间的财务关系

企业与被投资者之间的财务关系主要是指企业对外投资,被投资者接受投资,由此而形成的企业与被投资者之间的经济利益关系。企业作为投资者,按照有关规定履行出资义务,同时承担一定的风险并享有一定的权利;被投资者承担资本保值增值的责任,实现净利润后,按照有关规定向企业支付投资报酬。它体现的是具有所有权性质的投资与受资的关系。

4. 企业与债权人、债务人之间的财务关系

企业与债权人、债务人之间的财务关系主要是指因资金融通而形成的企业与债权人、债务人之间的经济利益关系。企业作为债权人,有权要求债务人按期还本付息或支付货款;企业作为债务人,必须向债权人按期还本付息或支付货款。它体现的是资金借贷关系和资金结算关系。

5. 企业内部各单位之间的财务关系

企业内部各单位之间的财务关系主要是指企业内部各单位之间相互提供产品或劳务而形成的企业内部各单位之间的经济利益关系。在企业实行内部经济核算制和经营管理责任制的条件下,企业内部各单位之间相互提供产品或劳务需要进行计价结算。它体现的是内部资金结算关系和利益分配关系。

6. 企业与职工之间的财务关系

企业与职工之间的财务关系主要是指职工按照劳动合同的规定履行工作责任,企业支付职工薪酬,由此而形成的企业与职工之间的经济利益关系。职工是企业的劳动者,企业根据职工的劳动情况,按照规定向职工支付薪酬。它体现的是企业与职工在劳动成果上的分配关系。

透过企业资本运动的现象,我们可以清楚地看到,企业与有关方面的财务关系是企业资本运动的本质。

二、企业财务管理的特点

企业财务管理和会计核算有着密切的内在联系。财务管理需要利用会计信息,会计核算为财务管理提供基础。会计核算重在对财务行为的过程核算和结果

反映,而财务管理重在对财务行为的前期决策和过程约束。两者互为补充,相辅相成。财务管理贯穿于企业资本筹集、运用、收回与分配的全过程,它具有以下基本特点。

(一) 企业财务管理的综合性

企业财务管理是一项综合性的管理工作。因为企业理财与价值运动密不可分,而价值运动具有综合性,它可以把企业能够用货币表现出来的生产经营活动全面、系统、连续地反映出来。财务管理的基本属性是价值管理,它以价值形式综合管理企业生产经营过程中的耗费与收回以及生产经营成果及其分配情况,它通过对价值运动的把握,作出合理的判断和选择,进行科学的理财决策。

(二) 企业财务管理的开放性

开放性是企业财务管理的一大特点。在市场经济条件下,企业的理财活动并不是孤立地进行,它要受到经济环境、法律环境和金融市场环境等诸多外部环境因素的影响。例如,金融市场作为资金融通的场所和联结资金供求关系的纽带,使企业的理财活动融汇到整个金融市场体系中。金融市场的开放性决定了企业理财活动的开放性,日益发达的金融市场为企业的理财活动开辟了广阔的天地。一方面它为企业的筹资、投资活动提供了机会,另一方面它又对企业的这些理财活动产生了制约。因此,企业理财活动的开放性,要求企业在重视分析内部条件及其变化对企业理财影响的同时,必须要重视研究外部环境及其变化对企业理财的影响。只有这样,才能作出正确的理财决策。

(三) 企业财务管理的动态性

企业财务管理的客体是价值运动。对企业的价值运动可以从两个方面进行考察:一是它的动态表现,即一定时期的资金流量;二是它的静态表现,即一定时点的资金存量。资金存量和资金流量相互联系、相互转化,并且随着企业内、外部环境的不断变化而发生变化,这就决定了企业财务管理应该是一个动态的管理系统,它要求企业以动态的、可变的思维去研究理财的环境,用动态的方法去分析与理财活动有关的诸因素,以便根据客观情况的变化,适时调整理财策略,确保企业财务管理伴随着企业的持续经营和不断发展,发挥其重要作用。

三、企业财务管理的内容

企业财务管理具有六大要素:资金筹集、资产营运、成本控制、收益分配、信息管理和财务监督。它们和资产、负债、所有者权益、收入、费用和利润六大会计要素有着密切的联系。财务管理要素对会计要素的确认、计量、记录和报告产生影响,而会计要素的变动则量化反映财务管理要素的状况。企业财务管理包括以下主要内容。

(一) 制定财务战略

财务战略是对企业财务管理所作的长远规划,是围绕财务目标而实施的全局性的行动方案。它由战略思想、战略目标和战略计划三个基本要素构成。作为企业战略发展的组成部分,财务战略可以分为紧缩型战略、稳定型战略和发展型战略三种类型。在市场经济条件下,加强财务战略管理,对企业财务管理具有重要意义。

(二) 合理筹集资金

企业应当根据生产经营和发展战略的需要确定合理的资金需要量,通过一定的渠道,采用适当的筹资方式,依法筹集所需要的资金。

(三) 有效营运资产

企业资金利用效果取决于资产是否有效营运。资产营运的过程也是资源配置的过程,企业应当不断调整和改善资产结构,实现资源的优化配置,提高资产营运的质量和效益。

(四) 控制成本费用

控制成本费用,是企业财务管理的一项艰巨任务。企业应当千方百计实现资源的有效利用,从而降低成本费用,增加企业收益。

(五) 规范收益分配及重组清算财务行为

规范收益分配,应当理顺企业与国家、投资者、经营者和其他利益主体之间的分配关系。

规范重组清算财务行为,应当妥善处理各项财务事项,维护国家、投资者、债权人和企业职工各方的合法权益。

(六) 加强财务监督

财务监督是企业财务管理的一项保障性手段。加强财务监督,从而为企业实施财务控制、改进财务管理、提高经济效益提供保障。

(七) 强化财务信息管理

强化财务信息管理,就是要将计算机科学、信息科学和财务管理科学结合起来。在整合企业各项业务流程的基础上,对企业物流、资金流、信息流进行一体化管理和集成运作,从而增强财务管理的及时性、有效性和规范性,提高企业整体决策水平。

第二节 财务管理目标

企业财务管理目标从属于企业目标。企业目标可以概括为生存、发展和获利。企业目标的实现在很大程度上与其财务管理有关,它决定了企业财务管理的目标。

一、企业财务管理的总体目标

企业财务管理的总体目标是指企业财务活动在一定环境和条件下应达到的根本目的。关于企业财务管理总体目标的表述,代表性的观点主要有利润最大化、股东财富最大化和企业价值最大化。

(一) 利润最大化

传统观点认为,企业财务管理的总体目标是利润最大化。该观点起源于亚当·斯密的"经济人"假说,至今在理论界和实务界仍有一定的影响。持该观点的理由主要是:① 利润能够体现企业经济效益的高低,是投资者获取回报的基础。② 在自由竞争的资本市场中,资本的使用权最终属于获利最多的企业。③ 每个企业都最大限度地获取利润,整个社会的财富才可能实现最大化。但该观点存在以下不足:① 没有考虑货币时间价值和风险因素。② 没有反映企业所创造的利润与投入资本之间的关系。③ 片面追求利润最大化,可能导致企业的短期行为。④ 强调利润最大化,而没有要求利润分配的最优化。

(二) 股东财富最大化

该观点认为企业财务管理的总体目标是股东财富最大化。因为企业由股东创办,股东是企业的所有者,他们是企业风险的最终承担者,因而财务管理的总体目标应当从股东的利益出发,追求股东财富最大化。在市场经济条件下,股东财富取决于股东所持有的股票数量和股票市价。在股票数量一定的前提下,股票市价越高,股东财富就越多。因此,"股东财富最大化"的目标可以引申为"股票市价最高"这一目标。

该观点克服了"利润最大化"目标的不足之处。其优点在于:① 考虑了货币时间价值和风险因素。② 反映了企业所创造的利润与投入资本之间的关系。③ 有利于克服企业的短期行为。④ 反映了企业对资本保值增值的要求。⑤ 有利于社会资源的合理配置。但该观点存在以下不足:① 股价的高低,只能来自资本市场,因此,该观点只适用于上市公司,而对非上市公司则很难适用。② 即使是上市公司,由于股价的变动不是公司业绩的唯一反映,而是多种因素综合作用的结果,因而股价的高低有时不能完全反映股东财富的多少。③ 只强调股东的利益,易导致所有者与其他利益主体之间的矛盾和冲突。

(三) 企业价值最大化

该观点认为企业财务管理的总体目标是企业价值最大化。所谓企业价值最大化,即在考虑货币时间价值和投资风险价值的前提下,使企业的价值达到最大。

企业价值,通俗地说,是指企业本身值多少钱,企业虽不是一般意义上的商品,但可以买卖,通过市场评价确定的买卖价格就是企业的价值。它不同于利润,利润只是企业新创造价值的一部分,而企业价值是企业有形资产、无形资产价值的市评价,它不仅包含了企业新创造的价值,还包含了企业潜在的或预期的获利能力。

从一定的意义上看,"企业价值最大化"观点与"股东财富最大化"观点是相通的。与"股东财富最大化"目标相比,"企业价值最大化"目标不仅具有上述"股东财富最大化"目标的优点,而且比"股东财富最大化"目标更为科学。因为它站在整体的角度,既考虑了股东的利益,又考虑了其他利益主体的利益。当然,该观点还存在一个难以计量的问题。从实践来看,可以通过资产评估来确定企业价值的大小,但由于评估标准和评估方式的影响,估价不易做到客观和准确,在具体技术环节上还有许多问题需要解决。

本教材的观点是以企业价值最大化作为企业财务管理的总体目标。通过加强财务管理,努力实现企业的价值最大,以充分体现资本保值增值的要求。

二、企业财务管理的分阶段目标

企业财务管理的总体目标是企业理财活动的最终目标,从资本的筹集、运用、收回与分配的全过程看,总体目标是由分阶段目标构成的。

(一) 资本的筹集目标

在资本的筹集阶段,主要目标是:所筹资本能够满足企业正常生产经营活动的需要,资本成本尽可能低,财务风险控制在合理的限度内。

(二) 资本的运用目标

筹集资本是为了运用资本,在资本的运用阶段,主要目标是:合理投放和使用资本,提高资本运营效益。

(三) 资本的收回与分配目标

在资本的收回与分配阶段,主要目标是:实现最大的收益并合理地分配收益。分阶段目标以总体目标为依据,同时又为总体目标服务。

第三节 财务管理环境

企业的财务管理环境又称理财环境,是指对企业理财产生影响作用的企业内、外部条件。企业财务管理在相当大的程度上受理财环境的制约。研究理财环境,有助于企业正确地制定理财策略。企业的财务管理环境涉及的范围很广,这里主要说明影响企业财务管理的外部环境,其中,最重要的是经济环境、法律环境和金融市场环境。

一、经济环境

这里的经济环境是指国家的宏观经济状况。影响财务管理的经济环境因素主要有经济周期、经济发展水平、通货膨胀和经济政策等。

(一) 经济周期

在市场经济条件下，经济发展与运行带有一定的周期性波动，大体上经历繁荣、衰退、萧条、复苏四个阶段的循环，这种循环称为经济周期。经济周期对企业财务管理产生的影响有些是直接的，有些是通过税收政策、金融政策等的变化而产生影响的。在经济周期的不同阶段，企业应相应采取不同的财务管理策略。

我国的经济发展与运行呈现其特有的周期特征，带有一定的经济波动，曾经历过若干次从投资膨胀、生产高涨到控制投资、紧缩银根和正常发展的过程。企业的筹资、投资等理财活动都会受到这种经济波动的影响。例如，经济周期引起的经济波动会直接影响企业的销售水平；经济周期的变化会影响金融市场，进而影响企业的筹资和投资活动。在紧缩银根时期，社会资金十分短缺，利率上升，会使企业的筹资非常困难，甚至影响到企业的正常生产经营活动。此外，由于当今世界经济日趋全球化，国际经济交流与合作日益发展，其他一些国家经济周期的变化也会不同程度地波及我国，因此，企业应密切关注经济周期的变化，对经济波动作出积极反应，研究相应的对策，尽可能地减少其产生的负面影响。

(二) 经济发展水平

改革开放以来，我国经济快速增长，各项建设方兴未艾，这给企业扩大投资规模、调整投资方向、开拓产品市场带来很多机遇。同时，由于高速发展中的资金短缺将长期存在，又给企业筹资活动带来严峻挑战。因此，企业必须积极探索与经济发展水平相适应的财务管理模式。

(三) 通货膨胀

经济的高速增长通常会引发通货膨胀，通货膨胀的直接后果是导致物价的普遍上涨，这对企业财务管理的影响是多方面的。例如，通货膨胀会引起利率上升，增加企业的筹资成本；通货膨胀会引起货币贬值，增加企业投资项目的资金需求量；通货膨胀会提高产品的成本费用和售价，影响企业的收益水平等。所有这些，都会给企业理财造成很大的困难。

(四) 经济政策

国民经济的发展规划，国家的财政政策、货币政策、产业政策，经济体制改革的措施等，对企业财务管理都有很大的影响。例如，在经济过热时，政府会采取提高利率、控制货币发行量等宏观调控措施来调节资金的需求量和供给量，这会使企业的筹资成本升高，从而抑制企业的投资需求。再如，我国的财税体制、价格体制等一系列改革，深刻地影响着我国的经济生活，影响着我国企业的发展及其理财活动。例如，财税政策会影响企业的资本结构和投资项目的选择，价格政策会影响企业资本的投向和投资的预期收益等。可见，经济政策对企业财务管理的影响是非常大的。这就要求企业准确把握国家经济政策的导向,积极应对,更好地进行企业的理财决策。

二、法律环境

影响财务管理的法律环境是指企业组织资本运动、处理财务关系时所应遵守的各种法律、法规和规章等。法律为企业经营活动规定了活动空间,对企业经营活动作出了一定的限制,也为企业在相应空间内自由经营提供了法律上的保护。影响财务管理的法律环境因素主要有企业组织形式、会计和税收等方面的法律规定。

(一)企业组织形式方面的法律规定

企业是市场经济的主体,必须依法成立。组建不同的企业,要依照不同的法律规范,具体有《中华人民共和国个人独资企业法》(简称《个人独资企业法》)(中华人民共和国主席令[1999]第 20 号)、《中华人民共和国合伙企业法》(简称《合伙企业法》)(中华人民共和国主席令[2006]第 55 号)、《中华人民共和国公司法》(简称《公司法》)(中华人民共和国主席令[2005]第 42 号)、《中华人民共和国中外合作经营企业法》(简称《中外合作经营企业法》)(中华人民共和国主席令[2000]第 40 号)和《中华人民共和国中外合资经营企业法》(简称《中外合资经营企业法》)(中华人民共和国主席令[2001]第 48 号)等。我国企业的主要组织形式有三种:独资企业、合伙企业和公司,其所适用的法律分别为《个人独资企业法》、《合伙企业法》和《公司法》。在诸多企业组织形式中,公司是最为重要的组织形式。我国的《公司法》于 2005 年 10 月 27 日由第十届全国人民代表大会常务委员会第十八次会议修订,自 2006 年 1 月 1 日起施行。只有按照《公司法》规定的条件和程序设立的企业,才能称之为公司。《公司法》不仅对公司的组织机构、股东人数、公司董事、监事、高级管理人员的资格、义务和责任追究以及公司合并、分立、解散和清算等作了明确规定,还对公司的重大理财事项作了明确规定,包括注册资本的最低限额、资本的筹集方式、股份发行和转让、债券发行和转让、利润分配以及财务会计报告的编制和报送等。公司的理财活动必须依照《公司法》的规定来开展。从投资者承担的责任来看,公司和独资企业、合伙企业有很大不同。独资企业的投资人以其个人财产对企业债务承担无限责任。合伙企业的合伙人有普通合伙人和有限合伙人之分。按照我国《合伙企业法》的规定:"普通合伙企业由普通合伙人组成,合伙人对合伙企业债务承担无限连带责任。本法对普通合伙人承担责任的形式有特别规定的,从其规定。""有限合伙企业由普通合伙人和有限合伙人组成,普通合伙人对合伙企业债务承担无限连带责任,有限合伙人以其认缴的出资额为限对合伙企业债务承担责任。"而我国《公司法》规定:"公司是企业法人,有独立的法人财产,享有法人财产权。公司以其全部财产对公司的债务承担责任。有限责任公司的股东以其认缴的出资额为限对公司承担责任;股份有限公司的股东以其认购的股份为限对公司承担责任。"

(二)会计方面的法律规定

目前我国会计规范体系的构成主要由会计法律、会计行政法规、会计规章和规范性文件组成。属于法律层次的会计规范主要有《中华人民共和国会计法》(简称《会计法》)(中华人民共和国主席令[1999]第24号)和《中华人民共和国注册会计师法》(简称《注册会计师法》)(中华人民共和国主席令[1993]第13号)。属于行政法规层次的会计规范主要有《总会计师条例》(国务院令[1990]第72号)、《企业财务会计报告条例》(国务院令[2000]第287号)等。我国《会计法》明确规定:"国家实行统一的会计制度。国家统一的会计制度由国务院财政部门根据本法制定并公布。"由财政部部长签署命令予以公布的属于会计规章,其他属于规范性文件。

2006年2月15日,财政部发布了《企业会计准则——基本准则》(财政部令[2006]第33号)和38项具体准则(财会[2006]3号),又于10月30日,发布了《企业会计准则——应用指南》(财会[2006]18号)。新企业会计准则体系自2007年1月1日起已经在我国上市公司全面实施。新企业会计准则体系的发布和实施,为企业会计确认、计量和报告提供了标准,奠定了我国统一的会计核算平台。2006年12月4日,财政部又发布了新《企业财务通则》(财政部令[2006]第41号),自2007年1月1日起施行。新《企业财务通则》对1993年7月1日起实施的《企业财务通则》进行了全面改革,它对企业资金筹集、资产营运、成本控制、收益分配、信息管理和财务监督等进行了全面规范,集中体现了依法理财和制度创新,对于促进企业加强财务管理,依法处理各种利益关系,完善法人治理结构,推进现代企业制度建设,实现企业与社会的协调发展意义重大,被誉为"新世纪企业财务管理的国家标准"。2008年6月28日,财政部、证监会、审计署、银监会、保监会联合发布了《企业内部控制基本规范》(财会[2008]7号),自2009年7月1日起施行。《企业内部控制基本规范》在立足我国国情并借鉴国际惯例的基础上,确立了我国企业建立和实施内部控制的基础框架,必将有利于加强和规范企业内部控制,提高企业经营管理水平和风险防范能力,促进企业可持续发展,维护社会主义市场经济秩序和社会公众利益。

(三)税收方面的法律规定

税法是由国家机关制定的调整税收征纳关系及其管理关系的法律规范的总称,有《中华人民共和国税收征收管理法》(简称《税收征收管理法》)(中华人民共和国主席令[2001]第49号)和所得税、流转税以及其他地方税等法律规范。任何企业都有法定的纳税义务,企业必须严格遵守国家税法的规定,依法纳税。重视税法对企业经济发展的重要影响,还需要进行科学合理的税务筹划,以降低企业税负,获取财务利益。

税务筹划是企业在税法规定许可的范围内,在合乎法律的大前提下,通过对企业一系列理财活动的事先筹划和安排,选择能降低企业税负、获取财务利益的经济行为。它是企业财务管理的一个重要组成部分。例如,在企业筹资决策中,不仅要考虑企业的资金需要量,而且必须考虑企业的筹资渠道、筹资方式、筹资结构和筹资成本。不同的筹资方式,其筹资成本在税法中所作的规定不同,如发行债券筹集生产经营活动所需要的资金,其债券的利息费用可以作为财务费用在税前扣除;而发行股票向投资者支付的股利只能在税后列支。因此,在考虑降低企业的筹资成本、防范筹资风险的同时,还应考虑筹资活动所产生的纳税因素,进行科学合理的筹划,确定合理的筹资结构。在企业投资决策中,必须考虑投资活动给企业所带来的税后收益。税法对不同的投资行业、不同的投资项目的有关规定存在着差异,这就要求企业在投资决策中考虑税收对投资的影响,进行科学的税务筹划。在企业日常生产经营活动中,购销决策、存货管理决策、成本费用决策等都不可避免地涉及纳税因素,都存在着如何进行税务筹划的问题。在企业的收益分配决策中,收益分配方式的选择、亏损弥补时间的安排等,都应在税法规定的范围内进行税务筹划。

企业在进行税务筹划时,首先必须熟悉《税收征收管理法》等税法的有关规定,依法办理涉税事项,以免在税务方面受到处罚。同时要充分了解国家的税法规定,结合企业自身的实际情况,用足税收优惠。例如,按照《中华人民共和国企业所得税法》(简称《企业所得税法》)(中华人民共和国主席令[2007]第63号)的规定,创业投资企业从事国家需要重点扶持和鼓励的创业投资,可以按投资额的一定比例抵扣应纳税所得额;企业综合利用资源,生产符合国家产业政策规定的产品所取得的收入,可以在计算应纳税所得额时减计收入。企业根据自身发展的需要和可能,应优先考虑将资金投放在那些税收较为优惠的项目或产品上。

除上述法律规范外,还有许多与企业财务管理有关的其他法律规范,例如,《中华人民共和国合同法》(简称《合同法》)(中华人民共和国主席令[1999]第15号)、《中华人民共和国证券法》(简称《证券法》)(中华人民共和国主席令[2005]第43号)、《中华人民共和国审计法》(简称《审计法》)(中华人民共和国主席令[2006]第48号)、《中华人民共和国劳动合同法》(简称《劳动合同法》)(中华人民共和国主席令[2007]第65号)等,企业应依法履行财务管理的职能。

三、金融市场环境

金融市场是资金的供给者与需求者通过金融工具融通资金的市场。它是影响企业财务管理的重要环境因素之一。

(一) 金融市场简介

1. 金融市场的组成及其分类

金融市场由主体、客体、金融交易场所和交易价格组成。主体是指金融市场的参与者，包括个人、经济实体、政府和金融机构；客体是指金融市场上的交易对象，即金融工具，它是证明金融交易的合法凭证，也称为金融资产，如股票、债券、基金、期货合同和期权合同等；金融交易场所是指金融市场主体运用金融工具进行交易的场所；金融市场上各种交易对象都有交易价格，如利率、汇率、证券价格等。

金融市场按其划分的标志不同，可以有多种不同的分类。以金融工具为标志，金融市场可以划分为股票市场、债券市场、货币市场、外汇市场、期货市场、期权市场等；以交易期限为标志，金融市场可以划分为短期金融市场和长期金融市场；以实际交割时间为标志，金融市场可以划分为即期市场和远期市场；以交易阶段为标志，金融市场可以划分为发行市场和流通市场。

2. 金融机构

金融机构是金融市场最重要的参与者。我国金融机构根据其性质不同，可以分为中国人民银行、政策性银行和营利性金融机构。中国人民银行是我国的中央银行。中国人民银行在国务院领导下，制定和执行货币政策，防范和化解金融风险，维护金融稳定。政策性银行是指由政府设立，以贯彻国家产业政策、区域发展政策为目的，不以营利为目的的金融机构。目前，我国的政策性银行有国家开发银行、中国进出口银行和中国农业发展银行。营利性金融机构包括商业银行和非银行金融机构。商业银行是指依照《中华人民共和国商业银行法》(简称《商业银行法》)(中华人民共和国主席令[2003]第13号)和《公司法》设立的吸收公众存款、发放贷款、办理结算等业务的企业法人。商业银行以安全性、流动性、效益性为经营原则，实行自主经营，自担风险，自负盈亏，自我约束。我国的商业银行有中国工商银行、中国农业银行、中国银行、中国建设银行和交通银行等。非银行金融机构是指银行系统之外的从事金融业务的机构，如证券公司、保险公司、财务公司和金融租赁公司等。

3. 金融工具

金融工具具有收益性、风险性和流动性三个基本属性。金融工具的收益性是指投资于金融工具可以获得金融资产的投资收益；金融工具的风险性是指投资于金融工具可能会遭受损失；金融工具的流动性是指投资于金融工具可以通过金融市场交易变现。上述三种属性相互联系、相互制约。金融工具的收益性与风险性成正比，流动性与收益性成反比。

4. 金融交易场所

金融交易场所既可以是有形的，也可以是无形的。有形的金融交易场所有固定的场所和设施，如银行、证券交易所等；无形的金融交易场所通常没有固定的场所,如利用电脑、电传、电话等设施通过经纪人进行资金融通。从金融交易场所的交易组织形式来看,有证券交易所和柜台交易两种形式。

5. 利率

我国的利率有官方利率和市场利率。官方利率是政府通过中央银行确定的利率。市场利率是根据金融市场上资金的供求关系,随市场规律而自由变动的利率。市场利率受官方利率的影响;官方利率的确定需考虑资金的供求状况。

在金融市场上,利率是资金使用权的价格,其构成要素可以用以下公式来表示:

利率＝纯粹利率＋通货膨胀附加率＋变现力附加率＋违约风险附加率＋到期风险附加率

式中:纯粹利率是指无通货膨胀、无风险情况下的利率;通货膨胀附加率是指为了弥补通货膨胀造成的购买力损失而给予的补偿;变现力附加率是指对于那些变现力较差的金融资产而给予投资者的补偿;违约风险附加率是指对于那些可能违约的金融资产而给予投资者的补偿;到期风险附加率是指对于期限不同的金融资产,由于承担持有期间利率变动的风险而给予投资者的补偿。

(二)金融市场对企业财务管理的影响

金融市场对企业财务管理的影响主要表现在以下几个方面。

1. 金融市场为企业提供筹资渠道,同时又影响企业的筹资决策

企业可以通过银行短期借款、票据贴现等方式来筹集临时需要的资金,还可以通过银行长期借款、发行债券、发行股票等方式来筹集长期可支配资金。而这一切都离不开金融市场,同时又受到金融市场的制约。金融市场对企业筹资决策的影响还体现在筹资成本上。金融市场变化最敏感的因素就是利率,利率的变化会影响企业的筹资成本,进而影响企业的筹资决策。

2. 金融市场为企业提供投资机会,同时又影响企业的投资决策

企业不仅可以在金融市场中筹集所需要的资金,而且还可以把一部分闲置的资金投放到金融市场中去,如购买股票、债券进行投资等,以获取投资收益。企业应关注金融市场的行情,作出客观的评价和正确的投资决策,选择恰当的投资方式,尽可能地减少或分散风险,确保投资活动实现预期的目的。

3. 金融市场还会影响企业的收益分配决策

这是因为企业外部筹资环境会影响内部融资,而企业内部融资又和企业采取的收益分配政策有关。

总之,金融市场能够为企业理财提供有价值的信息,它对企业的重大理财决策有着极为重要的影响。企业在进行理财决策时,应认真研究金融市场的现状及其变化趋势,熟悉各类市场及其监管规则,有效地利用金融市场来组织筹资和投资等

财务活动。

第四节 财务管理体制

企业财务管理体制是协调企业利益相关主体之间财务关系的基本规则和制度安排,是构建企业财务管理制度的基础和框架。

一、建立企业财务管理体制的基本原则

按照新《企业财务通则》规定:"企业实行资本权属清晰、财务关系明确、符合法人治理结构要求的财务管理体制。企业应当按照国家有关规定建立有效的内部财务管理级次。企业集团公司自行决定集团内部财务管理体制。"建立企业财务管理体制的基本原则主要有以下几项。

（一）资本权属清晰

资本权属清晰,即企业产权明晰。企业产权是投资者通过向企业注入资本以及资本增值获得的企业所有权,在账面上体现为企业的所有者权益。资本权属清晰,就是要明确所有者权益的归属。

（二）财务关系明确

这里的财务关系是指企业与财政部门的财务隶属关系。新《企业财务通则》规定:"各级人民政府及其部门、机构出资的企业,其财务关系隶属同级财政机关。"其他内资企业以及外商投资企业,一般按属地原则确定财务关系,即与企业工商注册的行政管理机关同一级次的财政部门,作为其主管财政机关。

（三）符合法人治理结构要求

法人治理结构是指明确划分股东会、董事会和经营者之间权力、责任和利益,以及明确相互制衡关系的一整套制度安排。企业财务管理体制是企业法人治理结构的重要组成内容,其设计应当符合企业法人治理结构的要求。

二、企业财务运行的重要制度

企业应按照新《企业财务通则》的要求,建立财务运行制度,促进企业健全财务运行机制,实现科学管理。企业财务运行的重要制度有以下几项。

（一）财务决策制度

企业应当建立财务决策制度,明确决策规则、程序、权限和责任等。法律、行政法规规定应当通过职工(代表)大会审议或者听取职工、相关组织意见的财务事项,依照其规定执行。

企业应当建立财务决策回避制度,对投资者、经营者个人与企业利益有冲突的

财务决策事项,相关投资者、经营者应当回避。

(二) 财务风险管理制度

企业应当建立财务风险管理制度,明确经营者、投资者及其他相关人员的管理权限和责任,按照风险与收益均衡、不相容职务相互分离等原则,控制财务风险。

(三) 财务预算管理制度

企业应当建立财务预算管理制度,以现金流为核心,按照实现企业价值最大化等财务目标的要求,对资金筹集、资产营运、成本控制和收益分配等财务活动,实施全面预算管理。

三、主管财政机关的财务管理职责

主管财政机关主要依据财务隶属关系对企业进行宏观财务管理。按照新《企业财务通则》的规定,主管财政机关的主要职责包括:

(1) 监督执行企业财务规章制度,按照财务关系指导企业建立健全内部财务制度。

(2) 制定促进企业改革发展的财政财务政策,建立健全支持企业发展的财政资金管理制度。

(3) 建立健全企业年度财务会计报告审计制度,检查企业财务会计报告质量。

(4) 实施企业财务评价,监测企业财务运行状况。

(5) 研究、拟订企业国有资本收益分配和国有资本经营预算的制度。

(6) 参与审核属于本级人民政府及其有关部门、机构出资的企业的重要改革、改制方案。

(7) 根据企业财务管理的需要提供必要的帮助、服务。

四、投资者和经营者的财务管理职责

为促进企业完善法人治理结构,新《企业财务通则》对企业投资者和经营者的财务管理职责作了明确规定。

(一) 投资者的财务管理职责

投资者凭借产权关系进行财务管理。其财务管理职责主要包括:

(1) 审议批准企业内部财务管理制度、企业财务战略、财务规划和财务预算。

(2) 决定企业的筹资、投资、担保、捐赠、重组、经营者报酬、利润分配等重大财务事项。

(3) 决定企业聘请或者解聘会计师事务所、资产评估机构等中介机构事项。

(4) 对经营者实施财务监督和财务考核。

(5) 按照规定向全资或者控股企业委派或者推荐财务总监。

投资者应当通过股东(大)会、董事会或者其他形式的内部机构,履行财务管理职责;可以通过企业章程、内部制度、合同约定等方式,将部分财务管理职责授予经营者。

(二) 经营者的财务管理职责

经营者凭借委托代理关系进行财务管理。其财务管理职责主要包括：
(1) 拟订企业内部财务管理制度、财务战略、财务规划,编制财务预算。
(2) 组织实施企业筹资、投资、担保、捐赠、重组和利润分配等财务方案,诚信履行企业偿债义务。
(3) 执行国家有关职工劳动报酬和劳动保护的规定,依法缴纳社会保险费、住房公积金等,保障职工合法权益。
(4) 组织财务预测和财务分析,实施财务控制。
(5) 编制并提供企业财务会计报告,如实反映财务信息和有关情况。
(6) 配合有关机构依法进行审计、评估、财务监督等工作。

本章小结

企业财务管理是人们按照客观经济规律的要求,组织企业资本运动、处理企业财务关系的一种价值管理活动。它具有综合性、开放性和动态性三大特点。本章重点介绍了企业财务管理的内容、目标以及影响企业财务管理的外部环境。

企业财务管理体制是协调企业利益相关主体之间财务关系的基本规则和制度安排,是构建企业财务管理制度的基础和框架。本章按照新《企业财务通则》的规定,阐明建立企业财务管理体制的基本原则、企业财务运行的重要制度,以及主管财政机关、投资者和经营者的财务管理职责。

复习思考题

1. 简要说明企业资本运动及其所体现的财务关系。
2. 企业财务管理有哪些基本特点？
3. 企业财务管理的主要内容包括哪些？
4. 简要说明企业财务管理的目标。
5. 简要说明影响企业财务管理的外部环境。
6. 建立企业财务管理体制的基本原则是什么？
7. 企业应建立哪些财务运行的重要制度？并分别进行简要解释。

8. 新《企业财务通则》规定主管财政机关、投资者和经营者的财务管理职责分别有哪些？

习　　题

一、单项选择题

1. 构成企业最重要财务关系的主体是(　　)。
   A. 股东和经营者　　　　　　B. 股东和债权人
   C. 企业与社会公众　　　　　D. 股东、经营者、债权人
2. 财务关系是企业在组织资本运动过程中与有关各方所发生的(　　)。
   A. 经济往来关系　　　　　　B. 经济协作关系
   C. 经济责任关系　　　　　　D. 经济利益关系
3. 在资本市场上向投资者出售金融资产，比如发行股票和债券等，从而取得资本的活动，属于(　　)。
   A. 筹资活动　　　　　　　　B. 投资活动
   C. 收益分配活动　　　　　　D. 扩大再生产活动
4. 无通货膨胀、无风险情况下的利率是指(　　)。
   A. 固定利率　　　　　　　　B. 浮动利率
   C. 名义利率　　　　　　　　D. 纯粹利率
5. 作为财务管理的目标，"企业价值最大化"目标与"股东财富最大化"目标相比，其优点在于(　　)。
   A. 考虑了货币时间价值和风险因素
   B. 有利于克服企业的短期行为
   C. 既考虑了股东的利益，又考虑了其他利益主体的利益
   D. 反映了企业对资本保值增值的要求
6. 下列各项中，能够正确揭示财务管理基本属性的表述是(　　)。
   A. 企业管理　　　　　　　　B. 价值管理
   C. 使用价值管理　　　　　　D. 战略决策管理
7. 对投资者承担利率变动风险而给予的补偿通常以(　　)来表示。
   A. 通货膨胀附加率　　　　　B. 变现力附加率
   C. 违约风险附加率　　　　　D. 到期风险附加率
8. 下列各项中，不属于主管财政机关财务管理职责的有(　　)。
   A. 拟订企业内部财务管理制度、财务战略、财务规划，编制财务预算

B. 建立健全企业年度财务会计报告审计制度,检查企业财务会计报告质量
C. 实施企业财务评价,监测企业财务运行状况
D. 根据企业财务管理的需要提供必要的帮助、服务

9. 关于金融市场,下列说法中不正确的是(　　)。
   A. 政府是金融市场最重要的参与者
   B. 金融工具是金融市场上的交易对象
   C. 金融交易场所既可以是有形的,也可以是无形的
   D. 市场利率依资金供求关系的变动而变动

10. 下列各项中,属于企业投资活动的是(　　)。
    A. 分派股利　　B. 销售商品　　C. 购买国库券　　D. 支付利息

二、多项选择题

1. 下列各项中,属于财务管理要素的有(　　)。
   A. 资产营运　　　　　　B. 成本控制
   C. 收益分配　　　　　　D. 信息管理

2. 利润最大化目标的不足之处有(　　)。
   A. 没有考虑货币时间价值和风险因素
   B. 没有反映企业所创造的利润与投入资本之间的关系
   C. 可能导致企业的短期行为
   D. 没有要求利润分配的最优化

3. 下列各项中,属于商业银行的有(　　)。
   A. 中国工商银行　　　　B. 中国银行
   C. 保险公司　　　　　　D. 中国建设银行

4. 下列各项中,属于影响财务管理经济环境因素的有(　　)。
   A. 经济周期　　　　　　B. 经济发展水平
   C. 通货膨胀　　　　　　D. 经济政策

5. 下列各项中,属于企业财务管理主要内容的有(　　)。
   A. 制定财务战略　　　　B. 合理筹集资金
   C. 规范重组清算财务行为　D. 加强财务监督

6. 下列各项中,属于金融工具基本属性的有(　　)。
   A. 波动性　　　　　　　B. 收益性
   C. 风险性　　　　　　　D. 流动性

7. 下列各项中,属于投资者财务管理职责的有(　　)。

A. 审议批准企业内部财务管理制度、企业财务战略、财务规划和财务预算
B. 决定企业的筹资、投资、担保、捐赠、重组、经营者报酬、利润分配等重大财务事项
C. 编制并提供企业财务会计报告,如实反映财务信息和有关情况
D. 对经营者实施财务监督和财务考核

8. 下列各项中,属于经营者财务管理职责的有(　　)。
A. 拟订企业内部财务管理制度、财务战略、财务规划,编制财务预算
B. 组织财务预测和财务分析,实施财务控制
C. 配合有关机构依法进行审计、评估、财务监督等工作
D. 决定企业聘请或者解聘会计师事务所、资产评估机构等中介机构事项

9. 在不存在通货膨胀的情况下,利率的构成因素包括(　　)。
A. 纯粹利率　　　　　　　　B. 变现力附加率
C. 违约风险附加率　　　　　D. 到期风险附加率

10. 下列各项中,属于政策性银行的有(　　)。
A. 国家开发银行　　　　　　B. 中国进出口银行
C. 中国农业银行　　　　　　D. 中国农业发展银行

三、判断题

1. 企业的目标就是财务管理的目标。（　　）
2. 企业实行资本权属清晰、财务关系明确、符合法人治理结构要求的财务管理体制。（　　）
3. 企业与政府之间的财务关系体现为一种投资与受资的关系。（　　）
4. 有限合伙人以其认缴的出资额为限对合伙企业债务承担责任。（　　）
5. 企业与投资者之间的财务关系体现了经营权与所有权分离的特点。（　　）
6. 企业应当建立财务决策回避制度,对投资者、经营者个人与企业利益有冲突的财务决策事项,相关投资者、经营者应当回避。（　　）
7. 股份有限公司的股东以其认购的股份为限对公司承担责任。（　　）
8. 企业价值不仅包含了企业新创造的价值,还包含了企业潜在的或预期的获利能力。（　　）
9. 金融市场利率波动与通货膨胀有关,后者起伏不定,利率也随之而起落。（　　）
10. 金融资产的流动性与收益性成正比,收益性与风险性成反比。（　　）

第二章 财务管理观念

本章结构图

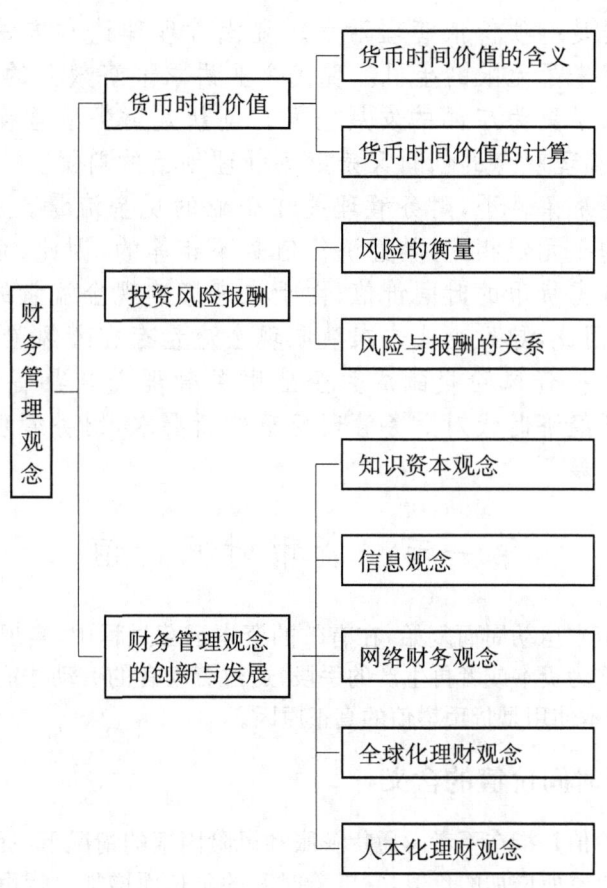

本章学习目标
- 掌握货币时间价值的计算
- 熟悉对风险进行衡量时应着重考虑的因素
- 掌握标准差和标准差系数的计算
- 熟悉风险与报酬的关系
- 了解财务管理观念的创新与发展

财务管理是一项价值管理活动。现代管理理论和方法的不断发展为财务管理带来了无限的生机。现代企业讲求经济效益的经营实践,为财务管理提供了更为广阔的发展空间。创新是财务管理变革的不竭的源泉,而财务管理观念的创新又是财务管理创新的前提。

在市场经济条件下,财务管理关注企业的现金流量。由于现在的1元钱和未来的1元钱相比,其经济价值是不相等的,因此,企业衡量现金流量时必须考虑货币的时间价值;由于未来影响现金流量的各种因素具有不确定性,因此,导致企业未来获取现金流量存在着风险。基于此,货币时间价值和投资风险报酬成为企业财务管理必须具备的基本观念。为了适应知识经济时代对财务管理变革的新要求,财务管理的观念正在不断创新与发展。

第一节 货币时间价值

现代企业资本运动周而复始,在有效的资本运营过程中,实现资本的不断增值。货币只有作为资本或者再生产的手段,通过劳动者的劳动才能创造价值。所以,货币作为资本使用是货币增值的真正原因。

一、货币时间价值的含义

货币时间价值是指在不考虑通货膨胀和风险因素的情况下,货币经历一定时间的投资与再投资所增加的价值,它随着时间的延长而增加。货币时间价值有绝对数和相对数两种表现形式,一般常以利息、利率或折现率来表示。

二、货币时间价值的计算

货币时间价值的计算涉及终值、现值等,又分单利和复利两种情况。

终值指某一特定金额在若干期后,按规定利率计算的包括本金和利息在内的未来价值。现值指若干期后某一特定金额按规定利率折算的现在价值。

单利的计算,即在一定的连续期内,期末只就本金计算利息。

复利的计算,即在一定的连续期内,其分期利息加入本金计算利息。俗称"利滚利"。

在计算中,有关概念使用的符号如下:

S——终值;

P——现值;

i——利率;

I——利息;

n——计息期数。

(一)单利的计算

1. 单利利息的计算

单利利息的计算公式为:

$$I = P \times i \times n$$

2. 单利终值的计算

单利终值的计算公式为:

$$S = P + I$$

【例2-1】 某企业持有一张带息的商业汇票,面值为40 000元,票面利率为6%,90天到期。要求:计算该票据的到期值。

$$利息\ I = 40\ 000 \times 6\% \times 90 \div 360 = 600(元)$$

$$票据到期值\ S = 40\ 000 + 600 = 40\ 600(元)$$

3. 单利现值的计算

单利现值的计算公式为:

$$P = S - I$$

【例2-2】 若[例2-1]中的企业因急需资金,凭该票据向银行贴现,年贴现率为8%,贴现期为45天。要求:计算该企业的贴现收入金额。

$$贴现息\ I = 40\ 600 \times 8\% \times 45 \div 360 = 406(元)$$

$$贴现收入金额\ P = 40\ 600 - 406 = 40\ 194(元)$$

(二)复利的计算

1. 复利终值的计算

复利终值的计算公式为:

$$S = P(1+i)^n$$

式中：$(1+i)^n$ 称为复利终值系数，也称一元复利终值，用符号 $(S/P, i, n)$ 表示，可查复利终值系数表求得。因此，复利终值计算公式也可以写成：

$$S = P \times (S/P, i, n)$$

【例 2-3】 某企业准备将 400 万元进行对外投资，计划 5 年内使其至少翻一番。要求：计算在确定投资方案时可接受的最低投资报酬率。

5 年内翻一番，即 5 年后终值为 800 万元。

$$800 = 400 \times (1+i)^5$$

$$(1+i)^5 = 2$$

查复利终值系数表：

$$(S/P, 14\%, 5) = 1.9524$$

$$(S/P, 15\%, 5) = 2.0114$$

用插值法计算最低投资报酬率：

$$\frac{15\% - 14\%}{i - 14\%} = \frac{2.0114 - 1.9524}{2 - 1.9524}$$

$$i = 14.8\%$$

在确定投资方案时，可接受的最低投资报酬率为 14.8%。

2. 复利现值的计算

复利现值的计算公式为：

$$P = S \times (1+i)^{-n}$$

式中：$(1+i)^{-n}$ 称为复利现值系数，也称一元复利现值，用符号 $(P/S, i, n)$ 表示，可查复利现值系数表求得。因此，复利现值计算公式也可以写成：

$$P = S \times (P/S, i, n)$$

【例 2-4】 某企业年初准备进行一项投资，年投资报酬率 15%，6 年后一次收回本金及收益共 1 000 万元。要求：计算该企业现在进行一次性投资的数额。

查复利现值系数表：

$$(P/S, 15\%, 6) = 0.4323$$

$$P = 1\,000 \times 0.4323 = 432.3（万元）$$

该企业现在应一次性投资 432.3 万元。

(三) 年金的计算

年金是指一定时期内等额、定期的系列收付款项。年金用符号 A 表示。

按照收付款项的时间不同,年金可以分为普通年金、即付年金、递延年金和永续年金。

1. 普通年金终值与现值的计算

各期期末收付的年金称为普通年金。

普通年金终值是指一定期间每期期末等额的系列收付款项的终值之和。年金终值用符号 S_A 表示。

普通年金终值的计算公式为:

$$S_A = A \times \frac{(1+i)^n - 1}{i}$$

式中: $\frac{(1+i)^n - 1}{i}$ 称为年金终值系数,用符号 $(S/A, i, n)$ 表示,可查年金终值系数表求得。因此,普通年金终值的计算公式也可以写成:

$$S_A = A \times (S/A, i, n)$$

【例 2-5】 某企业一投资项目在 5 年建设期内每年年末向银行借款 300 万元,年利率为 8%。要求:计算该投资项目竣工时应付的本息总额。

查年金终值系数表:

$$(S/A, 8\%, 5) = 5.8666$$

$$S_A = 300 \times (S/A, 8\%, 5) = 300 \times 5.8666 = 1759.98 (万元)$$

该投资项目竣工时应付的本息总额为 1 759.98 万元。

普通年金现值是指一定期间每期期末等额的系列收付款项的现值之和。年金现值用符号 P_A 表示。

普通年金现值的计算公式为:

$$P_A = A \times \frac{1 - (1+i)^{-n}}{i}$$

式中: $\frac{1 - (1+i)^{-n}}{i}$ 称为年金现值系数,用符号 $(P/A, i, n)$ 表示,可查年金现值系数表求得。因此,普通年金现值的计算公式也可以写成:

$$P_A = A \times (P/A, i, n)$$

【例 2-6】 某企业租入设备一台,每年年末需要支付租金 10 000 元,年利率为 8%。要求:计算该企业 5 年内应支付的租金总额的现值。

查年金现值系数表：

$$(P/A, 8\%, 5) = 3.9927$$

$$P_A = 10\,000 \times (P/A, 8\%, 5) = 10\,000 \times 3.9927 = 39\,927 \,(元)$$

该企业 5 年内应支付的租金总额的现值为 39 927 元。

2. 即付年金终值与现值的计算

各期期初收付的年金称为即付年金。它与普通年金相比，相差一期。因此，即付年金终值与现值的计算可以通过普通年金终值与现值的计算而推出。即付年金终值的计算公式为：

$$S_A = A \times \left[\frac{(1+i)^{n+1} - 1}{i} - 1 \right]$$

式中：$\left[\frac{(1+i)^{n+1} - 1}{i} - 1 \right]$ 称为即付年金终值系数，它是在年金终值系数的基础上，期数加 1，系数减 1 所得的结果，用符号 $[(S/A, i, n+1) - 1]$ 表示，可利用年金终值系数表，查得 $(n+1)$ 期的值，然后减去 1 得出。因此，即付年金终值的计算公式也可以写成：

$$S_A = A \times [(S/A, i, n+1) - 1]$$

【例 2-7】 某企业一投资项目在 5 年建设期内每年年初向银行借款 200 万元，年利率为 10%。要求：计算该投资项目竣工时应付的本息总额。

查年金终值系数表：

$$(S/A, 10\%, 6) = 7.7156$$

$$S_A = A \times [(S/A, i, n+1) - 1] = 200 \times [(S/A, 10\%, 5+1) - 1] =$$
$$200 \times (7.7156 - 1) = 1\,343.12 \,(万元)$$

该投资项目竣工时应付的本息总额为 1 343.12 万元。

即付年金现值的计算公式为：

$$P_A = A \times \left[\frac{1 - (1+i)^{-(n-1)}}{i} + 1 \right]$$

式中：$\left[\frac{1 - (1+i)^{-(n-1)}}{i} + 1 \right]$ 称为即付年金现值系数，它是在年金现值系数的基础上，期数减 1，系数加 1 所得的结果，用符号 $[(P/A, i, n-1) + 1]$ 表示，可利用年金现值系数表，查得 $(n-1)$ 期的值，然后加上 1 得出。因此，即付年金现值的计算公式也可以写成：

$$P_A = A \times [(P/A, i, n-1) + 1]$$

【例 2-8】 某企业租入设备一台,每年年初需要支付租金 12 000 元,年利率为 10%。要求:计算该企业 5 年内应支付的租金总额的现值。

查年金现值系数表:

$$(P/A, 10\%, 4) = 3.169\,9$$

$$P_A = A \times [(P/A, i, n-1) + 1] = 12\,000 \times [(P/A, 10\%, 5-1) + 1] =$$
$$12\,000 \times (3.169\,9 + 1) = 50\,038.80\,(元)$$

该企业 5 年内应支付的租金总额的现值为 50 038.80 元。

3. 递延年金终值与现值的计算

第一期收付发生在第二期或第二期以后的年金,称为递延年金。

递延年金终值的计算方法和普通年金终值的计算方法类似。

递延年金现值的计算方法主要有以下两种:

第一种方法:先求出递延期末的现值,然后再将此现值调整到第一期期初。递延年金现值的计算公式为:

$$P_A = A \times \frac{1-(1+i)^{-n}}{i} \times (1+i)^{-m} = A \times (P/A, i, n) \times (P/S, i, m)$$

式中:m 为无年金发生期,即递延期;n 为年金发生期。

第二种方法:先求出 $(m+n)$ 期的年金现值,再扣除递延期 (m) 的年金现值。递延年金现值的计算公式为:

$$P_A = A \times \left[\frac{1-(1+i)^{-(m+n)}}{i} - \frac{1-(1+i)^{-m}}{i}\right] =$$
$$A \times [(P/A, i, m+n) - (P/A, i, m)]$$

【例 2-9】 某企业年初存入一笔资金,存满 3 年后每年年末取出 10 万元,至第七年年末取完,年利率为 10%。要求:计算该企业最初存入的资金数额。

第一种方法:

查年金现值系数表:

$$(P/A, 10\%, 4) = 3.169\,9$$

查复利现值系数表:

$$(P/S, 10\%, 3) = 0.751\,3$$

$$P_A = 10 \times (P/A, 10\%, 4) \times (P/S, 10\%, 3) =$$
$$10 \times 3.169\,9 \times 0.751\,3 = 23.815\,(万元)$$

第二种方法：

查年金现值系数表：

$$(P/A, 10\%, 7) = 4.8684$$

$$(P/A, 10\%, 3) = 2.4869$$

$$P_A = 10 \times [(P/A, 10\%, 7) - (P/A, 10\%, 3)] =$$

$$10 \times (4.8684 - 2.4869) = 23.815 \text{（万元）}$$

4. 永续年金现值的计算

无限期等额收付的年金，称为永续年金。永续年金没有终止的时间，因而也就没有终值。

永续年金现值的计算公式为：

$$P_A = A \times \frac{1-(1+i)^{-n}}{i}$$

当 $i \to \infty$ 时，$(1+i)^{-n}$ 的极限为 0，故上式可以写成：

$$P_A = \frac{A}{i}$$

【例 2-10】　某项永久性奖学金，每年计划颁发 50 000 元奖金。若年利率为 8%。要求：计算该奖学金的本金数额。

$$P_A = 50\,000 \div 8\% = 625\,000 \text{（元）}$$

树立货币时间价值观念，在现代企业理财活动中，对资本的筹集、运用、收回等具体经济活动进行分析、评价和决策时，必须考虑货币的时间价值。也就是说，在将不同时间的货币量进行比较时，应将其换算到同一时间基础上，以便作出合理的分析结论，从而提高财务决策的正确性。由于在扩大再生产条件下，企业创造的留存收益往往随原始投资一起继续投放到生产经营活动中，这与复利计息的原理非常接近。因此，在投资决策分析活动中，通常采用复利计息的方法计算货币的时间价值，这种方法符合国际惯例。

这里需要指出的是，在通货膨胀期，通货膨胀因素和货币时间价值同时存在，它们共同影响着货币的价值。通货膨胀因素对货币价值的影响程度用通货膨胀率来表示。通货膨胀率是物价指数增长的百分比，在不同时期往往是变动的，因此，对货币价值的影响也随之发生变化。为了更准确地进行投资决策分析，在通货膨胀期，除了要考虑货币时间价值的影响外，还应考虑通货膨胀因素对货币价值的影响。

第二节 投资风险报酬

现代企业处在极其复杂的市场环境中,时常受到各种不确定因素的干扰和冲击,面临机会或者威胁。从财务的角度来看,风险主要是指无法达到预期报酬的可能性。由于冒风险进行投资而获得的超过货币时间价值的额外收益,称为投资的风险报酬。

一、风险的衡量

风险与概率直接相关,并由此而同期望值、标准差和标准差系数等发生关系。对风险进行衡量时,应着重考虑这些因素。

(一) 概率分布

概率是用于表示随机事件发生的可能性大小的数值,用 P_i 表示,它符合以下两个条件:$0 \leqslant P_i \leqslant 1$,且 $\sum P_i = 1$。其中,必然事件的概率定为1,不可能事件的概率定为0,任一随机事件的概率均介于 0 与 1 之间。概率越大,说明所描述的事件发生的可能性越大。将随机事件各种可能的结果按一定的规则排列,同时列出各结果出现的相应概率,这一完整的描述称为概率分布。

(二) 期望值

期望值是一个概率分布中所有可能结果以其相对应的概率为权数计算的加权平均值。其计算公式为:

$$\overline{E} = \sum_{i=1}^{n} X_i P_i$$

式中:$\overline{E}$ 表示期望值;n 表示所有可能取值的个数;X_i 表示第 i 种可能结果的取值;P_i 表示第 i 种可能结果发生的概率。

(三) 标准差

标准差是反映概率分布中各种可能结果对期望值的偏离程度,用 σ 表示。其计算公式为:

$$\sigma = \sqrt{\sum_{i=1}^{n} (X_i - \overline{E})^2 \times P_i}$$

它是以绝对数衡量决策方案的风险程度,在期望值相同的情况下,σ 越大,风险越大;反之,σ 越小,风险越小。

(四) 标准差系数

标准差系数又称变异系数,是指标准差与期望值的比值,用 V 表示。其计算公式为：

$$V = \frac{\sigma}{E} \times 100\%$$

它是以相对数衡量决策方案的风险程度，对于期望值不同的决策方案，用 V 表示风险程度，V 越大，风险越大；反之，V 越小，风险越小。

【例 2 - 11】 某企业有 A、B 两个投资项目，计划投资额均为 1 000 万元，其收益（净现值）的概率分布如表 2-1 所示。

表 2 - 1

A、B 项目净现值的概率分布　　　　　金额单位：万元

市场状况	概　率	A 项目净现值	B 项目净现值
好	0.2	200	300
一般	0.6	100	100
差	0.2	50	－50

要求：

(1) 分别计算 A、B 两个投资项目净现值的期望值。

(2) 分别计算 A、B 两个投资项目期望值的标准差。

(3) 判断 A、B 两个投资项目的优劣。

计算如下：

(1) A、B 两个投资项目净现值的期望值。

A 项目：　　$200 \times 0.2 + 100 \times 0.6 + 50 \times 0.2 = 110$（万元）

B 项目：　　$300 \times 0.2 + 100 \times 0.6 + (-50) \times 0.2 = 110$（万元）

(2) A、B 两个投资项目期望值的标准差。

A 项目：　$\sqrt{(200-110)^2 \times 0.2 + (100-110)^2 \times 0.6 + (50-110)^2 \times 0.2} = 48.99$（万元）

B 项目：　$\sqrt{(300-110)^2 \times 0.2 + (100-110)^2 \times 0.6 + (-50-110)^2 \times 0.2} = 111.36$（万元）

(3) 判断 A、B 两个投资项目的优劣。

由于 A、B 两个项目投资额相同，期望收益（净现值）也相同，而 A 项目的标准差小于 B 项目的标准差，因此，A 项目的风险相对较小，故 A 项目优于 B 项目。

二、风险与报酬的关系

一般而言,风险与报酬之间是成正比关系变化的,风险越大,所要求的报酬率越高。各投资项目的风险大小是不同的,在报酬率相同的情况下,人们会选择风险小的投资,结果竞争使其风险增加,报酬率下降。最终,高风险的项目必须有高报酬,否则就没有人愿意投资;低报酬的项目必须风险很低,否则也没有人愿意投资。风险与报酬之间的这种关系,是市场竞争的结果。投资者进行风险投资所期望的投资报酬率是无风险报酬率与风险报酬率之和。其计算公式为:

$$期望投资报酬率 = 无风险报酬率 + 风险报酬率$$

式中:无风险报酬率是指货币的时间价值,可以用国债收益率表示;风险报酬率则与风险大小有关,是风险报酬斜率和风险程度的乘积。风险报酬斜率取决于全体投资者的风险回避态度,如果大家都愿意冒风险,风险报酬斜率就小;如果大家都不愿意冒风险,风险报酬斜率就大。风险程度一般用标准差系数来计量。

【例 2-12】 假定国债收益率为 5%,某行业风险报酬斜率为 0.15,A 投资方案的标准差系数为 60%。要求:计算 A 投资方案的期望投资报酬率。

$$A 投资方案的风险报酬率 = 0.15 \times 60\% = 9\%$$

$$A 投资方案的期望投资报酬率 = 5\% + 9\% = 14\%$$

在现代企业管理活动中,必须树立投资风险报酬观念,增强风险意识,正确地认知风险,评估风险的大小,并综合考虑风险与报酬的关系,努力分散和降低风险,趋利避害,把握机遇,获取收益。

第三节 财务管理观念的创新与发展

财务管理的观念是长期以来人们在财务管理实践中逐步形成的。只有通过财务管理观念的不断创新,才能实现财务管理理论和方法的不断创新。随着社会经济的发展和科学技术的进步,财务管理所处的环境发生了重大的变化,传统的观念已经不能适应新形势的要求,迫切需要进行扬弃、创新和发展。树立适应社会主义市场经济要求的财务管理观念,这就是一种创新,这种创新是对人们头脑中传统观念的革新,是价值观与行为取向的重新塑造。人类进入新世纪以来,知识资本观念、信息观念、网络财务观念、全球化理财观念和人本化理财观念等新观念应运而生,这标志着财务管理的观念在知识经济条件下正在不断创新与发展。

一、知识资本观念

在知识经济条件下,知识已成为最重要的生产要素和创造社会财富的不竭源泉。企业之间的竞争是知识的竞争、技术的竞争、人才的竞争。企业的生存和发展越来越依赖于知识和创新。对于现代企业来说,知识资本的拥有量是竞争成败的关键因素。

知识资本具体包括科技、管理、人才、专利、商标、商誉、计算机软件等内容;其内涵在不断地延伸:企业的名称、企业的域名、企业的文化、企业的精神、企业的营销网络等,都是企业的知识资本。知识资本在生产经营过程中的作用将越来越大,已成为对现代企业未来发展起决定性作用的战略资本。

树立知识资本观念,现代企业在筹资时应注重知识资本的筹集,使之与物质资本相结合。随着知识更新的加快,企业应尽可能多地吸收知识资本,加大知识资本的投入。在资本运用的过程中,要加强对知识资本的管理:一是对知识资本进行合理的估价,二是对知识资本的投资效益进行正确的评价,三是加强对知识资本再投资的管理。企业自身应加强知识资本的保护意识,以法律来保护企业的知识资本,确保企业知识资本的安全。要加强对知识资本使用的监控,最大限度地发掘知识资本的潜在收益能力,充分利用企业的知识资本,切实提高其使用效益。企业还要不断地开发出新的知识资本,以增强企业的竞争力,使知识资本在不断创新的活动中,为企业带来源源不断的财富。在利润分配中应考虑对知识资本的补偿,合理评估知识资本投入的价值和收益,知识资本的所有者应当和物质资本的所有者一起参与企业净利润的分配。

二、信息观念

21世纪的经济由工业经济向知识经济转移。信息、物资、能源被称为当代经济发展的三大支柱,有人甚至将信息列为现代经济发展的三大支柱中的第一支柱。信息技术的发展,改变了企业的生存环境。国际互联网的发展,信息、卫星通讯等新技术的创新,改变了传统的时间和空间概念。处于全球经济链中的企业,只有强调会计信息与信息化社会其他信息的相互融通,才能获得并利用充分、可靠、及时的信息来规避风险,降低成本和实现企业价值最大化。

面临财务管理的新环境,财务管理的视角不能再局限于本企业、本地区,而要加强对国际、国内经济形势变动的分析,利用最先进的信息技术,及时、全面、准确、迅速地获取信息,以进行有效的财务管理。面对日益激烈的竞争和动荡的市场环境,不少有识之士认为,财务管理应有两个先进的系统作保证:一是敏感的风险预警系统,二是有效的信息数据处理系统。在信息社会,信息的传播、处理和反馈速度大大加快,如果企业经理层对来自企业内外的各种信息不能及时有效地加以运用,就会加大决策风险。这就要求财务人员牢固树立信息理财的观念,从准确、迅速地收集、分析和利用信息入手,进行财务运作,通过有效的信息数据处理系统对市场进行监测,从而针对市场的变化作出快速而准确的反应,为管理和决策服务。现代企业信息数据处理系统实现了实时跟踪的功能,加快了信息传递的速度,方便了信息的获取与交流,使企业可以借助于信息识别风险,及时采取控制风险的措施,以获取预期的收益。

三、网络财务观念

网络财务以网络技术为基础,使企业实现了财务与业务的协同,实现了远程报表、远程报账、远程查账以及远程审计等远程处理,实现了事中动态会计核算与在线财务管理,实现了集团型企业对分支机构的集中式财务管理。网络财务支持电子单据与电子货币,改变了财务数据信息的获取和利用方式,财务数据从传统的纸质页面数据、磁盘数据发展到网页数据。网络财务已成为将网络技术与财务管理方法结合起来的一种新的财务管理模式。其主要特点有以下几个方面。

（一）财务与业务的协同

通过网络技术,网络资源高度共享,物流、资金流、信息流充分结合,消除了财务与其他各项业务之间的障碍,企业的财务资源配置与业务动作协调同步。这种协同包括：与企业内部业务的协同,如业务部门的网上采购、网上销售与财务部门的网上支付、网上结算业务协同进行；与供应链的协同,如财务部门的网上询价、网上催账与供应商的网上服务、网上销售协同进行；与社会有关部门的协同,如网上银行、网上保险、网上报税、网上报关等。这极大地提高了现代企业财务管理的能力和质量,有利于最大限度地节约资源,实现资源配置的最优化。

（二）在线管理

在线管理主要表现为在线反映、在线反馈、实时分析比较功能。决策者在方便、准确、快捷的在线管理条件下,能提高工作效率,加强财务监控,及时部署经营活动和作出财务安排。

（三）电子商务

网络财务的核心是财务管理的数字化和远程化,这为电子商务中物流、付款、结算的顺利进行提供了充分保证。通过电脑进行各项交易活动,企业购销活动运行便捷,费用低廉。

总之,现代企业在成熟的网络系统条件下,形成了以网络为基础的计算环境,实现了财务管理模式从桌面走向网络、从静态走向动态的转变,这极大地提高了企业财务管理的水平与效率。企业依托网络财务可以充分发挥财务管理的作用,使企业赢得制胜先机。

四、全球化理财观念

知识经济时代为企业的国际经营创造了非常有利的条件。由于知识资本较容易跨国转移,加之信息技术的发展使得空间相对变小,各国经济联系日益紧密,因而现代企业经营呈现出全球化特征。特别值得注意的是,当今世界的经济全球化浪潮,使得市场经济导向支配下的信息流量及信息传播开始跨越空间、地域和边界的限制。全球经济贸易、资本流动、国际结算业务的发展以及会计服务国际化的背景,促进了高质量会计信息需求的上升。世界贸易组织(WTO)规则要求成员国必须提高其贸易政策与法规的真实性和透明度,对包括会计信息在内的各类信息的可靠性、可比性以及披露的充分程度都有着全球范围的质量要求。各国会计信息交换与经济全球化进程日益紧密地联系在一起,从而引发全球会计信息生成体系和传播过程的趋同与重构。在经济全球化与经济转轨同步进行的时空条件下,会计作为国际通用商业语言的媒介作用更加突出。我国于 2001 年 12 月 11 日已正式加入了世界贸易组织,我国经济更加广泛而深入地融入了世界经济,全球性的跨国交易和贸易往来更加频繁。现代企业必须树立全球化理财观念,放眼国际市场,扩大筹资和投资渠道及范围,主动参与国际竞争,提高资本运筹效率和效益。

五、人本化理财观念

人是生产力中最积极、最活跃的因素。知识经济时代最重要的资源是知识,而知识是人创造并掌握的。在知识经济条件下,人在生产经营过程中的作用远比工业经济时代更直接和更重要,因而现代企业越来越重视人的全面发展与管理。

就现代企业财务管理而言,要树立人本化理财观念,应充分认识到,在任何企业内部,最有价值的资源是企业员工的创造力及其对成功的渴求。要充分发掘出这种潜力,使企业员工能够对企业的业绩负责,并对他们的成功给予相应的回报,由此就会产生巨大的创造力和不竭的动力,促进经济社会和人的全面发展。坚持以人为本,要求现代企业加大对人才的投入,加强对人才价值的计量与信息反馈;将各项理财活动"人格化",建立科学的业绩考核评价指标体系及合理的收入分配机制,力求报酬与贡献相统一。应不断创新激励和约束机制,建立责、权、利相结合的财务管理运行机制,强化对人的激励与约束,只有这样,才能充分调动人的积极性、主动性和创造性。

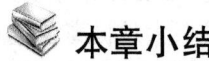
本章小结

财务管理关注企业的现金流量,基于此,本章强调货币时间价值和投资风险报酬是企业财务管理必须具备的基本观念,详细介绍了货币时间价值的计算、风险的衡量以及风险与报酬的关系,并对知识资本观念、信息观念、网络财务观念、全球化理财观念和人本化理财观念等新观念进行了阐述。

案　　例
24 美元真的很便宜吗?

位于曼哈顿岛的纽约是美国最大的工商业城市,也是美国的经济中心。在 1626 年 9 月 11 日,荷兰人 Peter Minuit 从印第安人那里花了 24 美元买下了曼哈顿岛。据说这是美国有史以来最合算的投资,而且所有的红利免税。

24 美元真的很便宜吗? 如果当年的这 24 美元没有用来购买曼哈顿岛,而是用作其他投资了呢? 我们假设每年 8% 的投资收益率,不考虑战争、灾难、经济萧条等社会因素,这 24 美元到 2004 年会是多少? 4 307 046 634 105.39 美元,即 43 万亿多美元。这仍然能够买下曼哈顿岛,这个数字是美国 2003 年国民生产总值的 2 倍还多。这就是货币时间价值的魔力所在。

资料来源:段九利主编:《财务管理》,清华大学出版社 2007 年版。

复习思考题

1. 什么是货币时间价值? 如何进行计算?
2. 对风险进行衡量时,应着重考虑哪些因素?
3. 如何计算标准差和标准差系数?
4. 简要说明财务管理观念的创新与发展。

习　　题

一、单项选择题

1. 一定时期内每期期初等额收付的系列款项是(　　)。
　　A. 即付年金　　B. 永续年金　　C. 递延年金　　D. 普通年金
2. 某企业拟进行一项存在一定风险的工业项目投资,有甲、乙两个方案可供选择。已知甲方案净现值的期望值为 1 000 万元,标准差为 300 万元;乙方案净现值的期望值为 1 200 万元,标准差为 330 万元。下列结论中正确的是( )。

　　A. 甲方案优于乙方案　　　　B. 甲方案的风险大于乙方案

　　C. 甲方案的风险小于乙方案　　D. 无法评价甲、乙方案的风险大小

3. 下列各项年金中,只有现值没有终值的年金是( )。

　　A. 普通年金　　B. 即付年金　　C. 永续年金　　D. 递延年金

4. 企业年初贷款 50 000 元,10 年期,年利率 12%,每年年末等额偿还,则每年应付金额为( )元。

　　A. 8 849　　　B. 5 000　　　C. 6 000　　　D. 28 251

5. 某企业拟建立一项基金,每年年初投入 100 000 元,若利率为 10%,5 年后该项基金的本利和为( )元。

　　A. 671 560　　B. 564 100　　C. 871 600　　D. 610 500

6. 下列各项中,表示即付年金现值系数的是( )。

　　A. $[(P/A, i, n+1)+1]$　　　　B. $[(P/A, i, n+1)-1]$

　　C. $[(P/A, i, n-1)-1]$　　　　D. $[(P/A, i, n-1)+1]$

7. 在期望值相同的情况下,标准差越小的投资方案,其风险( )。

　　A. 越大　　　B. 越小　　　C. 两者无关　　D. 无法判断

8. 多个投资方案相比较,标准差系数越大的投资方案,其风险( )。

　　A. 越大　　　B. 越小　　　C. 两者无关　　D. 无法判断

9. 企业某新产品开发成功的概率为 80%,成功后的投资报酬率为 40%,开发失败的概率为 20%,失败后的投资报酬率为 −100%,则该产品开发方案的预期投资报酬率为( )。

　　A. 18%　　　B. 20%　　　C. 12%　　　D. 40%

10. 有一项年金,前 3 年每年年初无流入,后 5 年每年年初流入 500 万元,假设年利率为 10%,其现值为( )万元。

　　A. 1 994.59　　　　　　　B. 1 566.36

　　C. 1 813.48　　　　　　　D. 1 423.21

二、多项选择题

1. 关于投资者要求的期望投资报酬率,下列说法中正确的有( )。

　　A. 风险程度越高,要求的期望投资报酬率越低

　　B. 无风险报酬率越高,要求的期望投资报酬率越高

　　C. 无风险报酬率越低,要求的期望投资报酬率越高

　　D. 风险程度越高,要求的期望投资报酬率越高

2. 年金按其每次收付款发生时点的不同,可以分为( )。

A. 普通年金 B. 即付年金
C. 递延年金 D. 永续年金

3. 在财务管理中,经常用来衡量风险大小的指标有( )。
A. 标准差 B. 边际成本
C. 风险报酬率 D. 标准差系数

4. 计算普通年金现值所必需的资料有( )。
A. 年金 B. 终值 C. 期数 D. 利率

5. 有甲、乙两个投资方案,若甲方案的期望值高于乙方案的期望值,且甲方案的标准差小于乙方案的标准差,下列表述中不正确的有( )。
A. 甲方案的风险小,应选择甲方案
B. 乙方案的风险小,应选择乙方案
C. 甲方案的风险与乙方案的风险相同
D. 难以确定甲方案与乙方案的风险大小

6. 递延年金的特点有( )。
A. 最初若干期没有收付款项 B. 最后若干期没有收付款项
C. 其终值计算与普通年金类似 D. 其现值计算与普通年金相同

7. 两个投资项目预期收益的标准差相同,而期望值不同。下列说法中不正确的有( )。
A. 这两个项目预期收益相同 B. 这两个项目标准差系数相同
C. 这两个项目预期收益不同 D. 这两个项目未来风险报酬相同

8. 关于在普通年金终值系数的基础上,期数加1,系数减1所得的结果,下列说法中不正确的有( )。
A. 普通年金现值系数 B. 即付年金现值系数
C. 普通年金终值系数 D. 即付年金终值系数

9. 下列表述中正确的有( )。
A. 永续年金既有终值,又有现值
B. 在现值和利率一定的情况下,计息期数越少,则复利终值越小
C. 在终值和计息期一定的情况下,贴现率越低,则复利现值越大
D. 在终值和计息期一定的情况下,贴现率越低,则复利现值越小

10. 在实际工作中,以年金形式出现的有( )。
A. 保险费
B. 租金
C. 奖金
D. 采用加速折旧法所计提的各年固定资产折旧费

三、判断题

1. 对于多个投资方案而言,无论各方案的期望值是否相同,标准差系数最大的方案一定是风险最大的方案。（　　）

2. 在利率和计息期相同的条件下,复利现值系数与复利终值系数互为倒数。（　　）

3. 递延年金终值的大小与递延期无关,故其计算方法和普通年金终值的计算方法类似。（　　）

4. 标准差反映风险的大小,可以用来比较各种不同投资方案的风险程度。（　　）

5. 在利率均为10%的情况下,第十年年末1元的复利现值大于第八年年末1元的复利现值。（　　）

6. 概率(P_i)必须符合以下两个条件：$0 \leqslant P_i \leqslant 1$,且 $\sum P_i = 1$。（　　）

7. 标准差是反映概率分布中各种可能的报酬率对实际报酬率的偏离程度。（　　）

8. 对于多个投资方案择优,决策者的行动准则应是权衡期望收益与风险,而且还要视决策者对风险的态度而定。（　　）

9. 根据风险与收益对等的原理,高风险的投资项目必然获得高收益。（　　）

10. 用来代表货币时间价值的利率中包含着风险因素。（　　）

四、计算分析题

1. 某企业的A投资项目在3年建设期内每年年末向银行借款150万元,年利率为8%。要求：计算A投资项目竣工时应付的本息总额。

2. 某企业投资一项目,每年年初投入100万元,若年利率为10%,3年建设期。要求：计算该项目投资的总现值是多少？

3. 某企业准备从银行贷款20万元购买一台设备,可使用5年,期满无残值,估计使用该设备每年可获净收益4.5万元,借款年利率为8%。要求：评价该方案是否可行？

4. 某公司拟购置一处房产,房主提出两种付款方案：

(1) 第一方案：从现在起,每年年初支付20万元,连续支付10次,共200万元。

(2) 第二方案：从第五年开始,每年年初支付25万元,连续支付10次,共250万元。

假设该公司的资本成本为10%。要求：将两种付款方案进行比较,并作出选择。

5. 某企业有一投资项目,该投资项目的标准差系数为58%,风险报酬斜率由专家估算为0.10,国债收益率为5%。要求:计算该投资项目的期望投资报酬率。

6. 某公司对一项长期投资进行决策,现有以下两种方案可供选择:

甲方案:投资报酬率为40%的概率为0.3;投资报酬率为25%的概率为0.4;投资报酬率为10%的概率为0.3。

乙方案:投资报酬率为80%的概率为0.2;投资报酬率为30%的概率为0.5;投资报酬率为-20%的概率为0.3。

要求:

(1) 计算甲、乙两种方案的预期投资报酬率。

(2) 衡量甲、乙两种方案的风险程度。

(3) 对甲、乙两种方案进行分析评价。

第三章 资金筹集

本章结构图

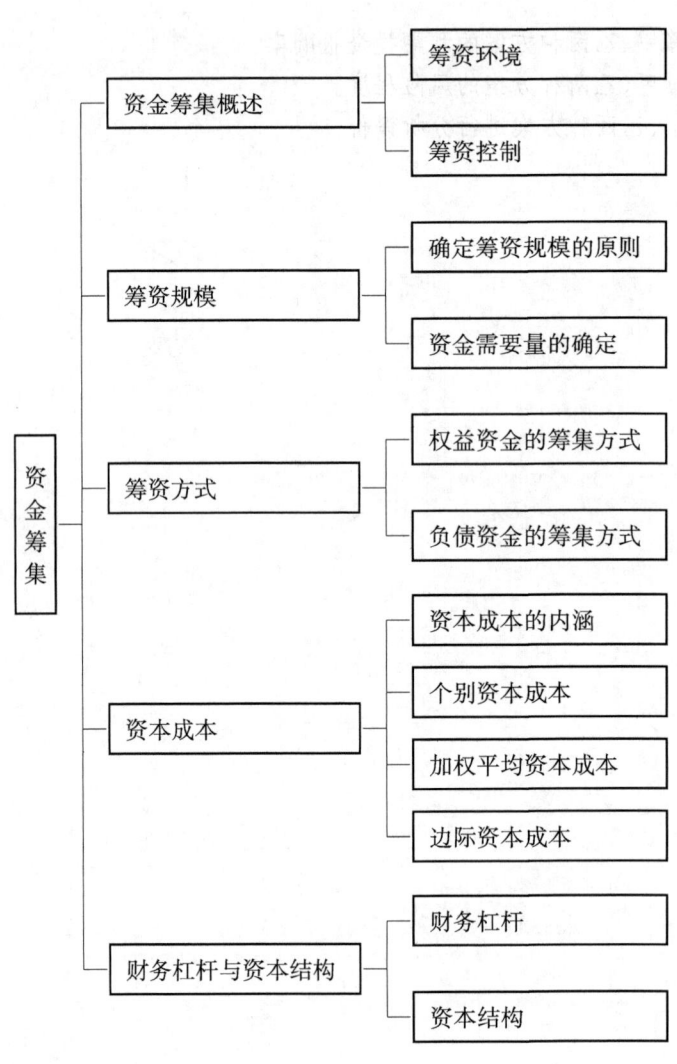

本章学习目标

- 了解企业筹资环境
- 熟悉企业筹资业务的内部控制制度
- 熟悉企业确定筹资规模的原则
- 掌握资金需要量的确定方法
- 熟悉权益资金和负债资金的筹集方式
- 掌握资本成本的计算方法
- 掌握财务杠杆原理
- 掌握资本结构的决策方法

资金是企业筹办和从事生产经营活动的物质基础。筹资状况直接影响企业经济效益的高低,关系到企业的生存和发展,因而资金筹集管理是企业财务管理的一项重要内容。

第一节 资金筹集概述

资金筹集是指企业通过不同渠道,采用适当的方式,按照一定的程序,筹措企业设立、生产经营所需资金的一种财务活动。企业应当充分考虑筹资环境对筹资活动的影响与制约,加强资金筹集管理,努力降低资本成本,防范和化解财务风险,增加企业的经济效益。

一、筹资环境

筹资活动受筹资环境的影响与制约,要有效防范筹资决策不当带来的风险,必须综合考虑企业内、外部环境对筹资活动的影响。

(一)外部环境

1. 宏观经济发展状况

一般而言,宏观经济的发展呈现波浪式前进状态。在经济增长比较快的时期,企业外部市场条件较好,这时通过举债筹资往往可以增强企业发展的能力,也可以获得较多的盈利。反之,在经济发展滞缓时期,债务过重会使企业雪上加霜,甚至导致企业破产清算。

2. 金融市场的状况

金融市场是一个庞大的系统,随着我国经济体制改革的不断深入,正在逐步完善。日益发达的金融市场促进了企业筹资方式的多样化。研究金融市场，必须分析利率这一金融杠杆，利率的变化不但直接影响信贷资金的成本，还会引起证券市场的波动，最终会改变企业的筹资成本，影响企业的筹资决策。因此，金融市场对企业筹资有很大的影响。

3. 税收政策

由于支付债务利息具有抵税作用，而分派股东股利不能抵税，因而企业为了享受抵税的好处，宁愿举借较多的债务，这说明税收政策对负债筹资有一定的刺激作用。

(二) 内部环境

1. 企业经营者对风险的态度

面对经营活动中诸多的不确定因素，筹资风险客观存在，如何在风险和收益之间进行权衡，期望的财务杠杆作用究竟多大，这取决于企业经营者对风险的态度。因而企业经营者对风险的态度影响筹资结构的抉择。

2. 企业的资产结构

企业筹资结构在很大程度上取决于企业的资产结构，即资产流动性的大小。如果企业资产变现能力强，企业就有信心承担财务杠杆带来的财务风险。企业的偿债能力越强，就越能使用较高的财务杠杆。

3. 企业的信誉

企业在债权人心目中有良好的信用形象，具备按期还本付息的能力，这是企业举债经营的基础。

4. 企业的盈利状况

盈利能力强的企业，能够承担较多债务的利息费用，使用较高的财务杠杆，也不会引起偿债的困难。这类企业通常筹资能力也强。

此外，企业的财务管理水平、实现销售和利润的稳定性、股利政策等因素，都会对企业的筹资结构产生一定的影响。

二、筹资控制

(一) 筹资控制的关键

企业在筹资活动中，至少应当关注其涉及的下列风险：

(1) 筹资活动违反国家法律法规，可能遭受外部处罚、经济损失和信誉损失。

(2) 筹资活动未经适当审批或超越授权审批，可能因重大差错、舞弊、欺诈而导致损失。

(3) 筹资决策失误，可能造成企业资金不足、冗余或债务结构不合理。

(4) 债务过高和资金调度不当，可能导致企业不能按期偿付债务。

(5) 筹资记录错误或会计处理不正确,可能造成债务和筹资成本信息不真实。

企业在建立与实施筹资活动内部控制中,至少应当强化对下列关键方面或者关键环节的控制:

(1) 职责分工、权限范围和审批程序应当明确规范,机构设置和人员配备应当科学合理。

(2) 筹资决策、执行与偿付等环节的控制流程应当清晰合理;筹资方案的拟订与审批、筹资合同协议的审核与签订、筹集资金的收取与使用、还本付息的审批与办理等应当有明确规定。

(3) 筹资活动的确认、计量和报告应当符合国家统一的会计制度的规定。

(二) 筹资业务的内部控制制度

企业筹资业务的内部控制制度主要有以下几种。

1. 筹资业务的岗位责任制

企业应当建立筹资业务的岗位责任制,明确有关部门和岗位的职责、权限,确保办理筹资业务的不相容岗位相互分离、制约和监督。同一部门或个人不得办理筹资业务的全过程。筹资业务的不相容岗位至少包括:筹资方案的拟订与决策,筹资合同或协议的审批与订立,与筹资有关的各种款项偿付的审批与执行,筹资业务的执行与相关会计记录。

企业应当配备合格的人员办理筹资业务。办理筹资业务的人员应具备必要的筹资业务专业知识和良好的职业道德,熟悉国家有关法律法规、相关国际惯例及金融业务。

2. 筹资业务的授权批准制度

企业应当对筹资业务建立严格的授权批准制度,明确授权批准方式、程序和相关控制措施,规定审批人的权限、责任以及经办人的职责范围和工作要求。

3. 筹资业务决策环节的控制制度

企业应当建立筹资业务决策环节的控制制度,对筹资方案的拟订设计、筹资决策程序等作出明确规定,确保筹资方式符合成本效益原则,筹资决策科学、合理。

企业对于重大筹资方案,应当实行集体决策审批或者联签制度。决策过程应有完整的书面记录。企业筹资方案需经国家有关管理部门或上级主管单位批准的,应及时报请批准。

企业应当建立筹资决策责任追究制度。明确相关部门及人员的责任,定期或不定期地进行检查。

4. 筹资决策执行环节的控制制度

企业应当建立筹资决策执行环节的控制制度,对筹资合同的订立与审核、资产的收取等作出明确规定。

筹资合同或协议的订立应当符合我国《合同法》及其他相关法律法规的规定，并经企业有关授权人员批准。重大筹资合同或协议的订立，应当征询法律顾问或专家的意见。

企业应当按照筹资合同或协议的约定及时足额取得相关资产。企业取得货币性资产，应当按实有数额及时入账。企业取得非货币性资产，应当根据合理确定的价值及时进行会计记录，并办理有关财产转移手续。对需要进行评估的资产，应当聘请有资质的中介机构及时进行评估。

5. 筹资业务偿付环节的控制制度

企业应当建立筹资业务偿付环节的控制制度，对支付偿还本金、利息、租金、股利（利润）的步骤和偿付形式等作出计划和预算安排，并正确计算、核对，确保各项款项偿付符合筹资合同或协议的规定。企业支付筹资利息、股利、租金等，应当履行审批手续，经授权人员批准后方可支付。

第二节 筹资规模

企业进行生产经营活动，必须要有一定数额的资金，企业资金的需要量即称为筹资规模。一个成长中的企业因扩大生产经营，往往产生扩张性筹资动机，也就是要追加筹资规模。合理的筹资规模既是企业资金投放的前提，又直接影响企业的经济效益。

一、确定筹资规模的原则

企业确定筹资规模的原则主要有以下几个方面。

（一）合理性原则

企业筹集的资金数量应根据生产经营活动的正常需要确定，即筹资规模要适度。筹资过多，易造成闲置浪费；筹资不足，则影响生产经营活动的正常进行。

（二）效益性原则

筹资的目的是为了运用，并使其发挥最佳使用效益。因此，企业应根据投资方向、投资回收期及未来的收益能力、获取现金流量的能力等因素综合考虑，即筹资规模要经济有效。

（三）数量与时间配比原则

在现实经济生活中，往往有这样的情形：一是所筹资金早于或迟于所需资金的时间进入企业，二是所筹资金的占用时间长于或短于所需资金的时间。由此而引起资金数量与时间上的不协调，需要引起重视。只有筹资数量与时间相配合，才能使筹资恰到好处。

二、资金需要量的确定

企业必须合理确定其在一定时期内的资金需要量,使其所需筹资的数量与投资所需数量达到平衡,避免筹资数量不足而影响到投资活动或筹资数量过剩而影响筹资效益。资金需要量预测分析的方法主要有销售百分比法和资金习性预测法。

(一)销售百分比法

销售百分比法是比率预测法的一种。比率预测法主要是以一定财务比率为基础来预测未来的资金需要量。能用于预测的比率比较多,如资金与销售额的比率、存货周转率、应收账款周转率等,但最常用的是资金与销售额的比率。以资金与销售额的比率为基础,预测未来资金需要量的方法,就是销售百分比法。

采用这种方法,就是根据资金各个项目与销售额之间的依存关系,按照计划期销售额的增长情况来预测需要相应追加多少资金。具体的计算方法有两种:一种是根据销售总额预计资产、负债和所有者权益的总额,然后确定追加资金需要量;另一种是根据销售增加额预计资产、负债和所有者权益的增加额,然后确定追加资金需要量。

【例3-1】 某企业2008年销售收入1.2亿元,净利润480万元,股利发放率50%,厂房设备利用已呈饱和状态。该企业2008年度简化的资产负债表如表3-1所示。

表3-1

资产负债表(简表)

2008年12月31日　　　　　　　　　　　　　　　金额单位:万元

资产		负债和所有者权益	
货币资金	120	应付账款	600
应收账款	400	应交税费	300
存货	2 600	长期借款	1 310
固定资产	4 800	股本	5 400
无形资产	40	留存收益	350
资产总计	7 960	负债和所有者权益总计	7 960

若该企业2009年销售收入增至1.5亿元,销售净利率与上年相同,该企业仍按2008年股利发放率支付股利。要求:预测该企业2009年需要追加的资金数额。

计算如下：

(1) 根据销售总额确定追加资金需要量。

第一步：确定销售百分比。

资产项目的销售百分比：$(120+400+2\,600+4\,800)\div 12\,000=7\,920\div 12\,000=66\%$

负债项目的销售百分比：$(600+300)\div 12\,000=900\div 12\,000=7.5\%$

这一计算步骤的关键是将资产负债表中预计随销售额变动而变动的项目分离出来。即区分直接随销售额变动的资产、负债项目与不随销售额变动的资产、负债项目。不同企业销售额的变动引起资产、负债变化的项目及比率是不同的，需要根据历史数据逐项研究确定。就本例而言，资产项目除无形资产外，负债项目除长期负债外，其余都随销售额变动而变动。

第二步：计算预计销售额下的资产和负债。

预计资产（负债）＝预计销售额×资产（负债）项目的销售百分比＋不随销售额变动的资产（负债）项目的金额

预计资产 $=15\,000\times 66\%+40=9\,940$（万元）

预计不增加借款情况下的负债 $=15\,000\times 7.5\%+1\,310=2\,435$（万元）

第三步：预计留存收益增加额。

留存收益包括盈余公积和未分配利润。留存收益会使所有者权益增加，是企业内部融资的来源。留存收益可以满足或部分满足企业的资金需求。这部分资金的多少，取决于企业收益的多少和股利支付率的高低。

留存收益增加额＝预计销售额×计划销售净利率×(1－股利支付率)＝
$15\,000\times(480\div 12\,000)\times(1-50\%)=300$（万元）

第四步：计算追加资金需要量。

追加资金需要量＝预计资产－预计负债－预计所有者权益＝
$9\,940-2\,435-(5\,400+350+300)=1\,455$（万元）

(2) 根据销售增加额确定追加资金需要量。

追加资金需要量＝资产增加－负债自然增加－留存收益增加＝
(新增销售额×资产项目的销售百分比)－(新增销售额×负债项目的销售百分比)－预计销售额×计划销售净利率×(1－股利支付率)＝

$$(15\,000-12\,000)\times 66\% - (15\,000-12\,000)\times 7.5\% - 15\,000\times$$
$$480\div 12\,000\times(1-50\%)=$$
$$1\,455（万元）$$

在实际工作中,运用销售百分比法进行资金需要量预测时,应充分重视市场价格因素以及资产实际营运状况的影响,有必要根据企业内外各种因素的影响对预测结果作出修正,以提高预测的准确性。

(二) 资金习性预测法

资金习性预测法是指根据资金习性预测企业未来资金需要量的一种方法。所谓资金习性,是指资金的变动与产销量之间的依存关系。按照资金和产销量之间的依存关系,可以把资金区分为不变资金、变动资金和半变动资金。

不变资金是指在一定的产销量范围内,不随产销量变动,保持固定不变的那部分资金,如:为维持营业而占用的最低数额的现金,原材料的保险储备,厂房、机器设备等固定资产占用的资金等。变动资金是指随产销量的变动而成同比例变动的那部分资金,如:构成产品实体的原材料、外构件等占用的资金,最低储备以外的现金、存货和应收账款等。半变动资金是指虽然受产销量变动的影响,但不成同比例变动的资金,如:一些辅助材料占用的资金等。半变动资金可采用一定的方法划分为不变资金和变动资金两个部分。因此,进行资金习性分析,就是将企业的资金最终划分为不变资金和变动资金两个部分,从数量上掌握资金与产销量之间的规律性,从而正确地预测资金的需要量。

资金习性预测法主要是根据资金总额与销售额的关系来进行预测。这种方法是借助于直线回归分析法这一数理统计方法完成的。它是根据历史上若干期企业资金总额与销售额之间的关系,把资金划分为不变资金和变动资金两个部分,然后结合预计的销售额来预测企业资金需要量。

在预测资金需要量时,以销售额作为自变量,以资金总额作为因变量,根据一定数量的自变量与因变量的对应资料,建立直线回归方程:

$$y=a+bx$$

式中:x 表示销售额;y 表示资金总额;a 表示资金中的固定部分(即不受销售额增减变动影响而能保持不变的部分);b 表示变动资金率(即每增加 1 元销售额需要增加的资金)。

根据已知过去若干年(n)的销售额 x 和资金总额 y 的资料,经过计算,则可求出 a,b 值。

根据直线回归方程 $y=a+bx$,就可预测出未来一定时期为完成预计销售额所需要的资金数额。

【例 3-2】 某企业 2003~2008 年销售额和资金总额的资料如表 3-2 所示。

表 3-2

某企业 2003~2008 年销售额和资金总额的资料

金额单位：万元

年　份	销售额(x)	资金总额(y)
2003	580	420
2004	600	430
2005	740	510
2006	850	580
2007	900	600
2008	960	620

假定该企业 2009 年销售额预测数为 1 000 万元。

要求：预测该企业 2009 年的资金需要量。

根据上述资料，编制直线回归方程数据计算表，如表 3-3 所示。

表 3-3

直线回归方程数据计算表

年　份	x	y	xy	x^2
2003	580	420	243 600	336 400
2004	600	430	258 000	360 000
2005	740	510	377 400	547 600
2006	850	580	493 000	722 500
2007	900	600	540 000	810 000
2008	960	620	595 200	921 600
$n=6$	$\sum x = 4\,630$	$\sum y = 3\,160$	$\sum xy = 2\,507\,200$	$\sum x^2 = 3\,698\,100$

根据表中有关数据，计算 a，b 值：

$$b = \frac{n\sum xy - \sum x \sum y}{n\sum x^2 - (\sum x)^2} = \frac{6 \times 2\,507\,200 - 4\,630 \times 3\,160}{6 \times 3\,698\,100 - 4\,630^2} = \frac{412\,400}{751\,700} = 0.548\,6$$

$$a = \bar{y} - b\bar{x} = \frac{3\,160}{6} - 0.548\,6 \times \frac{4\,630}{6} = 526.666\,7 - 423.336\,4 = 103.330\,3 \text{（万元）}$$

该企业的资金需要量预测模型为：
$$y = 103.330\,3 + 0.548\,6x$$

已知该企业 2009 年销售额的预测数为 1 000 万元，则：

2009 年预计资金需要量 $= 103.330\,3 + 0.548\,6 \times 1\,000 = 651.930\,3$（万元）

在实际工作中，运用直线回归分析法进行资金预测，应注意以下四个问题：

一是坚持连贯的原则和类推的原则。如果所占有的资料很不稳定，经常出现突然变化，则不便据以进行预测。

二是销售额和资金需要量两个变量之间的线性关系的假定要符合实际情况。

三是确定的 a,b 值应利用预测年度前连续若干年的历史资料，选择的历史跨度越长，预测结果越趋于准确。

四是在具体运用时，应充分考虑市场价格等因素变动对资金需要量的影响。并根据有关因素的影响对预测结果作出必要的修正，以减少预测误差，提高预测质量。

第三节 筹资方式

筹资方式是指企业筹集资金所采用的具体形式。在市场经济条件下，企业筹集资金的方式是多种多样的，主要有吸收直接投资、发行股票、发行债券、银行借款、融资租赁和商业信用等。归纳起来，主要包括两个方面：一是权益资金的筹集，即由投资人提供，构成企业的权益资本。二是负债资金的筹集，即向债权人借入，构成企业的负债。

一、权益资金的筹集方式

（一）吸收直接投资

吸收直接投资是指企业以协议等形式吸收各投资主体直接投入的资金。它是非股份制企业筹集权益资金的一种基本形式。企业吸收的直接投资主要有国家投资、法人投资、个人投资和外商投资。各投资主体可以用货币出资，也可以用实物、知识产权、土地使用权等能以货币估价并可依法转让的非货币财产作价出资。但是，法律、行政法规规定不得作为出资的财产除外。对作为出资的非货币财产应当评估作价，核实财产，不得高估或者低估作价。

吸收直接投资的优点主要有：

（1）有利于增强企业信誉。吸收直接投资所筹集的资金属于企业的自有资金，能增强企业的资信度和借款能力，对扩大企业规模、壮大企业发展实力具有重要意义。

（2）有利于较快地形成生产能力。由于出资形式多种多样，不仅可以筹集货币资金，而且能够直接获得所需要的先进设备和技术，有利于尽快形成生产能力，开拓市场。

（3）财务风险较低。企业可以根据自己的经营状况向投资者支付报酬，支付的多少与企业经营状况的好坏存在直接的关系，比较灵活。

吸收直接投资的缺点主要有：

（1）筹资成本较高。因为向投资者支付的报酬是根据其出资数额和企业经营状况的好坏来确定的，所以，在企业盈利较多时，所需负担的筹资成本较高。

（2）分散企业的控制权。投资者一般按其出资额取得企业的经营管理权；如果投资者较多，则投资者对企业的控制权就比较分散。

（二）发行股票

股票是股份有限公司为筹集自有资本而发行的有价证券，公司的股份采取股票的形式，股票是公司签发的证明股东所持股份的凭证。按股东权利义务的差别可分为普通股和优先股。发行普通股筹资是股份有限公司筹集权益资金最重要，也是最基本的形式。我国《证券法》规定："设立股份有限公司公开发行股票，应当符合《中华人民共和国公司法》规定的条件和经国务院批准的国务院证券监督管理机构规定的其他条件"；"公司公开发行新股，应当符合下列条件：（一）具备健全且运行良好的组织机构；（二）具有持续盈利能力，财务状况良好；（三）最近三年财务会计文件无虚假记载，无其他重大违法行为；（四）经国务院批准的国务院证券监督管理机构规定的其他条件。"

普通股筹资的优点主要有：

（1）发行普通股筹措资本具有永久性，无到期日，在公司正常生产经营期间不需归还。这对保证公司对资本的最低需要、维持长期稳定发展极为有益。

（2）普通股筹资没有固定的股利负担，股利的支付与否和支付多少，视公司有无盈利和经营需要而定，经营波动给公司带来的财务负担相对较小。由于普通股筹资没有固定的到期还本付息的压力，所以筹资风险较小。

（3）普通股筹措的资本是公司最基本的资金来源，它反映了公司的实力，为债权人提供了更大的保障，增强了公司的举债能力。

（4）由于普通股的预期收益较高，可一定程度地抵消通货膨胀的影响，因此，普通股筹资容易吸收资金。

（5）激励职工士气，增强职工的使命感和归宿感。

普通股筹资的缺点主要有：

（1）筹资成本较高。首先，从投资者的角度讲，因为投资于普通股的风险较高,因而相应的要求有较高的投资报酬率。其次,对于筹资公司而言,普通股股利从税后利润中支付,不像债券利息那样可以作为费用从税前支付,因而不具有抵税作用。普通股的发行费用一般也高于其他证券。

(2)普通股筹资会增加新股东,这可能会分散公司的控制权。

优先股是股份有限公司发行的在分配红利和剩余财产时比普通股具有优先权的股份。

优先股筹资的优点主要有:

(1)优先股一般没有固定的到期日,不用偿付本金。

(2)股利的支付既固定,又有一定的弹性。

(3)有利于提升企业的信誉。

(4)保持普通股股东对企业的控制权。

优先股筹资的缺点主要有:

(1)优先股的筹资成本低于普通股,但一般高于债券。

(2)筹资限制多,如对普通股股利支付的限制、对企业借债的限制等。

(3)可能形成较重的财务负担。优先股需要支付固定股利,但不得在税前扣除,当企业利润下降时,优先股股利可能成为企业沉重的财务负担。

二、负债资金的筹集方式

(一)发行债券

公司债券是公司依照法定程序发行、约定在一定期限还本付息的有价证券。我国《证券法》规定:"公开发行公司债券,应当符合下列条件:(一)股份有限公司的净资产不低于人民币三千万元,有限责任公司的净资产不低于人民币六千万元;(二)累计债券余额不超过公司净资产的百分之四十;(三)最近三年平均可分配利润足以支付公司债券一年的利息;(四)筹集资金的投向符合国家产业政策;(五)债券的利率不超过国务院限定的利率水平;(六)国务院规定的其他条件。"

目前,我国国内发行的企业长期债券的偿还期一般为1～5年。企业也可以发行期限短于1年的公司债券,以融通短期资金。

发行债券筹资的优点主要有:

(1)筹资成本较低。因为债券发行费用较低,且利息允许在税前支付,所以公司实际上负担的债券成本一般低于股票成本。

(2)保证控制权。债券持有人无权干涉公司的管理事务,因此,公司发行债券不会像增发股票那样可能会分散股东对公司的控制权。

(3)财务杠杆作用。发行债券的公司只需支付固定的利息,如果企业的投资报酬率高于债券的利率,则企业可以获得财务杠杆利益。

发行债券筹资的缺点主要有：

(1) 筹资数量有限。利用债券筹资有一定的限度，如前所述，我国《证券法》规定，公开发行公司债券，累计债券余额不超过公司净资产的40%。

(2) 财务风险高。债券有固定的到期日，并需定期支付利息。利用债券筹资，要承担还本付息的义务。若公司经营不善，会给公司带来更大的财务困难，有时甚至导致破产清算。

(3) 限制条件较多。发行债券的限制条件严格，一般比长期借款、融资租赁的限制条件要多，从而限制了公司对发行债券筹资方式的利用。

(二) 银行借款

银行借款是企业向银行或其他金融机构等借入的需要还本付息的款项，按偿还期限的长短可分为长期借款和短期借款。

长期借款是指企业向银行或其他金融机构等借入的期限在1年以上(不含1年)的各种借款。长期借款主要用于企业基本建设、更新改造、科技开发和新产品试制等方面。

长期借款筹资的优点主要有：

(1) 筹资速度快。与发行证券相比，一般所需时间较短，可以迅速地获取资金。

(2) 借款弹性较大。企业与银行可以直接接触，可通过直接商谈，来确定借款的期限、金额、利率及偿还方式等。在借款期间，如果企业情况发生了变化，也可与银行进行协商，变更借款的相关条款。借款到期后，如有正当理由，还可延期归还。

(3) 借款筹资成本较低。利用银行借款所支付的利息比发行债券所支付的利息低，也无须支付大量的发行费用。

(4) 可以发挥财务杠杆的作用。企业只需按照借款合同支付利息，在投资报酬率大于借款利率的情况下，企业将会因财务杠杆的作用而得到更多的收益。

长期借款筹资的缺点主要有：

(1) 筹资风险较高。企业举借长期借款，必须按期还本付息，在经营不利的情况下，可能会产生不能偿付的风险，甚至会导致破产清算。

(2) 限制性条款比较多。借款合同中，一般都有一些限制性条款，如不准改变借款用途等，这些限制性条款制约了企业对借款的使用。

(3) 筹资数量有限。银行借款筹资都有一定的上限。

短期借款是指企业向银行或其他金融机构等借入的期限在1年以下(含1年)的各种借款。短期借款主要用于解决企业临时或季节性的资金需求。

短期借款筹资的优点主要有：

(1) 借款弹性较大。短期借款的时间和数额弹性较大。可以随企业的需要安排，便于灵活使用，而且比较容易取得。

(2) 筹资速度快。与长期借款相比,获得短期借款所需的时间较短。

短期借款筹资的缺点主要有:

(1) 筹资风险高。因其偿还期较短,若企业资金调度不周,就可能出现无法按期偿还本息的局面。

(2) 筹资成本较高。在带有诸多附加条件的情况下,实际利率高于名义利率。

(三) 融资租赁

融资租赁是指企业委托租赁公司根据企业的要求,由租赁公司出资,代为购入所需要的资产,然后企业以租赁的方式从租赁公司租入该项资产,从而达到融通资金的目的。

融资租赁筹资的优点主要有:

(1) 能够迅速获得所需资产。以融资租赁方式租入资产往往比借款后再购置资产更迅速、更灵活。因为融资租赁是筹资与设备购置同时进行的,可以缩短设备的购进、安装时间,使企业尽快形成生产能力,有利于企业的发展。

(2) 融资租赁限制条件较少。企业采用发行股票、债券和长期借款方式筹资,都受到相当多的限制条件制约。相比之下,融资租赁没有太多的限制。

(3) 租金费用像债券利息那样可以作为费用在税前支付,因而具有抵税作用。此外,租金在整个租赁期间内分摊,使承租企业的财务压力降低。

融资租赁筹资的缺点主要有:

(1) 筹资成本较高。这是租赁筹资最大的缺点,租金总额占设备价值的比例一般要高于同期银行贷款的利率。

(2) 承租企业在经济不景气、财务困难的时期,固定的租金支付成为沉重的财务负担。

(四) 商业信用

商业信用是指商品交易中的延期付款或延期交货所形成的借贷关系,是企业之间的一种直接信用行为。它已成为企业短期资金的主要来源,主要有应付账款、预收款项和商业汇票等形式。

商业信用筹资的优点主要有:

(1) 商业信用筹资伴随着商品交易产生,容易取得。

(2) 筹资成本相对较低。如果没有现金折扣,或使用不带息票据,商业信用筹资不发生实际成本。

(3) 与其他筹资方式相比,商业信用筹资限制条件较少,选择余地较大。

商业信用筹资的缺点主要有:

(1) 期限较短。比如应付账款,如果企业取得现金折扣,期限更短。

(2) 有时筹资成本较高。如果企业放弃现金折扣,则必须付出很高的筹资成本。

(3) 有时风险较大。比如应付票据到期必须归还,如果延期便要交付罚金。

由于利用商业信用筹资属于一种自然性融资,企业应在政策、法规允许的前提下充分利用好这一筹资方式。

除了上述从外部筹资外,利用企业的留存收益也是企业生产经营所需资金的一项重要来源。企业不仅不要支付筹资费用,还可以增强企业自有资金的基础,为债权人提供保障,提高企业的举债能力。

需要注意的是,企业在选择不同方式筹资时,除具体考虑它们的优缺点外,还应结合金融市场资金供应状况和企业自身的具体情况,综合考虑筹资数量、筹资时效、筹资成本和筹资风险等因素的影响,运用一些科学的方法,反复论证、测算,选择、确定合适的筹资方式及其组合。

第四节 资本成本

资本成本是企业选择筹资来源、拟定筹资方案的重要依据,因而资本成本是企业筹资决策中必须要考虑的重要内容。

一、资本成本的内涵

资本成本亦称筹资成本,是企业筹集和使用资金需要付出的代价,它包括筹资费用和用资费用两个组成部分。

(一) 筹资费用

筹资费用是指企业在筹资过程中为获得资本而付出的代价,如股票、债券的发行费用等,它通常是在筹措资金时一次支付的。

(二) 用资费用

用资费用是指资本投入企业以后,企业因使用资本而付出的代价,如向股东支付的股利、向债权人支付的利息等,它是资本成本的主要内容。

资本成本可以用相对数表示,亦称资本成本率。其计算公式为:

$$K = \frac{D}{P(1-f)}$$

式中:K 表示资本成本率,常用百分数表示;D 表示用资费用;P 表示筹资数额;f 表示筹资费用率,即筹资费用占筹资数额的比率。

二、个别资本成本

个别资本成本是指各种筹资方式的成本,如股票筹资成本、长期借款筹资成本、发行债券筹资成本等,又可将其分为权益资本成本和债务资本成本。

这里以债务资本成本为例说明个别资本成本的计算。

债务资本成本的一般计算公式为：

$$K = \frac{I(1-T)}{P(1-f)}$$

式中：K 表示资本成本率；I 表示年利息；T 表示企业所得税税率；P 表示筹资数额；f 表示筹资费用率。

下面分别以长期借款和发行债券筹资成本的计算说明公式的具体应用。

【例3-3】 某企业取得长期借款300万元，年利率9%，期限为5年，每年付息一次，到期一次还本，筹资费用率0.2%，所得税税率25%。要求：计算长期借款筹资成本。

$$长期借款筹资成本 = \frac{300 \times 9\% \times (1-25\%)}{300 \times (1-0.2\%)} = 6.76\%$$

【例3-4】 某公司溢价发行债券，总面额2 000万元，总价格2 100万元，票面利率10%，发行费用占发行价格的5%，所得税税率25%。要求：计算债券筹资成本。

$$债券筹资成本 = \frac{2\,000 \times 10\% \times (1-25\%)}{2\,100 \times (1-5\%)} = 7.52\%$$

三、加权平均资本成本

企业运用各种筹资方式筹集资本，而各种个别资本成本是不一样的，为了作出正确的理财决策，必须计算企业的加权平均资本成本。

加权平均资本成本是以各种资本占全部资本的比重为权数，对各种个别资本成本进行加权平均计算出来的，也称综合资本成本。其计算公式为：

$$K_W = \sum_{i=1}^{n} K_i W_i$$

式中：K_W 表示加权平均资本成本；n 表示所有可能取值的个数；K_i 表示第 i 种资本成本；W_i 表示第 i 种资本占全部资本的比重，即权数（可按资本的账面价值、市场价值和目标价值来确定）。

【例3-5】 某公司各种筹资方式的筹资数额如下：长期借款500万元，公司债券2 500万元，普通股5 000万元，其筹资成本分别为9%、12%、15%。要求：计算加权平均资本成本。

各种筹资占筹资总额的比重：

长期借款： $500 \div 8\,000 \times 100\% = 6.25\%$

公司债券： $2\,500 \div 8\,000 \times 100\% = 31.25\%$

普通股：　　　　　　　　$5\,000 \div 8\,000 \times 100\% = 62.5\%$

加权平均资本成本：　　$9\% \times 6.25\% + 12\% \times 31.25\% + 15\% \times 62.5\% = 13.69\%$

四、边际资本成本

边际资本成本是企业追加筹集资本的成本，即资本每增加一个单位而增加的成本。企业在追加筹资时必须考虑边际资本成本的高低，由于追加筹资往往通过多种筹资方式的组合来实现，因而边际资本成本通常需要采用加权平均法来计算。

【例3-6】 某公司目前拥有资本1亿元，其中：长期借款4 000万元，公司债券2 000万元，普通股4 000万元。为了满足追加投资需要，公司拟筹措新的资本。要求：试通过计算各种筹资范围的边际资本成本，进行追加筹资的决策。

确定边际资本成本，可按下列步骤进行。

（一）确定目标资本结构

假定该公司理财人员经分析确定目前的资本结构置于目标范围内，在今后追加筹资时应予保持，即长期借款40%、公司债券20%、普通股40%。

（二）测定各种筹资方式的资本成本

理财人员分析了资本市场状况和公司筹资能力，认定随着公司筹资规模的增大，各种资本的成本也会发生变动，其测算资料如表3-4所示。

表3-4

某公司筹资资料

筹资种类	目标资本结构(%)	新筹资的数额范围(百万元)	个别资本成本(%)
长期借款	40	0~4	6
		4~8	8
		8以上	9
公司债券	20	0~20	10
		20~45	11
		45以上	12
普通股	40	0~60	13
		60~90	14
		90以上	15

（三）计算筹资总额分界点

筹资总额分界点是指在保持某种筹资方式的资本成本不变的条件下，企业可以筹集到的长期资金总额的最大值。其计算公式为：

$$W_i = C_i \div P_i$$

式中：W_i 表示筹资总额分界点；C_i 表示可用某一特定资本成本率筹集到的第 i 种资本限额；P_i 表示目标资本结构中第 i 种资本比重。

计算结果如表 3-5 所示。

表 3-5

某公司筹资总额分界点计算表

筹资种类	目标资本结构(%)	个别资本成本(%)	新筹资的数额范围(百万元)	筹资总额分界点(百万元)	筹资总额范围(百万元)
长期借款	40	6 8 9	0～4 4～8 8 以上	10 20 —	0～10 10～20 20 以上
公司债券	20	10 11 12	0～20 20～45 45 以上	100 225 —	0～100 100～225 225 以上
普通股	40	13 14 15	0～60 60～90 90 以上	150 225 —	0～150 150～225 225 以上

(四) 计算边际资本成本

根据以上计算的筹资总额分界点及其筹资总额范围，可得到以下六个新的筹资范围：

① 0～10 百万元。② 10 百万～20 百万元。③ 20 百万～100 百万元。④ 100 百万～150 百万元。⑤ 150 百万～225 百万元。⑥ 225 百万元以上。

对上列六个筹资范围分别计算加权平均资本成本，即可得到各种筹资范围的边际资本成本。如表 3-6 所示。

表 3-6

边际资本成本计算表

新筹资总额范围(百万元)	筹资方式	目标资本结构(%)	个别资本成本(%)	加权平均资本成本(%)
0～10	长期借款 公司债券 普通股	40 20 40	6 10 13	2.4 2 5.2
			第一个筹资范围的边际资本成本	=9.6

(续表)

新筹资总额范围 （百万元）	筹资方式	目标资本结构 （%）	个别资本成本 （%）	加权平均资本成本 （%）
10~20	长期借款 公司债券 普通股	40 20 40	8 10 13	3.2 2 5.2
	第二个筹资范围的边际资本成本＝10.4			
20~100	长期借款 公司债券 普通股	40 20 40	9 10 13	3.6 2 5.2
	第三个筹资范围的边际资本成本＝10.8			
100~150	长期借款 公司债券 普通股	40 20 40	9 11 13	3.6 2.2 5.2
	第四个筹资范围的边际资本成本＝11			
150~225	长期借款 公司债券 普通股	40 20 40	9 11 14	3.6 2.2 5.6
	第五个筹资范围的边际资本成本＝11.4			
225以上	长期借款 公司债券 普通股	40 20 40	9 12 15	3.6 2.4 6
	第六个筹资范围的边际资本成本＝12			

以上计算结果表明：随着企业新的筹资总额的增大，其边际资本成本呈不断增加的变化趋势；而且，在一个筹资总额范围变化到另一个筹资总额范围时，即在两个筹资总额范围的交界处，筹资总额增加一个单位，其边际资本成本就会增加到一个新的水平。因此，企业可以利用上述方法，根据企业的投资需要和实际筹资的可能，来安排企业未来的新筹资规划。

第五节 财务杠杆与资本结构

财务杠杆利益是资本结构决策的一个重要因素。资本结构决策需要在财务杠杆利益与其相关的风险之间进行合理的权衡。

一、财务杠杆

财务杠杆即企业在进行筹资结构决策时对债务筹资的利用。运用财务杠杆，企业可获得财务杠杆利益，同时要承受相应的财务风险。

财务杠杆利益是指利用债务筹资而给企业所有者带来的额外收益。在企业资本规模和资本结构一定的条件下，企业从息税前利润中支付的债务利息是相对固定的。当息税前利润增加时，扣除相对固定的债务利息，缴纳所得税后的净利润就会增加，从而给企业所有者带来额外的收益。

这里我们可以计算财务杠杆系数，用来反映财务杠杆的作用程度，估计财务杠杆利益的大小，评价财务风险的高低。

财务杠杆系数是普通股每股收益的变动率相当于息税前利润变动率的倍数。其计算公式为：

$$DFL = \frac{\Delta EPS \div EPS}{\Delta EBIT \div EBIT}$$

式中：DFL 表示财务杠杆系数；ΔEPS 表示普通股每股收益变动额；EPS 表示基期每股收益；$\Delta EBIT$ 表示息税前利润变动额；$EBIT$ 表示基期息税前利润。

又设：I 表示债务利息；N 表示流通在外普通股股数；T 表示所得税税率，则：

$$EPS = (EBIT - I) \times (1 - T) \div N$$

因为利息费用相对固定不变，则：

$$\Delta EPS = \Delta EBIT (1 - T) \div N$$

$$DFL = \frac{[\Delta EBIT(1-T) \div N] \div [(EBIT - I) \times (1 - T) \div N]}{\Delta EBIT \div EBIT} =$$

$$\frac{\Delta EBIT \div (EBIT - I)}{\Delta EBIT \div EBIT} = \frac{EBIT}{EBIT - I}$$

【例3-7】 某企业全部资本为1亿元，债务比率为40%，债务利率为8%，所得税税率为25%，息税前利润为800万元。要求：计算财务杠杆系数。

$$I = 10\,000 \times 40\% \times 8\% = 320 \,(万元)$$

$$DFL = \frac{800}{800 - 320} = 1.67$$

当息税前利润为800万元时，净利润为：

$$(800 - 320) \times (1 - 25\%) = 360 \,(万元)$$

当息税前利润为1 600万元时，净利润为：

$$(1\,600-320)\times(1-25\%)=960(万元)$$

这时,息税前利润增长 1 倍,净利润增长 1.67 倍,即普通股每股收益增长 1.67 倍。

假设该企业债务比率为 50%,其他不变,则:

$$I=10\,000\times50\%\times8\%=400(万元)$$

$$DFL=\frac{800}{800-400}=2$$

当息税前利润为 800 万元时,净利润为:

$$(800-400)\times(1-25\%)=300(万元)$$

当息税前利润为 1 600 万元时,净利润为:

$$(1\,600-400)\times(1-25\%)=900(万元)$$

这时,息税前利润增长 1 倍,净利润增长 2 倍,即普通股每股收益增长 2 倍。

从[例 3-7]的计算结果可以看出:

(1) 财务杠杆系数表明息税前利润变动所引起的每股收益的变动幅度。如果息税前利润增加,由于财务杠杆的作用,每股收益就会以更快的速度增加;反之,如果息税前利润减少,每股收益则会以更快的速度减少。也就是说,财务杠杆具有"双刃剑"作用。

(2) 在资本总额、息税前利润相同的情况下,负债比率越高,财务杠杆系数就越高,财务风险就越大,但每股收益也增长越快。也就是说,企业期望获取财务杠杆利益,就需承担由此引起的财务风险。因此,企业必须在财务杠杆利益与财务风险之间作出权衡,合理安排企业的筹资结构。

在实际工作中,企业往往是将财务杠杆和经营杠杆组合起来同时加以运用的。经营杠杆是企业在经营决策时对经营成本中固定成本的利用。运用经营杠杆,企业可获得经营杠杆利益,同时要承受相应的经营风险。财务杠杆和经营杠杆的组合称为复合杠杆。企业应根据具体情况的变化,综合考虑各种因素的影响,对财务杠杆和经营杠杆进行不同的组合,努力规避财务风险和经营风险,适当运用复合杠杆,以期获得较多的杠杆利益。

二、资本结构

资本结构是企业筹资决策的核心问题。资本结构是指各种资本的构成及其比例关系。所谓最佳资本结构,是指企业在一定时期内,使其加权平均资本成本最低、企业价值最大时的资本结构。如果企业现有资本结构不合理,应通过筹资活动适时主动调整，使其趋于合理。进行筹资结构的决策，常用的方法有比较资本成本法、每股收益分析法和综合法等。

（一）比较资本成本法

企业对拟定的筹资总额，可以采用多种筹资方式筹集，每种筹资方式的筹资数额可以有不同的选择。比较资本成本法就是计算不同筹资方案的加权平均资本成本，并以此为标准相互比较，进行筹资结构决策的方法。

【例 3-8】 某公司现有两个筹资方案可供选择，有关资料如表 3-7 所示。

表 3-7

某公司筹资方案的有关资料

筹资方式	筹资方案Ⅰ		筹资方案Ⅱ	
	筹资数额（万元）	资本成本（%）	筹资数额（万元）	资本成本（%）
长期借款	500	6	800	7
公司债券	1 200	8	2 200	9
普通股	3 300	12	2 000	12
合　计	5 000	—	5 000	—

要求：试通过对上述两个筹资方案资本成本的比较进行选优。

计算如下：

方案Ⅰ：

(1) 各种筹资占筹资总额的比重：

长期借款：　　　　$500 \div 5\,000 \times 100\% = 10\%$

公司债券：　　　　$1\,200 \div 5\,000 \times 100\% = 24\%$

普通股：　　　　　$3\,300 \div 5\,000 \times 100\% = 66\%$

(2) 加权平均资本成本：$6\% \times 10\% + 8\% \times 24\% + 12\% \times 66\% = 10.44\%$

方案Ⅱ：

(1) 各种筹资占筹资总额的比重：

长期借款：　　　　$800 \div 5\,000 \times 100\% = 16\%$

公司债券：　　　　$2\,200 \div 5\,000 \times 100\% = 44\%$

普通股：　　　　　$2\,000 \div 5\,000 \times 100\% = 40\%$

(2) 加权平均资本成本：

$$7\% \times 16\% + 9\% \times 44\% + 12\% \times 40\% = 9.88\%$$

以上两个筹资方案相比，方案Ⅱ的加权平均资本成本低于方案Ⅰ，因此，从资本成本的角度考虑，筹资方案Ⅱ优于方案Ⅰ。

这里需要说明的是，比较资本成本法是以加权平均资本成本最低作为评价标准对方案进行选择，在实际工作中，还应考虑由此引起的风险因素，避免风险增大给企业带来的不利影响。

(二) 每股收益分析法

每股收益分析法是利用每股收益无差别点来进行筹资结构决策的方法。每股收益无差别点是指在权益资本筹资和负债筹资两种筹资方式下，普通股每股收益相等时的息税前利润点。据此可以分析判断在什么情况下选择何种筹资方式来安排和调整筹资结构。

【例 3-9】 某公司资本结构变化情况如表 3-8 所示。

表 3-8

某公司资本结构变化情况表　　　　　金额单位：万元

筹资方式	原资本结构	追加筹资后资本结构	
		增发普通股后	增发公司债券后
公司债券（利率8%）	2 000	2 000	4 500
普通股（面值10元）	3 000	4 000	3 000
资本公积	400	1 900	400
留存收益	600	600	600
资金总额	6 000	8 500	8 500
普通股股数（万股）	300	400	300

注：增发新股时，每股发行价格为 25 元，普通股股本增加 1 000 万元，资本公积增加 1 500 万元，所得税税率 25%。

要求：计算每股收益无差别点。

计算如下：

根据表中数据，测算每股收益无差别点处的息税前利润。

$$\frac{(EBIT - I_1) \times (1 - T)}{N_1} = \frac{(EBIT - I_2) \times (1 - T)}{N_2}$$

式中:$\overline{EBIT}$表示每股收益无差别点处的息税前利润;I_1,I_2表示两种筹资方式下的年利息;N_1,N_2表示两种筹资方式下流通在外的普通股股数;T表示所得税税率。

代入数据得:

$$I_1 = 2\,000 \times 8\% = 160(万元)$$

$$I_2 = 4\,500 \times 8\% = 360(万元)$$

$$\frac{(\overline{EBIT} - 160) \times (1 - 25\%)}{400} = \frac{(\overline{EBIT} - 360) \times (1 - 25\%)}{300}$$

$$\overline{EBIT} = 960(万元)$$

当息税前利润$\overline{EBIT} = 960$万元时,采用两种筹资方式,每股收益无差别,均为1.5元。

每股收益无差别点如图3-1所示。

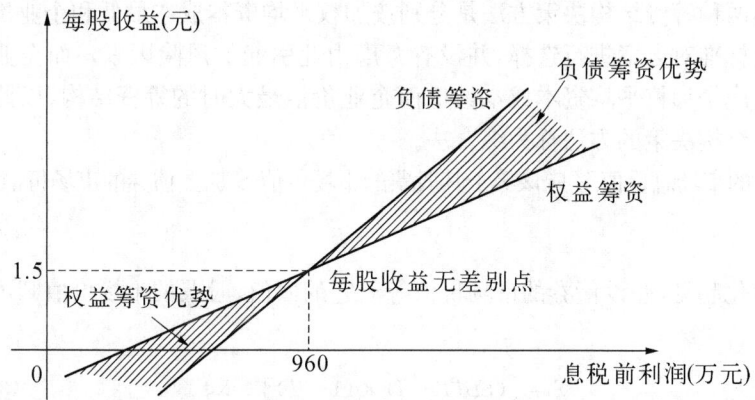

图3-1 每股收益分析法

从图3-1可以看出,当息税前利润$\overline{EBIT} > 960$万元时,利用负债筹资较为有利;当息税前利润$\overline{EBIT} < 960$万元时,以发行普通股筹资为宜。

例如,当预计息税前利润为1 200万元时,将采用两种筹资方式时的每股收益进行比较,如表3-9所示。

从表3-9中可见,当预计息税前利润>每股收益无差别点处的息税前利润时,利用负债筹资使每股收益上升较多。

这里必须指出的是,随着负债的增加,投资者的风险加大,股票价格有可能下降,因而在运用每股收益分析法时,还必须考虑筹资结构对风险的影响,以免作出错误决策。

表 3-9

某公司不同资本结构下的每股收益　　　金额单位：万元

项　　目	增发普通股后	增发公司债券后
预计息税前利润	1 200	1 200
减：利息	160	360
税前利润	1 040	840
减：所得税	260	210
净利润	780	630
普通股股数（万股）	400	300
每股收益（元）	1.95	2.1

（三）综合法

上述两种筹资结构决策方法是分别按加权平均资本成本最低和企业价值最大作为评价标准对方案进行选择，并没有考虑由此引起的风险因素。而企业的最佳筹资结构应是加权平均资本成本最低而企业价值最大时的筹资结构，以此为前提进行筹资结构决策的方法称为综合法。

企业的市场总价值 V 应该等于其股票的市场价值 S 加上债券的市场价值 B，即：

$$V = S + B \tag{3-1}$$

为简化起见，假设债券的市场价值等于它的面值，股票的市场价值则可通过下式计算：

$$S = [(EBIT - I) \times (1 - T)] \div K_S \tag{3-2}$$

式中：$EBIT$ 表示息税前利润；I 表示年利息；T 表示所得税税率；K_S 表示权益资本成本。

K_S 可由资本资产定价模型计算：

$$K_S = R_F + \beta \times (R_M - R_F)$$

式中：R_F 表示无风险报酬率；β 表示个别股票相对于市场平均风险的波动倍数；R_M 表示平均风险股票必要报酬率。

企业的资本成本，应用加权平均资本成本 K_W 来表示：

$$K_W = K_b \times (B \div V) \times (1 - T) + K_S \times (S \div V)$$

式中：K_b 表示税前债务资本成本。

【例3-10】 某公司年息税前利润为400万元,资金全部由普通股资本组成,账面价值2 000万元,所得税税率25%,该公司认为现有资本结构不够合理,拟通过发行债券购回部分股票的办法予以调整。经调查,目前债务利率和权益资本成本情况如表3-10所示。

表3-10

不同债务水平对公司债务资本成本和权益资本成本的影响

债券的市场价值 B（百万元）	税前债务资本成本 K_b(%)	股票的 β 值	权益资本成本 K_S(%)
0	—	1.20	14.8
2	10	1.25	15.0
4	10	1.30	15.2
6	12	1.40	15.6
8	14	1.55	16.2
10	16	2.10	18.4

假设:$R_F = 10\%$,$R_M = 14\%$。

要求:根据以上资料,计算筹资结构中不同债务情况下的公司总价值和加权平均资本成本。

公司总价值和加权平均资本成本计算如表3-11所示。

表3-11

公司总价值和加权平均资本成本计算表

债券的市场价值 B（百万元）	股票的市场价值 S（百万元）	公司的市场总价值 V（百万元）	税前债务资本成本 K_b(%)	权益资本成本 K_S(%)	加权平均资本成本 K_W(%)
0	20.270 3	20.270 3	—	14.8	14.800 0
2	19.000 0	21.000 0	10	15.0	14.285 7
4	17.763 2	21.763 2	10	15.2	13.784 8
6	15.769 2	21.769 2	12	15.6	13.780 9
8	13.333 3	21.333 3	14	16.2	14.062 5
10	9.782 6	19.782 6	16	18.4	15.164 8

从表3-11中可以看出,在没有债务的情况下,公司的市场总价值就是其原

有股票的市场价值。当公司用债务资本部分地替换权益资本时,一开始公司的市场总价值上升,加权平均资本成本下降;在债务达到600万元时,公司的市场总价值最高,加权平均资本成本最低;债务超过600万元后,公司的市场总价值下降,加权平均资本成本上升。因此,债务为600万元时的筹资结构是该公司的最佳筹资结构。

 本章小结

资金筹集是指企业通过不同渠道,采用适当的方式,按照一定的程序,筹措企业设立、生产经营所需资金的一种财务活动。本章阐明影响和制约企业筹资活动的筹资环境,强调企业应当加强筹资控制;重点阐述了筹资规模的确定、筹资方式的选择、资本成本的计算和资本结构的决策;提出企业应在财务杠杆利益与财务风险之间作出权衡,合理确定企业的资本结构。

案　例

透视"大宇神话"

一、大宇集团的基本情况

韩国第二大企业集团大宇集团1999年11月1日向新闻界正式宣布,该集团董事长金宇中以及14名下属公司的总经理决定辞职,以表示"对大宇的债务危机负责,并为推行结构调整创造条件"。韩国媒体认为,这意味着"大宇集团解体进程已经完成","大宇集团已经消失"。

大宇集团(简称大宇)于1967年开始奠基立厂。经过30年的发展,通过政府的政策支持、银行的信贷支持和在海内外的大力购并,大宇成为直逼韩国最大企业——现代集团的庞大商业帝国:1998年年底,总资产高达640亿美元,营业额占韩国GDP的5‰;业务涉及贸易、汽车、电子、通用设备、重型机械、化纤、造船等众多行业;国内所属企业曾多达41家,海外公司数量创下600家的记录;鼎盛时期,海外雇员多达几十万,大宇成为国际知名品牌。大宇是"章鱼足式"扩张模式的积极推行者,认为企业规模越大,就越能立于不败之地,即所谓的"大马不死"。据报道,1993年金宇中提出"世界化经营"战略时,大宇在海外的企业只有15家,而到1998年年底已增至600多家,"等于每3天增加一个企业"。

1997年年底,韩国发生金融危机后,其他企业集团都开始收缩,但大宇仍然我行我素,结果债务越背越重。1998年大宇发行的公司债券达7万亿韩元(约58.33亿美元)。1998年第四季度,大宇的债务危机已初露端倪。此后,在严峻的债务压力下,大梦方醒的大宇虽作出了种种努力,但为时已晚,最终不得不走向本文开头所述的那一幕。

二、财务杠杆与举债经营

大宇为什么会倒下?在其轰然坍塌的背后,存在的问题固然是多方面的,但不可否认有财务杠杆的消极作用在作怪。大宇在政府政策和银行信贷的支持下,走上了一条"举债经营"之路。试图通过大规模举债,达到大规模扩张的目的,最后实现"市场占有率至上"的目标。1997年亚洲金融危机爆发后,大宇已经显现出经营上的困难,其销售额和利润均不能达到预期目的,而与此同时,债权金融机构又开始收回短期贷款,政府也无力再给它更多支持。1998年年初,韩国政府提出"五大企业集团进行自律结构调整"方针后,其他集团把结构调整的重点放在改善财务结构方面,努力减轻债务负担。但大宇却认为,只要提高开工率,增加销售额和出口就能躲过这场危机。因此,它继续大量发行债券,进行"借贷式经营",最终走向危机。可见,大宇的举债经营所产生的财务杠杆效应是消极的,不仅难于提高企业的盈利能力,反而因巨大的偿付压力使企业陷入难以自拔的财务困境。从根本上说,大宇的解散,是其财务杠杆消极作用影响的结果。

三、从资本结构原理看"大马不死"神话

大宇是"章鱼足式"扩张模式的积极推行者,认为企业规模越大,就越能立于不败之地。从资本结构理论的角度看,有规模不一定有效益。资本结构理论的目的在于:寻求一种能使企业价值达到最大的负债与权益结构。其基本思路有两条:

(1)"做饼原理",即在保持现有资本结构不变的条件下,尽可能通过提高企业EBIT水平来实现提高EPS的目的。

(2)"分饼原理",即在EBIT保持不变的条件下,如何通过改变资本结构来实现提高EPS的目的。

显然,大宇考虑的是一条传统思路,即"做饼原理"。试图通过扩大企业规模来实现提高企业盈利水平的目的。而要把饼做大需要相应的资金。资金来源不同,其所决定的资本结构也不同,相应地,财务杠杆的作用程度也不同。要将企业规模做大容易,只要像大宇那样,通过大规模举债即可实现,问题是所投入的资金能否产生效益。以债台高筑为基础的急剧扩张式企业,其所面临的不仅仅是逆水行舟,不进则退的

局面，更多的是一旦资金没有得到有效利用而难以产生相应效益，就将产生消极的财务杠杆作用，这种作用会以几倍的速度将企业推向亏损，甚至破产的境地。

有规模又要有效益，必须具备总资产报酬率大于借款利率这一基本前提。与此同时，企业一旦具备这一前提，就更应考虑资本结构理论的另一条思路，即"分饼原理"。当企业投入某一数额的资金可以产生一定的EBIT水平时，企业应及时合理调整其资本结构，据此提高企业的EPS水平。而要实现这一思路，在理财上，必须遵循以下基本理财步骤：首先必须对投资项目进行严格的可行性研究，通过可行性研究，把握市场和把握项目的盈利能力；在此基础上，再根据项目的盈利能力适度负债，确定合理的筹资结构，以充分发挥财务杠杆的积极作用，提高企业的EPS水平。

由此可见，不求最大、但求最好是比较正确的经营思路。将有限的财务资源投入到企业最具竞争能力的业务上，不仅可以提高企业的核心竞争能力，提高企业的竞争优势，而且可以避免不必要的债务负担和财务危机。

我国资本市场上一些ST、PT上市公司以及靠国家政策和信贷支持发展起来而又债务累累的国有企业，应从"大宇神话"破灭中吸取教训，加强企业自身管理的改进，优化企业资本结构，清理与企业核心竞争力无关的资产和业务，将主要资源投入到关键业务，进一步提高企业的核心竞争力。

资料来源：http://www.cg.org.cn/practice/pra20.asp。有改动。

复习思考题

1. 简要说明影响与制约企业筹资活动的筹资环境。
2. 企业筹资业务的内部控制制度主要有哪些？
3. 试析普通股筹资的优缺点。
4. 按照我国《证券法》的规定，公司公开发行新股，应当符合哪些条件？
5. 按照我国《证券法》的规定，公开发行公司债券，应当符合哪些条件？
6. 什么是融资租赁？试析融资租赁筹资的优缺点。
7. 简要说明企业确定筹资规模的原则。
8. 资本成本有哪几种？如何计算？
9. 什么是财务杠杆？如何计算财务杠杆系数？

10. 简要说明如何在财务杠杆利益与财务风险之间作出权衡,合理确定企业的资本结构。

习　　题

一、单项选择题

1. 下列各项中,不属于商业信用的是(　　)。
   A. 应付职工薪酬　　　　　　B. 应付账款
   C. 应付票据　　　　　　　　D. 预收货款
2. 发行公司债券的累计债券余额不超过公司净资产的(　　)。
   A. 20%　　　B. 30%　　　C. 40%　　　D. 50%
3. 下列各项中,属于普通股筹资优点的是(　　)。
   A. 资本成本低　　　　　　　B. 筹资风险较小
   C. 不会分散公司的控制权　　D. 筹资费用低
4. 下列各项中,不属于商业信用筹资方式优点的是(　　)。
   A. 商业信用易于取得
   B. 筹资限制条件较少,选择余地较大
   C. 商业信用一般情况下筹资成本较低
   D. 商业信用的取得需要办理正式筹资手续
5. 对于债券和股票,以下说法中不正确的是(　　)。
   A. 债券的求偿权优于股票
   B. 债券投资风险小于股票
   C. 债券持有人不得参与公司决策,而普通股股东有权参与公司决策
   D. 债券的筹资成本高于股票的筹资成本
6. 某企业本期息税前利润为 3 000 万元,本期实际利息为 1 000 万元,则该企业的财务杠杆系数为(　　)。
   A. 3　　　　B. 2　　　　C. 0.33　　　D. 1.5
7. 资本成本包括(　　)。
   A. 筹资费用和利息费用
   B. 筹资费用和用资费用
   C. 借款利息、债券利息和手续费用
   D. 利息费用和向所有者分配的利润
8. 财务杠杆利益是指(　　)。

A. 提高债务比例导致的所得税降低
B. 利用现金折扣获取的利益
C. 利用债务筹资给企业所有者带来的额外收益
D. 降低债务比例所节约的利息费用

9. 企业财务人员在进行追加筹资决策时,所使用的资本成本是( )。
   A. 个别资本成本　　　　　　B. 边际资本成本
   C. 综合资本成本　　　　　　D. 留存收益成本

10. 调整企业资本结构并不能( )。
    A. 降低经营风险　　　　　　B. 降低资本成本
    C. 降低财务风险　　　　　　D. 增加融资弹性

二、多项选择题

1. 下列各项中,属于影响企业筹资活动的内部环境的有( )。
   A. 企业经营者对风险的态度　　B. 企业的资产结构
   C. 企业的信誉　　　　　　　　D. 企业的盈利状况

2. 企业筹资业务的不相容岗位至少包括( )。
   A. 筹资方案的拟订与决策
   B. 筹资合同或协议的审批与订立
   C. 与筹资有关的各种款项偿付的审批与执行
   D. 筹资业务的执行与相关会计记录

3. 下列各项中,对财务杠杆的论述正确的有( )。
   A. 财务杠杆系数是普通股每股收益的变动率相当于息税前利润变动率的倍数
   B. 财务杠杆是企业在经营决策时对经营成本中固定成本的利用
   C. 与财务风险无关
   D. 财务杠杆系数越大,财务风险越大

4. 下列各项中,属于资本成本中筹资费用内容的有( )。
   A. 借款手续费　　　　　　　B. 债券发行费
   C. 债券利息　　　　　　　　D. 股利

5. 在计算个别资本成本时,需考虑所得税因素的有( )。
   A. 债券成本　　　　　　　　B. 银行借款成本
   C. 普通股成本　　　　　　　D. 留存收益成本

6. 在计算加权平均资本成本时,企业个别资本占全部资本的比重可按资本的( )计算。

A. 账面价值 B. 市场价值
C. 市场平均价格 D. 目标价值
7. 对企业而言,融资租赁筹资的优点有( )。
A. 能够迅速获得所需资产 B. 限制条件较少
C. 降低企业资本成本 D. 租金费用具有抵税作用
8. 关于公开发行公司债券,下列说法中正确的有( )。
A. 发行债券的股份有限公司,其净资产不低于人民币6 000万元
B. 发行债券的有限责任公司,其净资产不低于人民币3 000万元
C. 债券的利率不超过国务院限定的利率水平
D. 筹集的资金投向符合国家产业政策
9. 与股票筹资方式相比,长期借款筹资的优点包括( )。
A. 使用限制少 B. 可以发挥财务杠杆的作用
C. 筹资速度快 D. 借款成本较低
10. 权益资金与负债资金的结构不合理会导致( )。
A. 财务风险增加 B. 筹资成本增加
C. 财务杠杆发生不利作用 D. 经营效率下降

三、判断题

1. 公司通过发行股票筹资,可以不付利息,因此,其筹资成本比借债筹资的成本低。( )
2. 用资费用是指资本投入企业以后,企业因使用资本而付出的代价,如向股东支付的股利、向债权人支付的利息等。( )
3. 资本成本是指企业筹资付出的代价,一般用相对数表示,即筹资费用加上用资费用之和除以资金筹集额所得的商。( )
4. 边际资本成本是资本每增加一个单位而增加的成本。( )
5. 最佳筹资结构是使企业筹资能力最强、财务风险最小的资本结构。( )
6. 财务杠杆的作用在于通过扩大销售量以影响息税前利润。( )
7. 企业财务杠杆系数为1时,说明该企业的负债为0。( )
8. 企业期望获取财务杠杆利益,就需承担由此引起的财务风险。( )
9. 企业同一部门或个人不得办理筹资业务的全过程。( )
10. 留存收益是企业内部融资的来源。( )

四、计算分析题

1. 某企业2008年销售收入8 850万元,净利润708万元,股利发放率

50%,厂房设备利用已呈饱和状态。该企业 2008 年度简化的资产负债表如表 3-12 所示。

表 3-12

资产负债表(简表)

2008 年 12 月 31 日　　　　　　　　　　　金额单位:万元

资　　产		负债和所有者权益	
货币资金	120	应付账款	585
应收账款	960	应交税费	300
存货	1 200	长期借款	1 365
固定资产	4 800	股本	5 400
无形资产	720	留存收益	150
资产总计	7 800	负债和所有者权益总计	7 800

若该企业 2009 年销售收入将增至 1 亿元,销售净利率与上年相同,该企业仍按 2008 年股利发放率支付股利。要求:运用销售百分比法预测该企业 2009 年需要追加的资金数额。

2. 某企业 2004～2008 年销售额和资金总额的资料如表 3-13 所示。

表 3-13

某企业 2004～2008 年销售额和资金总额的资料

金额单位:万元

年　　份	销售额(x)	资金总额(y)
2004	600	400
2005	740	500
2006	850	560
2007	920	600
2008	1 100	720

假定该企业 2009 年销售额预测数为 1 200 万元。要求:运用直线回归分析法预测该企业 2009 年的资金需要量。

3. 某公司各种筹资方式的筹资数额共 6 500 万元,其中,长期借款 520 万元,应付长期债券 780 万元,普通股 5 200 万元,其资本成本分别为 6%、9%、13%。

要求：计算该公司的综合资本成本。

4. 某公司目前发行在外普通股 5 000 万股（每股面值 1 元），已发行 10% 利率的债券 1 500 万元。该公司打算为一个新的投资项目融资 2 000 万元，新项目投产后年息税前利润增加到 1 000 万元，现有两个方案可供选择。方案 I：按 12% 的利率发行债券；方案 II：按每股 20 元发行新股。所得税税率为 25%。

要求：
(1) 计算两个方案的每股收益。
(2) 计算每股收益无差别点处的息税前利润。
(3) 计算两个方案的财务杠杆系数。
(4) 试通过对两个方案的比较进行选优。

第四章 资产营运(一)

本章结构图

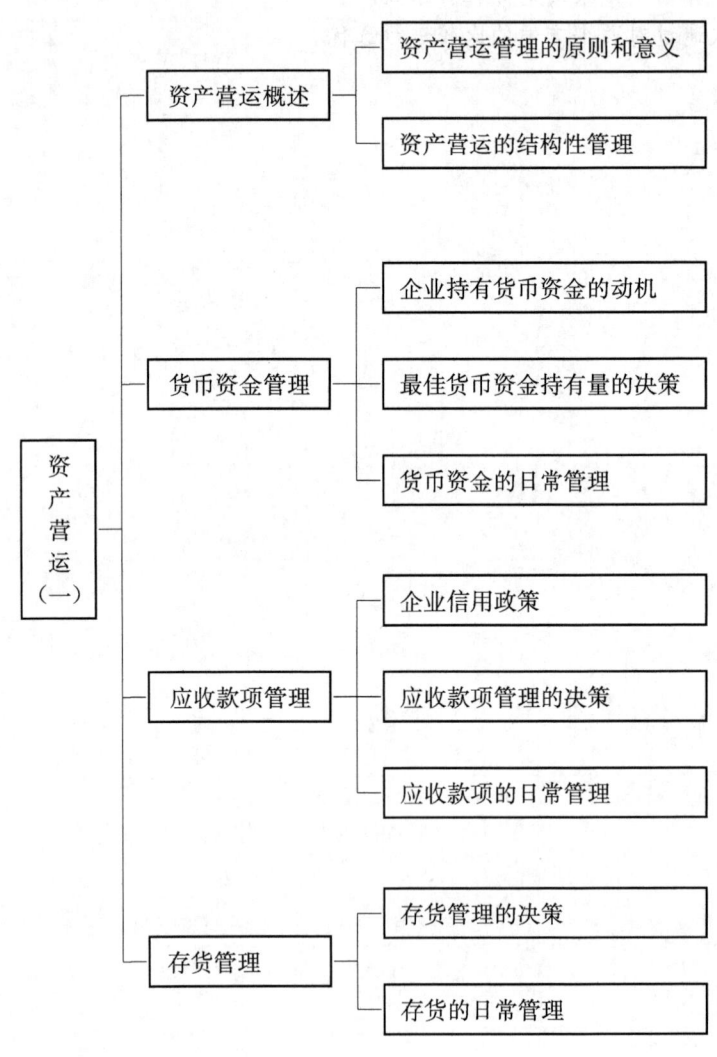

本章学习目标

- 熟悉资产营运管理的原则和意义
- 掌握资产营运的结构性管理
- 掌握最佳货币资金持有量的决策
- 熟悉货币资金的日常管理
- 掌握企业信用政策和应收款项管理的决策
- 熟悉应收款项的日常管理
- 掌握存货管理的决策
- 熟悉存货的日常管理

资产营运是指企业为了实现价值最大化而进行的资产配置和经营运作的活动。在市场经济条件下，安全和收益是对资产营运的根本要求。资产按其流动性的不同可以分为流动资产和非流动资产，主要包括货币资金、应收款项、存货、固定资产、无形资产等。本章主要介绍货币资金、应收款项和存货的管理。固定资产、无形资产和高风险业务的管理，将在第五章介绍。

第一节 资产营运概述

市场经济是风险经济，企业在对资产营运进行管理时，应采取一定的措施，对资产营运全过程进行监督和控制，包括资源优化配置、资产有效利用、现金流量管理和资产安全控制等。

一、资产营运管理的原则和意义

（一）资产营运管理的原则

1. 资产合理配置原则

企业不同类型资产配置的权重合理与否，直接决定着资产营运的质量和效益。遵循资产合理配置原则，要求企业各类资产的组合能够使企业资产营运的效率最高，实现的收益最大。因此，资产合理配置是企业资产有效营运的前提，是资产营运管理的基本原则。

2. 风险与收益均衡原则

企业在进行资产营运决策时需要遵循风险与收益均衡的原则，在风险与收益两者之间寻求平衡。风险一定的情况下,选择收益最大的方案;收益一定的情况下,选择风险最小的方案;风险、收益都不一定时,在企业能够承受的风险范围内,选择收益最大的方案。

3. 资产周转最快原则

资产周转越快,资产占用资金获得的收益越高;反之,资产周转越慢,资产占用资金获得的收益越低。

4. 成本效益最优原则

遵循成本效益最优原则,资产营运应以尽可能少的投入,获得尽可能多的产出。

(二)资产营运管理的意义

1. 实现企业资产的合理配置,提高资产的使用效率

企业通过资产营运的管理,不断调整资产的配置,实现资产配置的优化,从而提高资产的使用效率,提高企业的整体收益水平。

2. 有效控制企业的投资风险和现金流量风险

企业通过资产营运的管理,分析资产营运的风险和收益,对两者进行权衡,促使企业正确进行投资决策,确定合理的资产结构,提高资产的营运能力,加速资产周转,从而有效控制企业的投资风险和现金流量风险。

3. 保护企业资产的安全与完整

企业通过资产营运的管理,完善资产营运的内部控制制度,实施资产规范处置和资产安全控制,从而保护企业资产的安全与完整。

二、资产营运的结构性管理

(一)资产结构及其分类

将企业筹集的资金投放到各类资产上,便形成资产结构。资产结构是指企业各类资产的比例关系以及每类资产内部各项目之间的比例关系。它由企业生产技术的特点和投资决策所决定。由于各类别、各项目的资产特点不同,它们在生产经营活动中所起的作用也不同,因而资产结构如何,直接关系到资产营运的质量和效益。企业根据不同的管理需求,需要分析不同的资产结构。

根据流动资产占总资产的比重不同,可以将企业的资产结构划分为以下三种类型。

1. 保守型资产结构

保守型资产结构是指流动资产占总资产的比重偏大。在这种资产结构下,企业资产流动性较好,从而降低了企业的风险,但因为收益水平较高的非流动资产比重较小,企业的盈利水平相应降低。因此,企业的风险和收益水平

都比较低。

2. 风险型资产结构

风险型资产结构是指流动资产占总资产的比重偏小。在这种资产结构下,资产的流动性和变现能力较弱,从而加大了企业的风险,但因为收益水平较高的非流动资产比重较大,企业的盈利水平会有所提高。因此,企业的风险和收益水平都比较高。

3. 中庸型资产结构

中庸型资产结构是指介于保守型和风险型之间的资产结构。在这种资产结构下,企业的风险和收益水平相对适中。

(二) 资产结构动态管理

新《企业财务通则》要求:"企业应当根据风险与收益均衡等原则和经营需要,确定合理的资产结构,并实施资产结构动态管理。"

企业的资产结构并不是一成不变的,也不总是保持均衡的水平。某一时期的资产结构可能是适应当时企业经营需要的,但由于产业升级等引起固定资产投资增加、市场环境变化导致存货或者应收款项发生增减变动、生产工艺以及经营战略调整、经营者更迭导致原有资产结构策略调整等,都会使原有的资产结构发生变化,可能变得不能适应企业经营需要了。这时,企业就需要根据内、外环境的变化恰当地选择资产结构的类型,对某些资产及时采取购买、更新、置换、抵押、变卖、报废等措施,优化资产配置,以使资产结构调整到与企业经营需要相适应的新的状态。

因此,合理的资产结构只是相对而言的,一定时期优化的资产结构是暂时的,资产结构的变动是永恒的。企业应当树立资产结构动态管理的观念,随时调查、分析所处经营环境、行业竞争需要、技术进步状况、资产风险与收益的变化情况,结合企业不同时期的经营方针,在动态中调整好各类资产的比例关系,不断优化资产结构,在此前提下,加强各类资产的管理,提高资产营运的质量和效益。

第二节 货币资金管理

货币资金是指企业以货币形态存在的资产,包括企业所拥有的库存现金、银行存款和其他货币资金。货币资金具有最强的流动性和最为普遍的可接受性,因此,企业应当加强货币资金的管理。企业货币资金管理的目标是既要确保货币资金的安全与完整,又要在保证企业正常生产经营的前提下,尽可能减少货币资金持有量,将闲置的货币资金用于投资,以获取一定的投资收益。

一、企业持有货币资金的动机

企业持有货币资金的动机主要有以下三个方面。

（一）交易动机

交易动机是指企业持有一定数额的货币资金以满足日常生产经营活动支付的需要。尽管企业会经常发生货币资金的流入和流出，但两者很少同步、等额发生。因此企业必须持有一定数额的货币资金，才能保证交易活动的正常进行。一般而言，企业为满足交易性需要所持有的货币资金数额的大小，取决于企业销售水平和收回应收款项的能力。

（二）预防动机

预防动机是指企业持有货币资金为应付意外事件和满足将来的特殊需要。现代企业的经济环境和经济活动日益复杂，不确定影响因素越来越多。为避免经济环境的变化以及意外事件的发生给企业造成损失，企业必须持有比正常交易需要量更大的货币资金数额。基于预防动机所需货币资金的数额，取决于企业生产经营的稳定程度、企业货币资金流量预测的准确性、企业临时借款能力以及企业愿意承担风险的程度等因素。

（三）投机动机

投机动机是指企业持有货币资金以便捕捉不寻常的投资机会并获取收益。如当企业遇到廉价物资供应机会，便可适时购入；当预期利率下降、有价证券的价格将要上升时，企业便可将货币资金投资于有价证券，以便从中获利。基于投机动机所需货币资金的数额与企业在金融市场的投资机会以及企业对待风险的态度有关。

需要注意的是，由于各种动机所需货币资金可以相互调剂使用，因此，企业持有的货币资金数额并不等于各种动机所需货币资金数额的简单相加，前者通常小于后者。在实际工作中，企业只要保持良好的财务状况和筹资能力，有些偶发性的货币资金需求可以通过临时性的筹资来解决。

二、最佳货币资金持有量的决策

货币资金是流动资产中最为活跃的因素，在数量上是一个很难把握的随机变量。一般而言，在市场正常的情况下，流动性强的资产，其收益性较低。因此，企业要在资产的流动性和收益性之间作出合理抉择，确定货币资金的最佳持有量，既确保企业生产经营的货币资金需要，又充分发挥货币资金的使用效益。最佳货币资金持有量的决策方法主要有货币资金周转模式、成本分析模式和存货模式等，这里仅介绍前两种方法。

(一) 货币资金周转模式

货币资金周转模式是通过预计全年货币资金需求总量及其周转率来确定企业的最佳货币资金持有量。在企业的全年货币资金需求总量一定的情况下,货币资金的周转率越大,周转期越短,企业持有的货币资金就越少。采用货币资金周转模式,最佳货币资金持有量的计算公式为:

$$最佳货币资金持有量 = \frac{预计年货币资金需求总量}{货币资金周转率}$$

或:

$$最佳货币资金持有量 = \frac{预计年货币资金需求总量}{360} \times 货币资金周转期$$

其中:

$$货币资金周转率 = \frac{360}{货币资金周转期}$$

货币资金周转期 = 存货周转期 + 应收账款周转期 - 应付账款周转期

【例 4-1】 某企业的原材料采购和产品销售采用赊购、赊销方式,以往平均的存货周转期为 65 天,应收账款周转期为 45 天,应付账款周转期为 50 天。预计 2009 年的货币资金需求总量为 6 300 万元。要求:采用货币资金周转模式,确定该企业的最佳货币资金持有量。

$$货币资金周转期 = 65 + 45 - 50 = 60 (天)$$

$$货币资金周转率 = \frac{360}{60} = 6 (次)$$

$$最佳货币资金持有量 = \frac{6\ 300}{6} = 1\ 050 (万元)$$

货币资金周转模式的优点在于操作简单,便于理解和计算,但该模式要求有如下的假设前提条件:
(1) 未来年度的货币资金需求总量能够比较准确地预计。
(2) 未来年度的货币资金周转次数能够根据往年的历史资料测算出来。
(3) 企业的供、产、销过程持续稳定。

(二) 成本分析模式

成本分析模式是通过分析持有货币资金的相关成本,寻求使相关总成本最低时的货币资金持有量。企业持有货币资金的成本一般有以下三种。

1. 机会成本

货币资金的机会成本是指企业因持有货币资金而丧失的再投资收益。其与货币资金持有量成正比例关系。企业为满足正常生产经营需要而持有一定数额的货币资金,付出相应的机会成本是必要的,但货币资金持有过多,机会成本过高就不合算了。

2. 管理成本

货币资金的管理成本是指企业因持有货币资金而发生的管理费用,如管理人员的薪酬、安全措施费用等。管理成本是一项固定成本,与企业货币资金持有量的多少无直接联系,属于决策的无关成本。

3. 短缺成本

货币资金的短缺成本是因缺乏必要的货币资金,不能应付正常业务开支需要,而使企业遭受的损失或为此所付出的代价。货币资金的短缺成本与货币资金持有量成反方向变动关系。

在成本分析模式下,企业持有货币资金的相关成本主要包括机会成本和短缺成本。该模式认为,最佳货币资金持有量就是使机会成本和短缺成本之和最低时的货币资金持有量,如图4-1所示。

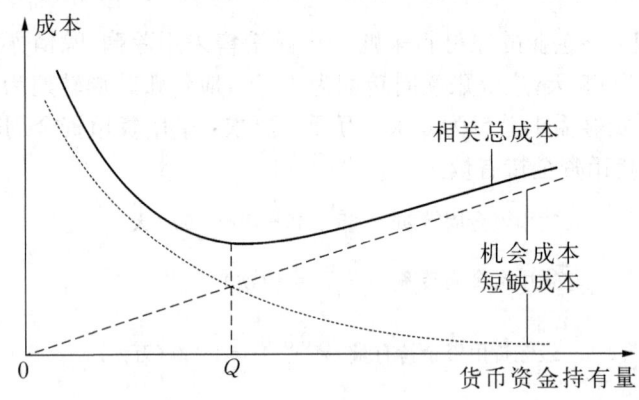

图4-1 成本分析模式

由图4-1可见,总成本曲线呈抛物线型,该抛物线的最低点即为相关总成本的最低点,其所对应的横轴上的货币资金持有量Q,即为最佳货币资金持有量。

在实际工作中,采用成本分析模式,可以先根据历史经验和市场情况测定几种货币资金持有量的方案,然后根据测算的投资报酬率确定各方案的机会成本,再测算各方案持有货币资金的短缺成本,最后从中选出两种成本之和最低的方案,其相应的货币资金持有量就是最佳货币资金持有量。

【例4-2】某企业有A、B、C、D四种货币资金持有方案,根据测算,投资报酬率为8%,短缺成本详见表4-1。要求:采用成本分析模式,确定该企业的最佳货币资金持有量。

编制货币资金持有方案成本分析表如表4-1所示。

表 4-1

货币资金持有方案成本分析　　　　　　金额单位：元

项目＼方案	A	B	C	D
货币资金持有量	3 000 000	5 000 000	7 000 000	9 000 000
机会成本	240 000	400 000	560 000	720 000
短缺成本	500 000	300 000	100 000	0
相关总成本	740 000	700 000	660 000	720 000

通过对表 4-1 中四种方案的相关总成本进行比较，可知 C 方案的相关总成本最低。所以，C 方案的货币资金持有量 7 000 000 元是该企业的最佳货币资金持有量。

三、货币资金的日常管理

为提高货币资金的管理效率，企业除了确定货币资金最佳持有量、实行预算管理外，还应采取各种措施，加强货币资金的日常管理。

（一）货币资金控制的关键

企业在货币资金的日常管理中，至少应当关注其涉及的下列风险：

（1）货币资金管理违反国家法律法规，可能遭受外部处罚、经济损失和信誉损失。

（2）货币资金管理未经适当审批或超越授权审批，可能因重大差错、舞弊、欺诈而导致损失。

（3）银行账户的开立、审批、使用、核对和清理不符合国家有关法律法规要求，可能导致受到处罚，造成货币资金损失。

（4）货币资金记录不准确、不完整，可能造成账实不符或导致财务报表信息失真。

（5）有关票据的遗失、变造、伪造、被盗用以及非法使用印章，可能导致资产损失、法律诉讼或信用损失。

企业在建立与实施货币资金内部控制中，至少应当强化对下列关键方面或者关键环节的控制：

（1）职责分工、权限范围和授权审批程序应当明确规范；机构设置和人员配备应当科学合理。

（2）现金、银行存款的管理应当合法合规，银行账户的开立、审批、使用、核对、清理严格有效,现金盘点和银行对账单的核对应当按规定严格执行。

(3) 货币资金的会计记录应当真实、准确、完整和及时。

(4) 票据的购买、保管、使用、销毁等应当有完整记录,银行预留印鉴和有关印章的管理应当严格有效。

(二) 货币资金业务的内部控制制度

企业货币资金业务的内部控制制度主要有以下几项。

1. 货币资金业务的岗位责任制

企业应当建立货币资金业务的岗位责任制,明确相关部门和岗位的职责权限,确保办理货币资金业务不相容岗位相互分离、制约和监督。货币资金业务的不相容岗位至少应当包括:货币资金支付的审批与执行;货币资金的保管与盘点清查;货币资金的会计记录与审计监督。企业应严格遵守《会计法》的规定:"出纳人员不得兼任稽核、会计档案保管和收入、支出、费用、债权债务账目的登记工作。"企业应当配备合格的人员办理货币资金业务,并结合企业实际情况,对办理货币资金业务的人员定期进行岗位轮换。

2. 货币资金业务的授权制度和审核批准制度

企业应当建立货币资金授权制度和审核批准制度,并按照规定的权限和程序办理货币资金支付业务。

(1) 支付申请。企业有关部门或个人用款时,应当提前向经授权的审批人提交货币资金支付申请,注明款项的用途、金额、预算、限额、支付方式等内容,并附有效经济合同协议、原始单据或相关证明。

(2) 支付审批。审批人根据其职责、权限和相应程序对支付申请进行审批。对不符合规定的货币资金支付申请,审批人应当拒绝批准,性质严重或金额巨大的,还应及时报告有关部门。

(3) 支付复核。复核人应当对批准后的货币资金支付申请进行复核,复核货币资金支付申请的批准范围、权限、程序是否正确,手续及相关单证是否齐备,金额计算是否准确,支付方式、支付企业是否妥当等。复核无误后,交由出纳人员等相关负责人员办理支付手续。

(4) 办理支付。出纳人员应当根据复核无误的支付申请,按规定办理货币资金支付手续,及时登记现金和银行存款日记账。

严禁未经授权的部门或人员办理货币资金业务或直接接触货币资金。

这里需要强调的是,实行网上交易、电子支付等方式办理货币资金支付业务的企业,应当与承办银行签订网上银行操作协议,明确双方在资金安全方面的责任与义务、交易范围等。操作人员应当根据操作授权和密码进行规范操作。使用网上交易、电子支付方式的企业办理货币资金支付业务,不应因支付方式的改变而随意简化、变更支付货币资金所必需的授权批准程序。企业在严格实行网上交易、电子支付操作人员不相容岗位相互分离控制的同时,应当配备专人加强对交易和支付行为的审核。

(三)采用适当的结算方式,尽快收回各种款项

企业应当按照《现金管理暂行条例》(国务院令[1988]第 12 号)、《支付结算办法》(银发[1997]393 号)等规定,及时办理销售等收款业务。按照《支付结算办法》的规定,银行转账结算方式主要有银行汇票、商业汇票、银行本票、支票、信用卡、汇兑、托收承付和委托收款。企业采用不同的结算方式,在收回货款的时间、费用和损失、风险方面是有区别的。因此,企业应根据客户的信用状况,采用适当的结算方式,尽快收回各种款项,保证及时、安全、足额地取得各种收入。与此同时,企业还应通过合理安排购货等货币资金流出,想方设法使不同经济业务的货币资金的流入与流出发生的时间趋于一致,力争货币资金流入与流出同步,以减少货币资金的持有量。

(四)尽量推迟付款

企业在购买商品时,在不影响企业信用的前提下,应尽可能地推迟付款的时间,以充分利用供货方提供的商业信用。例如,供货方为企业提供的付款条件为"2/10, n/30",企业应尽可能地享用供货方给予的现金折扣,并选择在折扣期最后一天付款,即第十天付款。如果企业决定放弃折扣,则应尽量推迟在第三十天付款,避免过早付款。对于企业的各种债务,一般应安排在最后到期日支付,做到既不早偿还,也不拖账。

(五)合理利用货币资金浮游量

由于有关结算单据的传递时间和路线不同,企业和银行之间会存在一些经济业务的未达账项,造成企业的存款账户余额与开户银行存款账户余额不一致,因而会出现货币资金的浮游量。对于每日货币资金流量较大的企业,可合理利用货币资金的浮游量,以提高企业资金的利用效率。值得注意的是,企业在利用货币资金浮游量时一定要谨慎行事,预先估计好出现浮游量的数额及可使用时间,避免因发生银行存款透支而遭受罚款。

(六)充分利用闲置货币资金

企业在筹资和经营过程中,经常会出现货币资金的暂时闲置。由于这部分资金在一段时间后会有特定的用途,因而不能将其用于长期投资项目。为充分利用这些暂时闲置的货币资金,企业可将其投入到流动性高、风险性低、交易期限短的金融工具中,主要包括国库券、大额定期可转让存单等。当企业出现资金短缺时,又可通过转让这些金融工具获取货币资金。这样既能满足企业生产经营的货币资金需要,又能为企业增加收益。

第三节 应收款项管理

应收款项是指企业因销售商品、提供劳务等应向购货单位或接受劳务单位及其他单位收取的款项,包括应收账款、应收票据、其他应收款和预付账款,它是企业的主要流动资产之一,其管理状况直接影响着企业的资产质量和资产营运能力。企业应当切实加强应收款项的管理。企业应收款项管理的基本目标是:在发挥其扩大销售规模功效的同时,尽可能降低应收款项的机会成本、坏账损失和收账费用,加速账款的收回,最大限度地提高应收款项的收现效率和效益。

一、企业信用政策

信用政策又称应收款项政策,是指企业为了实现应收款项管理目标而制定的赊销与收账政策。制定合理的信用政策是加强应收款项管理的重要前提。信用政策应当明确规定定期(或至少每年)对客户资信情况进行评估,并就不同的客户明确信用额度、回款期限、折扣标准以及违约情况下应采取的应对措施等。信用政策主要包括信用标准、信用条件和收账政策三个部分。

(一)信用标准

信用标准是客户获得企业商业信用所必备的基本条件,通常以预期的坏账损失率来表示。企业制定的信用标准偏低,会扩大销售,但风险加大;企业制定的信用标准过高,虽然能降低风险,但销售会发生萎缩。因此,企业在制定信用标准时需根据具体情况进行权衡,主要考虑以下三个方面的影响因素。

1. 竞争对手的实力

面对竞争对手不同的实力情况,企业应通过制定不同的信用标准,使自身处于有利的地位,保持并扩大市场占有份额。当企业面对的竞争对手实力很强时,企业应采取低于竞争对手的信用标准,获取或保持优势地位;反之,可制定较高的信用标准。

2. 企业承受违约风险的能力

企业能够承受违约风险的能力对信用标准的制定也有重要影响。企业所能承受违约风险的能力较强时,可采用较低的信用标准,以提高竞争力,扩大销售;反之,如果企业所能承受违约风险的能力较弱,就需要采取稳健的措施,采用较严格的信用标准,以降低违约风险的程度。

3. 客户的资信程度

企业在制定信用标准时,往往要对客户的资信程度进行评价,一般通过"6C"系统来判断客户的信用等级,即客户的信用品质(character)、偿付能力(capacity)、资本(capital)、抵押品(collateral)、经济条件(conditions)、持续性(continuity)。

(1) 信用品质。信用品质是指客户愿意履行其付款义务的可能性。客户的信用品质与将来偿还债务的可能性有密切关系。一般认为信用品质是信用评价中首要考虑的因素。

(2) 偿付能力。偿付能力是指客户偿还债务的能力,主要根据客户资产的变现能力以及流动资产与流动负债的比例关系来判断。一般而言,资产的变现能力越强,流动资产与流动负债的比值即流动比率越大,企业的偿债能力越强;反之,企业的偿债能力就越差。

(3) 资本。资本是指客户的经济实力和财务状况,特别是企业的有形资产净值和留存收益,反映了客户的经济实力和财务状况的优劣,是客户偿还债务的最终保障。

(4) 抵押品。抵押品是指客户为获取商业信用提供担保的资产,该资产必须为客户实际所有。如果客户能够提供足够的抵押资产,并且该抵押资产具有较高的市场性,则可向他们提供相应的商业信用。

(5) 经济条件。经济条件是指可能影响客户付款能力的经济环境。比如出现经济不景气时,客户是否具有较强的应变能力。

(6) 持续性。持续性是指企业经营政策的连续性与稳定性。一般来说,管理高效的企业,其经营政策是保持相对连续和稳定的。

"6C"系统代表了信用风险的判断因素,要做到客观、准确地判断,关键在于能否收集到客户信用的资料。企业应当合理采用科学的信用管理技术,不断收集、健全客户信用资料,建立客户信用档案或者数据库。根据企业以往与客户进行交易所积累的经验以及通过对客户的调查、取证和从有关信息机构获得客户信用的资料后,要对这些资料进行分析,从而评估客户的资信程度。在对客户资信程度进行定性分析的基础上,还可以采用信用评分法进行定量分析。具体做法是设定若干个能反映客户财务状况和偿债能力的指标,对其进行评分,然后加权平均,得出客户的综合信用分数,并以此为企业制定信用标准提供参考依据。

(二) 信用条件

信用条件是指企业向客户提供商业信用时,要求客户支付赊销款项的条件,包括信用期限、折扣期限和现金折扣。信用条件的基本表现方式如"2/10,n/30",其含义是:若客户能够在发票开出后的 10 天内付款,可享受 2% 的现金折扣优惠;如果放弃折扣优惠,则全部款项必须在 30 天内付清。其中:30 天为信用期限,10 天为折扣期限,2% 为现金折扣率。

1. 信用期限

信用期限是企业要求客户付款的最长时间限定。一般来说,信用期限越长,对客户的吸引力越大,从而可在一定程度上扩大商品销售。但信用期限过长,应收账款的平均收账期延长,应收账款的机会成本会加大,而且企业的坏账损失和收账费用也会相应增加,所得的收益有时会被增长的费用抵消,造成企业收益下降。当然,信用期限过短,不足以吸引客户,在竞争中会使销售额下降。因此,企业需根据实际情况谨慎研究,制定出恰当的信用期限。

2. 折扣期限和现金折扣

为了鼓励客户尽早付款,加速资金周转,同时减少坏账损失,企业常常会给客户提供一个折扣期限和一定比率的现金折扣。如前面所说的"2/10, n/30"。假设客户赊购 100 万元的账款,如果能在 10 天内付款,就可得到 2 万元($100\times2\%$)的现金折扣,只需要支付 98 万元的款项。如果超过 10 天的现金折扣期,则必须按照 100 万元全额付款。

适当的折扣期限和现金折扣能吸引更多的客户,使企业的销售量上升,资金周转加快,但同时也会造成价格上的损失。因此,企业应该进行成本与收益分析,从而合理地确定折扣期限和现金折扣,为客户提供恰当的现金折扣优惠条件。

(三)收账政策

企业应收款项持有数额的多少除了取决于应收款项的发生额外,在一定程度上也取决于企业的收账政策。收账政策是指企业对客户超过信用期限仍未付款时所采取的收账方针和策略。积极的收账政策会减少企业应收款项的机会成本和坏账损失,但同时会增加收账费用;反之,消极的收账政策虽然发生的收账费用较少,但会增加企业应收款项的机会成本和坏账损失。一般而言,在一定限度内收账费用支出越多,措施越得力,应收款项坏账损失的减少越明显,但两者并不一定存在线性关系。企业在确定收账费用的支出时,应权衡增加收账费用与减少坏账损失之间的得失。

企业在制定收账政策时,首先要对客户拖欠或拒付账款分析其原因,然后根据具体情况采取相应的措施。若是由于企业信息收集有误、企业的信用标准或信用审批制度存在问题,则应立即加以改进,防止此类情况的再次发生;对于客户信用记录一贯良好,偶尔出现的拖欠,企业可先通过信函、电话、电传甚至派员与客户进行协商,彼此沟通意见,力争妥善解决,如果双方经过多次协商仍无法达成协议,则通过法律途径解决;对于信用品质低劣的客户,应从企业信用名单中删除。

二、应收款项管理的决策

应收款项管理的决策就是企业依据信用政策和市场竞争的需要,对是否改变信用标准、信用条件、收账政策等所作出的选择。其决策的基本方法是采用成本与收益的分析方法,确定每一方案的决策相关收益和相关成本,然后对每一方案进行成本与收益比较,选择净收益最大的决策方案为最佳方案。下面以信用条件的决策为例,说明成本与收益分析方法的具体应用。

假定暂不考虑现金折扣和折扣期限,其计算公式为:

决策收益＝赊销收入×贡献毛益率

决策成本＝应收账款占用资金的机会成本＋收账费用＋坏账损失

其中:应收账款占用资金的机会成本＝应收账款资金占用额×投资报酬率

应收账款资金占用额＝应收账款平均余额×销售成本率＝

日销售额×信用期限×销售成本率

或: 应收账款占用资金的机会成本＝日销售额×信用期限×销售成本率×投资报酬率

方案净收益＝决策收益－决策成本

【例 4-3】 M 企业销售甲产品,有两个信用期限的方案可供选择。A 方案信用期限 30 天,预计年销售量 60 000 件,单位产品售价 8 元,单位变动成本为 6 元,固定成本总额 60 000 元,预计收账费用 4 000 元,预计坏账损失 5 000 元;B 方案将信用期限放宽至 60 天,预计年销售量可增至 80 000 件,但预计收账费用将增至 5 000 元,预计坏账损失将增至 12 000 元。该企业最低投资报酬率为 18%。

要求:试进行决策分析,哪一种方案的信用期限对 M 企业更有利。

采用成本与收益的分析方法,将上述计算公式运用于决策过程中,具体分析如表 4-2 所示。

表 4-2

信用期限决策过程分析　　　　　金额单位:元

方案 项　目	A 方案 (信用期限 30 天)	B 方案 (信用期限 60 天)
(1) 决策收益:(1)=(2)×(3)	480 000×25%=120 000	640 000×25%=160 000
(2) 赊销收入	8×60 000=480 000	8×80 000=640 000
(3) 贡献毛益率	(1−6÷8)×100%=25%	(1−6÷8)×100%=25%
(4) 决策成本:(4)=(5)+(10)+(11)	6 300+4 000+5 000=15 300	16 200+5 000+12 000=33 200
(5) 应收账款占用资金的机会成本 (5)=(6)×(7)×(8)×(9)	6 300	16 200
(6) 日销售额	8×60 000÷360	8×80 000÷360

(续表)

方案\项目	A方案 (信用期限30天)	B方案 (信用期限60天)
(7) 信用期限	30	60
(8) 销售成本率	(6×60 000＋60 000)÷480 000＝87.5%	(6×80 000＋60 000)÷640 000＝84.375%
(9) 投资报酬率	18%	18%
(10) 收账费用	4 000	5 000
(11) 坏账损失	5 000	12 000
(12) 方案净收益： (12)＝(1)－(4)	120 000－15 300＝104 700	160 000－33 200＝126 800

注：贡献毛益率＝1－变动成本率。（详见第七章）

根据表4-2计算结果显示：信用期限由30天放宽至60天，方案净收益增加22 100元(126 800－104 700)，因此，M企业应选择B方案，将信用期限放宽至60天。

接此例，若该企业A方案的信用条件为"2/10，n/30"，客户均会在10天内付款，收账费用将降低80%，无坏账损失；B方案拟放宽信用条件为"3/10，n/60"，预计有60%的客户会在10天内付款，收账费用将降低60%，坏账损失将降低40%。

要求：试进行决策分析，哪一种方案的信用条件对M企业更有利。

仍可运用上述计算公式进行成本与收益分析，但因为规定了现金折扣和折扣期限，因此，分析时要注意：

(1) 确定赊销收入时要考虑现金折扣的代价。

(2) 确定应收账款占用资金的机会成本时，要考虑客户在折扣期限内付款的情况。

信用条件决策过程如表4-3所示。

表4-3

信用条件决策过程分析　　　　　　　　　　金额单位：元

方案\项目	A方案 (信用条件为"2/10，n/30")	B方案 (信用条件为"3/10，n/60")
(1) 决策收益：(1)＝(2)×(3)	(480 000－9 600)×25%＝117 600	(640 000－11 520)×25%＝157 120
(2) 赊销收入	480 000	640 000
减：现金折扣	480 000×2%＝9 600	640 000×3%×60%＝11 520

(续表)

项 目 \ 方 案	A方案 (信用条件为"2/10, n/30")	B方案 (信用条件为"3/10, n/60")
(3) 贡献毛益率	25%	25%
(4) 决策成本： (4)=(5)+(10)+(11)	2 100+800+0=2 900	8 100+2 000+7 200=17 300
(5) 应收账款占用资金的机会成本： (5)=(6)×(7)×(8)×(9)	480 000÷360×10×87.5%×18%=2 100	640 000÷360×10×60%×84.375%×18%+640 000÷360×60×40%×84.375%×18%=1 620+6 480=8 100
(6) 日销售额	480 000÷360	640 000÷360
(7) 信用期限	客户均会在10天内付款	60%的客户在10天内付款 40%的客户在60天内付款
(8) 销售成本率	(6×60 000+60 000)÷480 000=87.5%	(6×80 000+60 000)÷640 000=84.375%
(9) 投资报酬率	18%	18%
(10) 收账费用	4 000×(1-80%)=800	5 000×(1-60%)=2 000
(11) 坏账损失	0	12 000×(1-40%)=7 200
(12) 方案净收益：(12)=(1)-(4)	117 600-2 900=114 700	157 120-17 300=139 820

根据表4-3计算结果显示：信用条件由"2/10, n/30"放宽至"3/10, n/60"，方案净收益增加25 120元(139 820-114 700)，因此，M企业应选择B方案，将信用条件放宽至"3/10, n/60"。

三、应收款项的日常管理

应收款项的日常管理主要指对企业已经发生的应收款项随时进行的管理，主要包括建立健全应收款项内部控制制度、应收款项的追踪分析、应收款项的账龄分析等。

(一) 建立健全应收款项内部控制制度

按照财政部《关于建立健全应收款项管理制度的通知》(财企[2002]513号)的规定，企业应收款项的内部控制制度主要有以下几项。

1. 应收款项台账管理制度

企业应当按照客户设立应收款项台账，详细反映内部各业务部门以及各个客户应收款项的发生、增减变动、余额及其每笔账龄等财务信息。同时加强合同管理,对债务人执行合同情况进行跟踪分析,防止坏账风险的发生。

企业财务管理部门应当定期编制应收款项明细表,向企业管理人员和有关业务部门反映应收款项的余额和账龄等信息,及时分析应收款项管理情况,提请有关责任部门采取相应的措施,减少企业资产损失。

2. 应收款项催收责任制度

企业应当依法理财,对到期的应收款项,应当及时提醒客户依约付款;对逾期的应收款项,应当采取多种方式进行催收;对金额特大的逾期应收款项,可以通过诉讼方式解决。

企业应当落实内部催收款项的责任,将应收款项的回收与内部各业务部门的效绩考核及其奖惩挂钩。对于造成逾期应收款项的业务部门和相关人员,企业应当在内部以恰当方式予以警示,接受员工的监督。对于造成坏账损失的业务部门和责任人员,企业应当按照内部管理制度扣减其奖励工资。

3. 应收款项年度清查制度

每年年终时,企业必须组织专人全面清查各项应收款项,并与债务人核对清楚,做到债权明确,账实相符,账账相符。对既有债权又有债务的同一债务人,应付该债务人的款项,应当从应收款项中抵扣,以确认应收款项的真实数额。

4. 坏账核销管理制度

企业在清查核实的基础上,对确实不能收回的各种应收款项应当作为坏账损失,并及时进行处理。坏账损失处理后,应当依据税法的有关规定向主管税务机关申报,按照会计制度规定的方法进行核算。

企业应严格坏账损失内部处理程序。企业清查出来的坏账损失,应当按照以下程序处理:

(1) 企业内部有关责任部门经过取证,提出报告,阐明坏账损失的原因和事实。

(2) 企业内部审计(监察)部门经过追查责任,提出结案意见。

(3) 涉及诉讼的损失,企业应当委托律师出具法律意见书。

(4) 企业财务管理部门经过审核后,对确认的坏账损失提出财务处理意见,按照企业内部管理制度提交董事会或者经理(厂长)办公会审定。

(二) 应收款项的追踪分析

企业为了了解客户是否具有如期足额支付货款的能力,需要在收账前对应收款项的运行情况进行追踪分析。如果客户能将赊购商品顺利销售并收回货款,则客户如期足额支付货款一般不会有多大问题。但是,市场供求关系瞬息万变,使得客户在销售过程中经常出现赊销或积压,客户的现金支付能力必然受到影响。在这种情况下,客户能否履行企业的信用条件,取决于客户的信用品质和客户现金持有量的调剂程度。如果客户的信用品质良好,现金持有量的调剂程度较大,客户大多不愿以损失市场信誉为代价而拖欠企业账款的。如果客户信用品质不佳,或者现金持有量的调剂程度低下,那么企业的应收款项遭受拖欠就在所难免。因此,企业应加强对应收款项的追踪分析,准确地预计应收款项发生呆账、坏账的可能性,研究和制定有效的收账对策,从而提高收账效率,减少坏账损失。

（三）应收款项的账龄分析

应收款项的账龄分析是对不同账龄应收款项的结构进行分析。企业赊销发生的应收款项往往时间长短不一致,有的尚未超过信用期,有的已逾期拖欠。若逾期拖欠的时间越长,账款催收的难度越大,发生坏账损失的可能性就越高。因此,进行应收款项的账龄分析是提高应收款项收现效率的重要环节。

账龄分析是按应收款项账龄的长短进行排序,它是通过编制应收款项账龄分析表进行的。通过应收款项账龄分析表,企业可以了解哪些企业在折扣期内付款,哪些企业在信用期内付款,哪些企业超过信用期未付款;还可以了解逾期未付的应收款项数额有多少,各笔应收款项超过信用期限的天数是多少,有多少应收款项拖欠时间太久,可能发生坏账损失等。应收款项账龄分析如表4-4所示。

表4-4

应收款项账龄分析

应收款项账龄	账户数量	金额(万元)	比重(%)
信用期内	200	80	40
超过信用期1～30天	80	40	20
超过信用期31～60天	60	30	15
超过信用期61～90天	40	15	7.5
超过信用期91～120天	20	15	7.5
超过信用期121～150天	15	10	5
超过信用期151～180天	5	10	5
合　　计	420	200	100

根据应收款项账龄分析表提供的信息,便于企业对逾期的应收款项实施严密的监督,及时了解应收款项的收回情况。企业应对不同拖欠时间的应收款项采取不同的收账政策,积极开展催账工作,加快应收款项的收回。企业对于可能成为坏账的应收款项,应当按照国家统一的会计制度规定计提坏账准备,并按照权限范围和审批程序进行审批;对确定发生的各项坏账,应当查明原因,明确责任,并在履行

规定的审批程序后做出会计处理;企业核销的坏账应当进行备查登记,做到账销案存,对账销案存的应收款项,应当认真清理和继续追索,尽量减少和挽回损失;已核销的坏账又收回时应当及时入账,防止形成账外款。

第四节 存货管理

存货是指企业在日常活动中持有以备出售的产成品或商品、处在生产过程中的在产品、在生产过程或提供劳务过程中耗用的材料和物料等。存货在流动资产中占有较大的比重,企业存货管理的基本目标是实现各类存货的最佳组合,确定最合理的存货水平,加速存货周转,在充分发挥存货功能的同时,降低成本,增加收益。

一、存货管理的决策

按照存货管理的目标,企业要确定经济订货批量,尽量缩短存货储存时间,减少各类存货的资金占用量。为此,企业应进行经济订货批量、存货储存期和各类存货资金占用量等的科学决策。以经济订货批量的决策为例,企业需要通过合理地确定进货批量和进货时间,使存货的相关总成本最低。

（一）存货的成本分析

存货的总成本主要由以下三个方面构成。

1. 取得成本

存货取得成本是指企业为取得某种存货而发生的成本,取得成本通常包括订货成本和购置成本。

（1）订货成本。订货成本是指企业为取得订单而发生的成本。订货成本中有一部分与订货次数无关,如常设采购机构的基本开支等,称为订货的固定成本,属于决策的无关成本;另一部分与订货次数有关,如差旅费、邮资等,称为订货的变动成本。订货的变动成本与订货次数成正比例关系,即订货次数越多,订货的变动成本就越多;反之,则越少。因此,订货的变动成本属于决策的相关成本。

（2）购置成本。购置成本是指存货本身的价值,一般用存货数量乘以单价来确定。在一定时期存货订货总量一定的条件下,假定物价水平不变,无论企业采购次数如何变化,存货购置成本总额通常是保持相对稳定的。因此,购置成本属于决策的无关成本。

2. 储存成本

储存成本是指企业为持有存货而发生的成本。储存成本可分为固定储存成本和变动储存成本。固定储存成本与存货储存数量的多少无关,如仓库折旧、仓库职工的固定工资等,属于决策的无关成本。而变动储存成本与存货储存数量的多少有关,如存货资金的应计利息、存货的保险费用等,属于决策的相关成本。

3. 缺货成本

缺货成本是指由于存货不足而给企业造成的损失,包括材料供应中断造成的停工损失、产成品库存缺货造成的拖欠发货而影响企业信誉并丧失销售机会的损失等。如果生产企业以紧急采购代用材料解决库存材料中断之急,那么缺货成本还表现为采购代用材料所增加的购入成本。缺货成本是否作为决策的相关成本,应视企业是否允许出现存货短缺的不同情形而定。如果企业允许缺货,则缺货成本与存货数量反向相关,属于决策的相关成本;反之,若企业不允许缺货,此时缺货成本为零,也就无需加以考虑。

(二)经济订货批量的基本模型

从上述分析可知,与经济订货批量相关的存货总成本主要包括订货成本和储存成本。经济订货批量是指能够使订货成本和储存成本之和最低时的进货批量。

建立经济订货批量的基本模型需要设立以下假设条件:

(1)企业一定时期的订货总量可以较为准确地预测。

(2)存货的耗用和销售比较均衡。

(3)存货的价格稳定,不考虑现金折扣。

(4)企业能够及时补充存货,即需要订货时便可立即取得存货。

(5)所需存货市场供应充足,不会因买不到需要的存货而影响其他方面。

(6)不允许出现缺货情形。

经济订货批量的基本模型如图4-2所示。

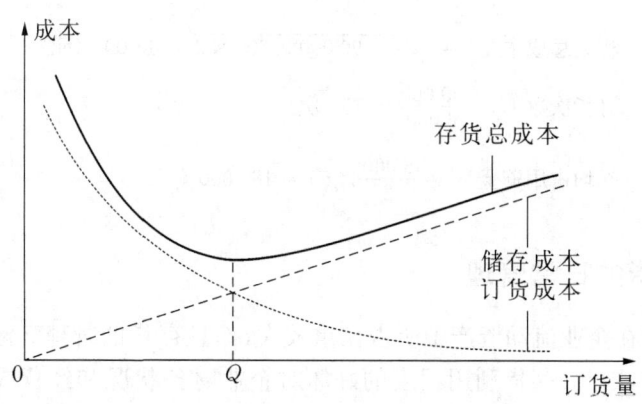

图4-2 经济订货批量的基本模型

由图4-2可见,总成本曲线呈抛物线型,该抛物线的最低点即为相关总成本的最低点,其所对应的横轴上的订货量Q,即为经济订货批量。也可用公式推导如下：

$$存货相关总成本 = 订货成本 + 储存成本$$

$$TC = \frac{S}{Q}F + \frac{Q}{2}C$$

式中：TC 表示存货相关总成本；S 表示一定时期存货需要量；F 表示每次存货订货成本；Q 表示经济订货批量；C 表示单位存货储存成本。

运用微积分求最小值的原理，即可推导出：

$$经济订货批量\ Q = \sqrt{\frac{2SF}{C}}$$

$$存货相关总成本\ TC = \sqrt{2SFC}$$

$$存货订货次数\ N = \frac{S}{Q}$$

$$存货平均占用资金\ W = \frac{Q}{2}P$$

式中：P 表示存货单位成本。

【例 4-4】 某企业每年耗用甲材料 90 000 千克，该材料单位成本为 60 元/千克，单位储存成本为 3 元/千克，一次订货成本为 600 元。要求：计算甲材料的经济订货批量、相关总成本、订货次数和平均占用资金。

$$经济订货批量\ Q = \sqrt{\frac{2 \times 90\,000 \times 600}{3}} = 6\,000（千克）$$

$$相关总成本\ TC = \sqrt{2 \times 90\,000 \times 600 \times 3} = 18\,000（元）$$

$$订货次数\ N = \frac{90\,000}{6\,000} = 15（次）$$

$$平均占用资金\ W = \frac{6\,000}{2} \times 60 = 180\,000（元）$$

二、存货的日常管理

由于存货在企业流动资产中所占比重较大，而且存货的管理又涉及供、产、销多个重要环节，因此，存货利用程度的好坏对企业财务状况和经营成果的影响很大。企业应当加强存货的日常管理，保证存货的安全完整，提高存货的营运效率。

（一）存货控制的关键

企业在存货的日常管理中，至少应当关注其涉及的下列风险：

(1) 存货业务违反国家法律法规，可能遭受外部处罚、经济损失和信誉损失。

(2) 存货业务未经适当审批或超越授权审批,可能因重大差错、舞弊、欺诈而导致资产损失。

(3) 请购依据不充分,采购批量、采购时点不合理,相关审批程序不规范、不正确,可能导致企业资产损失、资源浪费或发生舞弊。

(4) 验收程序不规范,可能导致资产账实不符和资产损失。

(5) 存货保管不善,可能导致存货损坏、变质、浪费、被盗和流失等。

(6) 存货盘点工作不规范,可能由于未能及时查清资产状况并做出处理而导致财务信息不准确,资产和利润虚增。

企业在建立与实施存货内部控制中,至少应当强化对下列关键方面或者关键环节的控制:

(1) 职责分工、权限范围和审批程序应当明确规范,机构设置和人员配备应当科学合理。

(2) 存货请购的事项应当明确,请购的依据应当充分适当。

(3) 存货管理控制流程应当清晰严密,存货管理原则及程序应当明确规范。

(4) 存货的确认、计量和报告应当符合国家统一的会计制度的规定。

(二) 存货业务的内部控制制度

企业存货业务的内部控制制度主要有以下几项。

1. 存货业务的岗位责任制

企业应当建立存货业务的岗位责任制,明确内部相关部门和岗位的职责、权限,确保办理存货业务的不相容岗位相互分离、制约和监督。存货业务的不相容岗位至少包括:存货的请购、审批与执行;存货的采购、验收与付款;存货的保管与相关记录;存货发出的申请、审批与记录;存货处置的申请、审批与记录。

企业应当配备合格的人员办理存货业务。办理存货业务的人员应当具备良好的业务知识和职业道德,遵纪守法,客观公正。企业要定期对员工进行相关的政策、法律及业务培训,不断提高他们的业务素质和职业道德水平。

2. 存货业务的授权批准制度

企业应当对存货业务建立严格的授权批准制度,明确审批人对存货业务的授权批准方式、权限、程序、责任和相关控制措施,规定经办人办理存货业务的职责范围和工作要求。

审批人应当根据存货授权批准制度的规定,在授权范围内进行审批,不得超越审批权限。经办人应当在职责范围内,按照审批人的批准意见办理存货业务。

企业内部除存货管理部门及仓储人员外,其余部门和人员接触存货时,应由相关部门特别授权。对于属于贵重物品、危险品或需保密物品的存货,应当规定更严格的接触限制条件,必要时,存货管理部门内部也应当执行授权接触。

3. 存货采购申请管理制度

企业应当建立存货采购申请管理制度,明确请购相关部门或人员的职责权限及相应的请购程序。企业应当对采购环节建立完善的管理制度,确保采购过程的透明化。企业应根据预算或采购计划办理采购手续,预算外或计划外采购需经严格审批。

4. 存货验收和保管控制制度

科学合理地制定验收程序,对入库存货的质量、数量、技术规格等方面进行检查与验收,保证存货符合采购要求。企业应当建立存货保管制度,仓储部门应当定期对存货进行检查,加强存货的日常保管工作。

5. 存货领用和发出制度

企业应当建立严格的存货领用流程和制度。企业生产部门、基建部门领用材料,应当持有生产管理部门及其他相关部门核准的领料单。超出存货领料限额的,应当经过特别授权。

企业应当建立严格的存货发出流程和制度。存货的发出需要经过相关部门批准,大批商品、贵重商品或危险品的发出应当得到特别授权。仓库应当根据经审批的销售通知单发出货物,并定期将发货记录同销售部门和财会部门核对。存货发出的责任人应当及时核对有关票据凭证,确保其与存货品名、规格、型号、数量、价格一致。

企业财会部门应当针对存货种类繁多、存放地点复杂、出入库发生频率高等特点,加强与仓储部门经常性的账实核对工作,避免出现已入库存货不入账或已发出存货不销账之情形。

6. 存货盘点和处置制度

企业应当制定并选择适当的存货盘点制度,明确盘点范围、方法、人员、频率、时间等。仓储部门应通过盘点、清查、检查等方式全面掌握存货的状况,及时发现存货的残、次、冷、背等情况。仓储部门对残、次、冷、背存货的处置,应当选择有效的处理方式,并经相关部门审批后作出相应的处置。

(三)存货的日常管理方法

1. ABC控制法

一般来说,企业的存货品种数量繁多,因此,需要对企业存货进行分类管理,分清主次,突出重点,提高存货管理的整体效益。ABC控制法就是基于此目的而采用的一种存货分类管理方法。ABC控制法是将企业的存货按照一定的标准分成 A、B、C 三类,然后根据各类存货的重要程度分别采取不同的方法进行管理。

A、B、C三类存货的划分标准主要有两个：一是金额标准，二是品种数量标准，而金额标准又是最基本的标准。具体划分过程可以分为以下四个步骤：

（1）列出全部存货的明细资料，包括材料名称、耗用量、单价等，计算出每种存货在一定时期的价值总额。

（2）计算每种存货金额占全部存货金额的百分比。

（3）按照金额标准从大到小顺序排列，并累加金额百分比。

（4）当金额百分比累加到70％左右时，以上存货视为A类，金额百分比介于70％～90％之间的存货视为B类，其余则为C类存货。如图4-3所示。

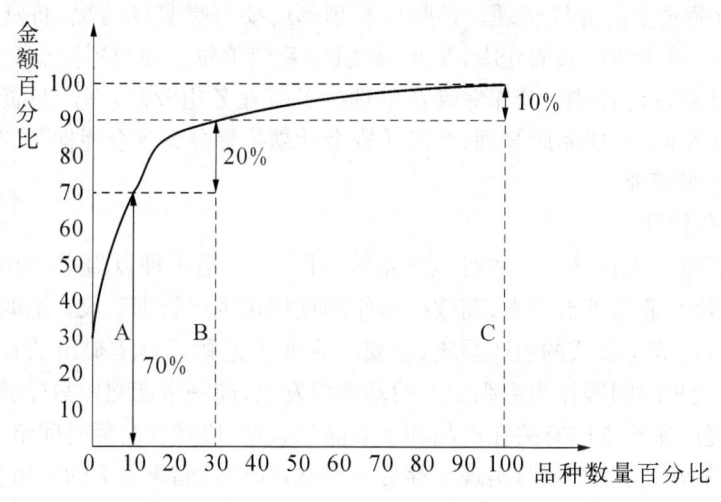

图4-3 存货ABC控制法

由图4-3可见，A类存货：存货金额较大，占全部存货的60％～80％，而存货的品种数量很少，只占全部存货的10％左右。对该类存货，企业需要按照其品种实施重点规划和严格控制，按计划组织采购，限额领用，并经常检查了解存货的经营情况。B类存货：存货金额和品种数量较多，都占全部存货的20％左右。对该类存货，企业需要按其类别实施一般控制，并定期组织检查。C类存货：存货金额较小，占全部存货的10％左右，而存货的品种数量繁多，占全部存货的70％左右。对该类存货，企业只需按其总金额实施控制，必要时可组织抽查。

2. 归口分级管理

企业对存货资金实行归口分级管理，其主要内容包括：存货资金的统一管理、存货资金的归口管理和存货资金的分级管理。

（1）存货资金的统一管理。企业财务管理部门对存货资金实行统一管理，实现资金使用的综合平衡。其具体内容包括：根据企业财务制度和具体情况，制定存货资金管理的各项制度；测算原材料、在产品、产成品的资金占用量，汇总编制存货资金计划；将有关控制指标分别归口落实到供、产、销等部门，以明确责任；并对各部门资金运行情况进行检查、分析和考核。

(2) 存货资金的归口管理。根据物资管理和资金管理相结合的原则，每项物资由哪个部门使用，其资金就由哪个部门管理。资金归口管理的分工一般如下：原材料、燃料、包装物、工具用具等低值易耗品占用资金归物资供应部门负责管理；在产品和自制半产品占用资金归生产部门负责管理；产成品占用资金归销售部门负责管理；修理用备件占用资金归维修部门负责管理。

(3) 存货资金的分级管理。各归口管理部门要根据具体情况，将资金控制计划层层分解，落实到所属的仓库、车间、班组等基层单位。原材料资金计划指标分解到供应计划、材料采购、仓库保管及整理准备等业务组管理；在产品资金计划指标分解给各车间、半成品库管理；产成品资金计划指标分解到仓库保管、产品发运、销售等业务组管理。

3. 零存货管理

零存货概念来自日本的适时生产系统(JIT)。它是一种以追求零存货为管理目标，从而使企业达到低成本、高效率运作的现代化生产管理手段。适时生产系统是采取由后向前拉动式的生产系统，它要求企业根据顾客订货提出的有关产品数量、质量和交货时间等作为组织生产的基本出发点，前一生产程序只能够严格按照后一生产程序所要求的有关在产品和半成品的数量、质量和交货时间组织生产，尽可能地在供、产、销各个环节实现零存货。当然，即使是倡导JIT的丰田公司，存货控制达到最佳状态时也仍然有2~7天的原材料、在产品及产成品库存。因此，零存货控制的正确说法是把不必要的库存降至为零。

零存货的管理模式对供应商、员工、生产系统等提出了更高的要求：第一，供应商能够经常并及时地提供批量不大但质量优良的材料和零部件，保证企业生产经营各环节能够按照适时性的要求运转；第二，企业员工必须具有较高的素质和精湛的技能，能够实施有效的产品质量控制；第三，企业必须具有高度协调、完整的存货供需计划，实现电子数据实时互换，时刻关注市场需求的变化，及时调整企业的生产和经营。只有这些要求同时具备，零存货的管理模式才能取得成功。当然在企业实践中，绝对的零存货是理想状态，基本难以实现，但这种存货管理理念应得到重视和应用。

最后需要指出的是，企业可以根据业务特点及成本效益原则，运用计算机系统和网络技术实现对存货的管理和控制，但应注意计算机系统的有效性、可靠性和安全性，并制定防范意外事项的有效措施。

 **本章小结**

资产营运是指企业为了实现价值最大化而进行的资产配置和经营运作的活动。本章介绍了流动资产营运的管理,主要包括货币资金、应收款项和存货的管理。

企业持有货币资金是为了满足交易动机、预防动机和投机动机的需要,但过量持有现金,会导致企业获利能力的下降。因此,必须确定最佳货币资金持有量。本章重点介绍了最佳货币资金持有量的决策以及货币资金的日常管理。

企业持有应收款项是为了增加销售和降低存货占用,但相应地要承担机会成本、收账费用和坏账损失。因此,在对应收款项进行管理时,要进行成本与收益分析。本章重点介绍了企业信用政策、应收款项信用条件的决策以及应收款项的日常管理。

企业持有存货是为了满足企业生产经营的需要,但持有存货会占用大量资金、增加机会成本和储存与管理费用,因此,企业需要合理确定经济订货批量,尽量缩短存货储存时间,减少存货资金占用量,加速存货周转。本章重点介绍了经济订货批量的决策以及存货的日常管理。

案　　例

重视存货管理

南京仁杰电子公司是南京电子一条街上一个不足20人的小企业,但它能在电子产品的激烈竞争中,始终保持较高的盈利水平,这与其重视存货管理的财务理念有很大关系。

南京仁杰电子公司对每月的销量进行细致的统计记录,并设定了管理软件中的库存模式,一旦存货低于警戒线即立即补货。长期经营的经验使他们公司的存货占用资金非常低。也因为他们的业务大体是订制的机器,所以和厂家的协调非常重要。该公司和长期合作的生产企业均有详细的协议。对于设置的付款比例是按照与买方合同的收款比例同步的,这样就大大降低了由于付款时间差距引起的对现金大量占用的风险,也对厂家为机器设备安装期间提供的售后服务起到了一定的牵制作用。而对于小型设备突然出现的需求量浮动,他们采用向同行调货的方式实现,虽然比直接从供货商调货价高,但由于次数少,相比起来也比囤积大量库存占用流动资金要合算得多。

可见,该公司规模不大,但却注重吸收先进管理技术,运用管理软件进行库存管理,在保证存货供应的同时,节约了存货占用的资金。目前大多数的贸易类企业采取零存货的方式,按单订制直接供应给客户,避免了存货因价格变动导致损失的风险。也有很多企业实施企业流程再造(BPR),企业资源计划系统(ERP),这些都是提高企业运转速度的手段。

资料来源:牛津管理评论[oxford.icxo.com]。

复习思考题

1. 什么是资产营运?资产营运管理的意义何在?
2. 如何实施资产结构的动态管理?
3. 简要说明货币资金周转模式和成本分析模式在最佳货币资金持有量决策中的应用。
4. 简要说明企业货币资金的日常管理。
5. 应收款项管理决策的基本方法是什么?怎样进行决策?
6. 简要说明企业应收款项的日常管理。
7. 企业在建立与实施存货内部控制中,至少应当强化哪些关键方面或者关键环节的控制?
8. 存货业务的内部控制制度主要包括哪些内容?
9. 什么是经济订货批量?建立经济订货批量的基本模型需要设立哪些假设条件?
10. 什么是零存货管理?零存货管理对企业有哪些更高的要求?

习 题

一、单项选择题

1. 企业加强货币资金管理,需要在资产的(　　)之间作出合理抉择。
   A. 流动性和收益性　　　　　B. 流动性和投机性
   C. 交易性和收益性　　　　　D. 流动性和预防性
2. 在货币资金周转模式中,关于货币资金周转期的计算,表达正确的是(　　)。
   A. 货币资金周转期=存货周转期+应收账款周转期
   B. 货币资金周转期=存货周转期+应收账款周转期-应付账款周转期
   C. 货币资金周转期=应收账款周转期-应付账款周转期

D. 货币资金周转期＝存货周转期＋应收账款周转期＋应付账款周转期

3. 在成本分析模式中,与货币资金持有量成反方向变动的成本是(　　)。
   A. 机会成本　　　B. 管理成本　　　C. 短缺成本　　　D. 持有成本
4. 对客户的资信程度进行评价,一般认为首要考虑的因素是(　　)。
   A. 信用品质　　　B. 经济条件　　　C. 资本　　　　　D. 抵押品
5. 在信用的"6C"系统中,"资本"是指(　　)。
   A. 客户愿意履行其付款义务的可能性
   B. 客户偿还债务的能力
   C. 客户的经济实力和财务状况
   D. 客户为获取商业信用提供担保的资产
6. 企业确定的信用期限越长,对企业有利的影响是(　　)。
   A. 应收账款的机会成本会降低　　　B. 坏账损失减少
   C. 收账费用减少　　　　　　　　　D. 商品销售会扩大
7. 信用期限为60天,现金折扣期限为20天,折扣率为2%的表示方法是(　　)。
   A. "20/2, n/60"　　　　　　　B. "2/20, n/60"
   C. "2%/20, n/60"　　　　　　D. "2/20, n/40"
8. 下列各项中,属于每次订货的变动成本的是(　　)。
   A. 常设采购机构的管理费用　　　B. 采购人员的计时工资
   C. 订货的差旅费、邮费　　　　　D. 存货的搬运费、保险费
9. 下列各项中,与确定经济订货批量无关的因素是(　　)。
   A. 年度存货需要量　　　　　　　B. 每次存货订货成本
   C. 单位存货储存成本　　　　　　D. 购置成本
10. 关于存货ABC分类管理,下列说法中正确的是(　　)。
    A. A类存货金额大,数量多
    B. B类存货金额和品种数量较多,占全部存货的20%左右
    C. C类存货金额小,数量少
    D. 各类存货的金额、数量大致均为A∶B∶C＝0.7∶0.2∶0.1

二、多项选择题

1. 下列各项中,属于资产营运管理原则的有(　　)。
   A. 资产合理配置　　　　　　　　B. 风险收益均衡
   C. 资产周转最快　　　　　　　　D. 成本效益最优
2. 根据流动资产占总资产的比重不同,可以将企业的资产结构划分

为( )。

 A. 流动型资产结构   B. 保守型资产结构

 C. 风险型资产结构   D. 中庸型资产结构

3. 企业持有货币资金的动机主要有( )。

 A. 交易动机   B. 预防动机

 C. 投机动机   D. 补偿动机

4. 下列说法中正确的有( )。

 A. 货币资金持有量越高，机会成本越大

 B. 货币资金持有量越低，短缺成本越大

 C. 货币资金持有量越高，管理成本越大

 D. 货币资金持有量越高，收益越大

5. 企业信用政策主要包括的内容有( )。

 A. 设立信用管理岗位   B. 信用标准

 C. 信用条件   D. 收账政策

6. 企业在制定信用标准时，应予考虑的因素主要有( )。

 A. 竞争对手的实力   B. 企业承受违约风险的能力

 C. 企业自身的资信程度   D. 客户的资信程度

7. 下列各项中，属于影响企业应收款项机会成本因素的有( )。

 A. 日销售额   B. 收账费用

 C. 信用期限   D. 投资报酬率

8. 缩短信用期限，可能会使( )。

 A. 销售额降低   B. 应收款项占用资金降低

 C. 收账费用降低   D. 坏账损失降低

9. 存货日常管理的方法主要有( )。

 A. ABC控制法   B. 归口分级管理

 C. 追踪分析法   D. 零存货管理

10. 下列各项中，属于存货业务内部控制制度的有( )。

 A. 存货采购申请管理制度   B. 存货验收和保管控制制度

 C. 存货领用和发出制度   D. 存货盘点和处置制度

三、判断题

1. 在风险型资产结构下，资产的流动性和变现能力较弱，但收益水平较高。
 ( )

2. 企业的资产结构并不是一成不变的，但总是保持均衡的水平。 ( )

3. 企业持有的货币资金数额并不等于各种动机所需货币资金数额的简单相加,前者通常大于后者。（   ）

4. 在企业全年货币资金需求总量一定的情况下,货币资金的周转率越大,周转期越短,企业持有的货币资金就越少。（   ）

5. 货币资金的管理成本是相对固定的,因而在确定最佳货币资金持有量时,可以不考虑它的影响。（   ）

6. 由于货币资金的收益能力较差,企业不宜保留过多的货币资金。（   ）

7. 企业制定的信用标准偏低,会扩大销售,坏账损失也会相应降低。（   ）

8. 一般而言,收账费用支出越多,措施越得力,应收款项坏账损失的减少越明显,两者存在线性关系。（   ）

9. 能够使订货成本和储存成本之和最低时的进货批量就是经济订货批量。（   ）

10. 如果存货市场供应不充足,就不能建立经济订货批量的基本模型。（   ）

四、计算分析题

1. 甲企业只生产销售一种产品,产品变动成本率为80%,固定成本总额为90 000元。该企业现有A、B两种信用期限的方案可供选择。A方案：预计年赊销额为378万元,信用期限60天,坏账损失率3%,年收账费用1.8万元；B方案：预计年赊销额为360万元,信用期限40天,坏账损失率2%,年收账费用3.2万元。该企业最低投资报酬率为15%。

要求：试进行决策分析,哪一种方案的信用期限对该企业更有利。

2. 乙企业全年需耗用某种材料54 000千克,每次订货成本为1 200元,单位储存成本为10元。

要求：

(1) 计算该种材料的经济订货批量。

(2) 计算全年订货次数。

第五章 资产营运(二)

本章结构图

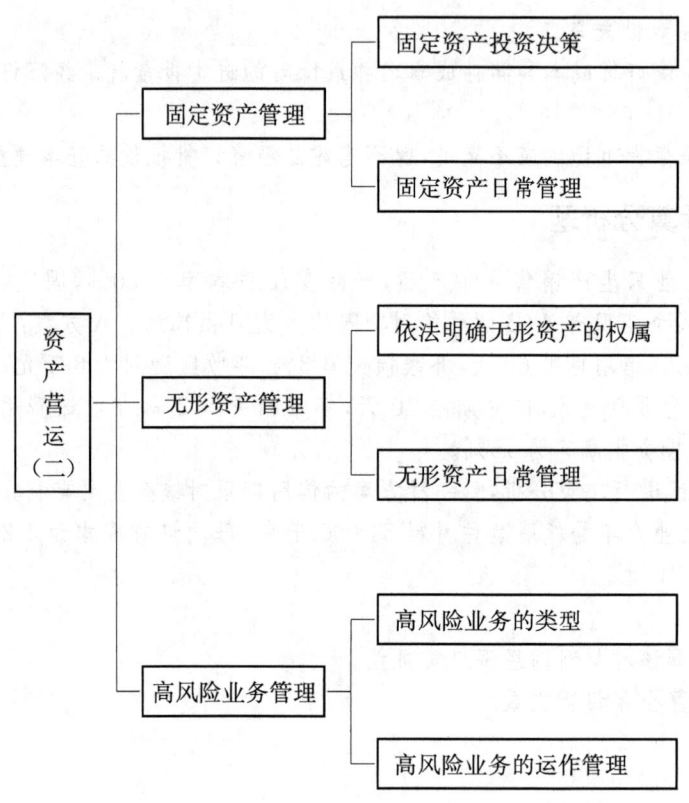

第五章 资产营运(二)

> **本章学习目标**
>
> - 熟悉固定资产项目决策程序
> - 熟悉投资决策分析需要考虑的因素
> - 掌握投资项目评价的基本方法及其具体应用
> - 熟悉固定资产业务的内部控制制度
> - 熟悉固定资产折旧和减值的管理
> - 熟悉无形资产业务的内部控制制度
> - 熟悉无形资产摊销和减值的管理
> - 熟悉高风险业务的管理制度
> - 了解高风险业务的风险类型及一般控制方法
> - 熟悉证券投资风险控制的方法

固定资产是企业重要的物质基础,是决定企业生产经营规模和收益能力的重要因素。随着科学技术的进步和市场竞争的加剧,体现知识和技术的无形资产也成为企业的一种重要的资本形式,利用无形资产的资产优化能力,提高有形资产的效率和效益,对企业来说越来越重要。在市场经济条件下,金融市场日趋活跃,金融行业不断推出新的结算方式,创造新的金融工具,许多企业在主营业务之外,还涉足证券投资、金融衍生工具等高风险业务。本章重点介绍投资项目评价的基本方法及其应用,对固定资产、无形资产的营运管理和高风险业务的运作管理进行阐述。

第一节 固定资产管理

固定资产是指企业为生产商品、提供劳务、出租或经营管理而持有的、使用寿命超过一个会计年度的有形资产,包括房屋、建筑物、机器设备等,它是企业生产经营的必要条件,往往在资产总额中占有相当大的比重。固定资产在企业生产经营过程中能较长时间使用,长期保持原有的实物形态,其价值是分次逐渐转移到相关资产的成本或者当期损益;固定资产完成一次循环所需要的时间比流动资产要长得多,其周转速度比较慢。因此,企业要站在战略的高度,正确进行固定资产投资决策,加强固定资产的营运管理,提高固定资产的营运效益。

一、固定资产投资决策

企业购建重要的固定资产，进行重大技术改造等，需要投入大量资金，且回收期长，风险大。所以固定资产投资决策正确与否，对企业能否保持长期获利能力，实现可持续发展具有决定性的影响。重大投资决策正确，可以使企业由衰变兴，迅速发展壮大；重大投资决策失误，企业就会招致"棋错一着，满盘皆输"的结局，使企业陷入困境甚至倒闭。因此，固定资产投资决策就成为财务管理的核心内容之一。

（一）固定资产项目决策程序

企业进行固定资产投资应当建立规范的项目决策程序，并严格履行项目决策程序，明确相关机构和人员的职责权限，建立项目投资决策和执行的责任制度，落实决策和执行责任，防范决策失误及项目实施过程中的舞弊行为。

固定资产项目决策的一般程序如下。

1. 投资项目的提出

一般来说，企业高层管理人员提出的投资项目，多数是投入规模较大和历时较久的战略性投资项目，如兴建厂房、引进成套生产线等；部门及中层管理人员提出的投资项目，主要是战术性投资项目，如生产部门更新设备等。

2. 投资项目的初审

组织相关职能部门及其人员研究论证可能的投资方案，分析各种投资方案的优劣，审核投资项目的可行性。

3. 投资项目的决策

投资项目的初审结果应当按照内部审批制度，提交投资者或经营者讨论、审批。对于重大投资项目的决策，应建立集体审议联签责任制度。重大投资项目决策时，应当召开董事会或经理（厂长）办公会进行讨论和决议。

4. 落实投资项目的执行责任

投资者或经营者作出决策后，应当进一步落实执行责任，明确由哪些职能部门及其人员根据决策结果，制定投资项目的具体实施方案并组织实施。

有关职能部门及其人员制定投资项目的具体实施方案，并有计划、有步骤地组织项目的实施。在实施过程中，对项目的预算、招投标、质量管理等各环节进行严格的控制和监督。实行重大投资项目的审计和效绩评价制度，对完成的投资项目进行审计和效绩评价，落实执行责任。

（二）投资决策分析需要考虑的因素

由于投资决策是对企业各项投资的备选方案进行分析、评价、选择，最后确定最佳方案的过程，所以企业进行固定资产投资决策的关键是要认真进行固定资产投资决策分析,认真做好可行性研究和项目的经济评价,充分考虑新的科学技术成果和先进工艺的应用,充分考虑项目投资的必要性、可行性和经济上的合理性。为了正确计算和评价投资项目的经济效益,必须考虑货币时间价值、投资风险报酬、资本成本、现金流量等重要因素。关于货币时间价值、投资风险报酬和资本成本,在本教材第二章和第三章已经进行了阐述,这里我们只介绍现金流量。

现金流量是一定时期内发生的现金的流出量与流入量的统称。在固定资产投资决策中,投资支出与收回都是以现金的实际支付和收入为基础的,因而对现金流量的研究,是固定资产投资决策中需要考虑的一个重要因素。预计投资项目的现金流量是投资决策中十分重要的工作。

所谓投资项目的现金流量,是进行项目投资所引起的现金流出量和现金流入量的统称。现金流入量与现金流出量之间的差额,即为现金净流量。

在进行项目投资到投资收回的整个过程中,投资项目的现金流量由以下三个部分组成:

(1) 初始投资现金流量。它是指项目开始实施到投入使用之前这段期间内所发生的现金流出量,通常包括固定资产投资、相应的流动资金投入和投产前费用等。

(2) 营业现金流量。它是指项目投产后的整个寿命周期内生产经营活动发生的营业现金流入量减去营业现金流出量。其计算公式为:

$$营业现金流量 = 营业收入 - 付现成本 - 所得税$$

或:

$$营业现金流量 = 税后利润 + 折旧$$

(3) 终结现金流量。它是指投资项目寿命终了时发生的现金流入量,一般包括固定资产的变价收入、原垫支流动资金的回收等。

【例 5-1】 某企业准备购置一套生产设备,共需 170 万元,另需相应投入 20 万元的流动资金。该设备预计使用年限 8 年,采用直线法计提折旧,预计净残值 10 万元。投产后,每年可获 80 万元的销售收入,且第一年付现成本为 40 万元,从第二年起需要增加设备维修费用 1 万元,并且此后设备维修费用逐年递增 1 万元。企业所得税税率为 25%。要求:计算投资项目的现金流量。

计算如下:

(1) 初始投资现金流量。该投资项目的初始投资现金流量包括以下两项内容:一是固定资产取得成本 170 万元,二是与该投资项目相配套的 20 万元的流动资金投入。两项相加得到初始投资现金流量 190 万元。

(2) 营业现金流量。采用直线法计提折旧,年折旧额为 20 万元 [(170 - 10) ÷ 8]。

各年营业现金流量的计算如表 5-1 所示。

表5-1

各年营业现金流量　　　　　　　　　　　金额单位：万元

年　　序	1	2	3	4	5	6	7	8
营业收入(1)	80	80	80	80	80	80	80	80
付现成本(2)	40	41	42	43	44	45	46	47
折旧(3)	20	20	20	20	20	20	20	20
营业利润：(4)=(1)-(2)-(3)	20	19	18	17	16	15	14	13
所得税：(5)=(4)×25%	5	4.75	4.5	4.25	4	3.75	3.5	3.25
税后利润：(6)=(4)-(5)	15	14.25	13.5	12.75	12	11.25	10.5	9.75
营业现金流量：(7)=(6)+(3)	35	34.25	33.5	32.75	32	31.25	30.5	29.75

（3）终结现金流量。该投资项目的终结现金流量包括以下两项内容：一是净残值的变现收入10万元，二是原垫支流动资金收回20万元。两项相加得到终结现金流量30万元。

（4）投资项目的现金流量。整个投资项目的现金流量计算如表5-2所示。

表5-2

投资项目的现金流量　　　　　　　　　　金额单位：万元

年　　序	0	1	2	3	4	5	6	7	8
初始现金流量	-190								
营业现金流量		35	34.25	33.5	32.75	32	31.25	30.5	29.75
终结现金流量									30
现金流量合计	-190	35	34.25	33.5	32.75	32	31.25	30.5	59.75

注：第t年的现金净流量可以用NCF_t表示。

（三）投资项目评价的基本方法

在固定资产投资决策中，分析和评价备选方案优劣的专门方法很多，大体上可以分为两类：一类是决策方案的取舍不考虑货币时间价值，称为静态评价方法，这类方法的基本点是把不同时期的现金流看作是等效的，如投资回收期法，投资报酬率法等;另一类是考虑货币时间价值来决策方案取舍的,称为动态评价方法,这类方法的基本点是把现金流出量、现金流入量和时间这三个基本因素相互联系起来进行分析评价,在这类方法中,最常用的有净现值法、现值指数法和内含报酬率法。无论是静态评价方法,还是动态评价方法,都需要计算投资决策分析评价指标,用来衡量和比较投资项目的可行性,以便据以进行方案决策,如投资回收期、投资报酬率、净现值、现值指数、内含报酬率等,它们构成了一个综合反映投资收益和项目投入产出关系的指标体系。由于评价指标的自身特点不同,评价指标之间的关系也比较复杂,因此,确定如何运用评价指标进行投资决策分析,往往取决于具体的应用环境,应具体问题具体分析。

1. 静态评价方法

投资项目的静态评价方法主要有投资回收期法和投资报酬率法。

(1) 投资回收期法。投资回收期是指以投资项目的各年现金净流量来回收该项目的原始投资总额所需的时间(通常用年数来表示),它表示收回投资所需的年限。一般来讲,投资回收期越短,收回投资就越快,投资方案所承担的风险就越小;反之,投资回收期越长,收回投资就越慢,投资方案所承担的风险就越大。根据投资回收期这一评价指标进行项目投资决策分析的方法称为投资回收期法。

列表法是计算投资回收期的一般方法,通过列表计算累计现金净流量,从而求得投资回收期。

【例 5-2】 A 企业目前有一项投资方案,投资总额为 200 000 元,1 年内可产生回报,投资项目的预计使用年限为 5 年。该方案各年的现金净流量分别为 56 000 元、60 000 元、61 000 元、62 000 元、86 000 元。要求:计算该方案的投资回收期。

根据以上资料,首先计算投资方案累计现金净流量,如表 5-3 所示。

表 5-3

投资方案累计现金净流量计算　　　　金额单位:元

年　序	年现金净流量	累计现金净流量
0	−200 000	−200 000
1	56 000	−144 000
2	60 000	−84 000
3	61 000	−23 000
4	62 000	39 000
5	86 000	125 000

从上表可知,该方案从第四年开始累计现金净流量为正数,可见投资回收期是在第三年与第四年之间。第三年累计现金净流量为-23 000元,而第四年的现金净流量为62 000元。因此,该方案投资回收期为3.37年(3+23 000÷62 000)。

若[例5-2]中,该投资方案的其他条件不变,而各年的现金净流量相等,则可采用更为简便的计算方法,即只要将投资总额除以年现金净流量,就可求出投资回收期。其计算公式为:

$$投资回收期 = \frac{投资总额}{年现金净流量}$$

假设该方案各年的现金净流量均为60 000元,则该方案的投资回收期为:

$$200\ 000 \div 60\ 000 = 3.33(年)$$

求出投资回收期后,可将该指标与基准投资回收期比较。一般认为,当投资回收期小于基准投资回收期时是可以考虑接受的。行业的基准投资回收期随不同行业而异。一般食品工业1年,轻纺、化工2~3年,机械工业3~5年,矿山10年左右。当然,这只是一般要求,具体情况还要具体分析。如果是两个方案进行比较,不能仅凭该指标来确定投资方案的优劣,因为它没有考虑投资回收后的现金流量,存在一定的局限性。

(2) 投资报酬率法。投资报酬率是指投资项目达到设计生产能力后正常年度息税前利润占投资总额的比率。对生产期内各年的息税前利润变化幅度较大的项目,应计算生产期年平均息税前利润与投资总额的比率。其计算公式为:

$$投资报酬率 = \frac{年息税前利润(或年平均息税前利润)}{投资总额}$$

根据投资报酬率这一评价指标进行项目投资决策分析的方法称为投资报酬率法。

沿用[例5-2]的资料,若该投资方案的其他条件不变,又已知各年的息税前利润分别为30 000元、35 000元、36 000元、38 000元、41 000元。要求:计算该方案的投资报酬率。

$$年平均息税前利润 = (30\ 000 + 35\ 000 + 36\ 000 + 38\ 000 + 41\ 000) \div 5 = 36\ 000(元)$$

则: 投资报酬率 = 36 000 ÷ 200 000 × 100% = 18%

投资报酬率反映项目正常生产年份每1元投资带来的息税前利润。投资报酬率越高,说明项目的经济效益越好。用投资报酬率进行投资后项目间经济效益的比较,简单明了,易于理解和掌握。

这里值得注意的是,静态评价方法由于没有考虑货币时间价值,因而在评价投资方案时只能起辅助作用,在实际工作中,一般应和其他方法结合起来加以运用。

2. 动态评价方法

投资项目的动态评价方法主要有净现值法、现值指数法和内含报酬率法。

(1) 净现值法。对于任何一项长期投资方案,决策者总是期望未来能获得的报酬的总金额要多于原始投资的金额,这样才能体现价值的增值。基于这样的考虑,我们把一项投资方案在未来期间所能获得的各种报酬,按一定的折现率折算成总现值,然后将它与原始投资额折成的现值进行比较。我们将投资项目未来现金净流量的总现值与原始投资额现值之间的差额称为净现值(NPV),将这种评价投资方案优劣的方法称为净现值法。其预定的折现率可以根据资本成本或企业要求的最低投资报酬率来确定。

在实际工作中,长期投资方案的未来报酬往往比较复杂,净现值的计算一般可以按以下三个步骤进行:

一是对投资项目寿命周期内各年的营业现金流量进行预测。

二是用选定的折现率将未来的各种报酬折算成总现值。首先要将各年的营业现金流量折成现值,再将期末固定资产的残值或中途变现价值以及期末应收回的流动资金折成现值。两者相加,才是未来报酬的总现值。

三是计算投资方案的净现值。其计算公式为:

$$净现值 = 未来报酬总现值 - 原始投资额的现值$$

对于某一投资项目,如果净现值大于 0,表明该项目的投资报酬率大于预定的折现率,说明该项目是可行的;如果净现值小于 0,表明该项目的投资报酬率小于预定的折现率,则该项目不可行。

【例 5-3】 某企业拟建造一项目,预计建设期为 1 年,所需原始投资 200 万元于建设起点一次投入。该项目预计使用寿命为 5 年,使用期满报废清理时无残值,采用直线法计提折旧。该项目投产后每年增加净利润 60 万元,适用的行业基准折现率为 10%。

要求:

(1) 计算该项目各年的现金流量。

(2) 计算该项目的净现值,并评价其财务可行性。

计算如下:

(1) 第零年现金净流量 $NCF_0 = -200$(万元)

第一年现金净流量 $NCF_1 = 0$(万元)

第二至第六年现金净流量 $NCF_{2\sim6} = 60 + [(200-0) \div 5] = 100$(万元)

(2) 净现值 $NPV = (-200) + 100 \times (P/A, 10\%, 5) \times (P/S, 10\%, 1) =$

$(-200) + 100 \times 3.7908 \times 0.9091 =$

144.62(万元)

计算结果表明,净现值大于0,该项目可行。

运用净现值法对同一投资额不同决策方案进行分析评价时,如果有几个可行的投资项目,应选择净现值较大的投资项目。

应当指出的是,在项目评价中,正确选择折现率至关重要,它直接影响决策的结果。选择的折现率无论是过低还是过高,都会导致决策失误。在实务中,确定折现率的方法一般有以下几种:① 以投资项目的资本成本作为折现率。② 以投资项目的机会成本作为折现率。③ 根据不同阶段采用不同的折现率:在计算项目建设期现金流量现值时,以贷款的实际利率作为折现率;在计算项目经营期现金流量时,以全社会平均资金收益率作为折现率。④ 以行业平均资金收益率作为折现率。

(2) 现值指数法。现值指数法是通过测算各投资方案的现值指数来评价投资方案优劣的一种方法。现值指数是指投资项目未来现金流量的总现值与原始投资的现值之比,它反映每1元原始投资所带来的按预定的折现率折现后的净收益,是评价投资方案优劣的另一项动态指标。

现值指数法的决策标准是:如果现值指数大于1,表明该项目的投资报酬率大于预定的折现率,说明该项目是可行的;如果现值指数小于1,表明该项目的投资报酬率小于预定的折现率,则该项目不可行。

运用现值指数法进行投资决策的步骤,其前两步与净现值法的前两步相同,第三步是计算投资方案的现值指数。其计算公式为:

现值指数 = 未来报酬总现值 ÷ 原始投资额的现值

根据计算结果,按现值指数法的决策标准评价并取舍方案。

由于现值指数以相对数表示,因而它适用于投资项目不同投资额方案之间进行对比,如果有几个可行的投资项目,应选择现值指数较高的投资项目。

【例5-4】 某企业有甲、乙两个项目,它们的现金流量情况如表5-4所示。

表5-4

甲、乙两个项目有关现金流量的资料　　　　金额单位:元

年　　序	0	1	2	3	4	5
现金流量(甲)	-900 000	150 000	250 000	280 000	240 000	210 000
现金流量(乙)	-980 000	180 000	400 000	380 000	280 000	250 000

该企业的资本成本为10%。要求：运用现值指数法，对甲、乙两个项目进行分析评价。

计算如下：

甲项目的现值指数 = (150 000×0.909 1 + 250 000×0.826 4 + 280 000×0.751 3 + 240 000×0.683 0 + 210 000×0.620 9)÷900 000 = 847 638÷900 000 = 0.94

乙项目的现值指数 = (180 000×0.909 1 + 400 000×0.826 4 + 380 000×0.751 3 + 280 000×0.683 0 + 250 000×0.620 9)÷980 000 = 1 126 157÷980 000 = 1.15

计算结果表明，由于甲项目的现值指数小于1，所以甲项目不可行；而乙项目的现值指数大于1，所以乙项目可行。

应该注意的是，净现值法和现值指数法都是根据预定的折现率对投资方案的全部现金流量进行折现，然后据以对投资方案的优劣作出评价。现值指数是一个相对数指标，反映投资的效率；而净现值是一个绝对数指标，反映投资的效益，这两种专门方法有一个共同缺陷，就是都不能揭示各该投资方案本身可能达到的投资报酬率究竟是多少。正因为如此，就需要运用另一种专门方法来弥补这一缺陷，那就是内含报酬率法。

(3) 内含报酬率法。内含报酬率(IRR)是指一项长期投资方案在其寿命周期内按现值计算的实际可能达到的投资报酬率，也称内部收益率。它的基本原理就是根据这个报酬率对投资方案的全部现金流量进行折现，使得未来报酬的总现值正好等于该方案原始投资额的现值。因此，内含报酬率的实质就是一种能使投资方案的净现值等于零的报酬率。

根据内含报酬率这一评价指标进行项目投资决策分析的方法称为内含报酬率法。对某一投资项目，如果内含报酬率大于预定的折现率，说明该项目是可行的；如果内含报酬率小于预定的折现率，则该项目不可行。如果有几个可行的投资项目，应选择内含报酬率较高的投资项目。

在实际工作中，一般采用逐步测试法，计算投资项目的内含报酬率。

首先，估计一个折现率，以此计算投资项目的净现值。如果净现值大于0，表明估计的折现率小于内含报酬率，应略微提高折现率，再进行测试。如果净现值小于0，表明估计的折现率大于内含报酬率，应略微降低折现率。经过多次测试，找出由正到负的两个相邻的折现率（一般两者之差在5%以内）。根据这两个相邻的折现率，采用插值法，计算出使净现值为0的折现率，即投资项目的内含报酬率。

【例5-5】 沿用[例5-4]的资料。要求：运用内含报酬率法对甲、乙两个项目进行分析评价。

计算如下：

甲项目：先以 8% 的折现率进行测试。

甲项目的净现值：

$NPV_甲 = (150\,000 \times 0.925\,9 + 250\,000 \times 0.857\,3 + 280\,000 \times 0.793\,8 + 240\,000 \times$
$\qquad 0.735\,0 + 210\,000 \times 0.680\,6) - 900\,000 =$
$\qquad 894\,800 - 900\,000 = -5\,200\,(元)$

再以 7% 的折现率进行测试。

甲项目的净现值：

$NPV_甲 = (150\,000 \times 0.934\,6 + 250\,000 \times 0.873\,4 + 280\,000 \times 0.816\,3 + 240\,000 \times$
$\qquad 0.762\,9 + 210\,000 \times 0.713\,0) - 900\,000 =$
$\qquad 919\,930 - 900\,000 = 19\,930\,(元)$

插值法：

折现率	净现值
8%	-5 200
IRR	0
7%	19 930

$$\frac{7\% - 8\%}{IRR - 8\%} = \frac{19\,930 + 5\,200}{5\,200}$$

$25\,130\,IRR = 1\,958.4$

$IRR = 7.8\%$

乙项目：先以 15% 的折现率进行测试。

乙项目的净现值：

$NPV_乙 = (180\,000 \times 0.869\,6 + 400\,000 \times 0.756\,1 + 380\,000 \times 0.657\,5 + 280\,000 \times$
$\qquad 0.571\,8 + 250\,000 \times 0.497\,2) - 980\,000 =$
$\qquad 993\,222 - 980\,000 = 13\,222\,(元)$

再以 16% 的折现率进行测试。

乙项目的净现值：

$NPV_乙 = (180\,000 \times 0.862\,1 + 400\,000 \times 0.743\,2 + 380\,000 \times 0.640\,7 + 280\,000 \times$
$\qquad 0.552\,3 + 250\,000 \times 0.476\,1) - 980\,000 =$
$\qquad 969\,593 - 980\,000 = -10\,407\,(元)$

插值法：

折现率	净现值
15%	13 222
IRR	0
16%	−10 407

$$\frac{16\% - 15\%}{IRR - 15\%} = \frac{-10\ 407 - 13\ 222}{-13\ 222}$$

$$23\ 629\ IRR = 3\ 676.57$$

$$IRR = 15.6\%$$

计算结果表明，由于甲项目的内含报酬率低于资本成本，所以甲项目不可行；而乙项目的内含报酬率高于资本成本，所以乙项目可行。

由于内含报酬率能够正确反映各投资方案本身实际能达到的报酬率是多少，因此，它是评价投资方案优劣的一项重要指标。目前世界银行和联合国开发署对发展中国家发放优惠贷款时，都普遍要求借款单位必须提供有关投资项目的内含报酬率的信息，以便他们进行评估，决定是否发放优惠贷款。

这里需要强调的是，无论运用哪一种投资项目评价方法，都只能给决策者提供一些有参考价值的信息，而不能明确地告诉决策者投资与否。因为投资与否，还需要考虑诸多非计量因素。所以，在进行投资项目决策分析时，除了运用上面提到的一些专门方法，我们还应从社会宏观环境、市场需求、技术创新、资源利用、发展前景等方面作出全面的分析评价，正确权衡投资风险和投资报酬，合理选择投资方向。

(四) 投资项目评价方法的具体应用

下面以固定资产修理或更新的决策，固定资产购买或租赁的决策为例，说明投资项目评价方法的具体应用。

1. 固定资产修理或更新的决策

固定资产修理或更新的决策是在假定维持现有生产能力不变的情况下，是继续使用旧设备，还是购买新设备的决策。下面举例说明。

【例 5-6】 和达公司考虑是否需要更新一台已使用 1 年的设备，新、旧设备生产能力相同。最低投资报酬率为 10%，所得税税率为 25%。其他有关资料如表 5-5 所示。要求：进行是继续使用旧设备，还是购买新设备的决策。

计算如下：

将新、旧设备的现金流出总现值进行比较，如表 5-6 所示。

表 5-5　　　　　　　　　　　新、旧设备的有关资料　　　　　　　　金额单位：元

项　　目	旧　设　备	新　设　备
原价	60 000	60 000
税法规定残值(5%)	3 000	3 000
税法规定使用年限	5	4
已使用年限	1	0
尚可使用年限	4	4
每年营运成本(付现)	16 000	10 000
两年后大修成本	20 000	0
最终报废残值	5 000	8 000
目前变现价值	40 000	0
每年折旧额	（直线法）	（年数总和法）
第一年	11 400	22 800
第二年	11 400	17 100
第三年	11 400	11 400
第四年	11 400	5 700

表 5-6　　　　　　　　　　新、旧设备的现金流出总现值比较　　　　　　金额单位：元

项　　目	现　金　流　量	时间(年次)	折现系数	现　　值
继续使用旧设备：				
每年营运成本(付现)	16 000×(1−25%)=(12 000)	1~4	3.169 9	(38 038.8)
每年折旧抵税	11 400×25%=2 850	1~4	3.169 9	9 034.22
两年后大修成本	20 000×(1−25%)=(15 000)	2	0.826 4	(12 396)
残值变现收入	5 000	4	0.683 0	3 415
残值变现收入多纳税	(5 000−3 000)×25%=(500)	4	0.683 0	(341.5)
合　　计				(38 327.08)

(续表)

项　目	现　金　流　量	时间(年次)	折现系数	现　值
购买新设备：				
旧设备变现价值	40 000	0	1	40 000
旧设备变现损失减税	[(60 000−11 400)−40 000]×25%=2 150	0	1	2 150
设备投资	(60 000)	0	1	(60 000)
每年营运成本(付现)	10 000×(1−25%)=(7 500)	1～4	3.169 9	(23 774.25)
每年折旧抵税：				
第一年	22 800×25%=5 700	1	0.909 1	5 181.87
第二年	17 100×25%=4 275	2	0.826 4	3 532.86
第三年	11 400×25%=2 850	3	0.751 3	2 141.21
第四年	5 700×25%=1 425	4	0.683 0	973.28
残值变现收入	8 000	4	0.683 0	5 464
残值变现收入多纳税	(8 000−3 000)×25%=(1 250)	4	0.683 0	(853.75)
合　　计				(25 184.78)

注：加括号的数字表示现金流出。

计算结果表明,购买新设备的现金流出总现值为25 184.78元,比继续使用旧设备的现金流出总现值38 327.08元要少13 142.30元,因此,该公司宜考虑购买新设备。

在此例中,我们假设固定资产的生产能力相同,并且设备未来尚可使用年限相同,因此,我们可以通过比较其现金流出总现值来判断投资方案的优劣。如果设备未来尚可使用年限不同,则需要计算固定资产平均年成本,然后进行比较,选择平均年成本较低的方案。考虑货币的时间价值,固定资产平均年成本是未来使用年限内现金流出总现值与年金现值系数的比值,即平均每年的现金流出。

【例5-7】 某企业有一台旧设备,重置成本16 000元,年付现成本12 000元,两年后大修成本8 000元,4年后报废无残值。如果用50 000元购买一台新设备,年付现成本11 000元,使用年限8年,不需大修,预计净残值4 000元。新、旧设备的产量及产品销售价格相同。企业采用直线法计提折旧。最低投资报酬率为10%,所得税税率为25%。要求：进行是继续使用旧设备,还是购买新设备的决策。

计算如下：

因为旧设备尚可使用 4 年,而新设备可使用 8 年,未来尚可使用年限不同,因此,需要计算新、旧设备的平均年成本,然后进行比较。

继续使用旧设备:

(1) 旧设备重置成本 = 16 000 (元)

(2) 两年后大修成本现值 = $8\,000\times(1-25\%)\times(P/S,10\%,2)=$

$$6\,000\times0.826\,4=4\,958.40\,(元)$$

(3) 折旧抵税现值 = $16\,000\div4\times25\%\times(P/A,10\%,4)=$

$$1\,000\times3.169\,9=3\,169.90\,(元)$$

(4) 总付现成本现值 = $12\,000\times(1-25\%)\times(P/A,10\%,4)=$

$$9\,000\times3.169\,9=28\,529.10\,(元)$$

平均年成本 = 现金流出总现值 ÷ 年金现值系数 =

$$(16\,000+4\,958.40-3\,169.90+28\,529.10)\div(P/A,10\%,4)=$$

$$46\,317.60\div3.169\,9=14\,611.69\,(元)$$

购买新设备:

(1) 设备投资 = 50 000 (元)

(2) 折旧抵税现值 = $(50\,000-4\,000)\div8\times25\%\times(P/A,10\%,8)=$

$$1\,437.50\times5.334\,9=7\,668.92\,(元)$$

(3) 总付现成本现值 = $11\,000\times(1-25\%)\times(P/A,10\%,8)=$

$$8\,250\times5.334\,9=44\,012.93\,(元)$$

(4) 残值变现现值 = $4\,000\times(P/S,10\%,8)=4\,000\times0.466\,5=1\,866\,(元)$

平均年成本 = 现金流出总现值 ÷ 年金现值系数 =

$$(50\,000-7\,668.92+44\,012.93-1\,866)\div(P/A,10\%,8)=$$

$$84\,478.01\div5.334\,9=15\,834.98\,(元)$$

计算结果表明,使用新设备的平均年成本为 15 834.98 元,比继续使用旧设备的平均年成本 14 611.69 元要多 1 223.29 元。因此,该企业宜继续使用旧设备。

2. 固定资产购买或租赁的决策

固定资产购买或租赁的决策是在假定满足生产能力要求的情况下,进行是购买设备还是租赁设备的决策。下面举例说明。

【例 5 - 8】 长江公司需要一台生产用设备,若公司购买,需支付设备价款

400 000 元。该设备使用寿命 10 年,预计净残值 20 000 元;公司若采用租赁的方式租入设备,每年将支付 65 000 元的租赁费用,租赁期 10 年。最低投资报酬率为 10%,所得税税率为 25%。

要求:进行是购买设备还是租赁设备的决策。

计算如下:

购买设备:

(1) 支付设备价款 = 400 000(元)

(2) 折旧抵税现值 = (400 000 − 20 000)÷10×25%×(P/A, 10%, 10) =
　　　　　　　　38 000×25%×6.144 6 = 58 373.70(元)

(3) 设备残值变现现值 = 20 000×(P/S, 10%, 10) =
　　　　　　　　20 000×0.385 5 = 7 710(元)

购买设备的现金流出总现值 = 400 000 − 58 373.70 − 7 710 = 333 916.30(元)

租赁设备:

(1) 支付租赁费用现值 = 65 000×(P/A,10%,10) =
　　　　　　　　65 000×6.144 6 = 399 399(元)

(2) 租赁费用抵税现值 = 65 000×25%×(P/A,10%,10) =
　　　　　　　　16 250×6.144 6 = 99 849.75(元)

租赁设备的现金流出总现值 = 399 399 − 99 849.75 = 299 549.25(元)

计算结果表明,租赁设备的现金流出总现值 299 549.25 元,比购买设备的现金流出总现值 333 916.30 元要少 34 367.05 元。所以,该公司宜采用租赁的方式租入设备进行生产。

二、固定资产日常管理

由于固定资产投资额大,建设和使用期长,以及具有固定性和专用性的特点,如果对科技进步和产品的市场份额变化预计不足,固定资产的无形损耗势必很大,项目经济寿命缩短,影响固定资产投资的效果。因此,企业必须加强固定资产日常管理,防范风险,提高固定资产的营运效益。

(一) 固定资产控制的关键

企业在固定资产日常管理中,至少应当关注其涉及的下列风险:

(1) 固定资产业务违反国家法律法规,可能遭受外部处罚、经济损失和信誉损失。

(2) 固定资产业务未经适当审批或超越授权审批,可能因重大差错、舞弊、欺诈而导致资产损失。

(3) 固定资产购买、建造决策失误,可能造成企业资产损失或资源浪费。

(4) 固定资产使用、维护不当和管理不善,可能造成企业资产使用效率低下或资产损失。

(5) 固定资产处置不当,可能造成企业资产损失。

(6) 固定资产会计处理和相关信息不合法、不真实、不完整,可能导致企业资产账实不符或资产损失。

企业在建立与实施固定资产内部控制中,至少应当强化对下列关键方面或者关键环节的控制:

(1) 职责分工、权限范围和审批程序应当明确规范,机构设置和人员配备应当科学合理。

(2) 固定资产取得依据应当充分适当,决策过程应当科学规范。

(3) 固定资产取得、验收、使用、维护、处置和转移等环节的控制流程应当清晰严密。

(4) 固定资产的确认、计量和报告应当符合国家统一的会计制度的规定。

(二) 固定资产业务的内部控制制度

企业固定资产业务的内部控制制度主要有以下几项。

1. 固定资产业务的岗位责任制

企业应当建立固定资产业务的岗位责任制,明确相关部门和岗位的职责、权限,确保办理固定资产业务的不相容岗位相互分离、制约和监督。同一部门或个人不得办理固定资产业务的全过程。固定资产业务不相容岗位至少包括:固定资产投资预算的编制与审批;固定资产投资预算的审批与执行;固定资产采购、验收与款项支付;固定资产投保的申请与审批;固定资产处置的审批与执行;固定资产取得与处置业务的执行与相关会计记录。

企业应当配备合格的人员办理固定资产业务。办理固定资产业务的人员应当具备良好的业务素质和职业道德。

2. 固定资产业务的授权批准制度

企业应当对固定资产业务建立严格的授权批准制度,明确授权批准的方式、权限、程序、责任和相关控制措施,规定经办人的职责范围和工作要求。严禁未经授权的机构或人员办理固定资产业务。

审批人应当根据固定资产业务授权批准制度的规定,在授权范围内进行审批,不得超越审批权限。经办人在职责范围内,按照审批人的批准意见办理固定资产业务。对于审批人超越授权范围审批的固定资产业务,经办人员有权拒绝办理,并及时向上级部门报告。

3. 固定资产预算管理制度

企业应当建立固定资产预算管理制度。企业应当根据固定资产的使用情况、生产经营发展目标等因素拟订固定资产投资项目,对项目可行性进行研究、分析,编制固定资产投资预算,并按规定程序审批,确保固定资产投资决策科学合理。

对于重大的固定资产投资项目,应当考虑聘请独立的中介机构或专业人士进行可行性研究与评价,并由企业实行集体决策和审批,防止出现决策失误而造成严重损失。

4. 固定资产购建制度

(1)购建固定资产,由使用部门根据需要和投资计划提出申请,按规定申报审批。

(2)固定资产管理部门根据购置申请,会同财务等有关部门核实企业的资产需要量,在综合平衡基础上确定支出限额,并作为财务预算的投资支出,决定现金需要量。

(3)固定资产管理部门根据批准下达采购通知单,采购部门办理采购事项。企业应当建立严格的固定资产交付使用验收制度,确保固定资产数量、质量等符合使用要求。固定资产管理部门、使用部门及相关部门验收、安装并调试固定资产。

(4)财务部门按财务预算和采购计划,审核验收单、发货票等,确认无误后,通知出纳按规定付款,并进行账务处理。

5. 固定资产使用制度

企业应根据国家及行业有关要求和自身经营管理的需要,确定固定资产分类标准和管理要求,并制定和实施固定资产目录制度。

企业应授权具体部门或人员负责固定资产的日常使用与维修管理,保证固定资产的安全与完整。企业应当定期或不定期地检查固定资产明细账及标签,确保具备足够详细的信息,以便固定资产的有效识别与盘点。

企业应当建立固定资产的维修、保养制度,保证固定资产的正常运行,提高固定资产的使用效率。固定资产使用部门负责固定资产日常维修、保养,定期检查,及时消除风险。固定资产大修理应由固定资产使用部门提出申请,按规定程序报批后安排修理。固定资产技术改造应组织相关部门进行可行性论证,审批通过后予以实施。

6. 固定资产处置制度

企业应当建立固定资产处置的相关制度,确定固定资产处置的范围、标准、程序和审批权限。企业处置固定资产,应当遵循提出申请、经济和技术鉴定、财务审核、上级审批、退出清理、登记入账等程序,并明确有关当事人的责任。

企业应区分固定资产不同的处置方式,采取相应控制措施。对使用期满、正常报废的固定资产,应由固定资产使用部门或管理部门填制固定资产报废单,经企业授权部门或人员批准后对该固定资产进行报废清理。对使用期限未满,非正常报废的固定资产,应由固定资产使用部门提出报废申请,注明报废理由、估计清理费用和可回收残值、预计出售价值等。企业应组织有关部门进行技术鉴定,按规定程序审批后进行报废清理。对拟出售或投资转出的固定资产,应由有关部门或人员提出处置申请,列明该项固定资产的原价、已提折旧、预计使用年限、已使用年限、预计出售价格或转让价格等,报经企业授权部门或人员批准后予以出售或转让。

固定资产的处置应由独立于固定资产管理部门和使用部门的其他部门或人员办理。固定资产处置价格应报经企业授权部门或人员审批后确定。对于重大的固定资产处置,应当考虑聘请具有资质的中介机构进行资产评估,采取集体合议审批制度,并建立集体审批记录机制。固定资产处置涉及产权变更的,应及时办理产权变更手续。

(三) 固定资产折旧和减值

1. 固定资产折旧

由于固定资产的价值补偿和实物更新在时间上是分离的,而固定资产的价值补偿是实现其实物更新的必要条件,为实现价值补偿和实物更新,企业必须正确计提固定资产折旧。按照新《企业财务通则》的规定:"企业自行选择、确定固定资产折旧办法,可以征询中介机构、有关专家的意见,并由投资者审议批准。固定资产折旧办法一经选用,不得随意变更。确需变更的,应当说明理由,经投资者审议批准。"

(1) 折旧的概念。折旧是指在固定资产使用寿命内,按照确定的方法对应计折旧额进行系统分摊。为了理解折旧的内涵和意义,这里还需要明确与折旧相关的几个概念:

(a) 固定资产的价值损耗。固定资产由于使用、自然力的作用或科学技术的进步而逐渐丧失其原有的价值,称为固定资产的价值损耗,固定资产的价值损耗包括有形损耗和无形损耗两种。

有形损耗是指固定资产由于使用而发生的磨损或受自然力的作用而发生的损耗。例如,机器设备等在运转中发生的磨损,机器设备、房屋建筑物等受到自然力的作用而发生的锈蚀、风化等。

无形损耗是随着科学技术迅速发展而产生的。一是由于生产同种设备的社会劳动生产率提高,从而引起该种设备价值降低,使企业原有的该种设备发生贬值;二是由于科学技术的进步,出现了技术上更为先进、经济效率更高的新设备,使企业原有设备的生产能力和经济效率相对降低而发生的价值损失;三是由于企业的产品更新换代,或企业生产方向有很大的调整,原有的一些设备不能适应新的需要,被迫提前报废而发生的损失;四是由于科学技术迅猛发展,使企业的专利技术等无形资产的经济寿命缩短,提前淘汰而造成与之配套的固定资产不能继续使用的损失;五是由于社会经济调整,导致企业固定资产重新配置而造成的损失。

(b) 固定资产使用寿命。使用寿命是指企业使用固定资产的预计期间,或者该固定资产所能生产产品或提供劳务的数量。

(c) 固定资产应计折旧额。应计折旧额是指应当计提折旧的固定资产的原价扣除其预计净残值后的金额。已计提减值准备的固定资产,还应当扣除已计提的固定资产减值准备累计金额。

(d) 固定资产预计净残值。预计净残值是指假定固定资产预计使用寿命已满并处于使用寿命终了时,企业预计能从该项资产处置中获得的扣除处置费用后的金额。

(2) 折旧政策的选择。企业折旧政策是指企业对固定资产使用寿命、预计净残值和折旧方法所作出的选择。企业应当根据固定资产的性质和使用情况,合理确定固定资产的使用寿命和预计净残值。企业确定固定资产使用寿命,应当考虑下列因素:预计生产能力或实物产量,预计有形损耗和无形损耗以及法律或者类似规定对资产使用的限制。

企业应当根据与固定资产有关的经济利益的预期实现方式,合理选择固定资产折旧方法。可选用的折旧方法包括年限平均法、工作量法、双倍余额递减法和年数总和法等。国家允许实行加速折旧的企业或固定资产主要有:对国民经济具有重要地位、技术进步快的电子生产企业、船舶工业企业、生产"母机"的机械企业、飞机制造企业、化工生产企业、医药生产企业的机器设备,对促进科技进步、环境保护和国家鼓励投资项目的关键设备,以及常年处于震动、超强度使用或受酸、碱等强烈腐蚀的机器设备等。对符合加速折旧条件的固定资产,企业应当采用双倍余额递减法或年数总和法。总之,企业要采取合理的计提折旧方法,按月计提折旧,并根据用途计入相关资产的成本或者当期损益,使垫支在固定资产上的资本,通过折旧的计提,从产品价值的实现中得到补偿。

需要注意的是,企业至少应当于每年年度终了,对固定资产的使用寿命、预计净残值和折旧方法进行复核。使用寿命和预计净残值的预计数与原先估计数有差异的,应当调整固定资产使用寿命和预计净残值。与固定资产有关的经济利益预期实现方式有重大改变的,应当改变固定资产折旧方法。

2. 固定资产减值

固定资产的减值应当按照《企业会计准则第 8 号——资产减值》的规定处理。企业应设置测算、审计和审批三个相互分离的岗位,加强对计提固定资产减值准备的管理。减值准备是一种预计损失,尽管计提时已经计入当期损益,列为资产的减项，但毕竟不是事实损失。因此，对于计提减值准备后的固定资产，企业应当落实监管责任，建立档案进行专项管理，尽量减少或挽回资产损失。对最终形成事实损失的固定资产，按规定程序进行财务核销，在查明资产损失事实和原因的基础上，分清责任，对相关责任人进行责任追究。

（四）管好用好固定资产，提高固定资产营运效益

1. 做好固定资产管理的基础工作

为了加强固定资产的管理，企业应实行固定资产定号、保管定人、使用订户（即最基层的单位）、建立保管卡的管理方法。企业财务部门要会同固定资产的使用和管理部门，编制固定资产目录，统一编号，各管理部门、各使用部门的账、卡、物都要统一用此编号。要建立固定资产卡片或固定资产登记簿，记载固定资产的名称、类别、编号、预计使用年限、原价、建造单位等原始资料，还应记载有关验收、启用、大修、内部转移、报废清理等内容。企业应由固定资产管理部门负责对应投保的固定资产项目提出投保申请，按规定程序审批后，办理投保手续。企业对固定资产应当定期进行清查盘点，至少每年盘点一次。

2. 实行固定资产归口分级管理

固定资产归口分级管理是要实现集中统一领导和分级管理相结合，责、权、利相结合，做到每项固定资产都有具体部门及专人负责管理。

归口管理就是按照固定资产的不同类别把固定资产交给相关职能部门负责管理。具体做法是：生产设备归生产部门管理，动力设备归动力部门管理，运输工具归运输部门管理等，而财务部门作为一个综合部门，应当将固定资产的价值管理和实物管理结合起来。

分级管理就是在归口管理的基础上，按照固定资产的使用地点，由各级使用单位负责具体管理，并进一步落实到班组和个人，做到层层负责，权责分明，严格考核，奖优罚劣。

第二节　无形资产管理

无形资产是指企业拥有或者控制的没有实物形态的非货币性资产，包括专利权、商标权、专有技术、特许权、著作权、土地使用权和商誉等。无形资产的使用能在较长时间内为企业带来经济利益。基于对无形资产重要性的认识，许多企业加大了对无形资产的投资，这对企业提高劳动生产率、降低生产成本、改进产品质量、促进产品营销、提高企业的知名度和竞争力具有十分重要的作用。因此，无形资产的管理也就成为企业财务管理的一项重要内容。新《企业财务通则》规定："企业通过自创、购买、接受投资等方式取得的无形资产，应当依法明确权属，落实有关经

营、管理的财务责任。无形资产出现转让、租赁、质押、授权经营、连锁经营、对外投资等情形时,企业应当签订书面合同,明确双方的权利义务,合理确定交易价格。"

一、依法明确无形资产的权属

企业取得无形资产的方式主要有自创、购买、接受投资等。企业应当配备专门机构及人员负责无形资产创新、设计、购买等的投资管理,并严格按照有关知识产权等法律规范的要求,明确无形资产的权属。一般来说,如果企业有权获得某项无形资产产生的经济利益,同时又能约束他人获得这些经济利益,则说明企业控制了该无形资产,或者说控制了该无形资产产生的经济利益,具体表现为企业拥有该无形资产的法定所有权,或企业与他人签订了协议,使得企业的相关权利得到法律的保护。例如,企业自行研制的技术通过申请依法取得专利权后,在一定期间内企业就拥有了该专利技术的法定所有权;企业与其他企业签订合约受让商标权,由于签订了合约,使商标使用权受让方的相关权利得到法律的保护。

二、无形资产日常管理

（一）无形资产控制的关键

企业在无形资产的日常管理中,至少应当关注其涉及的下列风险：

（1）无形资产业务违反国家法律法规,可能遭受外部处罚、经济损失和信誉损失。

（2）无形资产业务未经适当审批或超越授权审批,可能因重大差错、舞弊、欺诈而导致损失。

（3）无形资产购买决策失误,可能导致不必要的成本支出。

（4）无形资产使用和管理不善,可能导致损失和浪费。

（5）无形资产处置决策和执行不当,可能导致企业权益受损。

（6）无形资产的会计处理和相关信息不合法、不真实、不完整,可能导致企业资产账实不符或资产损失。

企业在建立与实施无形资产内部控制中,至少应当强化对下列关键方面或者关键环节的控制：

（1）职责分工、权限范围和审批程序应当明确规范,机构设置和人员配备应当科学合理。

（2）无形资产取得依据应当充分适当,决策过程应当科学规范。

（3）无形资产取得、自行开发并取得、使用及保护、处置报废等环节的控制流程清晰严密。

（4）无形资产确认、计量和报告符合国家统一的会计制度的规定。

(二) 无形资产业务的内部控制制度

针对无形资产的特点,企业除了建立类似固定资产的无形资产岗位责任制,授权批准制度,预算管理制度,投资、使用和处置制度外,还应建立内部知识产权管理制度和财务监管制度。

1. 内部知识产权管理制度

根据财政部、国家发改委、科技部、劳动保障部《关于企业实行自主创新激励分配制度的若干意见》(财企[2006]383号)的规定,企业应当建立内部知识产权管理制度,依法划清职工职务技术成果和非职工职务技术成果的界限。属于以下情形之一取得的职工职务技术成果,应当属于企业所有,法律法规另有规定的除外。① 职工在本职工作中取得的。② 职工在企业交付的研发任务中取得的。③ 职工主要利用企业的资金、设备、零部件、原材料或未对外公开的技术资料等资源取得的。④ 职工退职、退休、调动工作后1年内或者在与企业约定的期限内取得,且与其在原企业承担的本职工作或分配的任务有关的。

对职务技术成果完成人,企业应当依法支付报酬,并可以给予奖励。企业研发人员作为非职务技术成果完成人享有的合法权益,企业不得侵犯。

2. 财务监管制度

有的企业产品商标被他人侵权;有的企业科技成果投入使用后,由于没有申请专利而被他人抢先注册;有的企业专有技术被泄露,不仅造成无形资产流失,而且还引发许多经济纠纷。企业应建立财务监管制度,限制未经授权人员直接接触技术资料等无形资产,对技术资料等无形资产的保管及接触应保有记录,对重要的无形资产应及时申请法律保护。运用法律手段保障无形资产在本企业的经济利益。对本企业无形资产采取必要的技术手段进行保护,防止无形资产的权益受损。

(三) 无形资产的摊销和减值

无形资产应当按照成本进行初始计量。企业应当于取得无形资产时分析判断其使用寿命。无形资产的使用寿命为有限的,应当估计该使用寿命的年限或者构成使用寿命的产量等类似计量单位数量;无法预见无形资产为企业带来经济利益期限的,应当视为使用寿命不确定的无形资产。使用寿命有限的无形资产,其应摊销金额应当在使用寿命期内系统合理摊销。企业摊销无形资产,应当自无形资产可供使用时起至不再作为无形资产确认时止。企业选择的无形资产摊销方法,应当反映与该项无形资产有关的经济利益的预期实现方式。无法可靠确定预期实现方式的,应当采用直线法摊销。无形资产的摊销金额一般应当计入当期损益。使用寿命不确定的无形资产不应摊销,每年都应当进行减值测试。企业至少应当于每年年度终了,对使用寿命有限的无形资产的使用寿命及摊销方法进行复核。无形资产的使用寿命及摊销方法与以前估计不同的,应当改变摊销期限和摊销方法。企业应当在每个会计期间对使用寿命不确定的无形资产的使用寿命进行复核。如果有证据表明无形资产的使用寿命是有限的,应当估计其使用寿命,并按《企业会计准则第6号——无形资产》的规定处理。无形资产的减值应当按照《企业会计准则第8号——资产减值》的规定处理。对无形资产减值的管理,可以比照上述固定资产减值管理的方法,加强计提无形资产减值准备的管理以及计提减值准备后的无形资产管理。对企业发生的无形资产损失,应及时予以核实,查清责任,追偿损失,按照规定程序处理。

（四）管好用好无形资产,充分发挥无形资产的效能

由于无形资产所体现的是一种获得超额利润的能力,它所能提供的未来经济利益的大小,具有高度的不确定性。例如,有的企业由于种种原因,许多科技成果停留在样品、展品和试制品阶段,没有转化为现实的生产力;有的企业受外部诸多因素的影响,一项取得成本较高的无形资产,可能为企业仅带来较少的经济利益,等等,因而企业应当对无形资产在使用期间可能存在的各种经济因素作出合理估计,将收益与费用相配合,尽可能降低无形资产因其未来收益的高度不确定性而带来的投资风险。

1. 利用无形资产的资产优化能力,提高有形资产的营运效率和效益

企业在加大无形资产投资,注意对无形资产的积累和开发使用的同时,应当要有足够的人力资源、高素质的管理队伍、相关的硬件设备、合适的原材料等来配合无形资产为企业创造经济利益,以无形资产的增量去带动有形资产存量效能的提高。企业还应当对生产经营各环节进行高质量管理。例如,对专有技术的保密,对专利技术的进一步改进,不断提高产品质量、服务质量等,利用无形资产的资产优化能力,实现和有形资产的最佳配置,从而充分发挥无形资产的效能,为企业带来更多的经济利益。

2. 开展无形资产经营

值得重视的是,开展无形资产经营,是利用无形资产的价值和使用价值,从而使企业价值得到提升的有效途径。在经营中,应当增强对无形资产的开发、保护和发展的意识;应当依法订立合同,明确各方的责、权、利关系,以避免经济纠纷;在可以进入市场交易的前提下,企业通过转让、租赁、质押、特许经营、对外投资等方式,充分发挥无形资产可以被多个主体同时使用的特点,实现无形资产自身的价值和价值增值。

（1）转让。转让无形资产可分为两类:一类是转让所有权;另一类是转让部分权利,如只转让无形资产的使用权等。在转让无形资产使用权的情况下,由于出让方仍拥有该项无形资产的所有权,因此,转让后还应做好技术服务、资金回收、侵

权责任追究等后续管理工作。

(2) 租赁。企业将依法可出租的无形资产租赁给其他企业使用,取得租金收入。企业应当与对方依法订立租赁合同,在租赁期间应加强对出租无形资产的管理。

(3) 质押。根据《中华人民共和国担保法》(中华人民共和国主席令[1995]第50号)的规定,对依法可以转让的商标专用权、专利权、著作权中的财产权,企业可以作为权利质押,但应当与对方依法订立质押合同,并向质押无形资产的管理部门办理出质登记。

(4) 特许经营。通常所称的连锁经营和授权经营,属于特许经营范畴。财政部印发的《企业连锁经营有关财务管理问题的暂行规定》(财商字[1997]411号)将连锁经营分为直营连锁、特许连锁和自愿连锁三种模式。直营连锁指各连锁店同属一个投资主体,经营同类商品,或提供同样服务,实行进货、价格、配送、管理、形象等方面统一,总部对分店拥有全部的所有权和经营权,统一核算,统负盈亏。特许连锁指总部同加盟店签订合同,授权加盟店在规定区域内使用自己的商标、服务标记、商号、经营技术和销售总店开发的产品,在同样形象下进行销售及劳务服务。总部对加盟店拥有经营权和管理权,加盟店拥有对门店的所有权和收益权。加盟店具备法人资格,实行独立核算。自愿连锁指各门店在保留单个资本所有权的基础上实行联合,总部和门店之间是协商、服务关系,总部统一定货和送货,统一制定销售战略,统一使用物流及信息设施。各门店独立核算,自负盈亏,人事自主,且有很大的经营自主权。作为总部的企业,应针对三种模式的不同特点进行相应的财务管理。

(5) 对外投资。无形资产对外投资时,应进行可行性研究,按照授权审批程序审批,认真研究有关投资条款,明确双方权利义务,明确收益分配方法。

无形资产在转让、租赁、质押、特许经营、对外投资时,都需要对无形资产进行科学评估,合理确定交易价格。无形资产的交易价格受到无形资产的成本,无形资产收益实现风险的大小,无形资产的处置方式、处置内容、价格支付方式,无形资产的实施环境,接受单位及所在行业的情况以及技术因素、市场因素和法律因素等多方面的影响,要确定其公允价值,需要综合分析和考虑各种因素。

确定无形资产交易价格的一般程序是:

(1) 明确交易目的,确定评估对象。

(2) 调查了解被评估无形资产的状况。

(3) 根据具体情况,选择适宜的评估方法和定价标准。

(4) 收集和无形资产评估有关的其他资料,并判断资料的充分性和可靠性。

(5) 依据国家有关法律法规和制度进行评估。

(6) 双方协商确定交易价格。

企业认为必要时,应当委托专业的资产评估机构进行评估,以评估价为依据进行定价。涉及知识产权交易定价的资产评估,应当按照《财政部、国家知识产权局关于加强知识产权资产评估管理工作若干问题的通知》(财企[2006]109号)执行。

第三节 高风险业务管理

企业的高风险业务主要有证券投资、外汇交易、金融衍生工具和委托理财等。新《企业财务通则》规定:"企业从事期货、期权、证券、外汇交易等业务或者委托其他机构理财,不得影响主营业务的正常开展,并应当签订书面合同,建立交易报告制度,定期对账,控制风险。"

一、高风险业务的类型

(一) 证券投资

证券投资是指企业为特定经营目的和获取收益,在证券市场上买卖股票、债券等有价证券的一种投资行为。

(二) 外汇交易

外汇交易是指企业由于对外贸易和境外投资,需要用不同货币进行结算和支付,在外汇市场上进行外汇买卖的活动。

(三) 金融衍生工具

金融衍生工具是指在基本金融工具基础上派生出来的新的金融合约,如期货、期权等。期货即买卖双方在交易所内以公开竞价的形式达成的、在将来某一特定日期交割批准数量的协议。根据交易对象不同,有商品期货、外汇期货、利率期货等。期权即约定签约双方中支付期权费的一方有权在合约有效期内按照敲定价格与规定数量,从对方买入或者向对方卖出某种或一揽子金融工具的合约。根据期权的标的资产不同,有商品期货期权、外汇期权、利率期权等。

(四) 委托理财

委托理财是指企业将生产经营过程中出现的闲置资金委托给专业性的投资机构,投资于股票、债券等金融工具以获取收益。

二、高风险业务的运作管理

(一) 高风险业务的管理制度

企业高风险业务的管理制度主要有资金管理制度、合同管理制度、文件记录管理制度和高风险业务的交易报告制度。

1. 资金管理制度

企业对涉足高风险业务必须实行严格的资金管理制度。资金来源必须合法合规；应确定高风险业务的最高投资限额；付款必须经过严格的授权批准程序；做好资金的安排和调度工作；不相容职务相互分离；加强监管等。例如，财政部印发的《商品期货交易财务管理暂行规定》(财商〔1997〕44 号，自 1997 年 1 月 1 日起执行)明确规定：

(1) 企业从事商品期货交易所需资金，必须有合规的来源。下列资金不得用于期货交易：有指定用途的专项资金；企业内部职工集资款或应付工资、应付福利费、住房周转金等对个人的负债；国有或国有控股的企业不得为期货交易而向外单位拆入资金或专门向银行及非银行金融机构申请借款。

(2) 入市之前经过企业领导集体讨论，听取财务部门的意见，确定最高投资限额，并报上级主管部门或董事会批准。

(3) 企业因管理不善或市场剧变及其他不可预见因素导致保证金不足，应立即采取止损措施，并积极补充追加保证金。同时，国有或国有控股企业应当向上级主管部门和主管财政机关报告，其他企业应当向企业领导或董事会报告。

(4) 企业存入期货经纪机构或期货交易所的保证金，与期货经纪机构或期货交易所之间的资金结算，必须单独核算，并通过开户银行转账结算，不得以现钞方式收付结算。

(5) 企业期货交易人员与资金结算人员必须严格分开，期货交易人员调度存在期货经纪机构或期货交易所账户的资金，必须经过财会部门审核，并报企业主管领导批准。

(6) 企业财会部门对存在期货经纪机构或期货交易所账户的资金，要实行逐日盯市制度，每天根据期货经纪机构或期货交易所出具的有关账单，及时核对，及时调整账务，加强监督。

(7) 企业财会部门要在保证金限额内做好资金的安排和调度工作。对期货交易人员提出的保证金需求，必须经过认真审核，报企业主管财务经理或总会计师批准后拨付。

2. 合同管理制度

签订合同要符合我国《合同法》等国家的有关法律法规；企业应当对签订合同建立严格的授权批准制度，经办人必须在授权范围内签订合同，审批人应当在授权范围内进行审批，并对合同条款严格把关；合同在签订与执行过程中，应当落实责任追究制度。

3. 文件记录管理制度

企业应建立台账、备查账等对高风险业务进行管理；指定专人管理好有关合同、交易资金结算单据、内部业务授权等资料；指定专人定期核对业务交易账户资金变动情况；跟踪监督业务交易情况，发现问题及时报告。

4. 高风险业务的交易报告制度

从事高风险业务的经营管理人员对于交易业务量、现金流量、盈亏状况等信息应当及时向财会部门报告，财会部门应当及时向企业高层管理人员报告。

企业对外报告的内容主要包括：

(1) 各类高风险业务的管理政策和计量方法。

(2) 分类披露现有高风险业务的合同内容。

(3) 分类披露现有高风险业务的账面价值、公允价值、风险敞口(头寸)及其形成原因等。

(4) 分类披露现有高风险业务资产减值的详细信息。

(二) 高风险业务的风险控制

1. 高风险业务的风险类型及一般控制方法

高风险业务的风险主要有市场风险、信用风险、流动性风险、操作风险和法律风险等。市场风险是由于市场价格变动，如市场利率、汇率变动等而导致的风险，企业可以通过科学预测或采用特定的套期保值等方法来控制风险。信用风险是由于合约双方违约或无力履约等而导致的风险，企业可以通过对合约双方的信用状况进行充分调查，要求对方交付保证金等方法来控制风险。流动性风险是由于无法在市场上变现、平仓或现金流量不足等而导致的风险，企业可以通过控制资金缺口额度等方法来控制风险。操作风险是由于不合格的计算机交易系统或清算系统、不完善的内部控制以及人为的操作错误、管理失误等而导致的风险，企业可以通过更新操作硬件实施，制定规范的操作程序等方法来控制风险。法律风险是由于合同在法律上无法履行或合同文本有法律漏洞等而导致的风险，企业可以通过使用格式合同文本、聘请法律顾问等方法来控制风险。

下面以证券投资为例，具体说明其风险控制的方法。

2. 证券投资风险控制

企业在证券市场上买卖股票、债券是一项复杂且充满风险的活动。这一活动会受到多方面因素的影响和制约。证券市场瞬息万变，政治局势、经济周期、投资活动中的投机行为等，都会使证券市场掀起轩然大波。进行证券投资，必然要承受风险。证券投资风险是指企业由于证券投资的行为而遭受损失的可能性。收益和风险是制约证券投资的两大要素。一般而言，收益的增加是以风险的增大为代价的。企业要在两者之间进行合理的权衡，尽量减少风险，获取较大的收益。由于证券投资风险和收益之间存在着正比关系，证券投资者在取得收益的同时，也要承受一定的风险，风险越大，所要求的收益则越高，因而投资者就往往采取一定收益条件下风险尽可能小,或者在风险一定的条件下收益尽可能高的投资措施。由于证券投资风险有系统风险和非系统风险之分,因而对这两类风险有不同的防范措施。

(1) 系统风险的防范。系统风险也称不可分散风险,是指由于某种原因使证券市场上的各种证券都会造成损失的可能性。系统风险对收益的影响主要来源于各种可变的因素,如利率、消费者需求状况、现行汇率、政府的货币政策与财政政策、战争爆发以及经济和政治等方面的变化。这种风险无法通过证券的多样化组合来消除和回避。系统风险主要有市场风险、购买力风险和利率风险等。市场风险是指因整个证券市场波动造成的投资风险,如国家宏观经济政策变化、经济不景气、各种突发事件等,都可能会引起证券市场波动和各种证券的价格下跌,而使投资者蒙受损失。购买力风险又称通货膨胀风险,是指物价普遍上升、货币贬值而使投资者承担的风险。当出现通货膨胀时,尽管投资者获取的利息和原有本金的名义价值未变,但由于购买力下降,其投资人实际收益却蒙受了损失。利率风险是指因利率变动而使货币供应量发生变化,影响证券的供给和需求关系,从而导致证券价格波动所造成的风险。一般来说,利率的升降对证券价格具有反作用。当利率下调时,证券价格上升;当利率上调时,证券价格一般是下降的。不同期限的证券,利率风险不一样。通常情况下,期限越长,风险越大。

(a) 市场风险的防范。在证券市场上,经济周期反映了整个国民经济活动的一种波动,因此,为避免市场风险,应认真考察经济运行周期,对经济波动作出灵敏的反应,提前作出相应的决策,选择最佳的投资时期,尽量减少其负面影响。

(b) 通货膨胀风险的防范。通货膨胀风险不同于利率风险和市场风险。因为当投资者遇到利率和市场风险时,一般表现为所持有证券的价格降低,而通货膨胀风险却会使投资者在其持有的证券价格持续上升的情况下受到损失。这样,许多投资者会由于这种货币幻觉而忽视了通货膨胀风险。因此,要想防范通货膨胀风险,就必须十分清楚地计算出证券的名义投资收益率和实际投资收益率。前者是未考虑通货膨胀因素的投资收益率,而后者是考虑通货膨胀因素进行调整后的投资收益率。投资者只有把注意力集中于实际收益率而非名义收益率,才能作出应投资于何种证券的正确决策。

(c) 利率风险的防范。为趋利避害,投资者要做好利率预测。例如,如果投资者预测利率下跌,可以卖出长期债券,买进短期债券,等到将来利率上升后,再买进长期债券;反之,如果投资者预测利率将上升,则可以买进长期债券,以便在将来利率下跌后卖出,以赚取差价收入。

(2) 非系统风险的防范。非系统风险也称可分散风险,是指由于某种因素的变化使某种证券造成损失的可能性。非系统风险属于个别风险,主要指企业特有的风险,其收益的变动是由与之相关的企业的经营状况优劣所引起的。不同类型的证券在不同程度上都具有非系统风险,这类风险源于发行企业自身的经营活动和财务状况。例如,由于发行债券的公司经营管理不善,社会对其产品需求量下降等,都有可能使该公司的获利能力下降,造成严重的财务危机,从而丧失还本付息的能力,使投资者蒙受损失。对非系统风险,投资者能够通过证券的多样化方式将其分解,并且能够有效地进行防范。

(a) 通过考核证券的信用评级来选择投资对象。证券信用评级就是对证券发行单位的信誉及其所发行的特定证券的质量进行评估的综合表述。从本质上说,信用评级评估计量了信用风险,即计量了发生不利事件的可能性。由于证券市场的各个投资者掌握的信息有限,他们不可能对为数众多的各种证券的风险作出正确的估计,因此,投资者只有通过考核证券的信用评级,对投资种类、投资对象进行可行性研究论证和分析,才能保证投资和交易的质量,降低投资风险。例如,进行债券投资时,选择的一个重要依据就是债券的信用等级,这主要通过债券评级来完成。债券的评级是指专门的评估机构根据债券风险和利率高低,对债券质量作出的一种评价。债券的等级一般分 AAA、AA、A、BBB、BB、B、CCC、CC、C 九级,自前至后质量依次下降。前四个级别的债券信誉较高,可以考虑以此作为债券投资选择的基本出发点。但企业经营状况会发生变化,企业进行债券投资时,要注意分析变化趋势,还要注意不同债券收益率、到期日以及变现能力的比较。

(b) 建立证券组合,分散投资风险。由于各证券发行人的情况不同,各种证券的风险大小是有差异的。投资者可以将投资资金按不同比例投资于若干种类不同、风险程度不同的证券,建立合理的证券组合。一方面,投资者可以购买各种预期收益较高的证券,提高投资报酬率;另一方面,投资者可以利用各种证券风险因素的相互抵消来降低投资的风险。这就是所谓"不要把鸡蛋放在同一个篮子里"的投资策略。分散的方式有种类的分散、到期日的分散、部门和行业的分散、企业的分散等。根据自身投资的目的不同进行选择,使证券组合在保持一定收益水平的条件下,把风险降到最低程度,或在将风险限制在愿意承担的一定水平条件下,尽可能使收益最大化。通过不同性质、不同风险程度的证券组合,实现分散风险的目的。

值得注意的是,随着市场经济的进一步发展,金融行业不断推出新的结算方式,创造新的金融工具。因而许多企业除证券交易外,还涉足其他高风险业务,如期货、期权等。虽然企业从事高风险业务可以减少损失或者获得较高的收益,但管理失控也容易引发较大的、甚至是致命的风险和损失。例如,中航油事件的爆发,就是因为企业财务失控,造成石油期货交易巨亏 5.5 亿美元。因此,企业必须遵守国家有关法律、行政法规,增强风险观念,建立健全财务管理制度和会计核算办法,加强资金管理、合同管理、文件记录管理,建立高风险业务的交易报告制度,全面、及时披露高风险业务的有关信息,接受主管财政机关的财务监管和政府有关监管部门的业务监管,有效控制各类风险,获取收益。

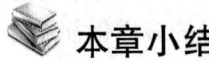
本章小结

　　固定资产是企业生产经营的必要条件,企业要站在战略的高度,正确进行固定资产投资决策,加强固定资产的营运管理,提高固定资产的营运效益。本章重点阐述了投资项目评价的基本方法及其具体应用。

　　随着科学技术的进步和市场竞争的加剧,无形资产对企业越来越重要。本章提出不仅要利用无形资产的资产优化能力,提高企业有形资产的营运效率和效益,而且要积极开展无形资产经营,充分发挥无形资产可以被多个主体同时使用的特点,实现无形资产自身的价值和价值增值。

　　企业的高风险业务主要有证券投资、外汇交易、金融衍生工具和委托理财等。本章对高风险业务的运作管理进行了简要的介绍。

案　　例

长安福特公司的固定资产内部控制

　　长安福特总部坐落在长江上游的经济中心——重庆市,是由中国汽车工业最大的"百年老店"——长安汽车集团和世界领先的福特汽车公司共同出资成立的,双方各拥有50%的股份,专业生产满足中国消费者需求的轿车。该厂拥有世界一流的整车生产线,2005年年产达到15万辆,并已在南京市兴建第二厂区。长安福特公司的主要管理架构是由合资双方各派代表组成的董事会、执行委员会及各个部门组成。公司的内部控制系统是在借鉴美国福特公司具有100多年历史的内部控制体系基础上建立而成的,具有较高的起点。它的主要内部控制内容包括内部环境、风险评估、控制活动、信息与沟通、内部监督这五大要素,并在COSO内部控制整体框架指引下,结合我国国情形成了具有一定特色和较高水准的内部控制系统。

　　这里,仅介绍长安福特公司固定资产内部控制的流程及其特点。

一、固定资产内部控制流程

　　长安福特公司,首先界定了固定资产的范围及内容,其业务流程(简要)包括以下几个方面。

1. 固定资产投资项目的决策

固定资产投资项目决策如图5-1所示。

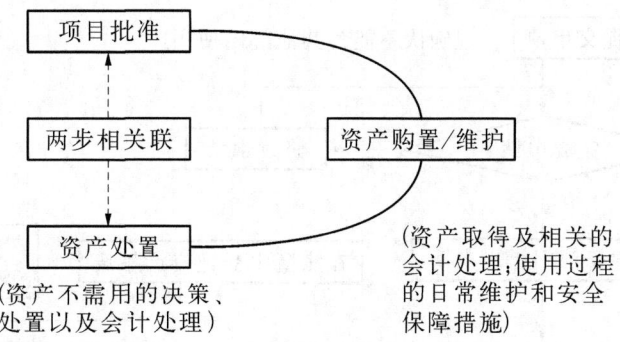

图 5-1 固定资产投资项目决策

2. 资产购置流程

资产购置流程如图 5-2 所示。

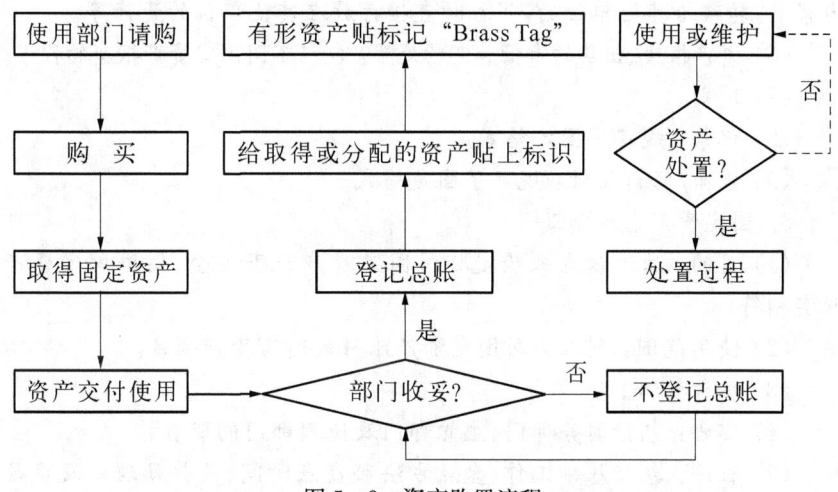

图 5-2 资产购置流程

3. 资产处置流程

资产处置流程如图 5-3 所示。

4. 资产实物台账管理和报废流程

(1) 台账的设置和保管要求：专人负责台账登记工作,登记凭证的要求,保管期限等。

(2) 台账的登记：包括入库登记,领用登记,报废或转移登记。

(3) 期末报告：按季向财务部门报送报表。

(4) 盘点制度。

(5) 资产地点转移：包括部门内部在厂区内移动,部门之间在厂区

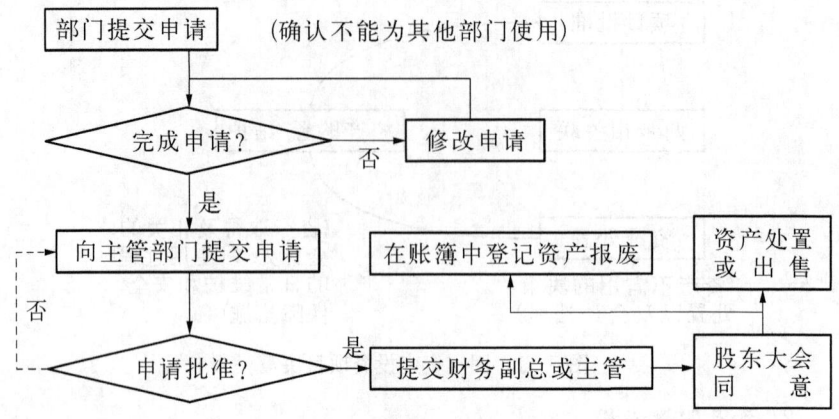

图 5-3 资产处置流程

内移动、转移给其他单位的、买入时直接存放在其他单位的资产等。

(6) 资产报废、出售的审批和实物处置：包括不同固定资产报废的程序。

(7) 通则。

(8) 记录：规定了固定格式。

(9) 发布/修订记录：规定了固定格式。

5. 固定资产盘点制度

(1) 目的：通过盘点来确定公司固定资产是否安全，促进固定资产账实相符。

(2) 使用范围：列入公司固定资产账目的所有资产项目。

(3) 参考资料。

(4) 职责：包括财务部门、主管部门及使用部门的职责。

(5) 程序：包括基础工作、盘点方法和盘点时间、差异处理以及盘盈盘亏的会计处理。

(6) 记录：规定了固定格式。

(7) 发布/修订记录：规定了固定格式。

二、固定资产内部控制的特点

1. 注重流程管理

从上述的介绍中可以看到，长安福特的固定资产内部控制进行的是流程管理。从固定资产投资项目的决策、购置到固定资产的日常管理、最后处置都有一系列的流程图，相关业务经办人员根据这些流程图执行有关固定资产的业务。不少企业虽然有一整套的管理制度，但是执行起来却不尽如人意，很多业务人员经办有关事项时，不遵守企业的规章制度。很多情况下，并不是业务人员有意违反企业的制度，一个重要的原因是企业缺乏可供操作性的流程指导业务人员处理经济业务。长安福特在这方面做得就比较好，公司采用的是福特公司的管理经验，在流程设计上比较科学合理，有效地指导了业务人员的工作。如长安福特的不少员工就提到，在很多情况下，他们的工作不是来自领导的命令，而是按程序办事。

2. 加强固定资产实物台账管理

固定资产的内部控制是全方位的控制，从固定资产投资决策、购置，一直到日常管理和处置，每个环节都很重要。很多企业比较重视固定资产的购置，但固定资产购买回来后，对日常管理却不够重视。长安福特公司设立了完善的固定资产实物台账管理制度，对台账的设置、登记、保管、报告进行了详细的规定，并加以执行。通过对固定资产的台账管理，公司较好地保证了固定资产的完整性和安全性，维护了固定资产的正常运行。

3. 注重固定资产的内部控制自我评价

内部控制的自我评价，在我国很多企业中一直是一个薄弱环节。一般来说，企业都有相应的内部控制制度。但不少企业对如何评价和考核内部控制的运行却缺乏经验和有效的手段。长安福特的内部控制制度中的一个重要组成部分就是内部控制评价。该公司制定了详尽的内部控制审核项目，从固定资产的购置到日常管理再到处置，都是企业内部审核小组予以关注的对象。通过内部审核，长安福特有效地监督了内部控制的运行情况，对出现的问题能够及时发现，并予以纠正。

资料来源：丁小云："关于固定资产内部控制典型案例分析"，《会计之友》，2007年第13期。

复习思考题

1. 简要说明固定资产项目决策程序。
2. 投资决策分析需要考虑的因素主要有哪些？
3. 投资项目的现金流量由哪几个部分组成？如何计算？
4. 投资项目的静态评价方法有哪些？有关指标如何计算？
5. 投资项目的动态评价方法有哪些？有关指标如何计算？
6. 简要说明固定资产业务的内部控制制度。
7. 简要说明固定资产折旧和减值的管理。
8. 企业在建立与实施无形资产内部控制中，至少应当强化哪些关键方面或者关键环节的控制？

9. 简要说明无形资产摊销和减值的管理。
10. 简要说明高风险业务的管理制度。
11. 简要说明高风险业务的风险类型及一般控制方法。
12. 简要说明证券投资风险控制方法。

习　　题

一、单项选择题

1. 如果某一投资方案的净现值为正数，则必然成立的结论是（　　）。
   A. 投资回收期在1年以内　　　　B. 现值指数大于1
   C. 投资报酬率高于100%　　　　D. 年均现金净流量大于原始投资额
2. 某企业计划投资10万元建一条生产线，预计投资后每年可获净利1.5万元，年折旧额为1万元，则投资回收期为（　　）年。
   A. 3　　　　　B. 5　　　　　C. 4　　　　　D. 6
3. 某一投资方案，当折现率为16%时，其净现值为338 000元；当折现率为18%时，其净现值为－22 000元，则该方案的内含报酬率为（　　）。
   A. 17.88%　　B. 18.5%　　C. 15.88%　　D. 16.24%
4. 下列各项中，不会对投资项目内含报酬率产生影响的因素是（　　）。
   A. 原始投资　　B. 现金流量　　C. 项目计算期　　D. 预定的折现率
5. 某投资项目原始投资为12 000元，当年完工投产，有效期3年，每年可以获得现金净流量4 600元，则该投资项目的内含报酬率为（　　）。
   A. 7.33%　　B. 7.68%　　C. 8.32%　　D. 6.68%
6. 某投资项目的年营业收入为100 000元，年营业成本为60 000元，其中，年折旧额为10 000元，所得税税率为25%，该投资项目的年营业现金流量为（　　）元。
   A. 30 000　　B. 40 000　　C. 20 000　　D. 32 500
7. 甲和乙两个投资方案的现值指数均大于1，且甲方案的现值指数大于乙方案的现值指数，则存在以下结果（　　）。
   A. 甲方案的净现值大于乙方案的净现值
   B. 甲方案的净现值小于乙方案的净现值
   C. 甲方案的净现值等于乙方案的净现值
   D. 以上三种均有可能
8. 下列投资项目评价指标中，不受建设期长短、投资回收时间先后及现金流量大小影响的评价指标是（　　）。

A. 投资回收期　　B. 投资报酬率　　C. 现值指数　　D. 内含报酬率

9. 某投资项目原始投资额为100万元,使用寿命10年,已知该项目第10年的营业净现金流量为25万元,期满处置固定资产残值收入及回收流动资金共8万元,则该投资项目第10年的净现金流量为(　　)万元。

　　A. 8　　　　B. 25　　　　C. 33　　　　D. 43

10. 关于内含报酬率,下列说法中不正确的是(　　)。

　　A. 它是未来现金流出量与现金流入量相等时的折现率

　　B. 它是未来现金流入量现值与现金流出量现值相等时的折现率

　　C. 它是能使净现值为0的折现率

　　D. 它是能使现值指数为1的折现率

二、多项选择题

1. 下列各项中,属于长期投资决策静态评价指标的是(　　)。

　　A. 内含报酬率　　B. 投资回收期　　C. 现值指数　　D. 投资报酬率

2. 投资方案的投资回收期指标的主要缺点是(　　)。

　　A. 不能衡量企业的投资风险

　　B. 没有考虑货币时间价值

　　C. 没有考虑投资回收期后的现金流量

　　D. 不能衡量投资方案投资报酬率的高低

3. 固定资产投资项目的终结现金流量包括(　　)。

　　A. 原垫支流动资金的收回　　　B. 固定资产的变价收入

　　C. 原始投资　　　　　　　　　D. 营业现金流量

4. 采用净现值法评价投资方案时,关键是选择折现率,其折现率可以是(　　)。

　　A. 资本成本　　　　　　　　　B. 企业要求的最低报酬率

　　C. 内含报酬率　　　　　　　　D. 历史最高报酬率

5. 关于净现值,下列说法中正确的有(　　)。

　　A. 净现值是投资项目未来现金净流量的总现值与原始投资额现值之差

　　B. 当净现值为0时,说明此时的折现率等于内含报酬率

　　C. 当净现值大于0时,现值指数小于1

　　D. 当净现值大于0时,说明该方案可行

6. 某投资方案的现值指数为1,说明(　　)。

　　A. 内含报酬率大于预定的折现率

　　B. 折现后的现金流入等于折现后的现金流出

　　C. 内含报酬率等于预定折现率

D. 净现值等于 0
　7. 下列各项中,属于投资决策分析需要考虑的因素有(　　)。
　　　A. 货币时间价值　　　　　　　B. 投资的风险报酬
　　　C. 资本成本　　　　　　　　　D. 现金流量
　8. 采用净现值法评价投资项目可行性时,所采用的折现率通常有(　　)。
　　　A. 投资项目的资本成本　　　　B. 投资项目的机会成本
　　　C. 行业平均资金收益率　　　　D. 投资项目的内含报酬率
　9. 若净现值为负数,表明该投资项目(　　)。
　　　A. 为亏损项目,不可行
　　　B. 它的投资报酬率小于 0,不可行
　　　C. 它的投资报酬率没有达到预定的折现率,不可行
　　　D. 它的投资报酬率不一定小于 0
　10. 关于无形资产管理,下列说法中正确的有(　　)。
　　　A. 企业应针对不同类别的无形资产,实施分类管理
　　　B. 无形资产减值准备是一种预计损失
　　　C. 企业应依法划清职工职务技术成果和非职工职务技术成果的界限
　　　D. 对企业发生的无形资产损失,应及时予以核实,查清责任,追偿损失,按照规定程序处理

三、判断题

　1. 内含报酬率是指在项目寿命周期内能使投资方案现值指数等于 1 的折现率。　　　　　　　　　　　　　　　　　　　　　　　　　　　(　　)
　2. 现金净流量是现金流入量与现金流出量的差额,其数值一定大于 0。
　　　　　　　　　　　　　　　　　　　　　　　　　　　　　　(　　)
　3. 当某投资项目的净现值大于 0 时,则说明该投资项目的实际报酬率大于投资者要求的最低报酬率。　　　　　　　　　　　　　　　　　　(　　)
　4. 投资回收期指标的优点是计算简单,易于操作,并且考虑了整个投资项目计算期的现金净流量信息。　　　　　　　　　　　　　　　　　　(　　)
　5. 固定资产折旧办法一经选用,不得随意变更。确需变更的,应当说明理由,经投资者审议批准。　　　　　　　　　　　　　　　　　　　　(　　)
　6. 在不考虑货币时间价值的前提下,投资回收期越短,投资获利能力越强。
　　　　　　　　　　　　　　　　　　　　　　　　　　　　　　(　　)
　7. 一般情况下,使某投资方案的净现值小于 0 的折现率,一定高于该投资方案的内含报酬率。　　　　　　　　　　　　　　　　　　　　　　(　　)

8. 现值指数法可以从动态的角度反映项目投资的资金投入与总产出之间的关系,可以将投资额不同的方案直接用现值指数进行对比。 (　　)

9. 国有或国有控股的企业不得为期货交易而向外单位拆入资金或专门向银行及非银行金融机构申请借款。 (　　)

10. 系统风险无法通过证券的多样化组合来消除和回避。 (　　)

四、计算分析题

1. 某公司拟于 2012 年年初购买一台设备,买价为 100 万元,当年建成并完工投产。经测算,该设备使用寿命期为 5 年。设备投入运营后每年增加净利润 20 万元。该设备按直线法计提折旧,预计净残值率为 5%,预定折现率为 10%。

要求:

(1) 计算初始投资现金流量、营业现金流量和终结现金流量。

(2) 计算该项目的净现值。

2. 甲企业拟建造一项生产设备,预计建设期为 1 年,所需原始投资 100 万元于建设起点一次投入。该设备预计使用寿命为 4 年,使用期满报废清理时净残值 5 万元。该设备按双倍余额递减法计提折旧。该设备投产后每年增加净利润 30 万元。假定适用的行业基准折现率为 10%。

要求:

(1) 计算项目计算期内各年的现金流量。

(2) 计算该项目的净现值。

(3) 利用净现值指标评价该投资项目的财务可行性。

3. 某企业为扩充生产能力准备购入一设备,现有 A、B 两个投资方案可供选择。它们的现金流量情况如表 5-7 所示。

表 5-7

A、B 两个投资方案有关现金流量的资料　　金额单位:万元

年　　序	0	1	2	3	4	5
现金流量(A)	-100	34	34	34	34	34
现金流量(B)	-140	41	37.5	34	30.5	67

该企业的资本成本为 10%。要求:运用现值指数法,对 A、B 两个投资方案进行分析评价。

4. 某企业两年前投资 150 000 元购建一条流水线,预计可使用 3 年,每年生产甲产品 60 000 件,每件售价 10 元,单位变动成本(付现)8 元,固定成本总额每年

60 000 元(除折旧外都是付现成本),该流水线使用期满预计净残值为 15 000 元,采用直线法计提折旧。现考虑投资 120 000 元对该流水线进行改造,改造后流水线仍可使用 3 年,3 年期满时预计净残值为 30 000 元,每年甲产品的产量增至 75 000 件,单价、单位变动成本、除折旧以外的固定成本都不变。折现率为 10%,所得税税率为 25%。要求:根据上述资料,进行是否要改造流水线的决策。

5. 某公司需要一台生产用设备,若公司购买,需支付设备价款 1 200 000 元。该设备使用寿命 10 年,预计净残值 50 000 元。公司若采用租赁的方式租入设备,每年将支付 180 000 元的租赁费用,租赁期 10 年。折现率为 10%,所得税税率为 25%。要求:根据上述资料,进行是购买设备还是租赁设备的决策。

第六章 成本控制

本章结构图

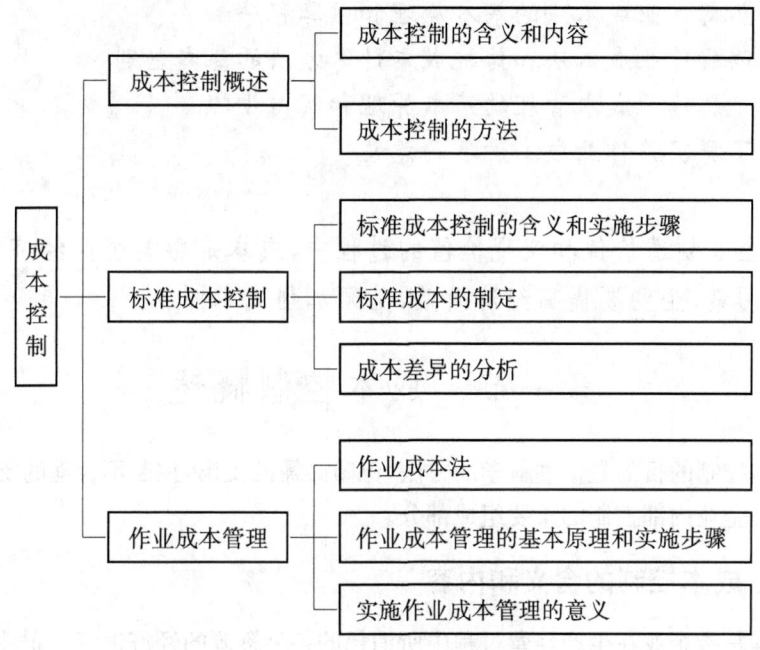

> **本章学习目标**
>
> - 了解成本控制的含义和内容
> - 熟悉成本控制的方法
> - 了解标准成本控制的含义和实施步骤
> - 熟悉标准成本的制定方法
> - 掌握成本差异分析的内容
> - 掌握作业成本法的基本概念
> - 熟悉作业成本法的基本原理和核算程序
> - 理解作业成本法和传统成本计算方法的基本差别
> - 熟悉作业成本管理的基本原理和实施步骤
> - 了解实施作业成本管理的意义

在企业创造价值和实现价值的过程中,成本是影响企业经济效益的决定性因素,企业要提高经济效益,必须加强成本控制。

第一节 成本控制概述

成本控制的目的是借助科学的方法,保障必需的支出,控制不合理的支出。成本控制是企业内部控制的重要组成部分。

一、成本控制的含义和内容

成本是指企业在生产经营过程中所消耗的各种资源的经济价值。企业购入的劳动力、劳动对象、劳动手段等都是资源。资源消耗,既有资源存在形态发生转化的情形,如原材料经加工成为半成品进而成为产成品,也有直接耗费的情形,如支付职工薪酬等。这里的成本既包括产品成本,也包括期间费用。企业为生产一定种类、一定数量的产品所发生的直接材料费用、直接人工费用和制造费用的总和,构成产品成本。期间费用是指企业发生的计入当期损益的费用,包括销售费用、管理费用和财务费用。企业应当合理划分产品成本和期间费用的界限,在确认产品销售收入时,将已销售产品的成本计入当期损益,期间费用应当直接计入当期损益。

成本控制是指企业按照国家有关财务制度的要求以及自身的财务目标,运用

各种成本管理方法,将各项成本费用掌握在一定范围内的财务活动。企业至少应当关注涉及成本费用的下列风险:

(1)成本费用支出违反国家法律法规,可能遭受外部处罚、经济损失和信誉损失。

(2)成本费用支出未经适当审批或超越授权审批,可能因重大差错、舞弊、欺诈而导致损失。

(3)成本费用预测不科学、不合理,可能因成本费用支出超预算或者预算外支出导致企业权益受损。

(4)成本费用的核算和相关会计信息不合法、不真实、不完整,可能导致企业财务会计报告失真。

企业在建立与实施成本费用内部控制中,至少应当强化对下列关键方面或者关键环节的控制:

(1)职责分工、权限范围和审批程序应当明确规范,机构设置和人员配备应当科学合理。

(2)成本费用定额、成本计划编制的依据应当充分适当,成本费用事项和决策过程应当明确规范。

(3)成本费用预测、决策、预算、控制、核算、分析、考核的控制流程应当清晰严密,对成本费用核算、内部价格的制定和结算办法、责任会计及有关成本费用考核等应当有明确的规定。

二、成本控制的方法

按照新《企业财务通则》的规定,企业应当建立成本控制系统,强化成本预算约束,推行质量成本控制办法,实行成本定额管理、全员管理和全过程控制。

(一)建立成本控制系统

企业成本控制需要成本费用预测、决策、预算、控制、核算、分析和考核工作的密切配合。由此,必须建立企业成本控制系统。企业的成本控制系统主要包括组织系统、责任会计、控制机制和激励机制等内容。

1. 组织系统

成本控制系统必须与企业组织结构相适应。在分权管理的企业组织结构中,合理划分责任中心,是进行成本控制的必要前提。责任中心是指被授予一定管理决策权,同时必须承担相应经济责任的企业内部责任单位。根据控制区域和权责范围的大小,可以将责任中心划分为成本中心、利润中心和投资中心。成本中心是成本发生的区域,所要控制并对其负责的成本是责任成本;利润中心是既对成本负责,又对收入和利润负责的区域;投资中心是既对成本、收入和利润负责,又对投入资金的使用效果负责的区域。显然,这三类责任中心分别处于不同层次。每个利润中心都包含若干个下属的成本中心;每个投资中心都包含若干个下属的利润中心。成本中心通常包括工厂、车间、工段、班组等,一般都不是独立法人;利润中心通常包括分公司以及一部分工厂甚至车间,有的是独立法人,有的不是;投资中心则通常包括各事业部和一部分分公司,一般都是独立法人。

2. 责任会计

责任会计是将会计资料同有关责任单位紧密联系起来的信息控制系统,它实质上就是企业为了强化内部管理责任而实施的一种内部控制制度。

实行责任会计制度,要求将成本控制的责任,按照责权利相结合的原则和可控性原则,落实到企业内部与成本有关的各职能部门、各生产经营环节及每一个责任人,从而使企业各部门、各层次构成一个连锁责任网络,切实做到"千斤重担大家挑,人人肩上有目标"。所谓责权利相结合的原则,就是必须使责任单位的责任与其权力和利益相结合。它的基本要求是:① 经济责任明确。明确每个责任单位及其人员的职责和任务,也就是给予他们一定的压力,要求他们必须完成。② 赋予相应的权力。为了使每个责任单位及其人员完成规定的职责和任务,必须给予他们相应的管理权力。③ 与经济利益挂钩。在明确责任、赋予权力的同时,还要与经济利益挂钩,以充分调动每个责任单位及其人员的积极性,激发降低成本的内在动力。所谓可控性原则,是指为责任单位规定的责任必须是他们可以控制的,它的基本要求是:责任单位可以掌握、计量,进而有办法控制和调节耗费的发生情况。

实行责任会计制度,要求企业必须建立责任核算信息系统,包括凭证系统、账簿系统、内部结算系统、费用归集分配系统、损益确定及业绩报告系统等,计量、传送和报告成本控制所需的信息,对责任中心责任预算的执行情况实施监控,及时进行信息反馈,通过考核与评价,采取相应的奖惩措施,促使各个责任中心改进工作,更好地执行责任预算,最终保证企业整体目标的实现。

3. 控制机制

在企业生产经营的各个环节,对各项耗费的发生,应严格内部控制制度和内部牵制手续;企业的每个成本控制责任单位,都应指定专人负责成本监控。有效的成本控制机制应当具备防护、调节和反馈三大功能,包括事前成本控制、事中成本控制和事后成本控制。

(1) 事前成本控制。对产品成本的事前控制是指在新产品设计或老产品改造时,通过价值分析,选择经济效果最好的方案。产品价值、功能及其成本之间的关系可以用公式表示如下:

$$价值 = \frac{功能}{成本}$$

从上述公式可以看出,在产品成本一定的条件下,产品的功能越高,其价值愈大。产品功能与价值成正比,产品成本与价值成反比。用最低的产品成本取得所需要的产品功能,其价值最高。所谓功能,它的基本点就是能够满足用户或消费者要求的产品质量。企业在产品设计、工艺研制时,要进行功能分析,剔除产品多余的功能,以便确定最合理的功能。同时,在保证产品功能的前提下,进行成本分析,寻找其不合理和不经济的地方,尽量降低产品成本。

对期间费用的事前控制往往是通过编制期间费用预算的方法实施控制。

(2) 事中成本控制。事中成本控制的重点在于规定必要的成本费用开支范围和标准,建立岗位责任、授权批准、成本费用支出审批和成本费用核算等制度,通过规章制度的建立和执行来预防各种损失和浪费的发生。企业劳动分工精细,劳动协作紧密,任何一个环节、一项管理工作出现问题,都会对成本产生不利的影响。因此,必须对各环节、各项管理工作提出明确的具体的要求,作出统一的规定,形成规章制度,全体员工共同遵守。事中成本控制以实时信息为基础,及时开展分析,发现不利差异,查明原因,明确责任,对症下药,对成本的形成作出几乎同步的纠偏调整,从而把损失和浪费消灭在萌芽状态,将各项资源消耗控制在标准之内。

(3) 事后成本控制。事前成本控制和事中成本控制的效果如何,需要通过一系列的信息反馈才能够使管理层知晓。事后成本控制也称反馈控制,它是在一定时期的经济活动结束以后,对该期资源消耗已经形成的结果进行总结分析,以便今后吸取经验教训,采取改进措施。它是一种立足于历史而面向未来进行的连续不断的控制。

事前成本控制、事中成本控制和事后成本控制将防护、调节和反馈三大功能有机结合在一起,互为补充,有效地发挥成本控制机制的作用。

4. 激励机制

激励机制是指组织系统中,激励主体通过激励因素或激励手段与激励客体之间相互作用的关系的总和。建立良好的激励机制,可以有效地保证人力资本的地位及利益。激励的意义在于对有益的、积极的行为进行鼓励,有助于提高工作效率,以更好地实现企业目标。企业在建立激励机制时应把握按需激励,公平、公正,适时、适度和成本控制的原则。自古以来,行赏与功绩相当,则赏之有效。日本松下电器公司的创始人松下幸之助总结自己一生的经营实践,提出了激励员工的21点技巧,其中第二点就是:"给予奖赏,但奖赏要与成就相当。"因此,要建立考核制度,规定业绩考核标准的计量方法,要将各责任单位的业绩评价结果与利益分配挂钩，落实奖罚措施，适当拉开分配档次，从而产生最佳的激励效果，促使全体员工主动关心成本控制的过程和结果。

（二）强化成本预算约束

企业应当根据成本预测、决策形成的成本目标，建立成本预算制度。通过编制成本预算，将企业的成本目标具体化，加强对成本的控制。成本预算编制、执行、调整、分析与考核的控制流程应当清晰。

1. 成本预算编制

企业应当加强对成本预算编制环节的控制，对编制依据、编制程序、编制方法等作出明确规定，确保成本预算编制依据合理、程序适当、方法科学。

2. 成本预算执行

企业成本预算一经批准下达，各预算执行单位必须认真组织实施，将预算指标层层分解，从横向和纵向落实到内部各部门、各环节和各岗位。

（1）建立预算执行责任制度，对照已确定的责任指标，定期或不定期地对相关部门及人员责任指标完成情况进行检查，实施考评。

（2）健全凭证记录，完善预算管理制度，严格执行生产经营月度计划和成本费用的定额、定率标准，并对执行过程进行监控。

（3）建立预算执行情况内部报告制度，及时掌握预算执行动态及结果。

（4）建立预算执行情况预警机制，通过科学选择预警指标，合理确定预警范围，及时发出预警信号，积极采取应对措施。有条件的企业，应当逐步推进预算管理的信息化，通过现代电子信息技术手段控制和监控预算执行，提高预警与应对水平。

（5）建立预算执行结果质询制度，要求预算执行单位对预算指标与实际结果之间的重大差异作出解释，并采取相应措施。

3. 成本预算调整

企业应当加强对成本预算调整环节的控制，保证成本预算调整依据充分、方案合理、程序合规。

4. 成本预算分析与考核

企业应当加强对成本预算分析与考核环节的控制，通过建立成本预算执行分析制度、审计制度、考核与奖惩制度等，确保预算分析科学、及时，预算考核严格、有据。

（三）推行质量成本控制办法

成本控制不等于成本降低，企业不能一味地追求降低成本，而牺牲了产品质量，或者影响正常的生产经营活动。企业应当结合自身特点，推行质量成本控制办法。质量成本是指企业为保证产品达到规定的质量标准而必需的支出和因未达到规定的质量标准而发生的损失。一般按发生原因不同,将质量成本划分为预防成本、检验成本、内部缺陷成本、外部缺陷成本和外部质量保证成本。质量成本控制是指根据预定的质量成本目标,对实际工作中所有质量成本的发生,进行指导、限制和监督,及时发现问题,采取有效措施,以提高质量管理效果,取得最佳经济效益的一种管理行为。

企业应当树立质量经营理念,在确定产品的设计质量水平时,通过价值分析,全面考虑产品技术上的先进性和经济上的合理性,正确处理好质量与成本两者之间的关系,解决功能过剩、成本过高或功能不足、成本偏低的问题,做到防患于未然。在质量成本形成的每一个环节,企业有关职能部门及其人员应通力合作,多管齐下,运用统计、预测、计划、分析、核算等多种方法,对质量成本进行合理有效的控制。如检验作业是增值作业,为检查和评定产品质量、工作质量、工序质量、管理质量是否满足规定要求和标准所必需的费用应予以保证,提高检验的质量和效率;而因产品交付用户前后出现缺陷导致的非增值作业,应予以避免。通过质量成本效益分析,结合企业的具体条件,寻求质量成本的最佳值,有效控制质量成本。

(四)实行成本定额管理

成本定额管理和标准成本控制的理念是一致的。它是通过事先制定单位产品或经济活动的标准资源消耗量和各类资源的标准单价,控制产品成本和期间费用水平的一种成本控制方法。它将实际与定额进行对比,揭示差异形成的原因,明确责任,采取相应措施,实现对成本的有效控制。成本定额管理与责任会计相结合,能收到更好的成本控制效果。

(五)实行全员管理和全过程控制

全员管理,即成本控制涉及企业内部的所有职能部门和全体人员。降低成本需要依靠各职能部门的密切配合和全体员工的共同努力。

全过程控制,即成本控制贯穿于企业生产经营活动的始终。只有当产品成本形成的每一个阶段的耗费都得到有效控制,成本才会显著降低。

需要注意的是,除上述成本控制方法外,新《企业财务通则》还规定:"企业实行费用归口、分级管理和预算控制,应当建立必要的费用开支范围、标准和报销审批制度。"

第二节 标准成本控制

标准成本控制是在实际工作中应用最为广泛和有效的一种成本控制方法,也是成本控制的基本方法。

一、标准成本控制的含义和实施步骤

标准成本控制也称标准成本制度、标准成本会计或标准成本法,它是以制定的标准成本为基础,将实际发生的成本与标准成本进行对比,揭示成本差异形成的原因,明确责任,采取相应措施,实现对成本的有效控制。其中,标准成本的制定与成本的事前控制相联系,成本差异分析、确定责任归属、采取措施改进工作则与成本的事中和事后控制相联系。企业采取标准成本控制的做法,具体包括以下四个步骤:标准成本的制定——→标准成本的分解——→成本差异的分析——→业绩评价与考核。其中,标准成本的制定是起点;将制定的标准成本层层分解、落实到各级责任单位及责任人,是责任会计的具体要求;成本差异分析是极为重要的环节,通过成本差异分析,找出成本控制的薄弱环节,有的放矢,努力将实际成本控制在标准成本的范围内;根据成本差异分析的结果,借以评价与考核各个责任单位及责任人的工作业绩,并根据业绩评价与考核的结果决定奖惩,促使各级责任单位及责任人对标准成本负责,确保企业目标利润的实现。

二、标准成本的制定

标准成本是标准成本控制的核心内容,它是经过大量仔细调查、分析和技术测定而制定的。在正常生产经营条件下,标准成本是一种目标成本,可以作为控制成本开支、评价实际成本、衡量工作效率的依据和尺度。

(一)标准成本的类型

标准成本按其制定所依据的生产技术和经营管理水平,可以分为理想标准成本、历史平均成本和正常标准成本三种。

1. 理想标准成本

理想标准成本是指在现有条件下所能达到的最优的成本水平,即以现有生产经营条件处于最佳状态为基础确定的最低水平的成本。也就是在排除一切失误、浪费和耽搁的基础上,根据理论上的生产要素耗用量、最理想的生产要素价格和最高的生产经营能力利用程度制定标准成本。理想标准成本因要求过高,往往会使职工感到难以达到而丧失信心。

2. 历史平均成本

历史平均成本是指过去较长时间内所达到的成本的实际水平。我们可以根据历史资料,统计各种资源的平均耗费数据,制定出标准成本。由于是以历史上曾经达到的水平作为制定标准成本的依据,如果生产的基本条件如原材料和劳动力的价格、生产技术、工艺等发生重大变化,则不宜采用。

3. 正常标准成本

正常标准成本是指在正常情况下企业经过努力可以达到的成本标准。这一标准考虑了生产过程中不可避免的损失、故障和偏差。通常,正常标准成本大于理想标准成本,但小于历史平均成本。由于正常标准成本具有客观性、现实性、激励性和稳定性等特点,因而被广泛运用于标准成本的制定过程中,作为进行成本控制的标准。

(二) 标准成本的制定方法

制定标准成本,通常按照直接材料、直接人工和制造费用等成本项目,分别确定其用量标准和价格标准,两者相乘后得出各成本项目的标准成本;在此基础上,再确定单位产品的标准成本。

1. 直接材料标准成本的制定

某单位产品耗用的直接材料的标准成本是由材料的用量标准和价格标准两项因素决定的。

材料的用量标准是指单位产品耗用原料及主要材料的数量,通常也称为材料消耗定额。企业应根据产品的设计、生产和工艺的现状,结合企业经营管理水平的情况和降低成本任务的要求,考虑材料在使用过程中发生的必要损耗,并按照产品的零部件来制定各种原料及主要材料的消耗定额。

材料的价格标准通常采用企业制定的计划价格。企业在制定计划价格时,通常是以订货合同的价格为基础,并考虑未来各种变化情况,按各种材料分别计算的。

直接材料标准成本可运用以下公式进行计算:

单位产品耗用的某种材料的标准成本 = 某种材料的用量标准 × 该材料的价格标准

单位产品直接材料标准成本 = $\sum$ 某种材料的用量标准 × 该材料的价格标准

2. 直接人工标准成本的制定

直接人工标准成本是由直接人工用量标准和直接人工价格标准两项因素决定的。

直接人工用量标准就是工时用量标准,也称工时消耗定额。它是指企业在现有的生产技术条件、工艺方法和技术水平的基础上,考虑提高劳动生产率的要求,采用一定的方法,按照产品生产加工所经过的程序,确定的单位产品所需耗用的生产工人工时数。在制定工时消耗定额时,还要考虑生产工人必要的休息和生理上所需时间,以及机器设备的停工清理时间,使制定的工时消耗定额既合理又先进,从而达到成本控制的目的。

直接人工价格标准就是标准工资率,通常由人力资源管理部门根据用工情况

制定,当采用计时工资时,标准工资率就是单位工时标准工资率,它是由标准工资总额除以标准总工时来计算的。其计算公式为:

$$标准工资率＝标准工资总额÷标准总工时$$

直接人工的标准成本可运用以下公式进行计算:

$$单位产品直接人工标准成本＝工时用量标准×标准工资率$$

3. 制造费用标准成本的制定

制造费用的标准成本是由制造费用用量标准和制造费用价格标准两项因素决定的。

制造费用用量标准,就是工时用量标准,其含义与直接人工用量标准相同。

制造费用价格标准,也就是制造费用分配率标准。其计算公式为:

$$制造费用分配率标准＝标准制造费用总额÷标准总工时$$

制造费用的标准成本可运用以下公式进行计算:

$$制造费用标准成本＝工时用量标准×制造费用分配率标准$$

成本按照其性态分为变动成本和固定成本。前者随着产量的变动而变动;后者相对固定,不随产量的变动而变动。所以,制定制造费用标准成本时,可分别制定变动制造费用的标准成本和固定制造费用的标准成本。

4. 单位产品标准成本卡

制定了上述各项内容的标准成本后,企业通常要为每一产品设置一张标准成本卡,并在标准成本卡中分别列明各项成本的用量标准与价格标准,通过直接汇总的方法来得出单位产品的标准成本。企业也可以依据变动成本法的原理,为每一产品设置一张标准单位变动成本卡。

【例6-1】 某企业生产甲产品,预算产量8 400件,有关单位产品的标准成本资料如下:

(1) 耗用A材料,单位产品标准消耗量3千克,标准单价45元/千克。

(2) 单位产品标准工时消耗1.5小时。

(3) 标准小时工资率10.80元/小时。

(4) 标准小时变动制造费用率3.60元/小时。

要求:根据上述资料,计算甲产品标准单位变动成本,并填列甲产品标准单位变动成本卡。

甲产品标准单位变动成本卡如表6-1所示。

表 6-1

甲产品标准单位变动成本卡

成 本 项 目	用量标准	价格标准	标准单位变动成本（元）
直接材料	3 千克	45 元/千克	135.00
直接人工	1.5 小时	10.80 元/小时	16.20
变动制造费用	1.5 小时	3.60 元/小时	5.40
标准单位变动成本			156.60

三、成本差异的分析

（一）成本差异的含义和类型

1. 成本差异的含义

在标准成本制度下，成本差异是指一定时期生产一定种类、一定数量的产品所发生的实际成本与相关的标准成本之间的差额。

2. 成本差异的类型

（1）用量差异和价格差异。用量差异是反映由于直接材料、直接人工和变动制造费用等要素实际用量消耗与标准用量消耗不一致而产生的成本差异。其计算公式为：

用量差异＝（实际产量下的实际用量－实际产量下的标准用量）×标准价格

价格差异是反映由于直接材料、直接人工和变动制造费用等要素实际价格水平与标准价格水平不一致而产生的成本差异。其计算公式为：

价格差异＝实际产量下的实际用量×（实际价格－标准价格）

（2）有利差异和不利差异。有利差异是指因实际成本低于标准成本而形成的节约差。不利差异则是指因实际成本高于标准成本而形成的超支差。但这里的有利与不利是相对的，并不是有利差异越大越好，不能为了盲目追求成本的有利差异，而不惜以牺牲质量为代价。

（3）可控差异和不可控差异。可控差异是指受主观努力程度影响而形成的差异，也称主观差异。它是成本控制的重点所在。不可控差异是指与主观努力程度关系不大，主要受客观原因影响而形成的差异，也称客观差异。

（二）成本差异的计算和分析

运用变动成本法的原理进行分析，成本差异由变动成本差异和固定成本差异组成，如图 6-1 所示。

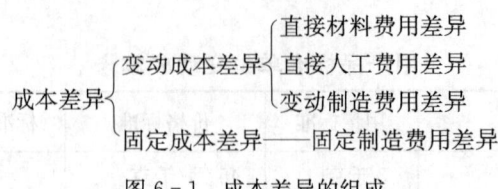

图 6-1 成本差异的组成

成本差异反映实际成本脱离预定目标程度的信息。为了消除这种偏差,要对产生的成本差异进行分析,找出原因和对策,以便采取措施加以纠正。

1. 变动成本差异的计算和分析

(1) 直接材料费用差异的计算和分析。直接材料实际成本与标准成本之间的差额,是直接材料费用差异。由于单位产品材料费用是材料消耗数量与材料单价的乘积,因而直接材料费用差异由材料数量差异和材料价格差异两部分组成。其计算公式为:

材料数量差异＝(实际消耗量－标准消耗量)×标准单价

材料价格差异＝实际消耗量×(实际单价－标准单价)

材料数量差异是在材料耗用过程中形成的,主要反映生产部门的成本控制业绩。材料数量差异形成的具体原因很多,如机器和工具以及生产工艺不适用造成用料增加、操作疏忽造成废品和废料增加等。有时多用料并非生产部门的责任,如购入材料质量低劣、规格不符也会使用料超过标准等。此项差异往往是由于主观原因造成,其不利差异应当引起足够的重视,及时采取措施,将其损失和浪费消灭在萌芽状态。

材料价格差异是在采购过程中形成的,应由采购部门对其作出说明。采购部门未能按标准价格进货的原因很多,如供应商价格变动、采购费用增加、运输途中损耗增加等,需要进行具体调查和分析,分清客观原因和主观原因,明确责任归属,尽量消除不利差异。

(2) 直接人工费用差异的计算和分析。直接人工费用差异是指直接人工实际成本与标准成本之间的差额,由于单位产品人工费用是工时消耗与小时工资率的乘积,因而直接人工费用差异由工时消耗差异和小时工资率差异两部分组成。其计算公式为:

工时消耗差异＝(实际工时－标准工时)×标准小时工资率

小时工资率差异＝实际工时×(实际小时工资率－标准小时工资率)

工时消耗差异形成的原因很多,工作环境不良、工人经验不足、劳动情绪不佳、机器或工具选用不当、设备故障较多、作业计划安排不当等,都有可能导致工时消耗增加。它主要是生产部门的责任,但这也不是绝对的。例如,材料质量不好,也会影响人工效率。

小时工资率差异涉及工资水平的升降,一般而言,应归属于人力资源管理部门管理,形成差异的具体原因也会涉及生产部门或者其他部门。

(3)变动制造费用差异的计算和分析。变动制造费用差异是指实际变动制造费用与标准变动制造费用之间的差额,由于单位产品变动制造费用是工时消耗与小时变动制造费用率的乘积,因而变动制造费用差异由工时消耗差异和小时变动制造费用率差异两部分组成。其计算公式为:

工时消耗差异=(实际工时－标准工时)×标准小时变动制造费用率

小时变动制造费用率差异=实际工时×(实际小时变动制造费用率－标准小时变动制造费用率)

构成变动制造费用的上述两项差异都与生产部门有关,对出现的不利差异需要结合生产工时利用情况和变动制造费用的明细项目进行具体分析。

【例6-2】 假定前例该企业本月生产甲产品8 000件,耗用A材料32 000千克,A材料实际单价为每千克40元;实际耗用工时10 000小时,实际应付人工工资110 000元;实际发生变动制造费用40 000元。

要求:
(1)计算分析甲产品的直接材料费用差异。
(2)计算分析甲产品的直接人工费用差异。
(3)计算分析甲产品的变动制造费用差异。
计算如下:

(1) A材料实际成本 = 32 000×40 = 1 280 000(元)

　　A材料标准成本 = 8 000×3×45 = 1 080 000(元)

　　甲产品的直接材料费用差异=200 000(元) (不利差异)

其中:单位产品实际消耗量 = 32 000÷8 000 = 4(千克/件)

　　数量差异 = 8 000×(4－3)×45 = 360 000(元) (不利差异)

　　价格差异 = 8 000×4×(40－45) = －160 000(元) (有利差异)

(2) 实际人工成本=110 000(元)

　　标准人工成本 = 8 000×10.80×1.5 = 129 600(元)

　　甲产品的直接人工费用差异=－19 600(元) (有利差异)

其中:实际小时工资率 = 110 000÷10 000 = 11(元/小时)

　　工时消耗差异 = (10 000－8 000×1.5)×10.80 = －21 600(元) (有利差异)

　　小时工资率差异 = 10 000×(11－10.80) = 2 000(元) (不利差异)

（3）实际变动制造费用＝40 000(元)

　　　　标准变动制造费用＝8 000×1.5×3.6＝43 200(元)

　　　　甲产品的变动制造费用差异＝－3 200(元)　（有利差异）

其中：实际小时变动制造费用率＝40 000÷10 000＝4(元／小时)

　　　　工时消耗差异＝(10 000－8 000×1.5)×3.6＝－7 200(元)　（有利差异）

　　　　小时变动制造费用率差异＝10 000×(4－3.6)＝4 000(元)　（不利差异）

2. 固定成本差异的计算和分析

在成本差异分析中，固定成本差异分析即指固定制造费用的差异分析。实际固定制造费用与标准固定制造费用之间的差额即是固定制造费用差异。其计算公式为：

　　固定制造费用差异＝实际产量下实际固定制造费用－实际产量下标准固定制造费用＝

　　　　实际工时×实际分配率－实际产量下的标准工时×标准分配率

其中：　　标准分配率＝固定制造费用预算总额÷预算产量标准总工时

由上述计算公式可知，固定制造费用差异是在实际产量的基础上计算得出的。固定制造费用总额相对固定，一般不受产量的影响，而产量变动会对单位产品所应承担的固定制造费用产生影响。所以，固定制造费用的差异分析与上述各项变动成本的差异分析有所区别，通常采用的分析方法有两差异法和三差异法，又分别被称为二因素分析法和三因素分析法。

（1）两差异法(二因素分析法)。两差异法是将固定制造费用差异分解为耗费差异和能量差异。耗费差异是指固定制造费用实际金额与固定制造费用预算金额之间的差额；能量差异是指固定制造费用预算金额与实际产量下的标准固定制造费用之间的差额。其计算公式分别为：

　　耗费差异＝实际产量下实际固定制造费用－预算产量下的标准固定制造费用＝

　　　　实际固定制造费用－预算产量×工时标准×标准分配率＝

　　　　实际固定制造费用－预算产量标准工时×标准分配率

　　能量差异＝预算产量下的标准固定制造费用－实际产量下的标准固定制造费用＝

　　　　（预算产量下的标准工时－实际产量下的标准工时）×标准分配率

（2）三差异法(三因素分析法)。三差异法将固定制造费用差异分解为耗费差异、能力差异(又称闲置能量差异)和效率差异。其中，耗费差异与两差异法中的耗费差异概念及计算均相同。三差异法与两差异法的不同只在于它进一步将两差异法中的能量差异分解为能力差异和效率差异。能力差异是实际工时未达到标准能

第六章 成本控制

量而形成的；效率差异是实际工时脱离标准工时而形成的。其计算公式分别为：

耗费差异＝实际产量下实际固定制造费用－预算产量下的标准固定制造费用＝

实际固定制造费用－预算产量×工时标准×标准分配率＝

实际固定制造费用－预算产量标准工时×标准分配率

能力差异＝(预算产量下的标准工时－实际产量下的实际工时)×标准分配率

效率差异＝(实际产量下的实际工时－实际产量下的标准工时)×标准分配率

采用三差异法，能够更好地说明生产能力利用程度和生产效率高低所导致的成本差异情况，便于分清责任。

【例 6-3】 接[例 6-2]，该企业本月固定制造费用的有关资料如下：

预算产量下的标准工时　　　　　　12 600 小时　(1.5×8 400)
实际耗用工时　　　　　　　　　　10 000 小时
实际产量下的标准工时　　　　　　12 000 小时　(1.5×8 000)
固定制造费用的实际数　　　　　　8 960 元
预算产量下的标准固定制造费用　　7 560 元

要求：

(1) 计算甲产品的固定制造费用差异。

(2) 分别采用两差异法和三差异法，计算分析固定制造费用的各种差异。

计算如下：

(1) 固定制造费用标准分配率 ＝ 7 560÷12 600 ＝ 0.6(元/小时)

甲产品的固定制造费用差异 ＝ 8 960－12 000×0.6 ＝ 1 760(元) (不利差异)

(2) 两差异法：

耗费差异 ＝ 8 960－7 560 ＝ 1 400(元) (不利差异)

能量差异 ＝ (12 600－12 000)×0.6 ＝ 360(元) (不利差异)

甲产品的固定制造费用差异＝耗费差异＋能量差异＝

1 400＋360 ＝ 1 760(元) (不利差异)

三差异法：

耗费差异 ＝ 8 960－7 560 ＝ 1 400(元) (不利差异)

能力差异 ＝ (12 600－10 000)×0.6 ＝ 1 560(元) (不利差异)

效率差异 ＝ (10 000－12 000)×0.6 ＝－1 200(元) (有利差异)

甲产品的固定制造费用差异＝耗费差异＋能力差异＋效率差异＝

1 400＋1 560＋(－1 200) ＝ 1 760(元) (不利差异)

从以上计算可以看出,三差异法中的能力差异(1 560 元)与效率差异(−1 200元)之和等于两差异法中的能量差异(360 元)。

标准成本控制能有效地将成本管理工作从事后的控制推进到事前和事中的控制,也能较好地实现财务与业务的紧密结合。实行标准成本制度,有助于提升企业的整体管理水平,增强企业的竞争能力。

第三节 作业成本管理

现代企业追求经济效益的经营实践促使成本控制方法不断创新和完善。作业成本法作为一种先进的成本核算方法,是对传统成本核算方法的变革和改进。作业成本管理是基于作业成本核算而为成本控制提供的一种新思维。

一、作业成本法

作业成本法(activity-based costing,简称 ABC)是将企业消耗的资源按资源动因分配到作业,再将作业成本按作业动因分配给成本对象的一种成本计算方法。在 ABC 下,把企业生产经营过程划分为一系列作业,通过对作业成本的计量,最终计算出产品成本。

(一)作业成本法的基本概念

1. 作业、作业中心、作业成本库

作业是指企业生产经营过程中为了特定目的而消耗资源的各项独立并相互联系的活动。企业从产品设计开始,经过物料供应、生产工艺的各个环节,直至产品发运销售的整个过程中,每个环节、每道工序都可以视为一项作业,如产品设计、订单处理、采购、存储等。作业是 ABC 最基本的概念,是进行作业成本核算的基础。

在作业成本核算中,作业一般可划分为以下四类:

(1)单位作业,就是使单位产品受益的作业,它对资源的消耗量往往与产品的产量或销量成正比,如对每件产品进行的检验等。

(2)批别作业,就是使一批产品受益的作业,作业的成本与产品的批次相关,如设备调试、生产准备等。

(3)产品作业,就是为了维持某特定生产线的存在而执行的作业,作业的成本与产品的种类相关,如产品工艺设计等。

(4)支持作业,是为了维持企业正常生产,而使所有产品都受益的作业。支持作业的成本与产品数量无相关关系,如厂房维修、管理作业等。

作业中心是指一系列相互联系、能够实现某种特定功能的作业集合。例如,检验部门就是一个作业中心。

将相关的一系列作业消耗的资源费用归集到作业中心,就构成了该作业中心的作业成本库,作业成本库是作业中心的货币表现形式。

2. 作业链和价值链

作业链是指企业为了满足顾客需要而建立的一系列前后有序的作业集合体。不同行业、不同企业、不同产品的作业链是不同的。通过对作业链的分析、改进和不断优化,可以达到降低产品成本,获取竞争优势的目的。

价值链是企业作业链的价值表现,它是与作业链紧密联系在一起的。产品消耗作业,作业消耗资源。一项作业转移到另一项作业的过程,同时也伴随着价值量的转移,最终产品是全部作业的集合,同时也是全部作业价值的集合。作业链的形成过程,也表现为价值链的形成过程。作业的转移,表现为价值在企业内部的逐渐积累和转移,最后形成转移给顾客的产品及其价值。要想提高价值链,必须改进作业链;而作业链的完善,也是从分析价值链开始的。

3. 成本动因

成本动因即成本驱动因素,是指引起成本发生的原因。一个企业成本动因的数量多少与企业生产经营过程的复杂程度密切相关。企业生产经营过程越复杂,其成本动因就越多。识别恰当的成本动因,对于提高成本信息的准确性和相关性有着重要的影响。依据 ABC 的原理,可以将成本动因分为资源动因和作业动因。

（1）资源动因。它是指资源消耗的原因,揭示资源耗费与作业量之间的关系,是将资源成本分配到作业中心的分配标准。

（2）作业动因。它是指作业发生的原因,揭示作业消耗量与企业产出量之间的关系,是将作业中心的成本分配到产品中的分配标准,也是将资源消耗与最终产出相沟通的中介。

一项作业可能有多个成本动因。在存在多个成本动因的情况下,一是要充分考虑成本与诱因的直接因果关系,二是选择作为成本分配标准的成本动因时应体现成本动因的主导性。对于一项成本动因导致几项成本发生或有些作业的成本动因具有同质性的情况下,为了降低作业管理成本,可形成作业中心,建立作业成本库,作业成本库的成本按同一成本动因进行分配,以提高作业管理效率。

（二）作业成本法的基本原理和核算程序

1. 作业成本法的基本原理

ABC 认为,作业消耗了资源,产品又消耗了作业,即产品导致作业的发生,作业又导致成本的发生。在此前提下,ABC 的基本原理可以概括为:依据不同成本动因分别设置若干作业成本库,再分别以各种产品所耗费的作业量分摊其在该作业成本库中的作业成本,然后,分别汇总各种产品的作业总成本,计算各种产品的总成本和单位成本。由此可见,在 ABC 下,以作业为核算对象,通过资源动因的确认和计量,将资源费用归集到作业上,再通过作业动因的确认和计量,将作业成本归集到产品上。产品成本等于生产产品所必须执行的作业成本之和。ABC的基本原理如图6-2所示。

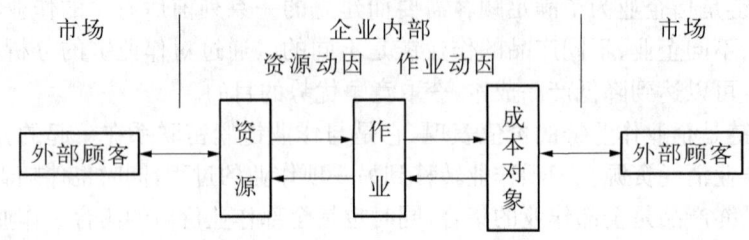

图6-2 作业成本法的基本原理

注:在企业内部,上面的箭头表示成本形成与核算过程,下面的箭头表示资源消耗过程。

2. 作业成本核算的基本程序

根据上述ABC的基本原理,作业成本核算的基本程序可以分为以下三个步骤:

(1)确认作业、主要作业,划分作业中心。进行作业成本核算,首先是确认作业,即对企业的生产经营过程进行作业分析,找出生产经营过程中的各项作业。作业的区分,理论上当然是越细越好,但基于成本效益原则的考虑,企业常常根据重要性来确认其主要作业,然后以主要作业为主体,将同质作业合并,建立作业中心。

(2)确定资源动因,以作业中心建立作业成本库归集费用。由ABC的原理可知,资源动因揭示了资源耗费分配给不同作业的基础,是建立作业成本库的依据。所以,企业可以根据资源动因,将所有间接费用归集到所确认的作业中心,从而建立作业成本库。这里需要注意的是,在建立作业成本库时,应保证库内所归集的成本的同质性,即:库内所归集的成本的变动,可由共同的成本动因来解释。

(3)确定作业动因,将作业成本库的费用分配至各种产品。由于作业动因是将作业中心的成本分配到产品中的分配标准,也是将资源消耗与最终产出相沟通的中介,所以确定作业动因,即:可将作业成本库归集的费用分配至各种产品,从而计算出各种产品的成本。

作业成本核算的基本程序如图6-3所示。

3. 作业成本法和传统成本计算方法的基本差别

企业产品的生产成本包括直接材料、直接人工和制造费用三个部分。其中,制造费用属于间接费用。采用ABC,对直接材料、直接人工等直接费用的核算与传统成本计算方法基本相同,两者的差别主要体现在对制造费用的核算上。采用传

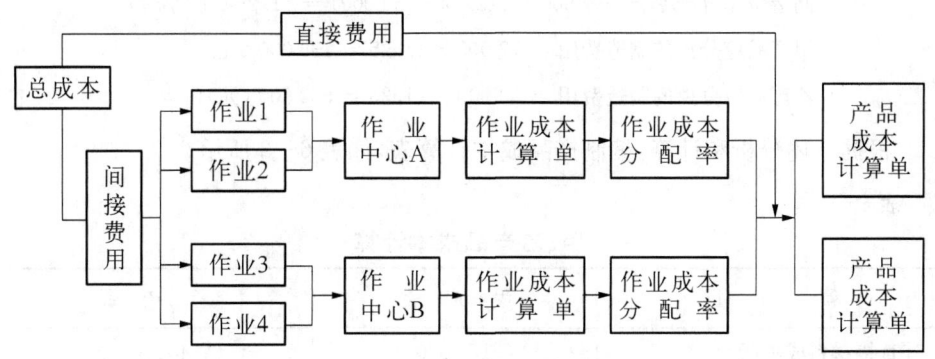

图 6-3 作业成本核算的基本程序

统成本计算方法,首先是将企业发生的制造费用归集到各生产部门,然后由各生产部门采用单一的分配标准确定费用分配率,将制造费用分配到各产品成本中。采用 ABC,首先是依据不同的成本动因,将企业发生的制造费用归集到相应的作业成本库,然后由作业成本库确定费用分配率,根据各种产品所耗用的作业量,将制造费用分配到各产品成本中。由此可见,ABC 与传统成本计算方法的关键区别在于选择成本分配基础的原则和数量不同,ABC 强调成本的动因追溯(利用因果关系),采用多项成本分配基础(成本动因)。下面举例说明。

【例 6-4】 某企业生产甲、乙两种产品,其中:甲产品为小批量生产、科技含量较高的产品;而乙产品为大批量生产、科技含量较低的产品。甲、乙产品的有关成本资料如表 6-2 所示。

表 6-2

甲、乙产品的有关成本资料

项　　目	甲 产 品	乙 产 品
产量(件)	6 000	30 000
机器制造工时(小时)	12 000	50 000
直接材料成本(元)	120 000	400 000
直接人工成本(元)	60 000	200 000
制造费用总额(元)	697 500	

根据表中的资料,若采用传统成本计算方法,制造费用可按照机器制造工时在甲、乙两种产品之间进行分配,即:

制造费用分配率 = 697 500 ÷ (12 000 + 50 000) = 11.25 (元/小时)

甲产品应分摊的制造费用 = 12 000 × 11.25 = 135 000 (元)

乙产品应分摊的制造费用 = 50 000 × 11.25 = 562 500 (元)

根据上述分析和计算,编制产品成本计算表,如表 6-3 所示。

表 6-3

甲、乙产品成本计算

项　　目	甲 产 品	乙 产 品
直接材料成本(元)	120 000	400 000
直接人工成本(元)	60 000	200 000
制造费用(元)	135 000	562 500
总成本(元)	315 000	1 162 500
产量(件)	6 000	30 000
单位成本(元/件)	52.50	38.75

若采用 ABC 进行核算,其关键在于对制造费用的处理不是统一按机器制造工时进行分配,而是根据作业中心与成本动因确定各类制造费用的分配标准。它缩小了制造费用的分配范围,即由整个生产部门统一分配改为由若干个作业成本库分别进行分配;增加了制造费用分配标准,即由单一分配标准改为多元分配标准。

下面我们采用 ABC 来计算甲、乙两种产品的成本。

假定经过作业分析,该企业根据各项作业的成本动因性质,设立了操作准备、物料装卸、加工、质量检验、设备维修、生产协调六个作业成本库,各作业成本库的有关资料如表 6-4 所示。

表 6-4

甲、乙产品的作业成本资料

作业成本库	可追溯成本(元)	成本动因	作 业 量			成本动因分配率
			甲产品	乙产品	合 计	
操作准备	162 500	准备次数	600	400	1 000	162.50
物料装卸	112 500	转移次数	300	100	400	281.25
加工	137 500	机器工时	1 000	10 000	11 000	12.50
质量检验	100 000	检验次数	100	300	400	250

(续表)

作业成本库	可追溯成本（元）	成本动因	作业量			成本动因分配率
			甲产品	乙产品	合计	
设备维修	85 000	维修工时	160	520	680	125
生产协调	100 000	协调次数	200	200	400	250
合 计	697 500					

根据上表有关资料和计算结果，编制制造费用分配表，如表6-5所示。

表6-5

制造费用分配表

作业成本库	成本动因分配率	甲产品		乙产品		作业成本合计(元)
		作业量	作业成本	作业量	作业成本	
操作准备	162.50	600	97 500	400	65 000	162 500
物料装卸	281.25	300	84 375	100	28 125	112 500
加工	12.50	1 000	12 500	10 000	125 000	137 500
质量检验	250	100	25 000	300	75 000	100 000
设备维修	125	160	20 000	520	65 000	85 000
生产协调	250	200	50 000	200	50 000	100 000
合 计			289 375		408 125	697 500

根据上述分析和计算，可编制产品成本计算表，如表6-6所示。

表6-6

甲、乙产品成本计算

项 目	甲产品	乙产品
直接材料成本(元)	120 000	400 000
直接人工成本(元)	60 000	200 000
制造费用(元)	289 375	408 125
总成本(元)	469 375	1 008 125
产量(件)	6 000	30 000
单位成本(元/件)	78.23	33.60

通过比较可知,采用ABC,甲产品单位成本由传统成本计算方法下的52.50元/件提高到了78.23元/件,增幅达49.01%;而乙产品单位成本则由传统成本计算方法下的38.75元/件下降到了33.60元/件,下降幅度为13.29%。可见,在传统成本计算方法下,批量小、科技含量较高的产品的成本常常被低估;而那些批量大、科技含量不高的产品的成本则常常被高估。产生差异的主要原因在于,在传统成本计算方法下,只采用单一的分配标准分配制造费用;而在ABC下,采用了多元化的分配标准分配制造费用,即为不同的作业耗费选择相应的成本动因来向产品分配费用。所以,ABC与传统成本计算方法相比较,其成本计算的准确性大大提高。

二、作业成本管理的基本原理和实施步骤

作业成本管理(activity-based costing management,简称ABCM)是利用作业成本核算所提供的信息,将成本管理的起点和核心由"产品"转移到"作业"层次的一种管理方法。它是基于作业成本核算而为成本控制提供的一种新思维。ABCM要求成本管理深入到每一项作业,尽可能消除不能创造价值的作业环节,减少资源的耗费,从而达到降低成本、提高效率和效益的目的。

(一)作业成本管理的基本原理

总部位于英国的国际高级制造业协会(CAM-I)所述的ABCM构架如图6-4所示。

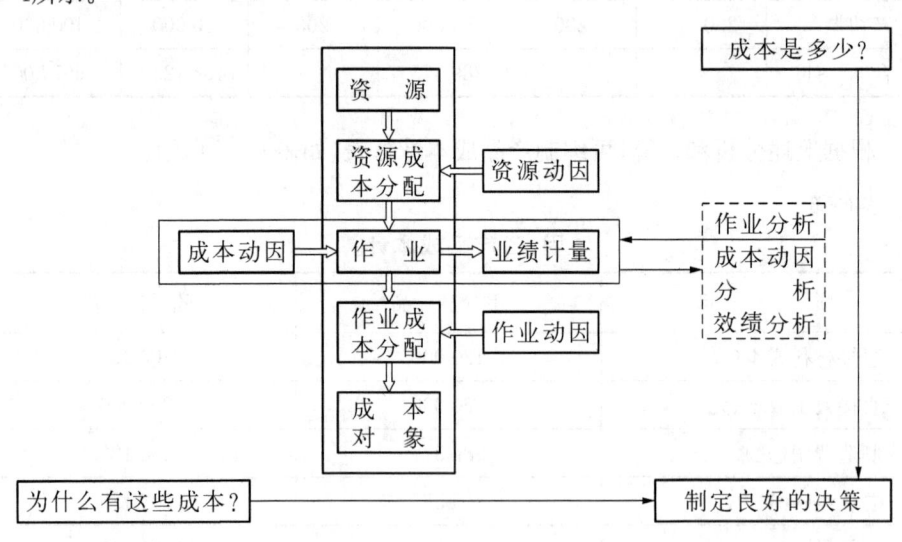

图6-4 ABCM构架

资料来源:www.cma-chinA.org。

从图 6-4 可见，ABCM 的基本原理体现在两个方面：一方面是成本分配观。它说明成本对象引起作业需求，而作业需求又引起资源需求，因此，成本分配是从资源到作业，再从作业到成本对象。另一方面是流程分析观。它分析何种原因引起作业以及作业完成情况。这两个方面并不是相互孤立的。从技术的角度看，成本分配观是为了增加成本计算的精确程度，而流程分析观的重点在于控制成本，控制成本的关键就是要控制成本动因。通过作业分析，找到真正的成本动因，并控制其发生以及发生的程度；从管理的角度看，就是给责任部门及其责任人制定业绩指标，并对其履行情况进行评价。也就是说，计算成本是为了控制成本。作业成本管理正是从这两个方面来改进、优化作业链，提高价值链，减少资源耗费，增加企业的经济效益。

（二）作业成本管理的实施步骤

在开展 ABCM 的过程中，一般要经过以下八个步骤，注重在这八个步骤的基础上创新和灵活应用，是实现 ABCM 成功的关键。

1. 作业调研

了解企业的生产经营活动及其作业过程，收集作业信息，理清企业的成本流程和导致成本发生的因素，明确各个职能部门对成本的责任，以便设计作业及其责任控制体系。

2. 作业认定

作业认定的方法一般有以下三种：一是绘制企业的生产经营流程图，将每一个流程都分解成若干项作业，然后将相关或同类的作业加以归并；二是对企业的职能部门逐一进行调查分析，确定每个职能部门的作业，再进行汇总；三是召集全体员工开会，由员工或项目组描述其所完成的工作，再进行汇总。采取前两种方法能够较快地获取资料，准确性高；而采取第三种方法，有助于提高全体员工的参与意识，加速 ABCM 的顺利实施。

3. 汇集和分析资源成本和成本动因

根据会计记录，找出与各项作业相关的资源成本。根据作业的类型和资源成本的性质，确定成本动因。

4. 建立作业成本库

确定成本动因后，按照同质的成本动因将相关的被消耗的资源成本归集到作业中心，建立作业成本库。

5. 设计作业成本核算模型

在对企业的运作过程进行充分了解和分析的基础上，设计企业的作业成本核算模型，主要确定企业资源、作业和成本对象，包括它们的分类，与各个组织层次的关系，各个核算对象的责任主体，成本动因，资源到作业的分配关系，作业到产品的分配关系等。

6. 选择或开发作业成本实施工具系统

ABCM的实施需要应用软件工具的支持,才能完成复杂的核算任务。作业成本软件系统提供了作业成本核算体系构造工具,可以帮助建立和管理作业成本核算体系,并完成作业成本核算。

7. 作业成本运行和结果分析

在建立作业成本核算体系的基础上,输入具体的数据,运用ABC进行核算,对作业成本的核算结果进行分析与评价,找出成本偏高、成本构成变化的原因等,以便有的放矢,降低成本。

8. 持续改善和优化作业链—价值链

运用作业成本核算所提供的信息,对ABCM实施过程中发现的问题采取相应措施,将成本控制贯穿于企业整体作业链之中,实现持续的效果改进,如重塑企业生产经营流程,将非增值作业减少到最低限度,将有限的资源应用到增值作业上,降低作业耗费,提高增值作业的效率与效益等。

三、实施作业成本管理的意义

(一) 作业成本管理中降低成本的途径

实施ABCM,使企业处于持续改进的状态之中。其减少资源耗费、降低成本的途径主要有以下几个方面。

1. 作业消除

作业消除是指消除非增值作业或不必要的作业,以提高效率和效益。

2. 作业选择

作业选择是指比较所有能够达到同样目标的不同作业,从中选择最佳作业。最佳作业可能是成本最低或虽成本较高但效率最高的作业。不同的作业构成,发生的成本不同,产生的效果也不同。实施ABCM,比较作业的成本和效率,如果效率相同,选择成本最低的作业;如果成本相同,则选择效率最高的作业。

3. 作业减少

作业减少是指以不断改进的方式降低作业消耗的资源或时间。对于必要的作业,通过改善来提高效率或降低成本,对于无法消除的非增值作业,应尽量减少工作量,以降低成本。

4. 作业共享

作业共享是指充分利用企业的生产能量使之达到规模经济效应,提高单位作业的效率,为降低作业成本创造有利条件。

5. 编制资源使用计划,优化资源配置

利用作业成本核算提供的信息,编制资源使用计划,不断改进作业方式,优化资源配置,从而实现持续降低成本的目标。

(二) 实施作业成本管理的意义

在新经济技术环境下,实施 ABCM,对企业作业链—价值链的持续改善和优化、提升企业竞争优势有着极为重要的意义。

1. 有利于企业加强成本控制

ABCM 贯穿于企业生产经营过程的各个环节,从降低成本的角度,寻找改变作业和生产流程、改善和优化企业作业链—价值链的机会。实施 ABCM,要求成本控制深入作业层次,认真进行作业分析和成本动因分析,重点分析每一项作业的完成情况及其所耗费的资源,识别增值作业和非增值作业,针对不同性质的作业进行成本控制,尽可能消除非增值作业,降低增值作业消耗的资源和时间,提高作业的增值效率。

实施 ABCM,还要求从企业整体出发,协调企业供、产、销各环节各项作业之间的关系,使各项作业环环相扣;也就是说,做好各项作业之间的结构性调整与安排,实现全过程的成本控制,以达到最终降低成本的目的。

2. 有利于企业进行科学的产品决策和内部效绩评价

ABCM 依据的是 ABC 提供的成本信息,在 ABC 下,按成本动因进行合理分配,得到的是相对准确的成本数据,提高了成本信息的质量。实施 ABCM,通过对企业生产经营过程进行更细致的成本核算,能够提供多层次、多方位的财务和非财务的信息,从而为企业的产品决策和内部效绩评价提供可靠的依据。

3. 有利于企业增强产品的市场竞争力

ABCM 将成本管理的范围从生产部门延伸到企业的供应商和顾客的整个价值链。它要求实现成本前馈控制和反馈控制相结合,成本计算和成本管理相结合。ABCM 特别重视产品设计、研究开发和质量成本管理,力求按照技术与经济相统一的原则,科学合理地配置资源,不断改进作业方式,提高作业的质量和效率,有利于增强企业产品的市场竞争力。

总之,在现代企业管理中,需要将 ABCM 的创新思维和适时生产系统、全面质量管理、以人为本的柔性管理等有机地结合起来,努力实现企业作业链—价值链的持续改善和优化,以提升企业竞争优势,实现企业价值最大化的目标。

本章小结

成本控制是指企业按照国家有关财务制度的要求以及自身的财务目标,运用各种成本管理方法,将各项成本费用掌握在一定范围内的财务活动。企业应当建立成本控制系统,强化成本预算约束,推行质量成本控制办法,实行成本定额管理、全员管理和全过程控制。

标准成本控制是以制定的标准成本为基础,将实际发生的成本与标准成本进行对比,揭示成本差异形成的原因,明确责任,采取相应措施,实现对成本的有效控制。它是在实际工作中应用最为广泛和有效的一种成本控制方法,也是成本控制的基本方法。企业采取标准成本控制的做法,具体包括以下四个步骤:标准成本的制定——→标准成本的分解——→成本差异的分析——→业绩评价与考核。本章重点介绍了标准成本的制定和成本差异的分析。

作业成本管理是基于作业成本核算而为成本控制提供的一种新思维。本章在阐明作业成本法的基础上,简要介绍了作业成本管理的基本原理和实施步骤及其意义。

案 例

MICRUS:改进生产过程的作业成本管理

MICRUS 是 1994 年从 IBM 的微电子部门脱离后成立的公司,生产记忆性和逻辑性集成电路晶片。MICRUS 必须面对来自全球竞争者(大部分在亚洲)的价格竞争,即使在美国,它投入的成本也相对较高。它不得不尽可能地提高效率,在维持严格的技术质量要求的同时,集中所有努力和智慧来维持低成本。

MICRUS 新的管理团队感觉到,目前的成本报告主要集中在部门费用的差异分析,对于制定决策和改进生产过程是没有用的。这个差异不能与经理的具体行为相联系。那些控制日常经营成本的低层次员工,没有短期的财务激励去控制成本。为了开发公司各种水平和功能上的 ABC 模型,管理团队包括了企业各层次人员,有维修人员、工程师、管理人员。

第一年,一个总预算为 2 700 万美元的部门节约了 300 多万美元(降低率为 11%)。产品生产周期缩短,生产技术改进,生产能力提高,并且实现了野心勃勃的成本目标。一个经理人员在他的团队中描述了 ABC 信息是如何启发创造性思维的:

在成本如何与执行的作业相联系这方面,ABC 信息给我们提供了一个可操作的视角。它通过提供一个可靠、连续以及可理解的方法去计量我们的商业决策所产生的影响,来引起我们对一些以前从未考虑过的事情的思考,从而有了创新性的突破。

MICRUS 的管理层为所有的员工制定了一个年度薪酬激励系统——从上层管理人员到一线的工人——以实现每个晶片成本更大的降低。计量和目标量都很清楚,也很容易向员工解释。

结果:1995 年,MICRUS 的成本几乎是竞争对手的 2 倍,原来的生产能力是每月 1 200 个晶片,由 350 个员工完成。到 1998 年 5 月,员工人数是原来的 3 倍,但产量却提高到 5 倍,达到每月 6 000 多个晶片。缺陷密度执行一种质量标准,以每月 8‰ 的比率改进。《半导体国际》杂志将 MICRUS 评选为"1998 年度惊喜"。到 1999 年,MICRUS 每个晶片的成本降低到了全球竞争者的同等水平。

2000 年,MICRUS 被菲利浦半导体公司收购,成为这个公司全球制造业务的一个很有价值的组成部分。

资料来源:"MICRUS: Activity-Based Management for Business Turnround", Harvard Business School Case #101-070.

复习思考题

1. 简述成本控制的方法。
2. 什么是标准成本?什么是标准成本控制?
3. 如何制定标准成本?
4. 如何进行成本差异分析?
5. 什么是作业成本法?
6. 简要说明作业成本法的基本原理和核算程序。
7. 作业成本法和传统成本计算方法的基本差别是什么?
8. 什么是作业成本管理?
9. 简要说明作业成本管理的基本原理。
10. 简要说明作业成本管理的实施步骤。

习 题

一、单项选择题

1. 考虑了生产过程中不可避免的损失、故障和偏差,具有客观性、现实性、激励性和稳定性等特点的标准成本是( )。

  A. 现行标准成本   B. 正常标准成本

C. 理想标准成本　　　　　　　　D. 历史平均成本
　2. 通常应对不利的材料价格差异负责的部门是(　　)。
　　　A. 质量检验部门　　　　　　　　B. 采购部门
　　　C. 工程设计部门　　　　　　　　D. 生产部门
　3. 下列各项中,主要受客观原因影响而形成的差异是(　　)。
　　　A. 不可控差异　　　　　　　　　B. 有利差异
　　　C. 可控差异　　　　　　　　　　D. 不利差异
　4. 某企业本月生产甲产品1 000件,实际耗用A材料2 000千克,其实际价格为每千克20元。该产品A材料的用量标准为2.5千克/件,标准价格为每千克18元,其直接材料数量差异为(　　)元。
　　　A. −9 000　　　　　　　　　　　B. −10 000
　　　C. 90 000　　　　　　　　　　　D. 10 000
　5. 下列各项中,会导致直接人工小时工资率差异产生的是(　　)。
　　　A. 工人技术状况　　　　　　　　B. 工作环境
　　　C. 设备条件的好坏　　　　　　　D. 加班和使用临时工
　6. 下列关于固定制造费用差异的计算公式,错误的是(　　)。
　　　A. 固定制造费用差异＝固定制造费用耗费差异＋固定制造费用能量差异
　　　B. 固定制造费用差异＝固定制造费用耗费差异＋固定制造费用能力差异
　　　C. 固定制造费用能量差异＝固定制造费用效率差异＋固定制造费用能力差异
　　　D. 固定制造费用能量差异＝固定制造费用效率差异＋固定制造费用闲置能量差异
　7. 下列表达式中,错误的是(　　)。
　　　A. 固定制造费用耗费差异＝实际产量下实际固定制造费用−预算产量下的标准固定制造费用
　　　B. 固定制造费用能力差异＝(预算产量下的标准工时−实际产量下的实际工时)×标准分配率
　　　C. 固定制造费用效率差异＝(实际产量下的实际工时−实际产量下的标准工时)×实际分配率
　　　D. 固定制造费用能量差异＝预算产量下的标准固定制造费用−实际产量下的标准固定制造费用
　8. 下列各项中,属于固定成本差异的是(　　)。
　　　A. 直接材料费用差异　　　　　　B. 固定制造费用差异
　　　C. 变动制造费用差异　　　　　　D. 直接人工费用差异

9. 将企业消耗的资源按资源动因分配到作业,再将作业成本按作业动因分配给成本对象的一种成本计算方法是(   )。
   A. 标准成本法   B. 目标成本法
   C. 变动成本法   D. 作业成本法
10. 为了满足顾客需要而建立的一系列前后有序的作业集合体是(   )。
    A. 价值链   B. 作业链
    C. 作业   D. 作业中心

二、多项选择题

1. 关于标准成本,下列说法中不正确的有(   )。
   A. 标准成本是一种机会成本   B. 标准成本是一种目标成本
   C. 标准成本是一种重置成本   D. 标准成本是一种历史成本
2. 正常标准成本的特点有(   )。
   A. 客观性   B. 现实性
   C. 激励性   D. 波动性
3. 下列关于成本差异的计算公式中,正确的有(   )。
   A. 用量差异＝标准价格×(实际用量－标准用量)
   B. 用量差异＝实际价格×(实际用量－标准用量)
   C. 价格差异＝(实际价格－标准价格)×实际用量
   D. 价格差异＝(实际价格－标准价格)×标准用量
4. 下列成本差异中,通常不属于生产部门责任的有(   )。
   A. 直接材料价格差异   B. 直接人工小时工资率差异
   C. 直接材料数量差异   D. 直接人工工时消耗差异
5. 下列各项中,属于变动成本差异的有(   )。
   A. 直接材料费用差异   B. 直接人工费用差异
   C. 变动制造费用差异   D. 固定制造费用差异
6. 在作业成本核算中,作业一般可划分为(   )。
   A. 单位作业   B. 批别作业
   C. 产品作业   D. 支持作业
7. 依据作业成本法的基本原理,可以将成本动因分为(   )。
   A. 资源动因   B. 作业动因
   C. 变动动因   D. 固定动因
8. 作业成本管理中降低成本的措施有(   )。
   A. 作业消除   B. 作业选择

C. 作业减少　　　　　　　D. 作业共享

三、判断题

1. 产品成本是指企业在生产经营过程中所消耗的各种资源的经济价值。（　　）

2. 有利差异是指因实际成本低于标准成本而形成的节约差,有利差异越大越好。（　　）

3. 固定制造费用耗费差异是指固定制造费用实际金额与固定制造费用预算金额之间的差额。（　　）

4. 一般来说,理想标准成本大于正常标准成本,而小于历史平均水平。（　　）

5. 质量成本只包括预防成本和检验成本。（　　）

6. 在作业成本法下,直接费用和间接费用的分配对象是产品。（　　）

7. 在作业成本法下,对于直接费用和间接费用的确认和分配与传统的成本计算方法是不同的。（　　）

8. 实施作业成本管理,有利于企业作业链——价值链的持续改善和优化。（　　）

四、计算分析题

1. 某企业采用标准成本法,A产品的月正常生产能力为1 000件,单位产品标准成本如表6-7所示。

表6-7

A产品的单位产品标准成本

项　　目	单位产品标准成本(元/件)
直接材料	15（0.1千克/件×150元/千克）
直接人工	20（5小时/件×4元/小时）
制造费用 　其中：变动费用 　　　　固定费用	 6（6 000元÷1 000件） 5（5 000元÷1 000件）
单位产品标准成本	46

某月生产A产品800件,单位产品实际成本如表6-8所示。

表 6-8

A 产品的单位产品实际成本

项 目	单位产品实际成本(元/件)
直接材料	15.4 (0.11 千克/件×140 元/千克)
直接人工	21.45 (5.5 小时/件×3.9 元/小时)
制造费用 其中：变动费用 　　　固定费用	 5 (4 000 元÷800 件) 6.25 (5 000 元÷800 件)
单位产品实际成本	48.10

要求：
(1) 计算分析 A 产品的直接材料费用差异。
(2) 计算分析 A 产品的直接人工费用差异。
(3) 计算分析 A 产品的变动制造费用差异。
(4) 分别采用两差异法和三差异法，计算分析 A 产品的固定制造费用差异。

2. 某企业生产甲、乙两种产品，甲产品的结构比乙产品复杂。本期甲、乙两种产品的销售价格、产量及其他有关资料如表 6-9、表 6-10 和表 6-11 所示。

表 6-9

甲、乙产品的销售价格、产量等资料

项 目	甲产品	乙产品
产品产量(件)	100 000	1 000 000
单位售价(元)	25	12.5
直接材料消耗(元)	600 000	4 200 000
直接人工工时(小时)	10 000	50 000
小时工资率(元/小时)	10	10

表 6-10

甲、乙产品本期的制造费用

原料处理	设备维护	电力消耗	设备折旧	检验	调整与准备	物料消耗	生产计划制定	合计(元)
300 000	900 000	450 000	1 350 000	400 000	600 000	400 000	800 000	5 200 000

表 6-11

甲、乙产品本期的作业量

作业类别	成本动因	甲产品作业量		乙产品作业量	
		数量	比例	数量	比例
原料处理	搬运次数	5 000	1/3	10 000	2/3
设备维护	维护时数	10 000	1/3	20 000	2/3
电力消耗	千瓦小时	500 000	1/3	1 000 000	2/3
设备折旧	机器小时	100 000	1/3	200 000	2/3
检验	检验小时	15 000	1/2	15 000	1/2
调整与准备	整备次数	5 000	1/2	5 000	1/2
物料消耗	物料成本	50 000	1/8	350 000	7/8
生产计划制定	生产批次	10 000	1/2	10 000	1/2

要求：

(1) 采用作业成本法计算甲、乙两种产品的总成本和单位成本，并分析甲、乙两种产品的盈亏状况。

(2) 假定制造费用按人工工时进行分配，按品种法计算甲、乙两种产品的总成本和单位成本，并分析甲、乙两种产品的盈亏状况。

(3) 将上述两种成本计算方法的计算结果进行比较，分析存在差异的原因，并简要说明作业成本核算优于传统成本核算之处。

第七章 收益分配

本章结构图

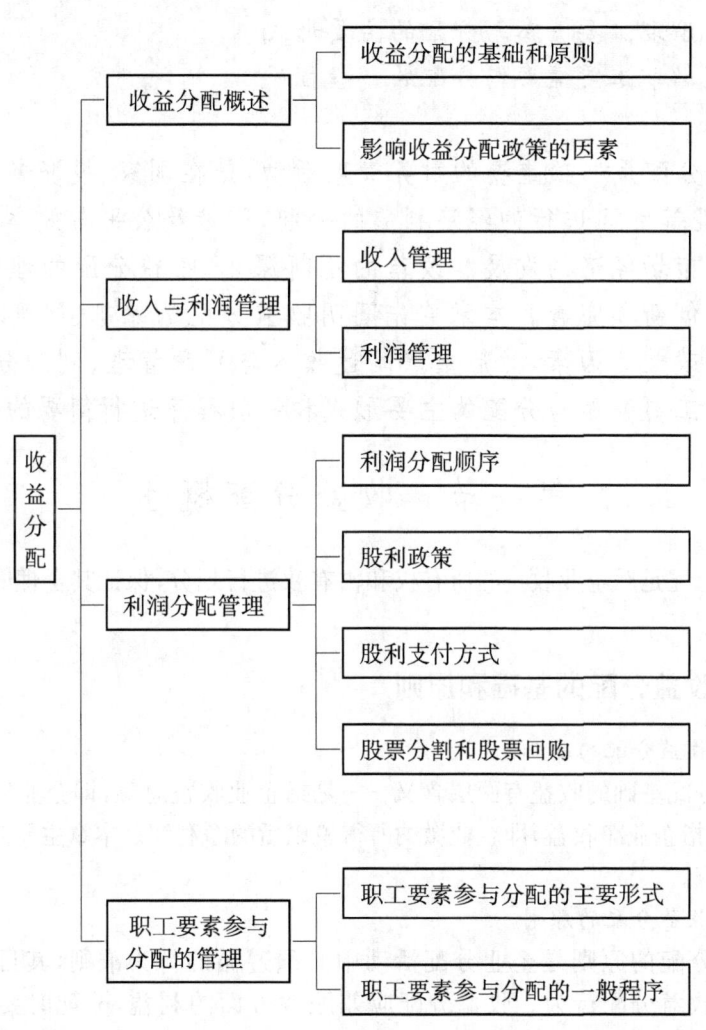

> **本章学习目标**
> - 熟悉收益分配的基础和原则
> - 熟悉影响收益分配政策的因素
> - 熟悉销售业务的内部控制制度
> - 掌握目标利润规划
> - 掌握利润分配的顺序
> - 熟悉股利政策的类型
> - 了解职工要素参与分配的主要形式
> - 了解职工要素参与分配的一般程序

收益分配是一项重要的财务管理活动,是在国家、投资者、债权人、职工、企业等之间进行的经济利益的分配,因涉及公平与效率而备受关注。随着市场经济的发展和改革的不断深化,收益分配的理论和实务也在不断创新和完善。本章首先阐明收益分配的基础、原则以及影响收益分配政策的因素,然后重点阐述收入与利润管理、利润分配管理,最后对职工要素参与分配的主要形式和一般程序进行简要的介绍。

第一节 收益分配概述

收益分配是对企业收益的所有权和占有权进行划分,保证其合理归属与运用的管理过程。

一、收益分配的基础和原则

(一) 收益分配的基础

作为分配基础的收益有两层含义:一是指企业收益总额,即企业实现的利润总额;二是指企业净收益,即企业缴纳所得税以后的净利润。本章主要介绍企业净利润的分配。

(二) 收益分配的原则

收益分配的原则是企业分配活动中必须遵循的行为准则,其目的是为了规范企业收益分配行为。收益分配应兼顾各方面的利益,分配时要遵循下列原则。

1. 合法有序原则

收益的分配活动必须合乎法律规定,应当兼顾国家、投资者、债权人、职工、企业等的经济利益,保证收益分配有利于企业和社会的和谐与可持续发展。企业应当严格遵守国家颁布的相关法律法规,按照企业收益分配的基本要求、一般程序和规定比例,规范收益分配行为。

2. 资本保全原则

资本保全原则要求收益分配不能减少企业的资本,企业的收益分配是对投入资本的增值部分进行分配,不是投资者投入资本的返还。以企业的资本进行分配,属于一种清算行为,而不是收益的分配。坚持资本保全原则,其目的是从根本上维护投资者和债权人的利益。

3. 分配与积累并重原则

正确处理收益分配中分配与积累之间的关系,是协调投资者当前利益和长远利益的一个重要问题。进行收益分配时,应当坚持分配与积累并重的原则。企业赚取的净收益,必须在留存收益和向投资者分配利润之间确定一个恰当的比例进行分配,应按"多盈多分、少盈少分及无盈不分"的原则进行。企业积累起来的留存收益仍归企业所有者拥有,这部分积累不仅为企业扩大再生产筹措了资金,而且增强了企业抵御风险的能力,提高了企业经营的稳定性和安全性,有利于企业的长远发展。

4. 投资与收益对等原则

投资与收益对等原则是正确处理投资者利益关系的关键。投资者因其投资行为而享有收益权,投资收益应同其投资比例对等。企业的收益分配应当体现"谁投资谁受益、受益大小与投资比例相适应"的原则,从根本上实现收益分配中的公开、公平、公正,保护投资者的利益,提高投资者投资的积极性。

二、影响收益分配政策的因素

企业制定收益分配政策,必须充分考虑各种影响收益分配政策的因素,使企业能在保持长远发展能力与稳定各方利益关系之间寻求一种合理的均衡。

(一)法律因素

为了保护投资者、债权人等方面的利益,国家有关法律法规对企业的收益分配作了明确、具体的规定,企业的收益分配政策必然要受到这些规定的影响和制约。

1. 资本保全约束

企业收益分配不能侵蚀资本,即:要求企业向投资者分配利润不得来源于原始投资或股本,只能来源于企业当期利润或留存收益。

2. 资本积累约束

企业实现的净利润应按规定的比例提取法定公积金。在弥补企业以前年度亏损和提取法定公积金之前,企业不得向投资者分配利润。

3. 偿债能力约束

企业如果已经无力偿还到期债务或因向投资者分配利润将影响偿还到期债务,则企业向投资者分配利润就会受到限制。

4. 超额累积利润约束

由于股利所得税通常高于资本利得税,企业通过保留利润来提高其股票价格,则可使股东避税。许多国家规定企业不得超额累积利润,一旦盈余的积累大大超过企业目前及未来投资的需要,则可看成是过度保留,将被加征额外的税款。我国目前股东接受现金股利交纳的所得税税率为20%,未开征股票交易的资本利得税,也未规定超额累积利润限制。

(二) 企业因素

影响收益分配的企业因素主要有:收益的稳定性、资产的流动性、筹资能力、资本成本、投资机会等。

1. 收益的稳定性

企业收益的稳定性是影响收益分配政策的首要因素。企业只有在盈利的情况下,才谈得上分不分收益和分配多少收益的问题。因此,企业必须以当年的盈利状况和未来的发展趋势为出发点,制定适当的收益分配政策。

2. 资产的流动性

企业资产的流动性是影响收益分配政策的一个重要因素。过多地向投资者分配利润,会减少企业现金持有量,使资产的流动性降低,影响企业的偿债能力。因此,如果企业的资产流动性差,即使收益可观,也不宜过多地向投资者分配利润。

3. 筹资能力

企业筹资能力的大小也是决定收益分配政策的重要因素。如果企业筹资能力强,在决定向投资者分配利润时就有较大的选择余地。如果企业筹资能力弱,则应将更多的收益留存在企业。

4. 资本成本

留存收益是企业内部筹资的来源。与发行新股或举债相比,留存收益无筹资费用,筹资成本低。因而从资本成本考虑,企业往往留存更多的收益用来满足企业的资金需要。

5. 投资机会

从企业生命周期来看,处于上升期的企业会有较多的投资机会,资金需求量大,更适合向投资者分配较少的利润。从长远的眼光来看,这对投资者也是有利的。处于成熟期或衰退期的企业投资机会减少，资金需求相对减少，企业可以考虑向投资者分配较多的利润，以维护企业的形象和投资者的信心。由此可见，对股东来说，公司大量支付现金股利未必是好事。

（三）股东因素

股东在税负、投资机会、股权控制等方面的意愿也会对公司的收益分配政策产生影响。

1. 税负

如前所述，股利所得税通常高于资本利得税，因而很多股东会出于对税负因素的考虑而倾向于公司少支付现金股利，以获得更多纳税上的好处。

2. 股东的投资机会

如果公司将留存收益用于再投资所获得的报酬，低于股东进行其他投资所获得的报酬，则股东倾向于公司不应多留存收益，而应多支付现金股利。相反，如果公司的投资机会可以使股东获得比其外部投资机会更高的报酬，则股东倾向于公司应多留存收益，而不应多支付现金股利。可见，对股东的外部投资机会的评估，也是公司制定收益分配政策时必须考虑的一个因素。

3. 股权控制要求

如果公司向投资者支付较多的现金股利，那么就可能会造成公司未来经营资金紧缺，从而举借新债，这会增加公司的财务风险，而发行新股又会导致现有股东对公司控制权的稀释。因此，股东往往会将收益分配政策作为维持其控制地位的工具，倾向于公司留存更多的收益。

（四）其他因素

除上述因素外，企业制定收益分配政策还应考虑债务合同约束、通货膨胀等因素。

1. 债务合同约束

许多公司的债务合同，特别是长期债务合同，往往有限制在债务期内支付股利程度的条款，这是公司确定收益分配政策时需要考虑的因素。比如，规定支付股利的最高限额；规定只有当公司某些重要财务比率超过最低的安全标准时才能支付股利；股利只能从签约后所产生的盈利中支付，签约前的盈利不可以再作为支付股利之用，等等。这些合同上的限制条款在一定程度上左右了公司的收益分配政策。否则，公司会受到债权人的控告和法律的制裁，并引发丧失信誉的风险。

2. 通货膨胀

当发生通货膨胀时，折旧储备的资金往往不能满足企业重置固定资产的需要。企业为了维持其原有生产能力，需要从留存收益中补足资金需要。因此，在通货膨胀时期，企业往往采取偏紧的收益分配政策。

第二节 收入与利润管理

企业在生产经营活动中,不断取得各种收入,以收入减去相关的成本费用,考虑直接计入当期利润的利得和损失,从而计算出企业的盈亏。企业实现利润要按照规定进行分配,发生亏损要及时进行弥补,扭亏为盈。为实现企业的有效资本运营,保证企业的持续经营和发展,收入和利润的管理显得十分重要。

一、收入管理

收入是指企业在日常活动中形成的、会导致所有者权益增加的、与所有者投入资本无关的经济利益的总流入。它是资本收回的具体体现,是实现资本保值增值的重要因素,因而加强收入管理具有极为重要的意义。

(一) 收入的构成

企业的收入包括销售商品收入、提供劳务收入、让渡资产使用权收入等。

1. 销售商品收入

销售商品收入是指企业销售商品所获得的收入。企业在具体计算销售商品收入时,应当扣除商业折扣、现金折扣、销售折让和销售退回。商业折扣是指企业为促进商品销售而在商品标价上给予的价格扣除;现金折扣是指债权人为鼓励债务人在规定的期限内付款而向债务人提供的债务扣除;销售折让是指企业因售出商品的质量不合格等原因而在售价上给予的减让;销售退回是指企业售出的商品由于质量、品种不符合要求等原因而发生的退货。

2. 提供劳务收入

提供劳务收入是指企业从事建筑安装、修理修配、交通运输、技术服务、加工以及其他劳务服务活动取得的收入。

3. 让渡资产使用权收入

让渡资产使用权收入包括利息收入、使用费收入等。利息收入一般指企业的存款利息收入;使用费收入包括固定资产出租收入、商标使用权收入等。

值得注意的是,按照新《企业财务通则》规定,投资者、经营者及其他职工履行本企业职务或者以企业名义开展业务所得的收入,包括销售收入以及对方给予的销售折扣、折让、佣金、回扣、手续费、劳务费、提成、返利、进场费、业务奖励等收入,全部属于企业。

(二) 销售的日常管理

为了保证企业收入的顺利实现,企业应当从控制关键环节入手,积极采取各种措施,加强销售的日常管理,防范和控制销售风险。

1. 销售业务控制的关键

企业在销售业务中,至少应当关注其涉及的下列风险:

(1) 销售行为违反国家法律法规,可能遭受外部处罚、经济损失和信誉损失。

(2) 销售未经适当审批或超越授权审批,可能因重大差错、舞弊、欺诈而导致损失。

(3) 销售政策和信用政策管理不规范、不科学,可能导致资产损失或资产营运效率低下。

(4) 合同协议签订未经正确授权,可能导致资产损失、舞弊和法律诉讼。

(5) 应收账款和应收票据管理不善,账龄分析不准确,可能由于未能收回或未能及时收回欠款而导致收入流失和法律诉讼。

企业在建立与实施销售内部控制中,至少应当强化对下列关键方面或者关键环节的控制:

(1) 职责分工、权限范围和审批程序应当明确规范,机构设置和人员配备应当科学合理。

(2) 销售政策和信用管理应当科学合理,销售与发货控制流程应当规范严密。

(3) 应收账款应当有效管理,及时催收;往来款项应当定期核对,如有差错,及时改正。

(4) 销售的确认、计量和报告应当符合国家统一的会计制度的规定。

2. 销售业务的内部控制制度

企业销售业务的内部控制制度主要有:

(1) 销售与收款业务的岗位责任制。企业应当建立销售与收款业务的岗位责任制,明确相关部门和岗位的职责权限,确保办理销售与收款业务的不相容岗位相互分离、制约和监督。销售与收款不相容岗位至少应当包括:客户信用管理与销售合同协议的审批、签订;销售合同协议的审批、签订与办理发货;销售货款的确认、回收与相关会计记录;销售退回货品的验收、处置与相关会计记录;销售业务经办与发票开具和管理;坏账准备的计提与审批,坏账的核销与审批。

(2) 销售业务授权制度和审核批准制度。企业应当建立销售业务授权制度和审核批准制度,并按照规定的权限和程序办理销售业务。

(3) 预算管理制度。企业对销售业务应当建立严格的预算管理制度,制定销售目标,建立销售管理责任制。根据对市场的销售预测,编制销售预算,并及时分析销售预算的执行情况,提出改进措施。销售预算编制、执行、调整、分析、考核的控制流程应当清晰。

(4) 销售定价控制制度。企业应当建立销售定价控制制度,制定价目表、折扣政策、收款政策,定期审阅并严格执行。

(5) 销售退回管理制度。企业应当建立销售退回管理制度。企业的销售退回必须经销售主管审批后方可执行。销售退回的货物应当由质检部门检验和仓储部门清点后方可入库。质检部门应当对客户退回的货物进行检验并出具检验证明；仓储部门应当在清点货物、注明退回货物的品种和数量后填制退货接收报告；财会部门应当对检验证明、退货接收报告以及退货方出具的退货凭证等进行审核后办理相应的退款事宜；企业应对退货原因进行分析，并明确有关部门和人员的责任。

(6) 销售登记制度。企业应当在销售与发货各环节做好相关的记录，填制相应的凭证，建立完整的销售登记制度，并加强销售订单、销售合同协议、销售计划、销售通知单、发货凭证、运货凭证、销售发票等文件和凭证的相互核对工作。

销售部门应当设置销售台账，及时反映各种商品、劳务等销售的开单、发货、收款情况，并由相关人员对销售合同协议执行情况进行定期跟踪审阅。销售台账应当附有客户订单、销售合同协议、客户签收回执等相关购货单据。

3. 加强信用管理

企业在选择客户时，应当充分了解和考虑客户的信用、财务状况等有关情况，防范账款不能收回的风险。有条件的企业，可以设立专门的信用管理部门或岗位，负责制定企业信用政策，监督各部门信用政策执行情况；可以运用计算机信息网络技术集成企业分、子公司或业务分部的销售发货信息与授信情况，防止向未经信用授权客户发出货品，并防止客户以较低的信用条件同时与企业两个或两个以上的分、子公司进行交易而损害企业利益；可以利用国家政策性出口信用保险机构的政策支持，防范风险。

关于企业应收款项的管理详见第四章。

二、利润管理

利润是指企业在一定会计期间的经营成果。任何企业都应加强对利润的管理。

(一) 利润的构成

利润包括收入减去费用后的净额、直接计入当期利润的利得和损失等。直接计入当期利润的利得和损失，是指应当计入当期损益、会导致所有者权益发生增减变动的、与所有者投入资本或者向所有者分配利润无关的利得或者损失。利润金额取决于收入和费用、直接计入当期利润的利得和损失金额的计量。企业利润主要由以下两个部分组成。

1. 营业利润

营业利润是指企业从事生产经营活动所产生的利润。营业收入减去营业成本（主营业务成本和其他业务成本）、营业税金及附加、销售费用、管理费用、财务费用、资产减值损失,加上公允价值变动收益、投资收益,得到营业利润。

2. 营业外收支净额

营业外收支净额是指企业发生的与其生产经营活动无直接关系的营业外收入与营业外支出的差额。营业外收入主要包括非流动资产处置利得、非货币性资产交换利得、债务重组利得、政府补助、盘盈利得、捐赠利得等。营业外支出主要包括非流动资产处置损失、非货币性资产交换损失、债务重组损失、公益性捐赠支出、非常损失、盘亏损失等。

（二）目标利润规划

企业加强利润管理,一项十分重要的工作就是要做好利润规划,这是企业实行目标管理的必然要求。在实际工作中,通常运用本量利分析法对企业的利润进行规划。

1. 本量利分析法的基本原理

本量利分析法是在将成本划分为固定成本和变动成本的基础上,对成本、业务量（通常指产量或销售量,并假定产量、销售量一致）、利润（未考虑销售以外的其他收入和营业外收支的影响）三者之间的依存关系所进行的分析。它可以用来确定企业的保本点和目标利润,进而测算有关因素变动对企业盈亏的影响。

这里,首先要建立几个重要概念：

(1) 变动成本和固定成本。成本按其总额与业务量之间的依存关系,可划分为变动成本和固定成本。

变动成本是指其总额会随业务量的变动成正比例变动的成本。但其产品的单位变动成本则是不变的。

固定成本是指其总额在一定的相关范围内不受业务量变动的影响而相对固定不变的成本,但就其产品的单位固定成本而言,则与业务量的增减成反比例变动。

假定业务量为 x,单位变动成本为 b,固定成本总额为 a,则：

总成本为：
$$y = a + bx$$

单位成本为：
$$\frac{y}{x} = \frac{a}{x} + b$$

(2) 贡献毛益。它是指产品销售收入超过变动成本的数额。单位贡献毛益是每种产品的销售单价超过单位变动成本的数额。贡献毛益总额是产品销售收入总额超过变动成本总额的数额。贡献毛益率是贡献毛益和产品销售收入的比率,它与变动成本率之和等于1。

假定某种产品的销售单价为 p,则：

$$该种产品单位贡献毛益 = p - b$$

$$贡献毛益总额 = (p - b)x$$

$$贡献毛益率 = \frac{p-b}{p} = 1 - \frac{b}{p}$$

如果生产销售多种产品,则：

$$各种产品贡献毛益总额 = \sum(p-b)x$$

$$综合贡献毛益率 = \frac{\sum(p-b)x}{\sum px}$$

需要说明的是,各种产品提供的贡献毛益首先用来补偿固定成本,如果有剩余,才能形成利润,如果贡献毛益不够补偿固定成本,则发生亏损。

2. 保本点的测定

保本点是指企业正好处于不亏不盈的状态。保本点有两种表现形式,即保本销售量和保本销售额。

$$产品销售收入 - 变动成本总额 - 固定成本总额 = 利润$$

设利润为零,则：

$$产品销售收入 - 变动成本总额 - 固定成本总额 = 0$$

即：
$$px - bx - a = 0$$

如果生产、销售一种产品,则：

$$保本销售量 = \frac{a}{p-b}$$

$$保本销售额 = \frac{a}{\frac{p-b}{p}}$$

如果生产、销售多种产品,则保本点用综合保本销售额表示。

$$综合保本销售额 = a \div \frac{\sum(p-b)x}{\sum px}$$

综合保本销售额的大小和生产、销售产品的品种结构有关。

【例 7 - 1】 某企业制造新产品自行车车灯,固定成本 10 000 元,每只车灯的变动成本为 3 元,销售单价为 5 元。要求:试测算其保本点。

$$保本销售量 = \frac{a}{p-b} = \frac{10\ 000}{5-3} = 5\ 000(只)$$

$$\text{保本销售额} = \cfrac{a}{\cfrac{p-b}{p}} = \cfrac{10\,000}{\cfrac{5-3}{5}} = 25\,000(元)$$

3. 目标利润的测定和实现

设目标利润为 T_p，则：

$$px - bx - a = T_p$$

为保证目标利润的实现，预测企业应实现的目标销售量或目标销售额。

如果生产、销售一种产品，则：

$$\text{目标销售量} = \frac{a + T_p}{p - b}$$

$$\text{目标销售额} = \cfrac{a + T_p}{\cfrac{p-b}{p}}$$

如果生产、销售多种产品，则用综合目标销售额来表示。

$$\text{综合目标销售额} = \cfrac{a + T_p}{\cfrac{\sum(p-b)x}{\sum px}}$$

【例 7 - 2】 接[例 7 - 1]，若企业计划期目标利润 90 000 元，要求：试测算目标销售量和目标销售额。

$$\text{目标销售量} = \frac{a + T_p}{p - b} = \frac{10\,000 + 90\,000}{5 - 3} = 50\,000\,(只)$$

$$\text{目标销售额} = \cfrac{a + T_p}{\cfrac{p-b}{p}} = \cfrac{10\,000 + 90\,000}{\cfrac{5-3}{5}} = 250\,000\,(元)$$

【例 7 - 3】 甲企业计划期生产和销售 A、B、C 三种产品，假定产销平衡，有关资料如表 7 - 1 所示。

表 7 - 1

甲企业计划期生产和销售 A、B、C 三种产品的有关资料

产品 项目	A	B	C
销售量(件)	1 000	2 000	2 500
销售单价(元/件)	50	15	8
单位变动成本(元/件)	40	9	6
固定成本总额(元)	10 800		

要求:

(1) 预测 A、B、C 三种产品的保本销售额分别为多少?

(2) 若实现目标利润 21 600 元,预测 A、B、C 三种产品的目标销售额分别为多少?

计算如下:

(1) 首先,计算该企业计划期 A、B、C 三种产品的贡献毛益,如表 7-2 所示。

表 7-2

甲企业计划期 A、B、C 三种产品的贡献毛益

产品 项目	A	B	C	合 计
销售收入(元)	50 000	30 000	20 000	100 000
占销售收入总额的比重(%)	50	30	20	100
单位贡献毛益(元/件)	10	6	2	—
贡献毛益总额(元)	10 000	12 000	5 000	27 000
贡献毛益率(%)	20	40	25	27

然后,计算综合贡献毛益率(见表 7-2)和综合保本销售额:

$$综合贡献毛益率 = \frac{\sum(p-b)x}{\sum px} = \frac{27\ 000}{100\ 000} \times 100\% = 27\%$$

或: $50\% \times 20\% + 30\% \times 40\% + 20\% \times 25\% = 27\%$

$$综合保本销售额 = \frac{a}{\frac{\sum(p-b)x}{\sum px}} = \frac{10\ 800}{27\%} = 40\ 000(元)$$

则各产品的保本销售额分别为:

A 产品的保本销售额 = 40 000 × 50% = 20 000(元)

B 产品的保本销售额 = 40 000 × 30% = 12 000(元)

C 产品的保本销售额 = 40 000 × 20% = 8 000(元)

(2) 计算综合目标销售额:

$$综合目标销售额 = \frac{a + T_p}{\frac{\sum(p-b)x}{\sum px}} = \frac{10\ 800 + 21\ 600}{27\%} = \frac{32\ 400}{27\%} = 120\ 000(元)$$

第七章 收益分配

则各产品的目标销售额分别为：

A产品的目标销售额 = 120 000×50% = 60 000（元）
B产品的目标销售额 = 120 000×30% = 36 000（元）
C产品的目标销售额 = 120 000×20% = 24 000（元）

4. 有关因素的变动对目标利润的影响

由于 $px - bx - a = T_p$，所以影响目标利润的因素有产品销售数量、销售单价、单位变动成本和固定成本总额。在实际工作中，对各有关因素的变动采取相应措施，可以达到实现甚至超额完成目标利润的目的。

【例7-4】 沿用[例7-1]和[例7-2]的资料，要求：进一步分析各有关因素变动对目标利润的影响。

(1) 销售数量变动的影响。假定其他因素不变，在有效经营条件下，销售数量增加对利润的增加是有利因素；反之，则会引起利润减少。

如果销售数量增加10%，则：

$$5 \times 50\,000 \times (1+10\%) - 3 \times 50\,000(1+10\%) - 10\,000 = 100\,000\,(元)$$

使利润由原来的90 000元增加到100 000元。

(2) 销售单价变动的影响。假定其他因素不变，销售单价提高，对利润的增加是有利因素；反之，则会引起利润减少。

如果销售单价提高10%，则：

$$5 \times (1+10\%) \times 50\,000 - 3 \times 50\,000 - 10\,000 = 115\,000\,(元)$$

使利润由原来的90 000元增加到115 000元。

(3) 单位变动成本变动的影响。假定其他因素不变，单位变动成本减少对利润的增加是有利因素；反之，则会引起利润减少。

如果单位变动成本减少10%，则：

$$5 \times 50\,000 - 3 \times (1-10\%) \times 50\,000 - 10\,000 = 105\,000\,(元)$$

使利润由原来的90 000元增加到105 000元。

(4) 固定成本总额变动的影响。假定其他因素不变，固定成本总额减少对利润的增加是有利因素；反之，则会引起利润减少。

如果固定成本总额减少10%，则：

$$5 \times 50\,000 - 3 \times 50\,000 - 10\,000 \times (1-10\%) = 91\,000\,(元)$$

使利润由原来的90 000元增加到91 000元。

(5) 各因素综合变动的影响。如果产品销售数量、销售单价、单位变动成本、

固定成本总额都增加 10%,则:

$$5\times(1+10\%)\times 50\,000\times(1+10\%)-3\times(1+10\%)\times 50\,000\times$$
$$(1+10\%)-10\,000\times(1+10\%)=$$
$$110\,000(元)$$

使利润由原来的 90 000 元增加到 110 000 元。

这里我们深入分析一下,四个因素同时发生增加的变动,但它们对利润的影响是不同的。产品销售数量、销售单价增加 10%,对利润的增加是有利的,但单位变动成本、固定成本总额增加 10%,对利润的增加是不利的。由于有利影响大于不利影响,因而四个因素变动共同作用的结果,该企业仍然超额完成了目标利润。

在企业生产经营活动中,存在诸多不确定因素,因而影响目标利润实现的各因素变动的方向和程度往往是不一样的,它们相互制约、相互影响;我们应综合考虑各因素同时变动的影响,采取有效措施,确保企业目标利润的实现。

(三)控制利润形成风险的措施

利润形成风险是指企业目标利润的实现具有不确定性。筹资风险、资产营运风险最终都会表现为利润形成的风险;收入实现的风险以及成本费用升高的风险都直接构成利润形成的风险。因此,在利润形成过程中,要对影响利润实现的各种因素加强控制。通过前面有关章节的阐述,不难看出,筹资、资产营运、收入和成本费用的管理措施都能够有效防范乃至化解利润形成风险,这里不再赘述,仅从企业整体出发,着重强调必须建立与实施内部控制。

企业建立与实施有效的内部控制,应当包括下列要素:

(1)内部环境。它是企业实施内部控制的基础,一般包括治理结构、机构设置及权责分配、内部审计、人力资源政策、企业文化等。

(2)风险评估。它是企业及时识别、系统分析经营活动中与实现内部控制目标相关的风险,合理确定风险应对策略。

(3)控制活动。它是企业根据风险评估结果,采用相应的控制措施,将风险控制在可承受度之内。

(4)信息与沟通。它是企业及时、准确地收集、传递与内部控制相关的信息,确保信息在企业内部、企业与外部之间进行有效沟通。

(5)内部监督。它是企业对内部控制建立与实施情况进行监督检查,评价内部控制的有效性,发现内部控制缺陷,应当及时加以改进。

控制措施一般包括:不相容职务分离控制、授权审批控制、会计系统控制、财产保护控制、预算控制、运营分析控制和效绩考评控制等。企业应当根据有关法律法规、《企业内部控制基本规范》及其配套办法,制定本企业的内部控制制度并组织实施。

第三节 利润分配管理

企业实现的利润要进行分配,这涉及国家、投资者、债权人、职工、企业等各方面的经济利益关系,涉及企业长远利益与近期利益、整体利益与局部利益等关系的处理和协调。所以,加强利润分配管理是企业正确处理财务关系的关键。

一、利润分配顺序

按照我国《公司法》、《企业所得税法》和新《企业财务通则》等有关规定,企业利润分配一般应按下列顺序进行。

（一）税前利润补亏

我国《企业所得税法》（中华人民共和国主席令[2007]第63号）规定:"企业纳税年度发生的亏损,准予向以后年度结转,用以后年度的所得弥补,但结转年限最长不得超过五年。"

（二）依法缴纳所得税

企业的应纳税所得额乘以适用税率,减除依照《企业所得税法》关于税收优惠的规定减免和抵免的税额后的余额为应纳税额。其计算公式为:

$$应纳税额 = 应纳税所得额 \times 适用税率 - 减免税额 - 抵免税额$$

企业所得税分月或者分季预缴。企业应当自月份或者季度终了之日起15日内预缴税款,自年度终了之日起5个月内汇算清缴,结清应缴应退税款。

（三）税后利润弥补亏损

按照新《企业财务通则》的规定,税法规定年限内的税前利润不足弥补的,用以后年度的税后利润弥补,或者经投资者审议后用盈余公积弥补。

（四）提取法定公积金

企业分配当年税后利润时,应当提取10%法定公积金。法定公积金累计额达到企业注册资本50%以后,可以不再提取。

（五）提取任意公积金

任意盈余公积提取比例由投资者决议。

（六）向投资者分配利润

企业弥补亏损和提取公积金后向投资者分配利润。有限责任公司按照股东的出资比例分配,股份有限公司按照股东持有的股份比例分配。

这里需要强调的是,我国《公司法》规定,股东会、股东大会或者董事会违反规定,在公司弥补亏损和提取法定公积金之前向股东分配利润的,股东必须将违反规定分配的利润退还公司。

经过上述分配后,其余额为未分配利润。企业以前年度未分配的利润,并入本年度利润,在充分考虑现金流量状况后,可以向投资者分配。

二、股利政策

企业的税后利润,多少留存企业,多少支付给投资者,除按有关法律、制度的规定分配外,企业享有自主决定的权利,这和企业采取的股利政策有关,它是处理企业长远利益与近期利益、企业与投资者关系的关键。以下四种类型的股利政策可供企业选择采用。

(一)剩余股利政策

剩余股利政策是指企业较多地考虑将税后利润作为留存收益,也就是首先满足企业内部融资的需要,当达到预定的目标资本结构以后,才将剩余的利润用于向投资者分派股利。其具体做法是:首先确定企业的目标资本结构以及在目标资本结构下的所有者权益总额;然后测算为达到目标资本结构所需增加的留存收益;在满足上述需要后,将税后利润剩余的部分再向投资者分派股利。

采用剩余股利政策,强调股利分配必须首先满足企业投资的需要和资本结构的需要,它充分体现了积累优先的原则。如果企业处在负债较多、资本结构欠佳的时期,选择剩余股利政策,将有利于降低筹资成本。如果企业面临良好的投资机会,选择剩余股利政策,在目标资本结构的约束下,可以最大限度地使用留存收益来满足投资方案所需的自有资金数额。

(二)固定股利政策

固定股利政策是指企业每年向投资者支付固定的每股股利额,只有当企业的收益有显著增加时,才调整其股利支付额。

采用固定股利政策,能够向市场传递企业正常发展的信息,增加投资者对企业投资的信心,它适用于收益比较稳定或正处于成长期的企业。

(三)固定股利支付率政策

固定股利支付率政策是指企业每年按税后利润的固定比率支付股利,剩余部分用于企业内部融资。采取固定股利支付率政策,股利支付水平与企业的盈利水平呈同步增减变化,体现风险投资与风险收益的对等关系。企业盈利较多时,支付的股利额就多;盈利较少时,支付的股利额就少。因此,为避免股利支付额不稳定带来的不良影响,固定股利支付率政策适用于盈利水平相对稳定的企业。

(四)低正常股利加额外股利政策

低正常股利加额外股利政策是指企业每年按某一固定的较低的数额向投资者支付正常股利,在企业盈利有较大幅度增长的年份,再视其实际情况,向投资者发放额外股利。采取低正常股利加额外股利政策,既有稳定性,又有灵活性,企业股利分配的弹性较大,因而通常适用于盈利水平波动较大、现金流量不大稳定的企业。

以上各种股利政策各有所长,企业应根据自身的实际情况,综合考虑内部和外部各种因素,权衡利弊得失,采取恰当的股利政策,从而既能树立企业的良好形象,提高投资者对企业的投资信心,又能增强企业的后劲,有利于企业的长期发展,从根本上维护投资者的利益。

三、股利支付方式

股利支付方式不同,会给企业造成不同的影响。因此,企业应选择适当的股利支付方式。股利支付方式主要有以下几种。

(一) 现金股利

现金股利是指企业以现金方式向股东支付的股利。企业支付现金股利要拥有足够的货币资金。因此,企业在支付现金股利前必须做好财务上的安排,以便有充足的现金支付股利。因为企业一旦向股东宣告发放现金股利,就对股东承担了支付责任,形成了企业的一项负债,必须如期履行。

现金股利是股利支付最常见、最普通的方式。企业支付现金股利可以刺激投资者的信心。现金股利侧重于反映近期利益,对于看重近期利益的股东非常具有吸引力。

(二) 财产股利

财产股利是指以现金之外的财产分配的股利,主要是以企业所拥有的其他企业的有价证券,如债券、股票,作为股利支付给股东。财产股利多用于现金支付能力不足的情况。财产股利也会引起企业经济资源的流出,可能会影响企业的偿债能力和未来的发展。

(三) 负债股利

负债股利是指企业以负债发放的股利。负债股利使股东又成为企业的债权人。

负债股利通常应采用应付票据支付,在不得已的情况下,也有的企业采用发行企业债券来抵付股利。负债股利虽然可以达到延期支付的目的,但企业由此也承担了一项负债,增加了财务风险。

财产股利和负债股利实际上是现金股利的替代品,这两种股利支付方式在我国企业很少采用,但也并非法律所禁止。

(四) 股票股利

股票股利是指企业以自身发行的股票发放给股东的股利。股票股利实质上是留存收益的凝固化、资本化。发放股票股利不影响所有者权益总额,但会引起所有者权益的结构发生变化。

股票股利对企业的意义在于:① 发放股票股利是一种能有效降低现金流出风险的股利支付方式,它使企业留存了大量现金,便于进行再投资,有利于企业长期发展。② 发放股票股利往往会向社会传递企业继续发展的信息,它侧重于反映长远利益,对看重企业潜在发展能力而不太计较即期分红多少的股东更具有吸引力。但在某些情况下,发放股票股利也会被认为是企业资金周转不灵的征兆,从而降低投资者对企业的信心,加剧股价的下跌。③ 在盈余和现金股利不变的情况下,发放股票股利可以降低每股价格,从而吸引更多的投资者。

四、股票分割和股票回购

作为收益分配补充的其他股利分配形式主要有股票分割、股票回购和股利再投资计划等。这里仅介绍股票分割和股票回购。

(一) 股票分割

股票分割又称股票分拆,是将新股按一定比例交换流通在外普通股的行为。例如,两股换一股的股票分割是指用两股新股换取一股旧股。股票分割对企业的股东权益总额及其结构不会产生任何影响,它只是增加发行在外普通股的数量,使得每股面值降低、每股收益下降。它与股票股利相似,都是在不增加股东权益总额的情况下增加股票的数量,所不同的是发放股票股利会引起股东权益的结构发生变化。

实施股票分割具有以下意义。

1. 可降低股票市价,吸引更多投资者

通过股票分割,股票的价格下降,企业发行在外的普通股票将广泛地分散到投资者中,有利于防止一些股东通过委托代理权对企业实施控制。

2. 有助于企业并购政策的实施

股票分割有助于企业并购政策的实施,增加对被兼并方股东的吸引力。例如,假设有 A、B 两个企业,A 企业准备通过股票交换兼并 B 企业,A 企业股票每股市价为 100 元,B 企业股票每股市价为 10 元,如果以 A 企业 1 股股票换取 B 企业 10 股股票,可能会使 B 企业的股东在心理上难以接受;相反,如果 A 企业先进行股票分割,将原来 1 股分拆为 5 股,然后再以 1:2 的比例换取 B 企业股票,则 B 企业的股东在心理上比较容易接受。通过股票分割的办法,改变被并购企业股东的心理差异,有助于企业实施并购方案。

3. 可传递企业发展前景良好的信号

股票分割可向股票市场和广大投资者传递企业盈利能力增强、发展前景良好的信息。一般在股票分割的消息公布前后,股票价格会出现重大而积极的反应,这说明股票分割有利于增强投资者对企业的信心。

(二) 股票回购

股票回购是指股份公司出资将其发行流通在外的股票以一定价格购回的一种资本运作方式。公司在进行股票回购时,可以直接使用现金购回,也可以先发行债券,然后用筹得的款项购回部分股票。股票回购后,或将所回购的股票予以注销,或将其作为库存股保留,库存股仍属于发行在外的股份,但不参与每股收益的计算和收益分配,是企业股本缩减的主要方式。

1. 股票回购的目的

公司进行股票回购,一般目的主要有以下几点:

(1) 替代现金股利形式。当公司有富余资金,但又不希望通过现金股利形式进行分配的时候,股票回购可以作为现金股利的一种替代形式。

(2) 推动股价上升。通过股票回购的方式,公司可提高每股收益,降低市盈率,推动股价上升,从而树立自身良好形象,满足投资人渴望高回报的心理需求。

(3) 调整资本结构,提高财务杠杆水平。当公司认为权益资本在资本结构中所占比例较大时,往往会为了调整资本结构而进行股票回购,达到在一定程度上降低整体资本成本的目的。

(4) 预防敌意收购。股票回购导致股价上升,有助于避开竞争对手企图收购公司的威胁。

2. 股票回购的相关规定

我国《公司法》规定,公司不得收购本公司股份。但是,有下列情形之一的除外:

(1) 减少公司注册资本。

(2) 与持有本公司股份的其他公司合并。

(3) 将股份奖励给本公司职工。

(4) 股东因对股东大会作出的公司合并、分立决议持异议,要求公司收购其股份的。

公司因上述第(1)项至第(3)项的原因收购本公司股份的,应当经股东大会决议。公司依照上述规定收购本公司股份后,属于第(1)项情形的,应当自收购之日起10天内注销;属于第(2)项、第(4)项情形的,应当在6个月内转让或者注销。公司依照第(3)项规定收购的本公司股份,不得超过本公司已发行股份总额的5%;用于收购的资金应当从公司的税后利润中支出;所收购的股份应当在1年内转让给职工。

第四节 职工要素参与分配的管理

职工要素参与分配是指企业经营者和其他职工以管理、技术等要素参与企业的收益分配。

一、职工要素参与分配的主要形式

新《企业财务通则》规定:"企业经营者和其他职工以管理、技术等要素参与企业收益分配的,应当按照国家有关规定在企业章程或者有关合同中对分配办法作出规定,并区别以下情况处理:(一)取得企业股权的,与其他投资者一同进行企业利润分配。(二)没有取得企业股权的,在相关业务实现的利润限额和分配标准内,从当期费用中列支。"

职工要素参与分配的主要形式有以下几种。

(一)股权激励办法

企业可以对董事(不含独立董事)、高级管理人员以及对企业整体业绩和持续发展有直接影响的核心技术人员和管理骨干实施股权激励办法。

按照基本权利和义务关系的不同,股权激励方式可分为三种类型:

(1)现股激励。企业通过奖励或参照股权当前市场价值向经理人出售的方式,使经理人即时地直接获得股权。同时规定经理人在一定时期内必须持有股票,不得出售。

(2)期股激励。企业和经理人约定,经理人在将来某一时期内以一定价格购买一定数量的股权,购股价格一般参照股权的当前价格确定,同时对经理人在购股后再出售股票的期限作出规定。

(3)期权激励。企业给予经理人可在将来某一时期内以一定价格购买一定数量股权的权利,经理人到期可以行使或放弃这个权利,购股价格一般参照股权的当前价格确定。同时对经理人在购股后再出售股票的期限作出规定。

三种股权激励方式的收益与风险是不同的,具体如表7-3所示。

其他股权激励方法,如股票增值收益权、岗位股、技术人股、管理人股等,由于其"享受股权增值收益,而不承担购买风险"的特点,与期权激励类似,具体的可根据其要求的权利和义务不同,分别归入以上三种类型的股权激励方式。

根据国务院国有资产监督管理委员会、财政部联合印发的《国有控股上市公司(境内)实施股权激励试行办法》(国资发分配[2006]175号)的规定,股权激励计划有效期一般不超过10年,激励对象在有效期内股权激励预期收益水平应当控制在其薪酬总水平的30%以内。上市公司实行股权激励的股票总数不得超过公司股

表7-3

不同股权激励方式的比较

	股权转移	收益权	持有风险	表决权	即期投入资金
现股	是	有	有	有	有
期股	否	有	有	暂无	暂无
期权	否	有	无	暂无	暂无

本总额的10%,首次实施股权激励计划授予的股权数量应当控制在股本总额的1%以内,并不得为激励对象按照股权激励计划获得有关权益提供贷款以及其他任何形式的财务资助。

(二) 自主创新激励分配制度

根据财政部、国家发展和改革委员会、科学技术部、劳动和社会保障部《关于企业实行自主创新激励分配制度的若干意见》(财企[2006]383号),企业可以实行以下自主创新激励分配制度,但对同一研发人员或者同一知识产权不得重复实施不同形式的激励:

(1) 企业在实施公司制改建、增资扩股或者创设新企业的过程中,对职工个人合法拥有的、企业发展需要的知识产权,可以依法吸收为股权投资,并办理权属变更手续。企业也可以与个人约定,待个人拥有的知识产权投入企业实施转化成功后,按照其在近3年累计为企业创造净利润的35%比例内折价入股。

(2) 企业实现科技成果转化,且近3年税后利润形成的净资产增值额占实现转化前净资产总额30%以上的,对关键研发人员可以根据其贡献大小,按一定价格系数将一定比例的股权(股份)出售给有关人员。

价格系数可综合考虑企业净资产评估价值、净资产收益率和未来收益折现等因素合理确定。企业不得为个人认购股权(股份)垫付款项,也不得为个人融资提供担保,个人持有股权(股份)尚未缴付认购资金的,不得参与分红。

(3) 高新技术企业在实施公司制改建或增资扩股过程中,可以对关键研发人员奖励股权(股份)或者按一定价格系数出售股权(股份)。

奖励股权(股份)和以价格系数体现的奖励额之和,不得超过企业近3年税后利润形成的净资产增值额的35%,其中,奖励股权(股份)的数额不得超过奖励总额的一半;奖励总额一般在3~5年内统筹安排使用。

(4) 没有实施技术折股、股权出售和奖励股权办法的企业,可以实施与关键研发人员约定,在其任职期间每年按研发成果销售净利润的一定比例给予奖励,或者根据盈利共享、风险共担的原则,采取合作经营方式,与拥有企业发展需要的成熟知识产权的研发人员约定,对合作项目的收益或者亏损按 30% 以内的一定比例进行分成或者分担。

国有及国有控股企业实行股权出售或者奖励股权的,近 3 年税后利润形成的净资产增加值应当占企业净资产总额的 30% 以上,且实施股权激励的当年年初未分配利润没有赤字。实行技术奖励或分成的,年度用于技术奖励或分成的金额同时不得超过当年可供分配利润的 30%。

二、职工要素参与分配的一般程序

职工要素参与分配时,一般应当遵循以下程序。

1. 确定分配对象和智力要素

经营者、核心技术人员和其他职工属于分配对象,他们以管理、技术等要素参与企业收益分配。经营者包括企业的董事,对企业决策、经营、管理负有领导责任的经理、副经理、财务负责人、董事会秘书等高级管理人员,以及对上市公司整体业绩和持续发展有直接影响的管理骨干,不包括监事、独立董事以及来自上市公司控股企业以外的外部董事。核心技术人员是指关键技术成果的主要完成人、重大研发项目的负责人或者对企业主导产品、核心技术进行重大创新、改进的主要技术人员。其他职工是指其他对企业发展作出贡献的职工,应按其贡献大小分配剩余收益。

2. 对分配标准进行评估和量化

企业在确定参与收益分配的对象和智力要素后,应聘请专业评估机构进行评估,获得分配的参考依据。评估结果要经董事会或其他类似机构和职工个人双方共同确认。

3. 确定分配方式

企业可以采用上述股权激励等不同的方式确定管理、技术等智力要素参与收益分配的形式。

4. 拟订实施方案

实施方案应当明确激励对象、激励方式、激励条件、激励数量、激励价格、行权时间、效绩考核、权利义务、违约责任等内容。

5. 报批实施方案

实施方案应当由董事会提出,提交股东大会审议批准。

6. 实施分配方案

由企业董事会(薪酬管理委员会或授权的管理层)对经过批准的分配方案予以兑现。实施分配方案时,应当符合法律、行政法规、规章的规定,有完备的审批文件、具体的分配方案、合法的合同或协议、完善的分配程序,以及有效的监督机制和管理机构。

最后需要说明的是,在职工要素参与分配工作中,对分配标准的评估和量化以及对职工要素贡献大小的计量,尽管人们在实践中采用了一些定性和定量的方法,但由于管理、技术等智力要素的特殊性,计量要做到科学合理,显然不是一件易事,还有待于进一步研究、探索和创新。

 **本章小结**

收益分配是一项重要的财务管理活动,是在国家、投资者、债权人、职工、企业等之间进行的经济利益的分配。本章阐明收益分配的基础、原则以及影响收益分配政策的因素,重点阐述收入与利润管理、利润分配管理,并对职工要素参与分配的主要形式、一般程序等进行了介绍。

案 例

IBM 为何调整股利政策?

1989 年以前,IBM 公司(简称 IBM)的股利每年以 7% 的速度增长。从 1989～1991 年,IBM 每年股利稳定在 4.89 美元/股,即平均每季度 1.22 美元/股。1992 年 1 月 26 日上午 9 时 2 分,《财务新闻直线》公布了 IBM 新的股利政策,季度每股股利从 1.22 美元调整为 0.54 美元。维持多年的稳定的股利政策终于发生了变化。

IBM 董事会指出:这个决定是在慎重考虑 IBM 的盈利和公司未来长期发展的基础上作出的,同时也考虑到了给广大股东一个合适的回报率。这是一个为了维护股东和公司未来最好的长期利益,维持公司稳健的财务状况,综合考虑多种影响因素之后作出的决定。1993 年,IBM 的问题累积成堆,股利不得不从 2.16 美元再次削减到 1.00 美元。

在此之前,许多投资者和分析人士已经预计到 IBM 将削减其股利,因为它没有充分估计到微型计算机的巨大市场,没有尽快从大型计算机市场转向微型计算机市场。IBM 的大量资源被套在销路不好的产品上。同时,在 20 世纪 80 年代,IBM 将一些有利可图的项目,如软件开发、芯片等拱手让给微软和英特尔,使得他们后来获得丰厚的、创纪录的利润。结果是:IBM 在 1992 年发生了美国企业历史上最大的年度亏损,股票价格下跌 60%,股利削减 56%。

面对 IBM 的问题,原来的管理层不得不辞职。到了 1994 年,新的管理层推行的改革开始奏效,公司从 1993 年的亏损转为盈利,1994 年的

EPS达到4.92美元,1995年EPS则高达11美元。因为IBM恢复了盈利,股利政策又重新提到议事日程上来……最后,IBM董事会批准了一个庞大的股票回购计划——回购50亿美元,使得股东的股利达到1.4美元/股。1993年是IBM股价最为低迷的时候,最低价格是40.75美元。股利政策调整后,IBM的股价上升到128美元。

2008年5月1日,IBM宣布,定于6月10日派发的季度现金股利达到每股0.5美元,这是IBM自20世纪90年代初期的营运谷底翻身以来,连续13年调高股利。IBM此次调高季度股利,使得年度支出增加至25亿美元。不过IBM表示,比起分配股利,公司更偏好以实施库存股方式回馈股东。今年IBM即计划以120亿美元来实施库存股,IBM财务管理部副总裁葛林受访时强调,公司将以现金收购,避免公司股票遭到稀释。葛林表示,股利一旦提高便难削减,而库存股计划将使公司在决策调整上更具弹性。他还透露,IBM预计今年的营运现金额达160亿美元,但其中50亿美元将用于资本支出,余额可执行收购或发还股东。

IBM的发展变化及其股利政策的演变,说明了这样的道理:

(1) 通常,公司盈利增加,股票的市场价格上涨;公司盈利减少,股利相应减少,股票市场价格下降。

(2) 公司的股利政策直接影响股票的价格。股利与股票价格成正比,通常股利高,股价涨;股利低,股价跌。

(3) 股票回购和库存股替代现金股利,更利于公司的长远利益。

资料来源:赵德武主编:《财务管理》,高等教育出版社2007年版。有改动。

复习思考题

1. 简要说明收益分配的原则。
2. 结合企业实际,说明如何加强销售的日常管理。
3. 影响目标利润的因素有哪些?联系实际,说明确保企业目标利润实现的具体措施。
4. 简要说明利润分配的顺序。
5. 股利政策有哪些类型?联系实际,说明其适用性。
6. 常见的股利支付方式有哪些?
7. 什么是股票回购?我国《公司法》对股票回购有哪些相关规定?
8. 企业实施股票分割和股票回购,分别会产生怎样的财务影响?

习　　题

一、单项选择题

1. 在确定企业的收益分配政策时,应当考虑相关因素的影响。下列属于应该考虑的法律因素是(　　)。
   A. 资本保全约束　　　　　　B. 企业盈利的稳定性
   C. 通货膨胀　　　　　　　　D. 股东的投资机会

2. 下列股利分配政策中,能保持股利与收益之间一定的比例关系,并体现"多盈多分、少盈少分、无盈不分"原则的是(　　)。
   A. 剩余股利政策　　　　　　B. 固定股利政策
   C. 固定股利支付率政策　　　D. 低正常股利加额外股利政策

3. 下列各项中,能够增加普通股股票发行在外股数,但不改变公司股东权益结构的行为是(　　)。
   A. 股票股利　　B. 增发普通股　　C. 股票分割　　D. 股票回购

4. 下列关于剩余股利政策的说法中,不正确的是(　　)。
   A. 剩余股利政策是指公司生产经营所获得的净收益首先应满足公司的全部资金需求,如果还有剩余,则派发股利;如果没有剩余,则不派发股利
   B. 剩余股利政策有助于保持最佳的资本结构,实现企业价值的长期最大化
   C. 剩余股利政策不利于投资者安排收入与支出
   D. 剩余股利政策一般适用于公司初创阶段

5. 下列关于固定股利政策的说法中,不正确的是(　　)。
   A. 有利于公司在资本市场上树立良好的形象、增强投资者信心
   B. 有利于稳定公司股价
   C. 要求公司对未来的盈利和支付能力能作出较准确的判断
   D. 一般适用于经营比较稳定或正处于成长期的企业,可以被长期采用

6. 下列关于股票股利的说法中,不正确的是(　　)。
   A. 不会导致公司的财产减少
   B. 会增加流通在外的股票数量
   C. 不会改变公司股东权益总额,但会改变股东权益的构成
   D. 会提高股票的每股价值

7. 关于股票分割,下列说法中不正确的是(　　)。

A. 对公司的资本结构不会产生任何影响
B. 股东权益的总额不变
C. 股东权益内部结构会发生变化
D. 会使发行在外的股票总数增加

8. 企业通过奖励或参照股权当前市场价值向经理人出售的方式,使经理人即时地直接获得股权。同时规定经理人在一定时期内必须持有股票,不得出售。这是(　　)方式。
A. 现股激励　　B. 期股激励　　C. 期权激励　　D. 以上都不是

二、多项选择题

1. 企业的收益分配应当遵循的原则包括(　　)。
A. 合法有序原则　　　　　　B. 资本保全原则
C. 投资与收益对等原则　　　D. 分配与积累并重原则

2. 下列关于收益分配的说法中,正确的有(　　)。
A. 应该遵循的原则之一是投资与收益对等
B. 不允许用资本金分配
C. 应当充分考虑股利政策调整有可能带来的负面影响
D. 债权人不会影响公司的股利政策

3. 下列情况下,企业会采取偏紧的股利政策的有(　　)。
A. 投资机会较多　　　　　B. 资产的流动性较强
C. 盈利比较稳定　　　　　D. 通货膨胀

4. 下列股利政策中,先确定股利的数额,后确定留存收益数额的有(　　)。
A. 剩余股利政策　　　　　B. 固定股利政策
C. 固定股利支付率政策　　D. 低正常股利加额外股利政策

5. 下列说法中不正确的有(　　)。
A. 公司持有的本公司股份不得分配利润
B. 企业任意公积金提取比例由投资者决议
C. 在公司的快速发展阶段,适用低正常股利加额外股利政策
D. 只要是弥补亏损后的当年税后利润大于0,就必须提取法定公积金

6. 公司在不同的成长阶段,适用不同的股利政策。下列各项中,适用剩余股利政策的有(　　)。
A. 公司初创阶段　　　　　B. 公司快速发展阶段
C. 公司成熟阶段　　　　　D. 公司衰退阶段

7. 在决定是否对股东派发股利以及确定股利支付率时,需要考虑的因素包

括( )。
   A. 企业所处的成长周期　　　　　B. 企业的筹资能力及筹资成本
   C. 股东偏好　　　　　　　　　　D. 企业的资本结构
8. 发放股票股利的优点包括( )。
   A. 可以在心理上给股东以从公司取得投资回报的感觉
   B. 通过发放股票股利可以适当降低股价水平,促进公司股票的交易和流通
   C. 可以降低发行价格,有利于吸引投资者
   D. 可以使股权更为分散,有效地防止公司被恶意控制
9. 股票分割和股票股利的共同点包括( )。
   A. 均可以促进股票的流通和交易
   B. 均有助于提高投资者对公司的信心
   C. 均可以促进新股的发行
   D. 均可以有效地防止公司被恶意控制
10. 股票回购的动机包括( )。
    A. 现金股利的替代
    B. 提高每股收益
    C. 预防敌意收购
    D. 改变公司的资本结构

三、判断题

1. 投资者因其投资行为而享有收益权,投资收益应同其投资比例对等。　　　　　　　　　　　　　　　　　　　　　　　　　( )
2. 公司的老股东出于控制权考虑,往往要求较多地支付股利。　( )
3. "低正常股利加额外股利政策"和"固定股利政策"均有助于稳定股价,可以增强投资者信心。　　　　　　　　　　　　　　　　　　　　　( )
4. 根据我国《公司法》的规定,法定公积金的提取比例为当年税后利润的10%。　　　　　　　　　　　　　　　　　　　　　　　　　( )
5. 在通货膨胀时期,企业一般采取偏松的收益分配政策。　　( )
6. 较多地支付现金股利,会提高企业资产的流动性,增加现金流出量。　　　　　　　　　　　　　　　　　　　　　　　　　( )
7. 企业发放股票股利将使同期每股收益上升。　　　　　　　( )
8. 在弥补企业以前年度亏损和提取法定公积金之前,企业不得向投资者分配利润。　　　　　　　　　　　　　　　　　　　　　　　　　( )

9. 股票分割虽然有利于促进股票流通和交易,但无助于公司并购政策的实施。（ ）

10. 与发放现金股利相比,股票回购可以提高每股收益,使股价上升或将股价维持在一个合理的水平上。（ ）

四、计算分析题

1. 某企业计划期生产和销售甲、乙、丙三种产品,有关资料如表7-4所示。

表7-4

某企业计划期生产和销售甲、乙、丙三种产品的有关资料

产品 项目	甲	乙	丙
销售量(台)	500	1 000	1 500
销售单价(元/台)	200	300	400
单位变动成本(元/台)	160	270	280
固定成本总额(元)	115 000		

要求:预测甲、乙、丙三种产品的保本销售量分别为多少?

2. 某企业只生产销售一种产品,2008年销售量10 000件,每件售价200元,单位成本160元,其中,单位变动成本120元。该企业拟使2009年的利润在2008年的基础上增加20%。

要求:运用本量利分析原理进行利润规划。说明为实现目标利润,可以从哪些方面采取措施(要求定量计算,假定采取某项措施时,其他条件不变)。

3. 某企业只生产销售一种产品,有关资料如下:月销售60 000件,每件售价5元,单位变动成本3.5元,固定成本60 000元。现企业准备利用剩余生产能力,采取薄利多销的措施,制定方案如下:产品每件售价下调10%,增加广告费支出10 000元,可使销售量增加40%。要求:

(1) 计算方案实施前后的保本点。

(2) 测算方案实施的可行性。

4. 某股份有限公司发行在外的普通股为300 000股。该公司2005年的税后利润为3 000 000元,2006年的税后利润为6 000 000元。该公司准备在2007年再投资2 500 000元,该公司目前的资本结构为最佳资本结构,资本总额为100 000 000元,其中,权益资本为60 000 000元,负债为40 000 000元。另已知该公司2005年的每股股利为4.8元。

要求：

(1) 如果该公司采用剩余股利支付政策，则其在 2006 年的每股股利为多少？

(2) 如果该公司采用固定股利政策，则其在 2006 年的每股股利为多少？

(3) 如果该公司采用固定股利支付率政策，则其在 2006 年的每股股利为多少？

(4) 2006 年该公司拟改用低正常股利加额外股利政策，正常股利为每股 2 元，当税后利润超过 5 000 000 元时发放额外股利，额外股利的发放数额为税后利润超过 5 000 000 元以上部分的 50%，则其在 2006 年的每股股利为多少？

第八章 重组清算

本章结构图

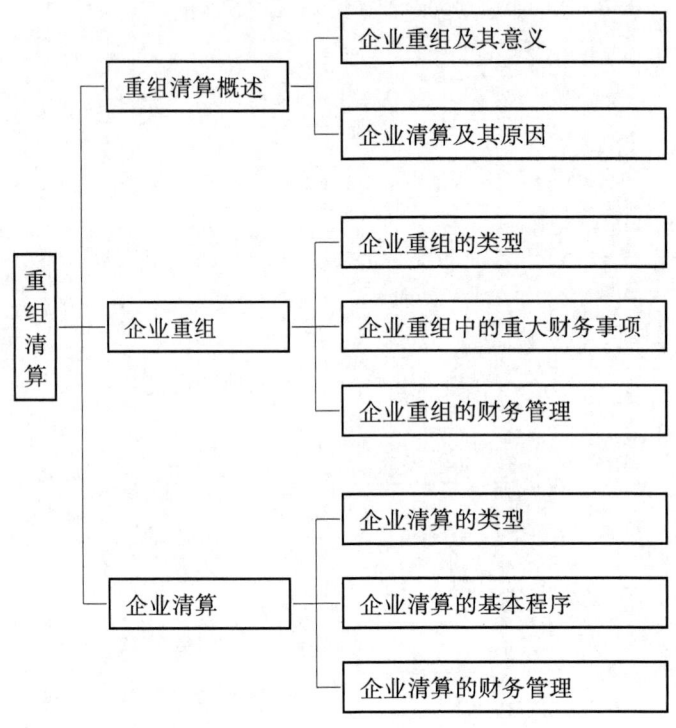

第八章 重组清算

本章学习目标

- 理解企业重组及其意义
- 理解企业清算及其原因
- 了解企业重组的类型
- 熟悉企业重组中的重大财务事项
- 掌握企业重组的财务管理
- 了解企业清算的类型
- 熟悉企业清算的基本程序
- 掌握企业清算的财务管理

在激烈的市场竞争中,有些企业要进行重组,有些企业甚至面临着破产,因而规范重组清算财务行为,妥善处理企业的各项财务事项,维护各相关主体的合法权益,成为现代企业财务管理的重要内容。本章主要阐述企业重组及其意义、企业清算及其原因,并对企业重组的类型和企业清算的类型进行简要的介绍,重点阐明企业重组中的重大财务事项和财务管理、企业清算的基本程序和财务管理。

第一节 重组清算概述

企业重组清算是企业适应市场变化而采取的资本运作措施,讨论重组清算有着十分重要的意义。

一、企业重组及其意义

(一)企业重组的概念

企业重组是指投资者或投资者授权经营者以企业战略目标为导向,以长期资产和其他资源为对象,以控制权的转移为核心,通过企业改制、产权转让、合并、分立、托管等方式,进行资源重新组合和优化配置的行为。

(二)企业重组的意义

企业重组体现了一种新的管理思想,它是对企业经营过程进行重构,使企业在成本、质量、服务和对市场变化的反应等方面获得重大的改善,以显著提高企业的生产经营效率和市场竞争能力。在我国经济体制改革进程中,积极推进经济结构调整和经济增长方式的转变,企业重组具有重要的战略性意义。

1. 企业重组是推进我国经济结构和布局的战略性调整的重要环节

通过企业重组,可以进行企业组织的再造,调整优化企业所有制结构、资产结构、资本结构,创造出更高的生产经营效率。

2. 企业重组是实现资源有效配置的重要方式

通过企业重组,对企业原有的各种资源,按照市场经济规律进行重新组合,有利于企业适应市场需求的变化,及时调整产品结构和产业结构。

3. 企业重组有利于建立现代企业制度

通过企业重组,促进企业建立产权清晰、权责明确、政企分开、管理科学的现代企业制度,从而增强企业活力,提高企业的资产质量和盈利能力。

4. 企业重组是企业应对市场竞争的有效方式

通过企业重组,提高企业新产品开发能力、产品质量、技术水平和管理水平。处于劣势的企业以重组为手段得以摆脱困境,而处于优势的企业采取重组方式实现强强联合,抵御外来压力,增强企业实力,发展规模经济,实现规模效益。

5. 企业重组是加快企业技术改造,促进企业技术创新的有效途径

通过企业重组,可以利用高新技术和先进适用的技术来改造传统产业,从而为企业的持续经营和发展提供不竭的动力。

二、企业清算及其原因

(一)企业清算的概念

企业清算是指企业依法律或企业章程规定解散、破产或者因其他原因终止经营时,为结束债权、债务和其他各种经济关系,保护债权人、投资者等利益相关者的合法权益,由专门的工作机构依法对企业财产进行清查、估价、变现,清理债权、债务,分配剩余财产的行为。

(二)企业清算的原因

企业清算的原因很多,主要有以下几个方面。

1. 企业解散

例如,合资、合作、联营企业在经营期满后,不再继续经营而解散,需要进行清算;合作企业的一方或多方违反合同、章程而提前终止合作关系解散,也需要进行清算。

2. 企业兼并与合并

因产业结构调整、产业布局变化而出现的兼并、合并等事项,以致两个或两个以上的企业合并为一个企业,需要对被兼并或被合并的企业进行清算。

3. 企业破产

企业依法破产，应当按照法律法规和企业章程的规定进行清算。

4. 其他原因

例如，企业因自然灾害等不可抗力遭受损失，无法经营的，需要进行清算；企业因违法经营，造成环境污染或危害社会公众利益，被停业、撤销的，也需要进行清算。

第二节 企业重组

现阶段，我国经济结构和布局的战略性调整迈出新的步伐，企业重组的方式逐渐多样化，企业重组的力度正在进一步加大。

一、企业重组的类型

企业可以通过改制、产权转让、合并、分立、托管等方式实施重组。

（一）改制

改制即改革企业体制，是将企业从适应计划经济体制需要的传统企业制度，改建成为适应社会主义市场经济体制需要的现代企业制度。

企业改制的形式，主要是按照我国《公司法》的规定，改建成为有限责任公司和股份有限公司。

（二）产权转让

产权转让是指两个以上产权主体就企业的全部或部分产权进行有偿转让的行为。企业产权转让有许多方式，如：内部转让，对外转让；协议转让，竞价拍卖、招标转让；整体转让，分割转让等。

（三）合并

企业合并可以采取吸收合并或者新设合并。一个企业吸收其他企业后，被吸收的企业解散的，为吸收合并；两个以上企业合并设立一个新企业，合并各方解散的，为新设合并。企业合并通常是通过兼并和收购来实现的。

（四）分立

企业分立是指一个企业分成两个或两个以上企业的经济行为，包括新设分立和派生分立两种形式。新设分立是指企业将其全部财产和业务分割后，新设两个或两个以上企业的行为。新设分立后，新企业进行工商登记取得法人资格，原企业则解散，其法人资格被取消。派生分立是指企业以其部分财产和业务设立另一新企业的行为。派生分立后，派生的新企业进行工商登记取得法人资格，原企业存续，但原企业有可能因派生出新企业而减少权益资本，当减少注册资本时，应当办理变更注册资本的手续。

（五）托管

托管是指企业投资者（委托人）通过契约形式，在一定条件下和一定期限内，将企业法人财产的部分或全部委托给具有较强经营管理能力，并能够承担相应经营风险的法人（受托人）进行有偿经营，以实现一定的目标。

二、企业重组中的重大财务事项

按照新《企业财务通则》的规定，企业通过改制、产权转让、合并、分立、托管等方式实施重组，对涉及资本权益的事项，应当由投资者或者授权机构进行可行性研究，履行内部财务决策程序，并组织开展以下工作：

(1) 清查财产，核实债务，委托会计师事务所审计。

(2) 制定职工安置方案，听取重组企业的职工、职工代表大会的意见或者提交职工代表大会审议。

(3) 与债权人协商，制定债务处置或者承继方案。

(4) 委托评估机构进行资产评估，并以评估价值作为净资产作价或者折股的参考依据。

(5) 拟订股权设置方案和资本重组实施方案，经过审议后履行报批手续。

三、企业重组的财务管理

下面着重对合并、分立、托管方式实施重组的财务管理以及企业重组中国有资源的财务处理和劳动债权的清偿进行简要的介绍。

（一）合并重组的财务管理

1. 资产、债务以及经营业务的承继

按照新《企业财务通则》的规定，企业合并前的各项资产、债务以及经营业务，由合并后的企业承继，并应当明确合并后企业的产权关系以及各投资者的出资比例。

我国《公司法》规定："公司合并，应当由合并各方签订合并协议，并编制资产负债表及财产清单。公司应当自作出合并决议之日起十日内通知债权人，并于三十日内在报纸上公告。债权人自接到通知书之日起三十日内，未接到通知书的自公告之日起四十五日内，可以要求公司清偿债务或者提供相应的担保。公司合并时，合并各方的债权、债务，应当由合并后存续的公司或者新设的公司承继。"

对于国有企业，根据财政部印发的《企业公司制改建有关国有资本管理与财务处理问题的暂行规定》（财企[2002]313号），企业实行合并式改建的，经过评估后的净资产折合的国有股份，合并前各方如果属于同一投资主体，应当由原共同的国有资本持有单位一并持有;如果分属不同投资主体,应当由合并前各方原国有资本持有单位分别持有。企业实行合并式改建,应当由合并后的企业承继合并前各方的全部债权、债务,并与债务人或债权人订立债务保全协议。

2. 债务重组

对资不抵债的企业以承担债务方式合并的,合并方应当制定企业重整措施,按照合并方案履行偿还债务责任,整合财务资源。其中的重要工作就是实施债务重组。

债务重组大致可以分为两类:一类是正式财务重整,即破产企业债务重组;另一类是非法律措施,包括债权转股权、债务展期、债务减免和债权人控制。其中,债权人控制是指债权人认为企业陷入财务危机是由于经营管理不善,可以通过更换管理人员来解决,则债权人可以通过债权人委员会的形式来接管企业,更换管理人员,控制企业的经营管理。

企业实行债务重组,经与债权人协商同意,按照有关协议和章程将其债权转为股权的,企业相应增加实收资本和资本公积;债权人同意给予全部豁免或者部分豁免的债务,不属于企业正常经营所得,应当作为重组收入处理。

3. 办理变更登记

企业合并后净资产超出注册资本的部分,作为资本公积;少于注册资本的部分,应当变更注册资本或者由投资者补足出资。

企业合并后,登记事项发生变更的,应当依法向企业登记机关办理变更登记,其中,国有及国有控股企业应当按规定先行办理国有产权变更登记。

4. 企业合并的资产税收处理

企业合并的资产税收处理应当符合国家有关税法的规定。企业合并过程中,各项资产评估形成的增、减值不论如何处理,合并后的企业在计算缴纳企业所得税时,各项资产均不能以企业为实现合并而对有关资产进行评估的价值计价并计提折旧,而应按合并前资产的账面历史成本计价,并在剩余折旧期内按该资产的净值计提折旧。凡合并后的企业在会计核算中,按评估价调整了有关资产账面价值并据此计提折旧的,应在计算应纳税所得额时进行调整,多计部分不能在税前扣除。

(二)分立重组的财务管理

1. 明晰企业产权关系

新《企业财务通则》规定:"企业采取分立方式进行重组,应当明晰分立后的企业产权关系。企业划分各项资产、债务以及经营业务,应当按照业务相关性或者资产相关性原则制订分割方案。对不能分割的整体资产,在评估机构评估价值的基础上,经分立各方协商,由拥有整体资产的一方给予他方适当经济补偿。"

根据财政部印发的《企业公司制改建有关国有资本管理与财务处理的暂行规

定》,企业实行分立式改建的,应当按照转入公司制企业的资产、负债经过评估后的净资产折合为国有股份,并可以由原企业国有资本持有单位持有,也可以由存续企业持有。

2. 办妥债务承继

企业分立前的债务是分立时需要慎重处理的问题,除非取得债权人的同意,否则在清偿债务之前,企业不得分立。新设分立的,被解散企业的债务要分割给各新设企业负担,由新设企业按原定偿债日期或者按其与债权人达成的债务协议还本付息;派生分立的,存续企业的债务可以由存续企业独自承担,也可以从存续企业中分出一部分,由派生的新企业偿还。对于企业欠缴的职工社会保险费、税款和尚未归还的债务,根据人员、业务相关性原则,随同资产由分立后的各方承担。无论采用哪一种分立方式,有关各方在签订分立协议时,都应在协议中载明债务分配情况,并通知债权人,与债权人订立债务保全协议。

我国《公司法》规定:"公司分立,应当编制资产负债表和财产清单。公司应当自作出分立决议之日起十日内通知债权人,并于三十日内在报纸上公告。公司分立前的债务由分立后的公司承担连带责任。但是,公司在分立前与债权人就债务清偿达成的书面协议另有约定的除外。"

3. 分割资产和经营业务

企业分立重组,其资产和经营业务应当根据资产相关性和业务相关性的原则进行相应分割。采取新设方式分立的,被解散企业的资产要在新设企业之间进行分割,新设企业之间应签订协议,对资产分割情况作出明确规定;采取派生方式分立的,存续企业要将资产的一部分分割给派生的新企业,也应当就资产分割情况签订协议。对不能分割的整体资产,如专利技术、商标权、机器设备等,如果其价值分属于分立后的不同企业,需要在评估机构确定的评估价值的基础上,经双方协商,由拥有整体资产的一方给予他方适当经济补偿。

(三)托管经营的财务管理

新《企业财务通则》规定:"企业实行托管经营,应当由投资者决定,并签订托管协议,明确托管经营的资产负债状况、托管经营目标、托管资产处置权限以及收益分配办法等,并落实财务监管措施。受托企业应当根据托管协议制订相关方案,重组托管企业的资产与债务。未经托管企业投资者同意,不得改组、改制托管企业,不得转让托管企业及转移托管资产、经营业务,不得以托管企业名义或者以托管资产对外担保。"

1. 托管经营的财务监管

实行托管经营,托管企业的投资者作为委托方,应当制定并落实对受托企业的财务监管措施。要依据合同约定跟踪检查委托经营情况,考核委托经营目标的完成情况,对托管企业的改组、改制、产权转让、对外投资与担保、重要资产的处置等重大事项行使审批权,对托管企业的财务状况应当进行必要的审计。

2. 受托企业的义务和责任

(1) 搞好资产经营。受托企业应当制定相关方案,根据托管协议的约定,重组托管企业的资产与债务,盘活资产,降低债务风险和负担,加强企业管理,提高经济效益。要调整业务或者产品,积极开拓市场,扩大销售规模。要妥善安置职工。整体托管经营的,托管企业的职工原则上由受托企业组织安置;部分托管经营的,企业职工安置由委托方和受托企业协商解决。

(2) 保全企业资产。托管企业实际上被受托企业占有和支配,应当由受托企业承担保管义务,保障托管企业资产的安全,保障托管企业的合法权益不受侵犯。受托企业应当根据合同的约定和诚信的原则,对托管企业进行托管经营,不得实施有损于托管企业的行为。

(3) 提供会计信息。受托企业应当按时向委托方提供托管企业的资产负债表、利润表、现金流量表等财务报表。受托企业在托管经营中发生的各项收入、费用的会计核算,按照现行的会计制度执行。属于关联方交易的,应按照关联方交易披露会计信息。

(四) 企业重组中国有资源的财务处理和劳动债权的清偿

1. 企业重组中国有资源的财务处理

按照新《企业财务通则》的规定,企业进行重组时,对已占用的国有划拨土地应当按照有关规定进行评估,履行相关手续,并区别以下情况处理:

(1) 继续采取划拨方式的,可以不纳入企业资产管理,但企业应当明确划拨土地使用权权益,并按规定用途使用,设立备查账簿登记。国家另有规定的除外。

(2) 采取作价入股方式的,将应缴纳的土地出让金转作国家资本,形成的国有股权由企业重组前的国有资本持有单位或者主管财政机关确认的单位持有。

(3) 采取出让方式的,由企业购买土地使用权,支付出让费用。

(4) 采取租赁方式的,由企业租赁使用,租金水平参照银行同期贷款利率确定,并在租赁合同中约定。

企业进行重组时,对已占用的水域、探矿权、采矿权、特许经营权等国有资源,依法可以转让的,比照上述规定进行处理。

2. 企业重组中劳动债权的清偿

劳动债权是企业职工已经付出了劳动,依法应当获得而尚未获得的劳动报酬及其相关福利待遇,包括企业拖欠职工的工资、医疗补助、伤残补助和抚恤费用,欠缴职工的基本社会保险费和住房公积金等。

(1) 拖欠职工的工资、医疗补助、伤残补助和抚恤费用。拖欠职工的工资是指企业应发而未发给提供正常劳动职工的工资。应发工资应当按照职工劳动合同的约定或者企业内部工资分配制度规定的职工工资标准计算；企业因经济效益下降并经集体协商或职工代表大会讨论通过，相应降低了工资支付标准的，按照降低后的工资标准计算，但不得低于当地最低工资标准。劳动报酬是职工的基本权益，对提供了正常劳动的职工，企业没有按标准支付工资，即构成拖欠工资。

拖欠职工的医疗补助，一般是指未参加基本医疗保险的企业，按照内部劳保医疗办法计算应补助给职工或者应予报销而没有支付的医疗费用。

拖欠职工的伤残补助，一般是指未参加工伤保险的企业，按照《工伤保险条例》（国务院令[2003]第375号）和《企业职工工伤保险试行办法》（劳部发[1996]266号）的规定，应当支付给因工致残职工的一次性伤残补助金和伤残津贴等费用。

拖欠职工的抚恤费用是指根据国家和地方政府的政策规定，应当支付给因公死亡职工抚恤对象的费用。

(2) 欠缴职工的基本社会保险费和住房公积金。欠缴职工的基本社会保险费是指企业未按照我国《劳动法》（中华人民共和国主席令[1994]第28号）和《社会保险费征缴暂行条例》（国务院令[1999]第259号）的规定为职工缴纳或者代为扣缴的基本医疗、基本养老、工伤、失业等社会保险费。

欠缴职工的住房公积金是指企业未按照我国《住房公积金管理条例》（国务院令[2002]第350号）的规定为职工缴纳或者代为扣缴的住房公积金。

以上企业拖欠和欠缴的项目均属于企业的现有负债，按照新《企业财务通则》的规定，应当以企业现有资产优先清偿，以保障职工的合法权益。

至于企业依照国家有关规定，为移交社会保障机构管理的职工一次性缴付的社会保险费，则可从重组企业净资产中扣除或者以重组企业剥离资产的出售收入优先支付。企业一次性支付的社会保险费，按照省级人民政府规定的缴费比例执行。

第三节　企 业 清 算

企业清算作为清点企业财产，清理债权、债务，整理各种法律关系，以终结企业法人资格的一种法律程序，应当严格遵守我国《公司法》、《企业破产法》等法律规定。

一、企业清算的类型

(一) 按清算原因不同，企业清算分为解散清算和破产清算

1. 解散清算

我国《公司法》规定，公司因下列原因解散：公司章程规定的营业期限届满或公司章程规定的其他解散事由出现；股东会或者股东大会决议解散；因公司合并或

者分立需要解散;依法被吊销营业执照、责令关闭或者被撤销;公司经营管理发生严重困难,继续存续会使股东利益受到重大损失,通过其他途径不能解决的,持有公司全部股东表决权10%以上的股东,可以请求人民法院解散公司,人民法院依照规定予以解散。

2. 破产清算

我国《企业破产法》(中华人民共和国主席令[2006]第54号)规定:"企业法人不能清偿到期债务,并且资产不足以清偿全部债务或者明显缺乏清偿能力的,依照本法清理债务。"破产界限有两个:一是企业法人不能清偿到期债务,并且资产不足以清偿全部债务;二是企业法人不能清偿到期债务,并且明显缺乏清偿能力。

(二)按清算程序不同,企业清算分为普通清算和特别清算

1. 普通清算

普通清算是指企业自行确定的清算人按照法律规定的一般程序处理清算事务,法院和债权人不直接干预的清算。

2. 特别清算

特别清算是指企业依法院的命令开始,并且自始至终都在法院的严格监督之下进行的清算。

(三)按清算性质不同,企业清算分为自愿清算和强制清算

1. 自愿清算

自愿清算是指企业法人自愿终止而进行的清算,包括创办人自愿清算、股东自愿清算、企业自愿清算,企业经营期届满所进行的清算即属于这种类型。一般情况下,由企业内部人员组成清算机构自行清算。

2. 强制清算

强制清算包括行政清算和司法清算。行政清算是指企业法人被依法撤销所进行的清算,如企业违反国家法律、法规被撤销而进行的清算,由有关主管机关负责组织清算机构并监督清算工作的进行;司法清算是指企业宣告破产,由人民法院按有关法律规定组织清算机构对企业进行破产清算。

二、企业清算的基本程序

(一)企业解散清算的基本程序

我国《公司法》对公司解散清算的基本程序作了明确规定。

1. 成立清算组

根据我国《公司法》的规定,公司应在解散事由(除因公司合并或者分立需要解散外)出现之日起15日内成立清算组,开始清算。有限责任公司的清算组由股东

组成,股份有限公司的清算组由董事或者股东大会确定的人员组成。逾期不成立清算组进行清算的,债权人可以申请人民法院指定有关人员组成清算组进行清算。人民法院应当受理该申请,并及时组织清算组进行清算。清算组在清算期间行使下列职权:清理公司财产,分别编制资产负债表和财产清单;通知、公告债权人;处理与清算有关的公司未了结的业务;清缴所欠税款以及清算过程中产生的税款;清理债权、债务;处理公司清偿债务后的剩余财产;代表公司参与民事诉讼活动。清算组成员应当忠于职守,依法履行清算义务。清算组成员不得利用职权收受贿赂或者其他非法收入,不得侵占公司财产。清算组成员因故意或者重大过失给公司或者债权人造成损失的,应当承担赔偿责任。

2. 债权人申报债权

清算组应当自成立之日起10日内通知债权人,并于60日内在报纸上公告。债权人应当自接到通知书之日起30日内,未接到通知书的自公告之日起45日内,向清算组申报其债权。债权人申报债权,应当说明债权的有关事项,并提供证明材料。清算组应当对债权进行登记。在申报债权期间,清算组不得对债权人进行清偿。

3. 清理公司财产

清算组应当对公司财产进行清理,编制资产负债表和财产清单。如果清算组在清理公司财产、编制资产负债表和财产清单后,发现公司财产不足清偿债务的,应当依法向人民法院申请宣告破产。公司经人民法院裁定宣告破产后,清算组应当将清算事务移交给人民法院。

4. 制定清算方案

清算组在清理公司财产、编制资产负债表和财产清单后,应当制定清算方案。清算方案包括清算的程序和步骤、财产定价方法和估价结果、债权收回和财产变卖的具体方案、债务的清偿顺序、剩余财产的分配以及对公司遗留问题的处理等。清算方案应当报股东会、股东大会或者人民法院确认。

5. 执行清算方案

公司财产在分别支付清算费用、职工的工资、社会保险费用和法定补偿金、缴纳所欠税款,清偿公司债务后的剩余财产,有限责任公司按照股东的出资比例分配,股份有限公司按照股东持有的股份比例分配。清算期间,公司存续,但不得开展与清算无关的经营活动。公司财产在未按上述规定清偿前,不得分配给股东。

6. 办理相关法律手续,公告公司终止

公司清算结束后,清算组应当制作清算报告,报股东会、股东大会或者人民法院确认,并报送公司登记机关,申请注销公司登记,公告公司终止。

(二) 企业破产清算的基本程序

企业被依法宣告破产的,依照我国《企业破产法》的有关规定实施破产清算。企业破产清算的基本程序大致可分为三个阶段:一是破产申请阶段,二是重整、和解阶段,三是破产清算阶段。人民法院裁定受理破产申请的,其主要操作程序如下。

1. 破产申请

按照我国《企业破产法》的规定,企业法人不能清偿到期债务,并且资产不足以清偿全部债务或者明显缺乏偿债能力的,债务人可以向人民法院申请破产清算;债务人不能清偿到期债务的,债权人可以向人民法院申请破产清算;企业法人已解散但未清算或者未清算完毕,资产不足以清偿债务的,依法负有清算责任的人应当向人民法院申请破产清算。

向人民法院提出破产申请,应当提交破产申请书和有关证据。破产申请书应当载明下列事项:申请人、被申请人的基本情况;申请目的;申请的事实和理由;人民法院认为应当载明的其他事项。债务人提出申请的,还应当向人民法院提交财产状况说明、债务清册、债权清册、有关财务会计报告、职工安置预案以及职工工资的支付和社会保险费用的缴纳情况。人民法院受理破产申请前,申请人可以请求撤回申请。

2. 法院受理,同时指定管理人

人民法院接到破产申请后即进行受理与否的审查、鉴定。债权人提出破产申请的,人民法院应当自收到申请之日起5日内通知债务人。债务人对申请有异议的,应当自收到人民法院的通知之日起7日内向人民法院提出。人民法院应当自异议期满之日起10日内裁定是否受理。除此情形外,人民法院应当自收到破产申请之日起15日内裁定是否受理。有特殊情况需要延长上述规定的裁定受理期限的,经上一级人民法院批准,可以延长15日。人民法院受理破产申请的,应当自裁定作出之日起5日内送达申请人。债权人提出申请的,人民法院应当自裁定作出之日起5日内送达债务人。债务人应当自裁定送达之日起15日内,向人民法院提交财产状况说明、债务清册、债权清册、有关财务会计报告以及职工工资的支付和社会保险费用的缴纳情况。

人民法院裁定受理破产申请的,应当同时指定管理人。管理人可以由有关部门、机构的人员组成的清算组,或者依法设立的律师事务所、会计师事务所、破产清算事务所等社会中介机构担任。人民法院根据债务人的实际情况,可以在征询有关社会中介机构的意见后,指定该机构具备相关专业知识并取得执业资格的人员担任管理人。个人担任管理人的,应当参加执业责任保险。管理人的主要职责是:接管债务人的财产、印章和账簿、文书等资料;调查债务人财产状况,制作财产状况报告；决定债务人的内部管理事务；决定债务人的日常开支和其他必要开支；经人民法院许可，在第一次债权人会议召开之前，决定继续或者停止债务人的营业；管理和处分债务人的财产；代表债务人参加诉讼、仲裁或者其他法律程序；提议召开债权人会议等。管理人应当勤勉尽责，忠实执行职务。债权人会议认为管理人不能依法、公正执行职务或者有其他不能胜任职务情形的，可以申请人民法院予以更换。

3. 债权申报

债权人应当自人民法院发布受理破产申请公告之日起，最短不得少于 30 日，最长不得超过 3 个月，向管理人申报债权。债权人申报债权时，应当书面说明债权的数额和有无财产担保，并提交有关证据。申报的债权是连带债权的，应当说明。未到期的债权，在破产申请受理时视为到期，附利息的债权自破产申请受理时起停止计息。附条件、附期限的债权和诉讼、仲裁未决的债权，债权人可以申报。

在人民法院确定的债权申报期限内，债权人未申报债权的，可以在破产财产最后分配前补充申报；但是，此前已进行的分配，不再对其补充分配。为审查和确认补充申报债权的费用，由补充申报人承担。未按规定申报债权的，不得依法定的程序行使权利。依法申报债权的债权人为债权人会议的成员，有权参加债权人会议，享有表决权。债权人会议的决议，对于全体债权人均有约束力。

4. 破产宣告

破产宣告是人民法院依据当事人的申请或法定职权裁定宣告债务人破产以清偿债务的活动。根据我国《企业破产法》的规定，有下列情形之一的，人民法院应当以书面裁定宣告债务人企业破产：① 企业不能清偿到期债务，又不具备法律规定的不予宣告破产条件的。② 企业被人民法院依法裁定终止重整程序的。③ 人民法院依法裁定终止和解协议执行的。

人民法院依法规定宣告债务人破产的，应当自裁定作出之日起 5 日内送达债务人和管理人，自裁定作出之日起 10 日内通知已知债权人，并予以公告。债务人被宣告破产后，债务人称为破产人，债务人财产称为破产财产，人民法院受理破产申请时对债务人享有的债权称为破产债权。

5. 破产财产的变价

管理人应当及时拟订破产财产变价方案，提交债权人会议讨论。按照债权人会议通过的或者人民法院裁定的破产财产变价方案，适时变价出售破产财产。除债权人会议另有决议外，变价出售破产财产应当通过拍卖进行。破产企业可以全部或者部分变价出售。破产企业变价出售时，可以将其中的无形资产和其他财产单独变价出售。按照国家规定不能拍卖或者限制转让的财产，应当按照国家规定的方式处理。

6. 破产财产的分配

管理人应当及时拟订破产财产分配方案,提交债权人会议讨论。破产财产分配方案应当载明下列事项:参加破产财产分配的债权人名称或者姓名、住所;参加破产财产分配的债权额;可供分配的破产财产数额;破产财产分配的顺序、比例及数额;实施破产财产分配的方法。债权人会议通过破产财产分配方案后,由管理人将该方案提请人民法院裁定认可。破产财产分配方案经人民法院裁定认可后,由管理人执行。

破产财产应优先清偿破产费用和共益债务。人民法院受理破产申请后发生的下列费用为破产费用:破产案件的诉讼费用;管理、变卖和分配债务人财产的费用;管理人执行职务的费用、报酬和聘用工作人员的费用。人民法院受理破产申请后发生的下列债务为共益债务:因管理人或者债务人请求对方当事人履行双方均未履行完毕的合同所产生的债务;债务人财产受无因管理所产生的债务;因债务人不当得利所产生的债务;为债务人继续营业而应支付的劳动报酬和社会保险费用以及由此产生的其他债务;管理人或者相关人员执行职务致人损害所产生的债务;债务人财产致人损害所产生的债务。破产费用和共益债务由债务人财产随时清偿。债务人财产不足以清偿所有破产费用和共益债务的,先行清偿破产费用。债务人财产不足以清偿所有破产费用或者共益债务的,按照比例清偿。债务人财产不足以清偿破产费用的,管理人应当提请人民法院终结破产程序。人民法院应当自收到请求之日起15日内裁定终结破产程序,并予以公告。

破产财产在优先清偿破产费用和共益债务后,依照下列顺序清偿:

(1) 破产人所欠职工的工资和医疗、伤残补助、抚恤费用,所欠的应当划入职工个人账户的基本养老保险、基本医疗保险费用,以及法律、行政法规规定应当支付给职工的补偿金。

(2) 破产人欠缴的除前项规定以外的社会保险费用和破产人所欠税款。

(3) 普通破产债权。

破产财产不足以清偿同一顺序的清偿要求的,按照比例分配。

破产企业的董事、监事和高级管理人员的工资按照该企业职工的平均工资计算。

破产财产的分配应当以货币分配方式进行。但是,债权人会议另有决议的除外。

7. 破产程序的终结

破产人无财产可供分配的,管理人应当请求人民法院裁定终结破产程序。管理人在最后分配完结后,应当及时向人民法院提交破产财产分配报告,并提请人民法院裁定终结破产程序。人民法院应当自收到管理人终结破产程序的请求之日起

15日内作出是否终结破产程序的裁定。裁定终结的,应当予以公告。

8. 办理注销登记

管理人应当自破产程序终结之日起10天内,持人民法院终结破产程序的裁定,向破产人的原登记机关办理注销登记。除存在诉讼或者仲裁未决情况外,管理人于办理注销登记完毕的次日终止执行职务。

三、企业清算的财务管理

(一)清算财产的范围及作价

清算财产包括宣布清算时企业的全部财产以及清算期间取得的财产,清算财产的作价一般以账面净值为依据,也可以重估价值或变现收入等为依据。

(1)账面净值作价。按账面净值作价符合历史成本计价要求,并且计算简便。

(2)重估价值作价。如果企业合同或章程规定或投资各方协商决定,企业解散时应对其财产物资、债权、债务等重新评估,那么,清算机构则应进行重新评估计价。重估增值与减值抵消后为净增值的,作清算收益处理。

(3)变现收入作价。对清算企业财产折卖时,一般按成交价格即变现收入作为财产的作价依据。变现收入作价又可分为单项作价和一揽子作价两种。企业财产变现收入高于账面净值的差额列作清算收益。

(二)确定清算损益

企业清算中发生的财产盘盈、财产变价净收入、因债权人原因确实无法归还的债务等作为清算收益,发生的财产盘亏、确实无法收回的债权等作为清算损失。清算期间发生的清算机构的人员工资、差旅费、办公费、公告费、诉讼费以及清算过程中所必需的其他支出,计入清算费用,由现有财产优先支付;清算终了,清算收益大于清算损失、清算费用的部分,依法缴纳所得税。

(三)清偿债务

企业财产拨付清算费用后,按照下列顺序清偿债务:应付未付的职工工资、社会保险费用和法定补偿金;应缴未缴国家的税款;尚未偿付的债务。在同一顺序内不足清偿的,按照比例清偿。

(四)剩余财产的处置和分配

企业清偿债务后的剩余财产一般应按照合同、章程的有关条款规定处理。其基本要求是:充分体现公平、对等,照顾各方利益。

(1)国有企业的剩余财产全部上缴国家财政。

(2)有限责任公司,除公司章程另有规定以外,应按投资各方的出资比例分配。

(3)股份有限公司,应按优先股股份面值对优先股股东优先分配,如不能全额偿还优先股股金时，应按各优先股股东所持比例分配。优先股股东分配后的剩余部分按照普通股股东的持股比例进行分配。

最后，需要说明的是，按照新《企业财务通则》的规定，企业解除职工劳动关系，按照国家有关规定支付的经济补偿金或者安置费，除正常经营期间发生的列入当期费用以外，应当区别以下情况处理：企业重组中发生的，依次从未分配利润、盈余公积、资本公积、实收资本中支付；企业清算时发生的，以企业扣除清算费用后的清算财产优先清偿。

本章小结

本章阐明企业重组的概念、意义和类型，介绍企业重组中的重大财务事项，重点阐述合并重组、分立重组、托管经营的财务管理以及企业重组中国有资源的财务处理和劳动债权的清偿；阐明企业清算的概念、原因和类型，介绍解散清算程序和破产清算程序，重点阐述清算财产的作价等有关企业清算的财务管理。

案　　例

广州国际信托投资公司破产案

广州国际信托投资公司（以下简称广信）曾是一家拥有外汇经营权的非银行金融机构，于1980年经广东省政府批准成立，到20世纪80年代末期，经营规模不断扩大，逐渐从单一经营信托业务发展成以金融和实业投资为主的企业集团，并凭借其"窗口公司信用"在世界范围内融资。

但进入20世纪90年代，特别是1997年下半年亚洲金融危机爆发以后，广信由于经营管理混乱，存在大量高息揽存、账外经营、乱拆借资金、乱投资等违规经营活动，导致不能支付到期巨额境内外债务，严重资不抵债。广信数百亿人民币的债务80%以上借自包括日本、美国、德国、瑞士等国家和中国香港地区等130多家著名银行。

巨额外债到期而广信无法如期归还，事态发展比较严重。为此，1998年10月中国人民银行决定对其实行关闭清算。经过行政关闭清算，发现其负债状况惊人，行政手段已无可挽回，遂决定对其实施破产。

1999年1月11日，广信向广东省高级人民法院递交了破产申请书。当中国人民银行宣布关闭清算广信时，广信破产时的资产总额214.71亿元，负债总额361.65亿元，资产负债率168.23%，资不抵债146.94亿元。与此同时，广信属下的3家全资子公司——广信企业发展公司、广东国际租赁公司、广东国投深圳公司因出现严重的资不抵债，也向广州市中级人民法院提出破产申请。广信的破产消息犹如石破天惊,立即在全球金融市场上掀起巨大波澜。4家破产企业共有494家境内外债权人申报债权,总额达467亿元。仅广信一案申报债权金额便达387亿元,其中,境外债权占83%;申报债权人320家,其中,境外的占了52%。

2003年2月28日,广东省高级人民法院宣布,历时4年的广信破产案终结破产程序。广信破产是中国第一起非银行金融机构破产案,也是全国法院迄今为止受理的最大一宗破产案件。

对广信破产财产追收和采取拍卖或者竞买的方式变现后,依法优先拨付了破产清算费用(含中介机构专业服务费用、评估费用及其他清算费用),于2000年10月31日、2002年6月28日和2003年2月28日分别召开债权人会议,在优先清偿广信所欠职工工资、劳动保险费用和所欠税款后,分三次按照比例清偿破产债权。经广东省高级人民法院裁定准予,破产财产分配分三次进行,分配破产财产共计25.34亿元。经广东高院、广州中院和深圳中院审理,广信及其3个全资子公司——广信企业发展公司、广东国际租赁公司、广东国投深圳公司的破产债权清偿率分别为12.52%、8%、1.5%、9.48%,超过了当时国内破产债权清偿率8%的记录。对境外债权人的债权,经征得外汇管理部门同意,一律兑换外币支付。

如果不实施破产,广信是否还有重组再生的可能性呢?

据了解,当时如果要重组广信,所付出的代价将是307亿元的"天文数字":广信能在短期内变现的资产只有24.7亿元,但偿还1年内到期的内、外负债需115.4亿元,需净增90.7亿元。同时,广信还有因提供担保而引起的40.64亿元欠款。另外,广信需注入175.8亿元以上补充能盈利的资产和完成手头上的房地产项目,所以破产是在当时情况下最好的选择。

广信破产案的几点启示:

启示之一:有本事融资,不善于理财是广信的写照。广信参与投资了3 000多个项目,涉及金融、交通、电子等几十个领域,特别是房地产,成为广东省最大的"地主"。到申请破产时,广信资不抵债146.94亿元,其债务中境外债务高达159亿元,更有境外或有债务147亿元,涉及130多家境外银行和机构。

启示之二:广信破产案通过司法手段确认债权,进行破产清算,较好地发挥了对金融市场秩序的指引、规范作用,为防范化解金融风险发挥了较好的司法职能作用。

启示之三：中国的法院和法官完全能够既依法、按规、参照国际惯例，又坚持从具体案情出发，创造性地开展工作，稳妥地解决纷繁复杂的棘手问题，为今后审理相关案件提供了有益的借鉴，向国际社会充分展示了人民法院公正执法的形象。

启示之四：广信破产案，涉及美国、日本、法国、瑞士等多个国家的当事人，被国际社会广泛关注。这一案件是完全按照法制规则办事的，只要是合法权益，无论是哪个国家的债权人，都一律平等地给予保护，从而向国际社会充分表明我国是一个法治国家。

资料来源：http://www.southcn.com/news/gdnews/hotspot/gdgt/。有改动。

复习思考题

1. 什么是企业重组？简要说明企业重组中的重大财务事项。
2. 简要说明合并重组的财务管理。
3. 简要说明分立重组的财务管理。
4. 简要说明托管经营的财务管理。
5. 简要说明企业重组中国有资源的财务处理。
6. 简要说明企业重组中劳动债权的清偿。
7. 什么是企业清算？简要说明企业清算的原因。
8. 企业在什么情况下解散清算？简要说明企业解散清算的基本程序。
9. 企业在什么情况下破产清算？简要说明企业破产清算的基本程序。
10. 简要说明企业清算的财务管理。

习　　题

一、单项选择题

1. 公司应当自作出合并决议之日起10日内通知债权人，并于（　　）日内在报纸上公告。
   A. 15　　　　B. 30　　　　C. 45　　　　D. 60

2. 合并重组时，债权人未接到通知书的自公告之日起45日内，可以要求公司（　　）或者提供相应的担保。
   A. 清查资产　　B. 确认债务　　C. 出售资产　　D. 清偿债务

3. 企业实行债务重组，经与债权人协商同意，按照有关协议和章程将其债权转为股权的,企业相应增加( )。

    A. 实收资本   B. 资本公积

    C. 实收资本和资本公积   D. 重组收入

4. 企业清算中发生的财产盘盈、财产变价净收入,因债权人原因确实无法归还的债务等应计入( )。

    A. 资本公积   B. 清算收益

    C. 其他业务收入   D. 营业外收入

5. 债权人提出破产申请的,人民法院应当自收到申请之日起( )日内通知债务人。

    A. 10   B. 5   C. 15   D. 7

6. 破产清算中的管理人由( )。

    A. 人民法院指定   B. 董事会指定

    C. 债权人指定   D. 企业职工选举

二、多项选择题

1. 下列各项中,属于企业重组过程中应当以企业现有资产优先清偿的劳动债权有( )。

    A. 拖欠职工的工资   B. 欠缴的基本社会保险费

    C. 欠缴的住房公积金   D. 拖欠职工的抚恤费用

2. 对企业清算财产作价时,可以( )为依据确定财产的清算价值。

    A. 账面净值   B. 账面原值   C. 重估价值   D. 变现收入

3. 下列各项中,属于破产费用的有( )。

    A. 聘用工作人员的费用   B. 破产案件的诉讼费用

    C. 变卖、分配债务人财产所需费用 D. 破产企业的人员工资费用

4. 破产企业的申请人可以是( )。

    A. 债权人   B. 债务人

    C. 人民法院   D. 负有清算责任的人

5. 下列各项中,属于企业重组方式的有( )。

    A. 产权转让   B. 托管   C. 分立   D. 合并

6. 下列各项中,属于人民法院受理破产申请后发生的共益债务的有( )。

    A. 破产人所欠税款

    B. 因债务人不当得利所产生的债务

    C. 管理人或者相关人员执行职务致人损害所产生的债务

    D. 债务人财产致人损害所产生的债务

三、判断题

1. 企业合并就是将两个以上企业合并设立一个新企业,合并各方解散。
（　）

2. 企业清算净收益应依法缴纳所得税。（　）

3. 公司合并时,合并各方的债权、债务,应当由合并后存续的公司或者新设的公司承继。（　）

4. 债务人不能清偿到期债务的,债权人可以向人民法院申请破产清算。
（　）

5. 特别清算是指企业依债权人的命令开始,并且自始至终都在法院的严格监督之下进行的清算。（　）

6. 未到期的债权,在破产申请受理时视为到期,附利息的债权自破产申请受理时起停止计息。（　）

7. 采取新设方式分立的,是指企业以其部分财产和业务设立另一新企业。
（　）

8. 公司因公司章程规定的营业期限届满而解散的,应在解散事由出现之日起15日内成立清算组,开始清算。有限责任公司的清算组由股东组成,股份有限公司的清算组由董事或者股东大会确定的人员组成。（　）

第九章 财务预算

本章结构图

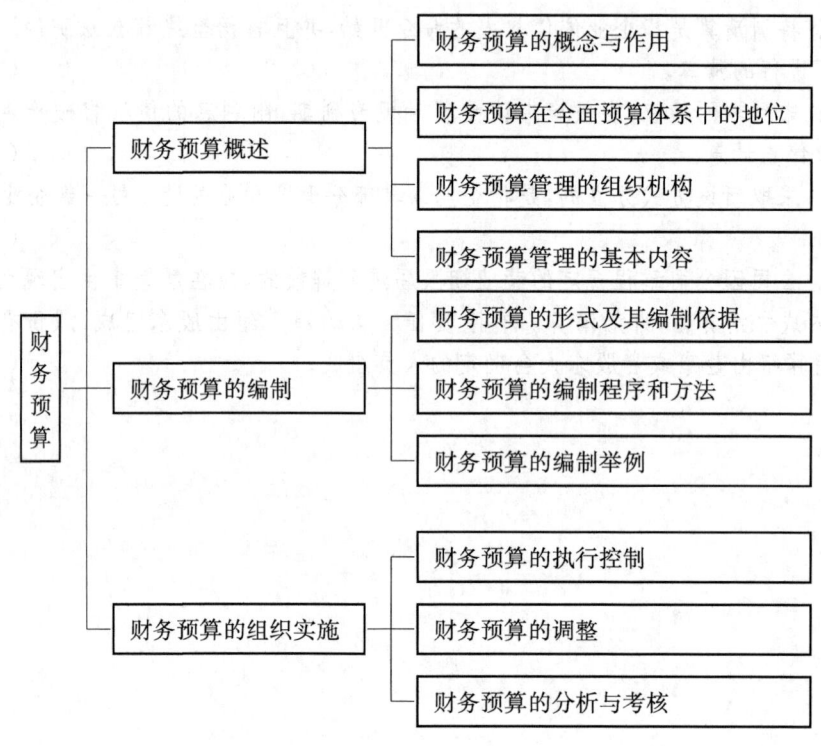

第九章 财务预算

本章学习目标
- 了解财务预算的概念与作用
- 了解财务预算在全面预算体系中的地位
- 了解财务预算管理的组织机构
- 熟悉财务预算管理的基本内容
- 熟悉财务预算的形式及其编制依据
- 掌握财务预算的编制程序
- 掌握财务预算的编制方法
- 掌握财务预算的组织实施

为了促进企业建立、健全内部约束机制,进一步规范企业财务管理行为,企业应当实行财务预算管理制度。本章以财政部发布的《关于企业实行财务预算管理的指导意见》(财企[2002]102号)为依据,重点介绍财务预算的编制及其组织实施。

第一节 财务预算概述

财务预算是企业全面预算的组成部分,它和其他预算紧密联系、相互衔接,成为提高企业资源利用效果的有效方法,具有增强风险预警和防范的功能。

一、财务预算的概念与作用

企业财务预算是在预测和决策的基础上,围绕企业战略目标,对一定时期内企业资金的取得和投放、各项收入和支出、企业经营成果及其分配等资金运动所作的具体安排。财务预算能使企业目标具体化、系统化、定量化,是保证企业财务目标得以实现的有效管理手段。

企业财务预算的作用主要表现在以下几个方面:

(1) 有利于企业统筹配置资源。一个企业所拥有的资源是有限的,财务预算可以促使企业将资源分配给获利能力相对较高的部门、项目或产品,从而使企业有限的资源得到合理的规划,避免因出现"瓶颈"现象而影响企业整体的资产营运效率。

(2) 有利于企业内部的沟通和协调。企业内部各职能部门由于职责的不同、承担任务的不同,常常会出现许多不协调。比如,企业的销售、生产、财务管理等部门可以分别编制对自己来说是最好的计划,而该计划在其他部门不一定能行得通。财务预算是从全局出发,围绕企业总体目标进行规划,能够使管理层在制定经营计划时更具有前瞻性。它将企业各职能部门的工作综合起来加以考虑,因此,财务预算的编制过程也是企业内部各职能部门相互了解、相互沟通的过程,各职能部门的工作也会在此基础上协调起来。

(3) 有利于企业实施内部控制。财务预算是一种控制标准。企业各职能部门应严格执行预算,努力完成各项预算指标,同时要将实际执行结果与预算指标进行对比,分析预算指标的完成情况及存在问题,及时采取有效措施加以改进,以保证预算目标的实现。因此,财务预算不仅是一个财务计划,更是具有控制约束力的一种管理机制。

(4) 有利于企业开展效绩评估。财务预算编制中形成的各类量化指标为企业各职能部门和员工指明了努力的方向,因此,预算指标自然也就成为考核工具,可以用来作为企业日常控制与效绩评估的依据。经营期末,将实际执行结果与预算指标进行对比,管理人员可以根据预算指标的完成情况评价员工个人、各职能部门乃至整个企业的经营效绩,奖勤罚懒、评估优劣。

二、财务预算在全面预算体系中的地位

由于企业的生产经营活动内容丰富,因而预算的内容也是多方面的,所有预算形成一个完整的企业预算体系,称为全面预算。全面预算是根据企业目标所编制的一定时期内经营、资本、财务等各方面的总体计划,它将企业全部经济活动用货币形式及其他数量形式表示出来。

企业全面预算包括业务预算、资本预算、筹资预算和财务预算四个部分。全面预算以企业战略目标为出发点,通过对市场需求的研究和预测,以编制销售预算为起点,再编制其他业务预算、资本预算和筹资预算,最后编制财务预算。全面预算体系中的各类预算之间相互联系、相互支撑,共同构成一个完整而严密的预算系统。其中,财务预算是全面预算体系的最后环节,它可以从价值方面总括地反映业务预算、资本预算和筹资预算的结果,综合性最强,是预算的核心内容,在全面预算体系中占有举足轻重的地位。全面预算体系如图 9-1 所示。

三、财务预算管理的组织机构

财政部发布的《关于企业实行财务预算管理的指导意见》对企业财务预算管理的组织机构作了以下具体规定:

(1) 企业法定代表人应当对企业财务预算的管理工作负总责。企业董事会或

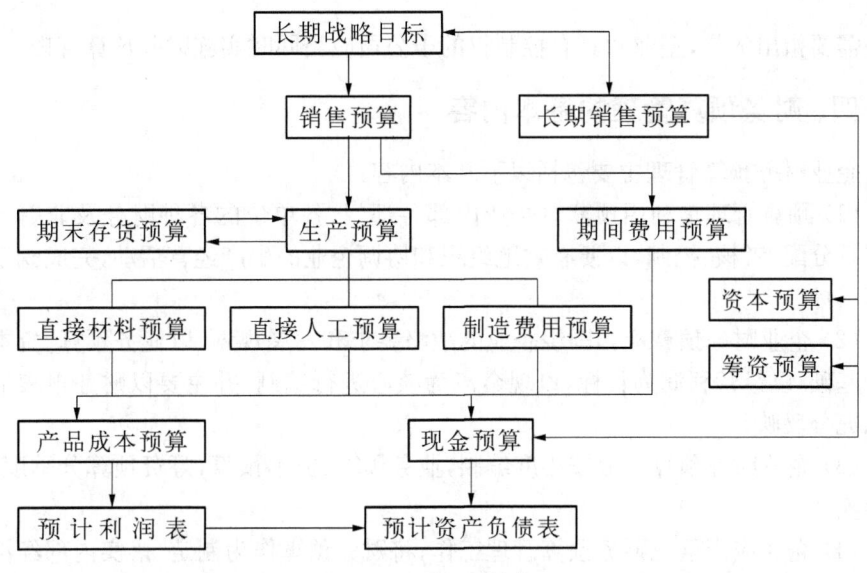

图 9-1 全面预算体系

者经理办公会可以根据情况设立财务预算委员会或指定财务管理部门负责财务预算管理事宜,并对企业法定代表人负责。

(2) 财务预算委员会(没有设立财务预算委员会的,即为企业财务管理部门,下同)主要拟订财务预算的目标、政策,制定财务预算管理的具体措施和办法,审议、平衡财务预算方案,组织下达财务预算,协调解决财务预算编制和执行中的问题,组织审计、考核财务预算的执行情况,督促企业完成财务预算目标。

(3) 企业财务管理部门在财务预算委员会或企业法定代表人的领导下,具体负责组织企业财务预算的编制、审查、汇总、上报、下达、报告等工作,跟踪监督财务预算的执行情况,分析财务预算与实际执行的差异及原因,提出改进管理的措施和建议。

(4) 企业内部生产、投资、物资、人力资源、市场营销等职能部门具体负责本部门业务涉及的财务预算的编制、执行、分析、控制等工作,并配合财务预算委员会做好企业总预算的综合平衡、协调、分析、控制、考核等工作。其主要负责人参与企业财务预算委员会的工作,并对本部门财务预算执行结果承担责任。

(5) 企业所属基层单位是企业主要的财务预算执行单位,在企业财务管理部门的指导下,负责本单位现金流量、经营成果和各项成本费用预算的编制、控制、分析工作,接受企业的检查、考核。其主要负责人对本单位财务预算的执行结果承担责任。

需要指出的是,企业对具有控制权的子公司应当同时实施财务预算管理。

四、财务预算管理的基本内容

企业财务预算管理主要包括以下基本内容:

(1) 预算管理是利用预算对企业内部各部门、各单位的各种财务及非财务资源进行分配、考核、控制,以便有效地组织和协调企业的生产经营活动,完成既定的经营目标。

(2) 企业财务预算应当围绕企业的战略要求和发展规划,以业务预算、资本预算为基础,以经营利润为目标,以现金流为核心进行编制,并主要以财务报表形式予以充分反映。

(3) 企业财务预算一般按年度编制,业务预算、资本预算、筹资预算分季度、月份落实。

(4) 企业应当重视财务预算管理工作,将财务预算作为制定、落实内部经济责任制的依据。企业财务预算管理由母公司组织实施,分级归口管理。

(5) 企业编制财务预算应当按照内部经济活动的责任权限进行,并遵循以下基本原则和要求:坚持效益优先原则,实行总量平衡,进行全面预算管理;坚持积极稳健原则,确保以收定支,加强财务风险控制;坚持权责对等原则,确保切实可行,围绕经营战略实施。

第二节 财务预算的编制

企业编制财务预算,应当明确财务预算的形式及其编制依据、编制程序和编制方法。

一、财务预算的形式及其编制依据

(一) 财务预算的形式

财务预算主要以现金预算、预计资产负债表和预计利润表等形式反映。

1. 现金预算

现金预算是按照现金流量表主要项目内容编制的反映企业在预算期内一切现金收支及其结果的预算。它以业务预算、资本预算和筹资预算为基础,是其他预算有关现金收支的汇总,主要作为企业资金头寸调控管理的依据。

2. 预计资产负债表

预计资产负债表是按照资产负债表的内容和格式编制的综合反映企业期末财

务状况的预算报表。一般根据预算期初实际的资产负债表和销售(或营业)预算、生产预算、采购预算、资本预算、筹资预算等有关资料分析编制。

3. 预计利润表

预计利润表是按照利润表的内容和格式编制的反映企业在预算期内利润目标的预算报表。一般根据销售(或营业)预算、生产预算、产品成本(或营业成本)预算、期间费用预算、其他专项预算等有关资料分析编制。

(二) 财务预算的编制依据

企业编制财务预算应当按照先业务预算、资本预算、筹资预算,后财务预算的流程进行,并按照各预算执行单位所承担经济业务的类型及其责任权限,编制不同形式的财务预算。

1. 业务预算

业务预算是企业在预算期内可能形成现金收付的生产经营活动(或营业活动)的预算,一般包括销售(或营业)预算、生产预算、制造费用预算、产品成本(或营业成本)预算、采购预算、期间费用预算等,企业可根据实际情况具体编制。

2. 资本预算

资本预算是企业在预算期内进行资本性投资活动的预算,主要包括固定资产投资预算、权益性资本投资预算和债券投资预算。

3. 筹资预算

筹资预算是企业在预算期内需要新借入的长、短期借款,经批准发行的债券,以及对原有借款、债券还本付息的预算。

企业经批准发行股票、配股和增发股票,应当根据股票发行计划、配股计划和增发股票计划等资料单独编制预算。股票发行费用,也应当在筹资预算中分项作出安排。

这里需要注意的是,企业应当结合自身特点,制定规范的财务预算编制基础表格,统一财务预算指标计算口径。

二、财务预算的编制程序和方法

(一) 财务预算的编制程序

企业编制预算,一般应按照"上下结合、分级编制、逐级汇总"的程序进行。

1. 下达目标

企业董事会或经理办公会根据企业发展战略和预算期经济形势的初步预测,在决策的基础上,一般于每年9月底以前提出下一年度企业财务预算目标,包括销售(或营业)目标、成本费用目标、利润目标和现金流量目标,并确定财务预算编制的政策,由财务预算委员会下达各预算执行单位。

2. 编制上报

各预算执行单位按照企业财务预算委员会下达的财务预算目标和政策,结合自身特点以及预测的执行条件,提出详细的本单位财务预算方案,于 10 月底以前上报企业财务管理部门。

3. 审查平衡

企业财务管理部门对各预算执行单位上报的财务预算方案进行审查、汇总,提出综合平衡的建议。在审查、平衡过程中,财务预算委员会应当进行充分协调,对发现的问题提出初步调整的意见,并反馈给有关预算执行单位予以修正。

4. 审议批准

企业财务管理部门在有关预算执行单位修正调整的基础上,编制出企业财务预算方案,报财务预算委员会讨论。对于不符合企业发展战略或者财务预算目标的事项,企业财务预算委员会应当责成有关预算执行单位进一步修订、调整。在讨论、调整的基础上,企业财务管理部门正式编制企业年度财务预算草案,提交董事会或经理办公会审议批准。

5. 下达执行

企业财务管理部门对董事会或经理办公会审议批准的年度总预算,一般在次年 3 月底以前,分解成一系列的指标体系,由财务预算委员会逐级下达各预算执行单位执行。在下达后 15 日内,母公司应当将企业财务预算报送主管财政机关备案。

(二) 财务预算的编制方法

企业财务预算可以根据不同的预算项目,分别采用固定预算、弹性预算、滚动预算、零基预算、概率预算等方法进行编制。

1. 固定预算

固定预算是根据预算内正常的、可实现的某一业务量水平编制的预算。一般适用于固定费用或者数额比较稳定的预算项目。

2. 弹性预算

弹性预算是在按照成本(费用)习性分类的基础上,根据本、量、利之间的依存关系所编制的预算。一般适用于与预算执行单位业务量有关的成本(费用)、利润等预算项目。

3. 滚动预算

滚动预算是随时间的推移和市场条件的变化而自行延伸并进行同步调整的预算。一般适用于季度预算的编制。

4. 零基预算

零基预算是对预算收支以零为基点,对预算期内各项支出的必要性、合理性,或者各项收入的可行性,以及预算数额的大小,逐项审议决策以确定收支水平的预算。一般适用于不经常发生的或者预算编制基础变化较大的预算项目,如对外投资、对外捐赠等。

5. 概率预算

概率预算是对具有不确定性的预算项目,估计其发生各种变化的概率,根据可能出现的最大值和最小值计算其期望值而编制的预算。一般适用于难以预测变动趋势的预算项目,如销售新产品、开拓新业务等。

三、财务预算的编制举例

为有助于了解财务预算编制的来龙去脉,下面以从事工业生产的M公司为例,循着"先业务预算、资本预算、筹资预算,后财务预算"的流程,介绍财务预算的编制(在实际工作中,财务预算的编制比较复杂,为了简化举例和计算上的方便,本例M公司只生产一种A产品,相关数据均为假设)。

(一)业务预算

1. 销售预算

销售预算是企业在预算期内销售各种产品可能实现的销售量及其收入的预算,主要依据年度目标利润、预测的市场销量及提供的产品结构以及市场价格编制。在"以销定产"的思想指导下,销售预算是企业业务预算乃至全面预算的编制起点,其他预算的编制都是以销售预算作为基础的。

销售预算提供的主要指标是预计销售量、预计单价和预计销售收入。其计算公式为:

$$预计销售收入 = 预计销售量 \times 预计单价$$

式中:预计销售量根据市场预测或销售合同并结合企业生产能力确定;预计单价通过价格决策确定。

销售预算所产生的指标主要为生产预算和财务预算提供依据。为了便于编制现金预算,销售预算中一般还包括预计现金收入的计算。

【例9-1】 M公司2009年度年初应收账款余额为20 000元,A产品各季度预计销售数量和销售价格资料详见表9-1(销售预算通常要分品种、分月份、分销售区域、分推销员来编制,为了简化,本例只划分了季度销售数据,且不考虑增值税因素)。每季度销售收入的收现率为60%,本季度收到现金60%,另外的40%现金要到下季度才能收到。

根据以上资料,编制该公司2009年度销售预算,如表9-1所示。

表9-1

M公司2009年度销售预算　　　　　　　　金额单位:元

项　　目		第一季度	第二季度	第三季度	第四季度	全　　年
预计销售量(件)		1 000	1 500	2 000	2 500	7 000
预计销售单价(元/件)		100	100	100	100	100
预计销售收入		100 000	150 000	200 000	250 000	700 000
预计现金收入	年初应收账款余额	20 000				20 000
	第一季度销售收入	60 000	40 000			100 000
	第二季度销售收入		90 000	60 000		150 000
	第三季度销售收入			120 000	80 000	200 000
	第四季度销售收入				150 000	150 000
现金收入合计		80 000	130 000	180 000	230 000	620 000

注:第一季度的现金收入包括了两部分,即上年应收账款在本年第一季度收到的货款,以及本季度销售中可能收到货款的部分。预算期应收账款期末数为100 000元(250 000×40%)。

2. 生产预算

生产预算是企业在预算期内所要达到的生产规模及其产品结构的预算。它主要是在销售预算的基础上,依据各种产品的生产能力、各项材料及人工的消耗定额及其物价水平和期末存货状况编制。

生产预算的主要预算指标为预计产品生产量。由于企业的生产和销售往往不能做到"同步同量",需要保留一定的存货,以保证能在发生意外需求时按时供货,并可均衡生产,节省赶工的额外支出。因此,预算期间的生产量除保证市场销售外,还应考虑存货因素。其计算公式为:

$$预计生产量＝预计销售量＋预计期末存货量－预计期初存货量$$

式中:预计销售量根据销售预算的结果确定;预计期末存货量根据长期销售趋势确定,在实际工作中,一般是按事先估计的期末存货量占下期销售量的比例进行估算;预计期初存货量为上期期末存货量。

另外,在编制生产预算时,还应注意保持生产量、销售量、存货量之间合理的比例关系,以避免储备不足、产销脱节或超储积压等。

【例9-2】 M公司各季度的期末存货按下一季度销售量的10%计算,2009年度年初存货量为100件,预计下一年度(2010年)第一季度的销售量为3 000件。

根据以上资料,编制该公司2009年度生产预算,如表9-2所示。

表9-2

2009年度M公司生产预算　　　　　　　　数量单位:件

项　　目	第一季度	第二季度	第三季度	第四季度	全年	资料来源
预计销售量	1 000	1 500	2 000	2 500	7 000	表9-1
加:预计期末存货量	150	200	250	300	300	注
减:预计期初存货量	100	150	200	250	100	
预计生产量	1 050	1 550	2 050	2 550	7 200	

注:预计期末存货量＝下一季度预计销售量×10％。

生产预算在实际编制时由于产量受到生产能力的限制,存货数量受到仓库容量的限制,因而只能在此范围内安排存货数量和各期生产量。此外,有的季度可能销售量很大,要用赶工的方法增产,为此要多付加班费。如果提前在淡季生产,会因增加存货而多付资金利息。因此,要权衡两者得失,选择成本最低的方案。

3. 直接材料预算

直接材料预算是企业在预算期内关于材料采购量和采购金额的预算。直接材料预算的主要指标有材料生产需要量、材料预计采购量和预计采购金额。直接材料预算以生产预算为基础编制。

为保证生产供应,企业必须保持一定数量的材料库存。因此,在确定材料采购量时还需结合材料的库存情况。其计算公式为:

预计材料采购量＝(预计生产需要量＋预计期末库存量)－预计期初库存量

预计材料采购金额＝预计材料采购量×预计单价(不考虑增值税因素)

式中:预计生产需要量＝单位产品材料耗用量×预计生产量(预计生产量来自生产预算,
　　　　单位产品材料耗用量的数据来自标准成本资料或消耗定额资料)

在实际工作中,预计期末库存量通常按下期的预计需用量的一定比例估算;预计期初库存量为上期期末库存量。

为了便于编制现金预算,通常要考虑材料采购的现金支出,每个预算期材料采购的现金支出包括偿还上期应付账款和本期应支付的采购货款。

【例9-3】 M公司生产产品的材料单耗为10千克,材料单位成本为5元。根据以往经验,M公司各季度的材料期末库存量相当于下一季度生产需要量的10％,每季度材料采购款的付现率为60％,另外40％现金要到下季度再支付。2009年年初、年末库存量分别为3 000千克和2 500千克;2009年年初应付材料款为 20 000 元(不考虑增值税因素)。

根据以上资料,编制该公司 2009 年度直接材料预算,如表 9-3 所示。

表 9-3

2009 年度 M 公司直接材料预算　　　　　金额单位:元

项　　目		第一季度	第二季度	第三季度	第四季度	全年	资料来源
预计生产量(件)		1 050	1 550	2 050	2 550	7 200	表 9-2
材料单耗(千克/件)		10	10	10	10	10	
预计生产需要量(千克)		10 500	15 500	20 500	25 500	72 000	
加:预计期末库存量(千克)		1 550	2 050	2 550	2 500	2 500	注
减:预计期初库存量(千克)		3 000	1 550	2 050	2 550	3 000	
预计材料采购量(千克)		9 050	16 000	21 000	25 450	71 500	
材料单价(元/千克)		5	5	5	5	5	
预计材料采购金额		45 250	80 000	105 000	127 250	357 500	
预计现金支出	年初应付账款余额	20 000				20 000	年末应付账款余额为 127 250×40%＝50 900
	第一季度采购款	27 150	18 100			45 250	
	第二季度采购款		48 000	32 000		80 000	
	第三季度采购款			63 000	42 000	105 000	
	第四季度采购款				76 350	76 350	
	现金支出合计	47 150	66 100	95 000	118 350	326 600	

注:预计期末库存量 ＝ 下一季度预计生产需要量×10%。

4. 直接人工预算

直接人工预算是企业在预算期内关于直接人工费用的预算。直接人工预算的主要指标有直接人工工资和按直接人工工资的一定比例计算的其他直接费用。直接人工预算以生产预算为基础编制。其计算公式为:

预计直接人工工资＝预计生产量×单位产品工时定额×单位小时工资率

预计其他直接费用＝预计直接人工工资×计提比例

预计直接人工成本＝预计直接人工工资＋预计其他直接费用

式中:预计生产量数据来自生产预算;单位产品工时定额、单位小时工资率来自企业有关成本定额资料。

由于直接人工中的工资部分一般都是用现金支付,所以不需要另外预计现金支出,可直接参加现金预算的汇总;其他直接费用不一定在提取的当期用现金支付,应当进行适当调整。

【例 9-4】 M公司生产产品的单位工时定额为2小时,单位小时工资率为5元(不考虑其他直接费用因素)。

根据以上资料,编制该公司2009年度直接人工预算,如表9-4所示。

表9-4

2009 年度 M 公司直接人工预算

项　　目	第一季度	第二季度	第三季度	第四季度	全　年	资料来源
预计生产量(件)	1 050	1 550	2 050	2 550	7 200	表9-2
单位产品工时定额(小时)	2	2	2	2	2	
单位小时工资率(元/小时)	5	5	5	5	5	
预计直接人工成本(元)	10 500	15 500	20 500	25 500	72 000	

5. 制造费用预算

制造费用预算是企业在预算期内为完成生产预算所需各种间接费用的预算。它主要是在生产预算的基础上,按照费用项目及其上年预算执行情况,根据预算期降低成本费用的要求编制。

由于制造费用中有些费用如间接材料、间接人工等基本上与产品产量成正比例变动,而折旧费、修理费等在一定时期内基本稳定不变。因此,编制制造费用预算要比编制直接材料、直接人工预算复杂,在以变动成本法为基础编制制造费用预算时,通常分别编制变动制造费用预算和固定制造费用预算。

变动制造费用预算包括预算期费用总额的预算和分配两个部分,首先用预计生产量乘以单位标准费用额来计算各项变动制造费用预算额,然后加总即得变动制造费用预算总额;在此基础上,将变动制造费用预算总额在各种产品和各个季度之间进行分配。其计算公式为:

变动制造费用预算总额=Σ(预计生产量×单位标准费用额)

变动制造费用预算分配率=变动制造费用预算总额÷预计生产总量(工时总额)

各季度(产品)变动制造费用=变动制造费用预算分配率×各季度(产品)预计生产量(工时)

式中:预计生产量根据生产预算结果确定;单位标准费用额根据企业有关标准进行确定。

固定制造费用与本期产量无关,可以在上年的基础上根据预期变动趋势加以适当修正进行预计。

为了便于编制现金预算,还需要预计现金支出。在制造费用中,除折旧费外,一般都需支付现金。所以,根据每个季度制造费用数额扣除折旧费后,即可得出现金支出的费用。

【例9-5】 M公司预测2009年变动制造费用总额为57 600元(其中:间接人工36 000元,间接材料7 200元,水电费用14 400元),固定制造费用总额为66 000元(其中:管理人员薪酬26 000元,维修费用10 000元,办公费用10 000元,设备折旧费20 000元),其他条件同前例(因只生产一种产品,变动制造费用预算分配率按产量计算,以现金支付的各项制造费用均在当期付款)。

根据以上资料,编制该公司2009年度制造费用预算,如表9-5所示。

表9-5

2009年度M公司制造费用预算　　　　　　　金额单位:元

项目	第一季度	第二季度	第三季度	第四季度	全年	资料来源
预计生产量(件)	1 050	1 550	2 050	2 550	7 200	表9-2
变动制造费用分配率(元/件)	8	8	8	8	8	注
变动制造费用	8 400	12 400	16 400	20 400	57 600	
固定制造费用	16 500	16 500	16 500	16 500	66 000	
合计	24 900	28 900	32 900	36 900	123 600	
减:折旧费	5 000	5 000	5 000	5 000	20 000	
制造费用现金支出	19 900	23 900	27 900	31 900	103 600	

注:变动制造费用预算分配率 = 57 600 ÷ 7 200 = 8元/件。

6. 产品成本预算

产品成本预算是企业在预算期内生产产品所需的生产成本、单位成本和销售成本的预算,主要依据生产预算、直接材料预算、直接人工预算、制造费用预算等汇总编制。

产品成本预算的主要指标包括产品的单位成本和总成本(包括生产成本、销售成本和期末存货成本)。单位产品预算成本是预计的直接材料成本、直接人工成本和制造费用成本之和;生产成本、销售成本和期末存货成本分别是以单位产品预算成本乘以相应的数量。

产品成本预算应按各种产品进行编制。实际编制时还需考虑存货计价方法、在产品余额等问题。

【例9-6】 根据M公司的生产预算、直接材料预算、直接人工预算和制造费用预算,编制该公司 2009 年度产品成本预算。假设该公司的存货价格预算期内未发生变化,按变动成本法编制产品成本预算。该公司 2009 年度产品成本预算如表 9-6 所示。

表 9-6

2009 年度 M 公司产品成本预算　　　　金额单位:元

成本项目	单位用量	单价	单位成本	生产成本	销售成本	期末存货成本	资料来源
				7 200 件	7 000 件	300 件	表 9-2
直接材料	10 千克	5 元/千克	50	360 000	350 000	15 000	表 9-3
直接人工	2 小时	5 元/小时	10	72 000	70 000	3 000	表 9-4
变动制造费用			8	57 600	56 000	2 400	表 9-5
合　　计			68	489 600	476 000	20 400	

注:(1) 2009 年度预计生产量 7 200 件,预计销售量 7 000 件,预计期末存货量 300 件(见表 9-1)。
(2) 采用变动成本法,固定制造费用直接计入当期损益。

7. 期间费用预算

期间费用预算是企业在预算期内组织经营活动所必要的销售费用、管理费用和财务费用的预算。企业应当区分变动费用与固定费用、可控费用与不可控费用的性质,根据上年实际费用水平和预算期内的变化因素,结合费用开支标准和企业降低成本费用的要求,分项目、分责任单位进行编制。其中,科技开发费用以及业务招待费、会议费、宣传广告费等重要项目,应当重点列示。为简化起见,这里仅将销售费用预算和管理费用预算合并编制加以说明。

【例 9-7】 M 公司销售及管理费用的分配率平均为 5 元/件,预计 2009 年固定费用总额为 100 000 元。根据以上资料,编制该公司 2009 年度销售及管理费用预算,如表 9-7 所示(假设该公司预算期内的销售及管理费用均在当期支付)。

表 9-7

2009 年度 M 公司销售及管理费用预算　　　　金额单位:元

项　　目	第一季度	第二季度	第三季度	第四季度	全年	资料来源
预计销售量(件)	1 000	1 500	2 000	2 500	7 000	表 9-1
变动费用分配率(元/件)	5	5	5	5	5	
变动销售及管理费用	5 000	7 500	10 000	12 500	35 000	

(续表)

项目	第一季度	第二季度	第三季度	第四季度	全年	资料来源
固定销售及管理费用	25 000	25 000	25 000	25 000	100 000	
合计(现金支出)	30 000	32 500	35 000	37 500	135 000	

8. 期末存货预算

期末存货预算是企业在预算期末关于原材料、在产品、产成品等存货预计成本水平的预算。期末存货预算是以生产预算、直接材料预算、产品成本预算等为基础编制的,同时也为编制预计财务报表提供依据。

期末存货预算的主要指标包括存货的单位成本和总成本,通常本预算只编制年末预算,不编制分季度预算。

期末存货预算应按存货的具体项目分别进行编制。实际编制时还需考虑存货计价方法、在产品余额等问题。为简化起见,本例假定期末在产品存货为零。

【例9-8】 根据M公司的生产预算、直接材料预算和产品成本预算,编制2009年度期末存货预算。假设该公司的存货价格期初及预算期内均未发生变化,按变动成本法编制期末存货预算。该公司2009年度期末存货预算如表9-8所示。

表9-8

2009年度M公司期末存货预算　　　　　　　　金额单位:元

项目	单位成本	期初存货量	期末存货量	期初存货成本	期末存货成本	资料来源
原材料存货	5元/千克	3 000千克	2 500千克	15 000	12 500	表9-3
产成品存货	68元/件	100件	300件	6 800	20 400	表9-2,表9-6
合计				21 800	32 900	

9. 其他业务预算

企业在预算期内除了上述生产经营活动可能形成现金收入和现金支出外,还可能有其他业务发生现金收入和现金支出。为了便于编制现金预算,对于这些收入和支出也应分别编制其他业务预算,包括其他现金收入预算和其他现金支出预算等。如企业预交所得税、预付现金股利等,可编制其他现金支出预算。

【例9-9】 M公司2009年将预交所得税5 000元,预付现金股利4 000元。根据以上资料,编制该公司2009年度其他现金支出预算,如表9-9所示。

表9-9

2009年度 M 公司其他现金支出预算　　　金额单位：元

项　　目	第一季度	第二季度	第三季度	第四季度	全　年
预交所得税	1 250	1 250	1 250	1 250	5 000
预付现金股利	1 000	1 000	1 000	1 000	4 000
合　　计	2 250	2 250	2 250	2 250	9 000

（二）资本预算和筹资预算

如前所述，资本预算主要包括固定资产投资预算、权益性资本投资预算和债券投资预算。资本预算应当根据本单位有关投资决策资料和年度投资计划编制。其中，固定资产投资预算是一般企业都需要编制的一种资本预算。固定资产投资预算是企业在预算期内购建、改建、扩建、更新固定资产进行资本投资的预算，应当根据本单位有关固定资产投资决策资料和年度固定资产投资计划编制。筹资预算主要依据企业有关资金需求决策资料、发行债券审批文件、期初借款余额及利率等编制。

这里为简化起见，以固定资产投资决策为例，将固定资产投资预算和筹资预算合并编制。

【例9-10】　M 公司为了扩大生产规模，决定引进一条新的生产线，2009年年内进行安装调试，年末交付使用。该项投资分次支付，具体金额详见表9-10。为筹集项目投资所需资金，企业将于2009年年初发行票面利率为10％的两年期公司债券40 000元，每年末一次付息。根据上述资料，编制 M 公司2009年度固定资产投资预算和筹资预算，如表9-10所示。

表9-10

2009年度 M 公司固定资产投资预算和筹资预算　　金额单位：元

项　　目	第一季度	第二季度	第三季度	第四季度	全　年
固定资产投资	3 000	4 000	10 000	20 000	37 000
发行公司债券	40 000				40 000
支付利息				4 000	4 000
现金支出合计	3 000	4 000	10 000	24 000	41 000
现金收入合计	40 000				40 000

注：该投资项目的建设期为1年，公司当年的债券利息4 000元（40 000×10％×1）应予资本化，计入固定资产原值。预算期完工的固定资产价值41 000元（37 000＋4 000）。

（三）财务预算

1. 现金预算

现金预算的内容包括现金收入、现金支出、现金余缺与资金融通、期末现金余额四个部分。

（1）现金收入。现金收入包括预算期初的现金余额和预算期内预计取得的现金收入。预计取得的现金收入，如现销收入、收回应收款项等。

（2）现金支出。现金支出指预算期内预计发生的现金支出，如采购材料、支付职工薪酬、偿还应付款项、购买设备等。

（3）现金余缺与资金融通。现金余缺指预算期现金收支相抵后的余额；资金融通指现金的筹集或运用数额。根据预算期初现金余额和预算期内现金收入及支出，确定预算期现金余缺数额；根据现金余缺数额及企业所规定的预算期末最低现金余额，确定现金的筹集或运用数额。如果现金短缺，企业应设法筹集，如抛售有价证券或向银行借款等；如果有现金结余，企业可在偿还利息和借款本金后进行短期投资等，以达到充分利用现金的目的。

（4）期末现金余额。以现金余缺数额加上现金的筹集数额减去现金的运用数额，最终确定预算期末现金余额。

现金预算的编制方法通常采用现金收支法。现金收支法是一种分别列示预算期内现金收入和支出的预算编制方法。这种方法具有直观、简便、便于控制和分析现金预算执行情况等特点。

采用现金收支法，现金预算以业务预算、资本预算和筹资预算为基础进行编制，实际上是其他预算有关现金部分的汇总以及收支差额平衡措施的具体计划。现金预算编制流程如图9-2所示。

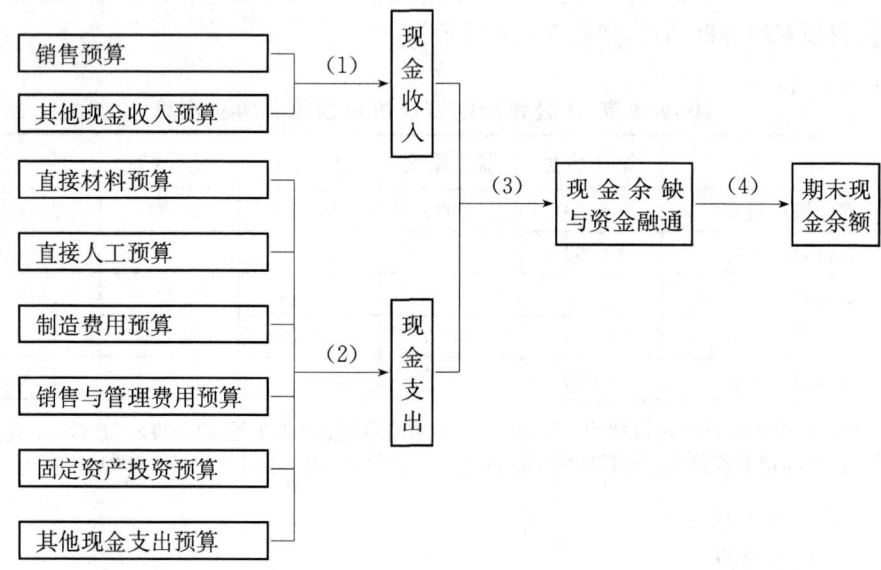

图9-2 现金预算编制流程

从图 9-2 可见，现金预算编制流程为：① 根据销售预算及其他现金收入预算等确定预算期内现金收入；② 根据直接材料预算、直接人工预算、制造费用预算、销售与管理费用预算、固定资产投资预算和其他现金支出预算等确定预算期内现金支出；③ 根据预算期现金余缺与资金融通状况，确定现金的筹集或运用数额；④ 最终确定预算期末现金余额。

【例 9-11】 M 公司按年分季编制现金预算。2009 年年初现金余额为 10 000 元，该公司规定年末最低现金余额为 10 000 元。根据前面业务预算、资本预算和筹资预算的相关数据，编制该公司 2009 年度现金预算，如表 9-11 所示。

表 9-11

2009 年度 M 公司现金预算　　　　　金额单位：元

项　目	第一季度	第二季度	第三季度	第四季度	全年	资料来源
(1) 期初现金余额	10 000	17 200	12 800	11 850	10 000	
(2) 销货现金收入	80 000	130 000	180 000	230 000	620 000	表 9-1
(3) 可运用现金合计	90 000	147 200	192 800	241 850	630 000	(3)=(1)+(2)
(4) 经营性现金支出	109 800	140 250	180 650	215 500	646 200	
采购直接材料	47 150	66 100	95 000	118 350	326 600	表 9-3
支付直接人工	10 500	15 500	20 500	25 500	72 000	表 9-4
支付制造费用	19 900	23 900	27 900	31 900	103 600	表 9-5
支付销售及管理费用	30 000	32 500	35 000	37 500	135 000	表 9-7
预交所得税	1 250	1 250	1 250	1 250	5 000	表 9-9
预分股利	1 000	1 000	1 000	1 000	4 000	表 9-9
(5) 资本性现金支出	3 000	4 000	10 000	20 000	37 000	表 9-10
(6) 现金支出合计	112 800	144 250	190 650	235 500	683 200	(6)=(4)+(5)
(7) 现金余缺	-22 800	2 950	2 150	6 350	-53 200	(7)=(3)-(6)
(8) 资金筹集与运用	40 000	9 850	9 700	5 550	65 100	
加：发行公司债券	40 000				40 000	表 9-10
银行短期借款		10 000	10 000	10 000	30 000	期初借款
减：支付贷款利息		150	300	450	900	季末付息
支付公司债券利息				4 000	4 000	表 9-10
(9) 期末现金余额	17 200	12 800	11 850	11 900	11 900	(9)=(7)+(8)

注：本例中该企业要保证年末最低现金余额 10 000 元，不足此数向银行借款，假设银行短期借款年利率为 6%，期初借款，每季末付息。

2. 预计利润表

编制预计利润表,能够反映企业在预算期内营业收入、营业成本、期间费用、利润总额、所得税、净利润等指标。预计利润表可以按年编制,也可分季度进行编制。

【例 9-12】 按变动成本法编制 2009 年度 M 公司预计利润表,如表 9-12 所示。

表 9-12

2009 年度 M 公司预计利润表　　　　　　金额单位:元

项　　目	金　　额	资 料 来 源
销售收入	700 000	表 9-1
减:变动销售成本	476 000	表 9-6
变动销售及管理费用	35 000	表 9-7
固定制造费用	66 000	表 9-5
固定销售及管理费用	100 000	表 9-7
财务费用	900	表 9-11
利润总额	22 100	
减:所得税(税率 25%)	5 525	
净利润	16 575	

3. 预计资产负债表

编制预计资产负债表的目的在于判断预算反映的财务状况的稳定性和流动性。如果通过预计资产负债表的分析,发现某些财务比率不佳,必要时可调整预算,以改善财务状况。预计资产负债表可以按年编制,也可分季度进行编制。

【例 9-13】 编制 2009 年度 M 公司预计资产负债表。根据利润预算结果,2009 年度预计提取盈余公积 2 500 元,应向投资者分配现金股利 5 000 元。根据以上资料,编制 2009 年度 M 公司预计资产负债表,如表 9-13 所示。

表 9-13

2009 年度 M 公司预计资产负债表　　　　　　金额单位:元

资　产	年初数	年末数	资料来源	负债和所有者权益	年初数	年末数	资料来源
流动资产:				流动负债:			
货币资金	10 000	11 900	表 9-11	短期借款	0	30 000	表 9-11
应收账款	20 000	100 000	表 9-1	应付账款	20 000	50 900	表 9-3

(续表)

资产	年初数	年末数	资料来源	负债和所有者权益	年初数	年末数	资料来源
存货	21 800	32 900	表9-8	应交税费	0	525	注(1)
				应付股利	0	1 000	注(2)
流动资产合计	51 800	144 800		流动负债合计	20 000	82 425	
非流动资产:				非流动负债			
固定资产	190 000	211 000		长期借款	0		
固定资产原值	200 000	241 000	表9-10	应付债券	0	40 000	表9-10
减:累计折旧	10 000	30 000	表9-5				
非流动资产合计	190 000	211 000		非流动负债合计	0	40 000	
				负债合计	20 000	122 425	
				所有者权益:			
				实收资本	200 000	200 000	
				资本公积	10 000	10 000	
				盈余公积	6 000	8 500	
				未分配利润	5 800	14 875	注(3)
				所有者权益合计	221 800	233 375	
资产总计	241 800	355 800		负债和所有者权益总计	241 800	355 800	

注:(1) 为简化起见,本例中的应交税费仅指应交所得税。根据表9-9及表9-12,企业已预交所得税5 000元,全年应交所得税为5 525元,则期末未交所得税为5 525－5 000＝525元。

(2) 根据表9-9及本例资料,企业已预付现金股利4 000元,应付现金股利5 000元,则期末未付现金股利为5 000－4 000＝1 000元。

(3) 根据表9-12及本例资料,企业预算期末未分配利润＝5 800＋16 575－2 500－5 000＝14 875元。

第三节 财务预算的组织实施

财务预算管理是一个系统工程,它包括预算编制、审批、执行、调整、分析、考核等环节。系统运行的各个环节相辅相成,缺一不可。如果只注重财务预算的编制,而忽略财务预算管理的其他环节,那么再好的财务预算也会成为一纸空文。企业应加强对财务预算各环节的控制,认真组织实施财务预算,以提高预算的科学性和严肃性,确保企业财务目标的实现。

一、财务预算的执行控制

(1) 企业财务预算一经批复下达,各预算执行单位就必须认真组织实施,将财务预算指标层层分解,从横向和纵向落实到内部各部门、各单位、各环节和各岗位,形成全方位的财务预算执行责任体系。

(2) 企业应当将财务预算作为预算期内组织、协调各项经营活动的基本依据,将年度预算细分为月份和季度预算,以分期预算控制确保年度财务预算目标的实现。

(3) 企业应当强化现金流量的预算管理,按时组织预算资金的收入,严格控制预算资金的支付,调节资金收付平衡,控制支付风险。对于预算内的资金拨付,按照授权审批程序执行。对于预算外的项目支出,应当按财务预算管理制度规范支付程序。对于无合同、无凭证、无手续的项目支出,不予支付。

(4) 企业应当严格执行销售(或营业)、生产和成本费用预算,努力完成利润指标。在日常控制中,企业应当健全凭证记录,完善各项管理规章制度,严格执行生产经营月度计划和成本费用的定额、定率标准,加强适时的监控。对预算执行中出现的异常情况,企业有关部门应及时查明原因,提出解决办法。

(5) 企业应当建立财务预算报告制度,要求各预算执行单位定期报告财务预算的执行情况。对于财务预算执行中发生的新情况、新问题及出现偏差较大的重大项目,企业财务管理部门以及财务预算委员会应当责成有关预算执行单位查找原因,提出改进经营管理的措施和建议。

(6) 企业财务管理部门应当利用财务报表监控财务预算的执行情况,及时向预算执行单位、企业财务预算委员会以至董事会或经理办公会提供财务预算的执行进度、执行差异及其对企业财务预算目标的影响等财务信息,促进企业完成财务预算目标。

二、财务预算的调整

(1) 企业正式下达执行的财务预算,一般不予调整。财务预算执行单位在执行中由于市场环境、经营条件、政策法规等发生重大变化,致使财务预算的编制基础不成立,或者将导致财务预算执行结果产生重大偏差的,可以调整财务预算。

(2) 企业应当建立内部的弹性预算机制,对于不影响财务预算目标的业务预算、资本预算、筹资预算之间的调整,企业可以按照内部授权批准制度执行,鼓励预算执行单位及时采取有效的经营管理对策,保证财务预算目标的实现。

(3) 企业调整财务预算,应当由预算执行单位逐级向企业财务预算委员会提出书面报告,阐述财务预算执行的具体情况、客观因素变化情况及其对财务预算执行造成的影响程度,提出财务预算的调整幅度。

企业财务管理部门应当对预算执行单位的财务预算调整报告进行审核分析,集中编制企业年度财务预算调整方案,提交财务预算委员会以至企业董事会或经理办公会审议批准,然后下达执行。

母公司审议批准的财务预算调整方案,应当在下达执行 15 日内报送主管财政机关备案。

(4) 对于预算执行单位提出的财务预算调整事项,企业进行决策时,一般应当遵循以下要求:预算调整事项不能偏离企业发展战略和年度财务预算目标;预算调整方案应当在经济上能够实现最优化;预算调整重点应当放在财务预算执行中出现的重要的、非正常的、不符合常规的关键性差异方面。

三、财务预算的分析与考核

(1) 企业应当建立财务预算分析制度,由财务预算委员会定期召开财务预算执行分析会议,全面掌握财务预算的执行情况,研究、落实解决财务预算执行中存在问题的政策措施,纠正财务预算的执行偏差。

(2) 开展财务预算执行分析,企业财务管理部门及各预算执行单位应当充分收集有关财务、业务、市场、技术、政策、法律等方面的有关信息资料,根据不同情况分别采用比率分析、比较分析、因素分析、平衡分析等方法,从定量与定性两个层面充分反映预算执行单位的现状、发展趋势及其存在的潜力。

针对财务预算的执行偏差,企业财务管理部门及各预算执行单位应当充分、客观地分析产生的原因,提出相应的解决措施或建议,提交董事会或经理办公会研究决定。

(3) 企业财务预算委员会应当定期组织财务预算审计,纠正财务预算执行中存在的问题,充分发挥内部审计的监督作用,维护财务预算管理的严肃性。

财务预算审计可以全面审计,或者抽样审计。在特殊情况下,企业也可组织不定期的专项审计。

审计工作结束后,企业内部审计机构应当形成审计报告,直接提交财务预算委员会以至董事会或者经理办公会,作为财务预算调整、改进内部经营管理和财务考核的一项重要参考。

(4) 预算年度终了,财务预算委员会应当向董事会或者经理办公会报告财务预算执行情况,并依据财务预算完成情况和财务预算审计情况对预算执行单位进行考核。

企业内部预算执行单位上报的财务预算执行报告,应经本部门、本单位负责人按照内部议事规范审议通过,作为企业进行财务考核的基本依据。母公司财务预算执行报告应当在年度财务会计报告编妥后20日内报送主管财政机关备案。

企业财务预算按调整后的预算执行,财务预算完成情况以企业年度财务会计报告为准。

(5) 企业财务预算执行考核是企业效绩评价的主要内容,应当结合年度内部经济责任制考核进行,与预算执行单位负责人的奖惩挂钩,并作为企业内部人力资源管理的参考。

本章小结

企业财务预算是在预测和决策的基础上,围绕企业战略目标,对一定时期内企业资金取得和投放、各项收入和支出、企业经营成果及其分配等资金运动所作的具体安排。它主要以现金预算、预计资产负债表和预计利润表等形式反映。本章从企业应当实行财务预算管理的要求出发,阐明财务预算管理的组织机构和基本内容,重点介绍了财务预算的编制依据、编制程序和方法,并对财务预算的执行控制、调整、分析与考核进行了简要的介绍。

案　　例

大亚湾核电站预算管理案例分析

广东核电集团有限公司控股经营的大亚湾核电站是国家的第一座大型商用核电站,从开工建设以来就一直非常重视预算管理的运用。基建期设立投资预算管理机构进行专门预算管理,1994年进入商业运营期以后在核电站推行预算管理,从1997年开始在全公司推行全面预算管理,至今已建立起一整套行之有效的、以成本为中心的全面预算管理体制。核电站推行预算管理取得了巨大的经济效益,据统计,从1997~2002年,年平均节省资金9 232万元人民币。

一、预算管理的方法

针对核电站运行管理的特点,大亚湾核电站采用了"零基预算"的管理方法。这样做的优点是成本中心每年在预算申报时都需对以往的工作进行进一步的检查、讨论,同时亦可有效消除"今年存在或开支的费用支出在下一年度就一定存在"的成本费用开支习惯性心理,所有项目均需重新审视其开支的合理性。采用"零基预算"管理方法的难点是所有项目均需重新审视,工作量极大,而且效率低,时效性差,投入成本巨大。为了避免上述问题,他们在设计公司预算运作模式的时候,采取"折中"办法,即对新的项目、重要的项目(5万美元以上)全部采用"零基预算"进行管理,对其他项目采用"滚动预算"进行管理,同时采取年度预算编制、年中预算调整、预算变更等具体的工作方式来使预算与实际工作相匹配,真正起到通过工作计划来编制预算又通过预算来完善工作计划的作用。

二、预算管理的组织建设

核电站的预算管理功能通过设立各级成本中心组织来实现。成本中心责任管理体系是按照统一领导,分级管理的原则,并根据技术特点和管理要求而设置的。目前,公司预算管理组织分为决策、管理和执行三个层次,决策层是董事会,管理层是总经理部,执行层是各级职能部门。总经理部委托财务部实施公司预算归口管理。

预算管理的执行层又划分为三级成本中心,即部级成本中心、处级成本中心和科级成本中心。对于临时性的较大项目或跨处的工程项目,可设置单独的、临时的成本中心,项目经理为该成本中心的负责人。每个成本中心的负责人由各级机构负责人担任,同时指定专人为兼职预算员,协助成本中心负责人的日常预算管理或其他经济管理工作。

三、预算管理的制度建设

按照预算管理的要求,公司制定了各种程序和制度,从各方面对预算管理作出了明确规定。按照经济业务的不同,分别制定了《生产预算编制与执行程序》、《资本性预算编制与执行程序》、《材料采购预算编制与执行程序》等专门规定,用以指导各预算的具体执行,同时还颁布了《成本中心运作管理规定》,规范成本中心的职责和权利。

四、预算管理循环

核电站的预算管理遵循"工作计划——预算编制——立项——承诺——支付——反馈"的管理循环。

1. 工作计划

工作计划是一切预算形成的基础,离开工作计划编制出来的预算不是真正的预算,是无法执行的预算。

2. 预算编制

每年8月,财务部向公司各级成本中心负责人下达下一年度的《预算编制计划大纲》,并开展相关的在岗业务培训,各级成本中心负责人及预算协调员在接受在岗业务培训和阅读理解该大纲的基础上,开展年度预算的编制与申报工作;整个公司年度预算的编制工作以各级成本中心为单位付诸实施,并逐级申报、审议,最后报送至财务部。预算编制过程中,财务部成本处及各部预算归口单位的预算协调员将按预算大纲中的协调计划进行预算编制协调工作,而各级成本中心在预算编制过程中也可与财务部成本处随时保持联络与沟通,以便财务部成本处能够掌握充足的信息,随时进行必要的协助。

3. 立项

所有项目实施前均应按《合同采购手册》等公司章程中的规定进行立项申请。各级成本中心应在保证确有预算的情况下填制立项申请单,编码并签字,然后送有关授权成本中心负责人批准。对于无预算的项目,各级成本中心的预算协调员应先进行"预算变更申请单"的填制报批工作。各级成本中心的预算协调员应对有关立项予以记录,并定期与预算管理计算机系统的数据或与财务部成本处核对分析。

4. 承诺

在立项申请获得批准之后,公司商务部门将组织对外询价、签订合同的活动。商务部门申请的"合同推荐"除按程序逐步审批外,还需经过原申请立项的各部预算归口管理单位在"签订合同/订单推荐书"的"预算控制栏"签字认可。各部预算归口管理单位应对有关"合同推荐"予以记录,并定期与预算管理计算机系统的数据或与财务部成本处核对分析。

5. 支付

商务部门申请的合同支付除按程序逐步审批外,还需经过原申请立项的各部预算归口管理单位在"支付申请单"的预算控制栏签字认可。各部预算归口管理单位应对有关合同支付资料予以记录,并定期与预算管理计算机系统的数据或与财务部成本处核对分析。

6. 反馈

预算反馈包括对预算执行情况实行定期分析、报告与考核。财务部成本处按月、年汇总编制分析报告,包括《预算执行情况及成本分析月报》、《年度预算执行情况分析表》、《预算年度成本与往年同期成本费用对比分析表》和《年度预算控制回顾》报告等,汇总分析公司生产经营、财务状况的重要信息及各成本中心的运作状况,揭示发展趋势及重大异常现象,报财务部经理、总经理部审核批示。财务部成本处每月按成本中心提供预算监控报告,发送各级成本中心,以便各级成本中心掌握预算开支情况,了解各申请项目的具体执行情况,促使各项目按原计划日期及时完成并办理支付。

公司制度规定,公司严格执行"没有预算不能立项,没有立项不能承诺,没有承诺不能支付",同时通过预算系统的在线监控,保证公司业务按计划开展,促进公司目标的顺利实现。

五、预算管理计算机系统

为了保证预算管理的顺利进行,必须建立计算机网络管理系统。公司将预算管理系统作为财务系统的一个管理子模块,将预算管理系统与财务系统紧密结合的一个显著优势,就是预算管理系统能随时接受财务系统内的数据支持。通过分级授权控制技术和独立的数据库结构来保证会计数据与预算数据的独立性和安全性。目前,公司预算管理计算机系统包括生产预算系统(OBS)、更新改造预算系统(PBS)、材料采购预算系统(MBS)、财务预算系统(FBS)、人力资源预算系统(HBS)和管理信息系统(MIS)。所有成本中心负责人及预算协调员都可以通过网络,按财务部成本处预先授予的 ID 和密码,随时从预算管理计算机系统中进行成本中心相关信息的查询与维护。通过预算管理计算机系统,各级成本中心都能随时了解成本中心的预算、立项、承诺、支付情况,加强预算控制管理。

六、预算管理发展方向

为了在预算管理及成本控制方面有所突破,公司认为需要引进新的管理理念与方法。通过研究、比较国内外核电站的预算管理模式,公司决定引入作业预算(ABB)的预算管理方法,即将预算着眼于业务活动上,通过对活动链的控制、分析来加强公司成本控制,实现作业预算管理(ABBM),为公司最终实现作业管理(ABM)奠定基础。

资料来源:http://www.studa.net/kongzhi/060803/12000411.html。有改动。

复习思考题

1. 什么是财务预算?为什么要编制财务预算?
2. 什么是全面预算?试析财务预算与全面预算的关系。
3. 简要说明财务预算的编制程序。
4. 财务预算的编制方法有哪些?
5. 业务预算包括哪些内容?试析业务预算的编制程序。
6. 试析现金预算的编制目的与编制方法。
7. 简要说明预计利润表、预计资产负债表的编制方法。
8. 结合企业实际,谈谈如何确保财务预算的有效执行。

习 题

一、单项选择题

1. 下列各项预算中,构成全面预算体系最后环节的是(   )。

A. 资本预算　　B. 业务预算　　C. 财务预算　　D. 筹资预算

2. 预计资产负债表属于企业的(　　)。

　　A. 业务预算　　B. 财务预算　　C. 资本预算　　D. 现金预算

3. 现金预算中不能反映(　　)。

　　A. 资本性支出　B. 资金筹措　　C. 损益情况　　D. 现金余缺

4. 某企业编制销售预算,上期销售收入为200万元,预计预算期销售收入为500万元,销售收入的60%会在本期收到,40%将在下期收到,则预算期的经营现金收入为(　　)万元。

　　A. 500　　　　B. 380　　　　C. 300　　　　D. 120

5. 某企业编制直接材料预算。预计预算年度第四季度期初库存量为10吨,该季度生产需用量为50吨,预计期末库存量为40吨,材料单价为200元/吨。若材料采购货款有60%在本季度内付清,另外40%在下季度付清。假设不考虑其他因素,则该企业预算年度年末应付账款余额为(　　)元。

　　A. 8 000　　　B. 6 400　　　C. 3 200　　　D. 1 600

6. 下列各项中,不属于业务预算的是(　　)。

　　A. 生产预算　　B. 产品成本预算　C. 资本预算　　D. 销售预算

7. 在"以销定产"的情况下,(　　)是企业业务预算乃至全面预算的编制起点。

　　A. 销售预算　　B. 生产预算　　C. 财务预算　　D. 筹资预算

8. 销售费用预算的主要编制基础是(　　)。

　　A. 销售预算　　B. 现金预算　　C. 财务预算　　D. 生产预算

二、多项选择题

1. 财务预算能使决策目标(　　)。

　　A. 定性化　　　B. 定量化　　　C. 系统化　　　D. 具体化

2. 直接以生产预算为基础编制的预算包括(　　)。

　　A. 产品成本预算　　　　　　B. 筹资预算
　　C. 直接材料预算　　　　　　D. 直接人工预算

3. 资本预算包括(　　)。

　　A. 权益性资本投资预算　　　B. 固定资产投资预算
　　C. 现金预算　　　　　　　　D. 债券投资预算

4. 下列各项中,属于产品成本预算编制基础的有(　　)。

　　A. 制造费用预算　　　　　　B. 直接材料预算
　　C. 直接人工预算　　　　　　D. 管理费用预算

5. 下列各项中,属于预计资产负债表期末数编制依据的有(　　)。
   A. 现金预算　　B. 资本预算　　C. 期末存货预算　D. 筹资预算
6. 下列各项中,属于财务预算编制方法的有(　　)。
   A. 固定预算　　B. 弹性预算　　C. 变动预算　　D. 概率预算
7. 全面预算包括(　　)。
   A. 业务预算　　B. 资本预算　　C. 筹资预算　　D. 财务预算
8. 销售预算所能反映的预算指标包括(　　)。
   A. 预算期销售收入　　　　　B. 预计销售成本
   C. 预计销售量　　　　　　　D. 预计应收账款

三、判断题

1. 财务预算具有资源配置的功能。　　　　　　　　　　　　　　(　　)
2. 财务预算是全面预算体系的最后环节,是预算的核心内容,在全面预算中占有举足轻重的地位。　　　　　　　　　　　　　　　　　　　　(　　)
3. 资本预算不会影响到现金预算。　　　　　　　　　　　　　　(　　)
4. 生产预算是在销售预算的基础上编制的,生产预算中各季度的预计生产量应该等于各季度的预期销售量。　　　　　　　　　　　　　　　　(　　)
5. 预计财务报表的编制程序是先编制预计利润表,然后编制预计资产负债表。　　　　　　　　　　　　　　　　　　　　　　　　　　　　(　　)
6. 由于工资一般都是使用现金支付,所以直接人工预算不需要另外预计现金支出,可直接参加现金预算的汇总。　　　　　　　　　　　　　　(　　)
7. 企业法定代表人应当对企业财务预算的管理工作负总责。　　(　　)
8. 预计资产负债表是以货币形式综合反映预算期内企业经营活动成果计划水平的一种财务预算。　　　　　　　　　　　　　　　　　　　　(　　)

第十章 财务分析

本章结构图

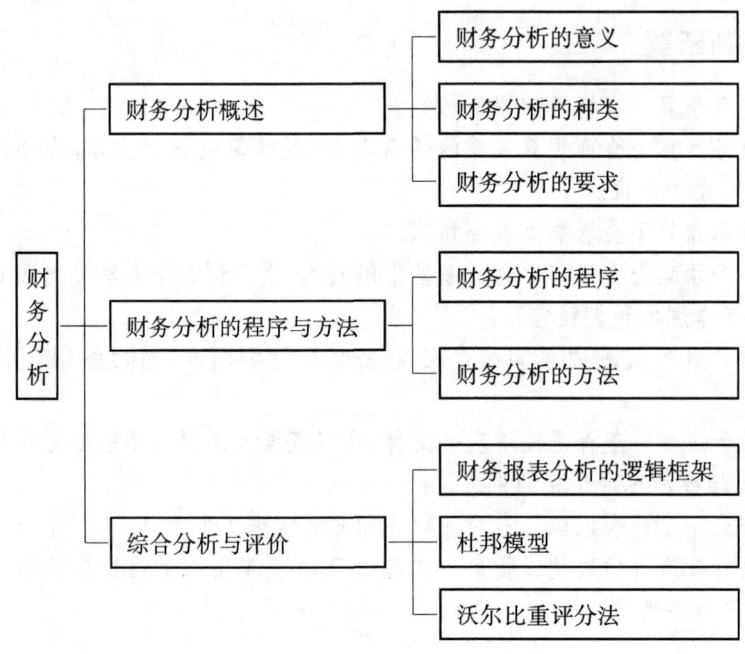

第十章 财务分析

本章学习目标

- 了解财务分析的意义
- 熟悉财务分析的种类
- 熟悉财务分析的要求
- 熟悉财务分析的程序
- 掌握财务分析的定量分析方法
- 掌握财务报表分析的逻辑框架
- 掌握杜邦模型在财务分析中的应用
- 掌握企业效绩评价指标体系的构成及其应用

财务分析是以会计核算资料为主要依据,采用专门的方法,对企业价值运动的情况和结果进行分析和评价,整理出有用的信息,供决策者使用的过程。

第一节 财务分析概述

明确财务分析的意义与要求,卓有成效地开展财务分析,对完成财务管理的任务至关重要。

一、财务分析的意义

做好财务分析工作,具有以下重要意义。

(1)可以评价企业的经营效绩。财务分析是个认识过程,认识过程是分析和综合的统一。通过一系列相互联系的财务指标的计算、分析和研究,可以了解企业的财务状况、经营成果和现金流量情况,掌握企业的偿债能力、盈利能力、营运能力和发展能力等重要信息,从而对企业的经营效绩作出全面客观的评价。

(2)可以促进企业财务管理目标的实现。财务分析是一种检查手段。通过财务分析,能够透过现象看本质,深入揭示企业生产经营活动中存在的问题和原因,分析影响财务管理目标实现的各种因素,指明需要详细调查和研究的具体事项,提出解决问题、改进工作的措施和建议,总结过去,控制现在,规划未来,促进企业改善经营管理,努力实现财务管理的目标。

(3)可以为企业有关各方提供有用的信息。企业价值运动涉及生产经营活动的各个方面,体现了企业与有关各方的经济利益联系。投资者、债权人、政府管理部门、业务关联企业等都需要借助财务分析获得对决策有用的信息。通过财务分析,可以满足有关各方的不同需要。

二、财务分析的种类

财务分析可以按照不同的标志进行分类,主要有以下几种。

1. 按照分析时间的不同,财务分析可以分为定期分析和不定期分析。

定期分析在时间上比较固定,主要是指月末、季末、半年末和年末进行的分析。不定期分析又称日常分析,它没有固定的时间,是根据管理的需要随时进行的分析。

2. 按照分析范围的不同,财务分析可以分为全面分析和专题分析。

全面分析也称综合分析,是指对企业生产经营活动的总体情况所进行的分析。专题分析是指根据管理的需要,对某一重要问题或专门问题进行的重点和深入的分析。

3. 按照分析形式的不同,财务分析可以分为书面分析、图表分析和现场分析。

书面分析是通过编制财务分析报告进行的。图表分析需要绘制形象化的图表,配以详实的数据和简明扼要的文字,生动地展现分析结论,文字、图表要清晰,使人看了一目了然。现场分析是深入实际,召开有关人员参加的现场会议,针对企业生产经营活动中的某个环节或问题及时进行的分析。

此外,按照分析内容的不同,财务分析还可以分为资金状况分析、资产质量分析、投资效果分析、成本费用分析、盈利分析和现金流量情况分析等。

以上各种财务分析既有区别,又有联系,在实际工作中应当相互结合起来加以运用,以充分发挥财务分析的重要作用。

三、财务分析的要求

进行财务分析,应当符合以下要求。

(一)坚持唯物辩证法

必须将唯物辩证法贯穿于财务分析的全过程中。

坚持实事求是,一切从实际出发,不搞数字游戏。

坚持全面地看问题,既要看到成绩,又要看到问题;既要看到有利因素,又要看到不利因素;既要看到主观因素,又要看到客观因素;既要看到经济因素,又要看到技术因素;既要看到外部因素,又要看到内部因素。反对以偏概全,一叶障目,不见泰山。

坚持相互联系地看问题。例如,注意分析局部与全局、偿债能力与盈利能力、经营成果与现金流量、风险与报酬等的关系。

坚持发展地看问题。鉴往知来,有战略眼光,在动态中规避风险,把握机遇,不断拓展企业生存和发展的更大空间。

(二)坚持定量分析和定性分析相结合

定性分析是基础和前提,它是分析人员根据自己的知识和经验以及对企业内、外情况的了解所作出的初步分析和判断。定量分析是工具和手段,它是分析人员运用一定的数学方法和分析技巧,借助有关指标和数学模型所作出的量化分析。进行财务分析,必须坚持以定量分析为主,并将定量分析和定性分析有机结合起来。

第二节 财务分析的程序与方法

财务分析是一项复杂而又重要的工作,需要按照一定的程序,并依据分析的目的以及所掌握的资料,采用适当的方法进行财务分析。

一、财务分析的程序

开展财务分析活动,一般应经过以下四个步骤。

(一)明确分析目的

进行财务分析,首先要明确分析的目的,这是收集资料、决定分析内容和方法的前提。

(二)收集、整理相关的资料

根据分析目的,收集、整理相关的资料,如企业的财务会计报告以及其他资料。不仅要有现实资料,还要有历史资料;不仅要有总括资料,还要有详细资料;确保资料真实、完整,能够满足财务分析的需要。

(三)运用具体方法进行分析

在掌握资料的基础上,采用适当的分析方法进行分析,揭示各信息之间的相互关系。

(四)作出分析结论

对分析结果加以解释和判断,编制财务分析报告,作出分析结论,为决策者提供参考依据。

财务分析报告,是对单位财务活动及其结果进行分析的书面总结材料。一般而言,财务分析报告的基本结构是:

(1)反映基本情况,使决策部门对分析对象有一个基本印象。

(2)分析影响因素,特别要对主要问题存在的原因进行重点分析。

(3)作出财务评价,评价要实事求是,重点突出,肯定取得的成绩,指出存在的问题,总结经验和教训。

(4) 提出工作建议,改进的措施要切实可行。

编写财务分析报告要求做到:

一是要抓住主要矛盾,实事求是地反映问题。一定要在充分掌握材料的基础上,找出关键问题。

二是要注意材料和观点的统一。要求根据对材料的详细分析,阐明观点,得出正确的分析结论。

三是文句要简练、准确、清晰,层次分明。

二、财务分析的方法

常用的定量分析方法主要有比较分析法、结构分析法、因素分析法和比率分析法。

(一) 比较分析法

比较分析法是通过实际数与基数的对比,揭示其差异或变动趋势的一种方法。

1. 按对比基数的不同,比较分析可分为差异分析、趋势分析和横向比较分析

(1) 差异分析。将实际数与计划、预算、定额相比较,称为差异分析,可以揭示计划、预算、定额的执行情况。

(2) 趋势分析。将当期实际数与历史资料相比较,称为趋势分析,可以考察经济活动的发展变化情况。

(3) 横向比较分析。为了加深对企业价值运动的认识,还需要和其他同类企业进行比较。比较时,需要从多方面观察、对比,并加以综合地反映,才能有较全面的了解。这种综合的对比研究一般没有固定的格式,需要根据不同的对象、不同的目的和要求,加以灵活运用。例如,将本企业财务指标的实际数与行业先进水平、行业平均水平或同类企业的有关数据比,就是横向比较分析的典型运用。通过比较,可以发现差距,及时采取有效措施,改进经营管理,提高经营业绩。

2. 按比较内容的不同,比较分析可分为总量比较、结构比较和比率比较

(1) 总量比较。用绝对数进行比较,如用企业的资产总额、利润总额、成本总额进行比较等。

(2) 结构比较。用结构相对数进行比较,如用企业的资产结构、资本结构、成本结构进行比较等。

(3) 比率比较。用财务比率进行比较,如用企业的净资产收益率、总资产报酬率进行比较等。

采用比较分析法时,应注意以下几点:

(1) 注意对比指标的可比性。进行对比的各项指标，在经济内容、计算方法、计算期和影响指标形成的客观条件等方面，应有可比的共同基础。

(2) 基数选择要恰当。应选择具有正常性和代表性的基数进行比较。

(3) 注意将不同对象和不同内容的比较结合起来进行分析。

(4) 进行比较分析的内容应突出重点，有针对性，切合分析目的的需要。

(5) 应仔细分析导致项目发生差异或变动的具体原因，以便有的放矢，对症下药。

【例 10-1】 根据 A 公司 2007 年、2008 年年末资产负债表中的有关数据，进行比较分析。A 公司 2007 年、2008 年年末资产、负债和所有者权益的资料及变动情况分析如表 10-1 所示。

表 10-1

A 公司 2007 年、2008 年年末资产、负债和所有者权益的资料及变动情况分析

金额单位：万元

项目	2007 年 12 月 31 日	2008 年 12 月 31 日	增减差额	增减百分比（％）
资产：				
流动资产	4 000	4 500	500	12.50
非流动资产	7 000	8 000	1 000	14.29
资产总计	11 000	12 500	1 500	13.64
负债：				
流动负债	2 000	2 300	300	15.00
非流动负债	1 000	1 700	700	70.00
负债合计	3 000	4 000	1 000	33.33
所有者权益：				
实收资本	6 500	6 500	—	—
盈余公积	900	950	50	5.56
未分配利润	600	1 050	450	75.00
所有者权益合计	8 000	8 500	500	6.25
负债和所有者权益总计	11 000	12 500	1 500	13.64

从表 10-1 可以看出，该公司 2008 年与 2007 年相比，资产增加了 1 500 万元，增加了 13.64％；负债增加了 1 000 万元，增加了 33.33％；所有者权益增加了 500 万元，

增加了6.25%。该公司净资产增加是因为盈余公积和未分配利润增加所致。通过计算绝对数和相对数进行比较分析,说明2008年该公司在原有的基础上,举债筹资、资产规模有了一定的拓展,并取得了良好的资产营运效益,经营情况是好的。

(二) 结构分析法

结构分析法是通过计算某项指标的各组成部分占总体的比重,以揭示各项目间的相互关系以及总体内部结构的一种分析方法。

例如,根据企业的财务会计报告以及有关资料,我们应分析研究若干种重要的结构。其中,根据资产负债表的资料,研究资产的结构、资本的结构。研究资产的结构,了解各类资产的比例关系,还可以结合其他有关资料,进一步研究每一类资产的内部结构,如流动资产的结构、固定资产的结构等。研究资本的结构,了解负债和所有者权益的比例关系,还可以结合其他有关资料,进一步研究负债的结构、所有者权益的结构等。根据利润表的资料,研究利润的结构,还可以结合其他有关资料,进一步分析收入的结构、费用的结构等。根据现金流量表的资料,研究现金流量结构,了解各类现金流量的比例关系,还可以结合其他有关资料,进一步研究每一类现金流量甚至某一项现金流量的结构。下面运用B公司2008年度现金流量表的资料,简要说明结构分析法的具体运用。

【例10-2】 根据B公司2008年度现金流量表中的有关数据,进行结构分析。

B公司2008年度现金流量表的资料及结构分析如表10-2所示。

表10-2

B公司2008年度现金流量表的资料及结构分析

金额单位:万元

项 目	现金流入	现金流出	现金净流量	内部结构(%)	现金流入结构(%)	现金流出结构(%)	现金流入流出比
一、经营活动							
销售商品、提供劳务收到的现金	129 900			99.3			
收到的税费返还	0			0			
其他	900			0.7			
现金流入小计	130 800			100.0	84.1		
购买商品、接受劳务支付的现金		58 300		63.5			
支付给职工以及为职工支付的现金		3 940		4.3			

(续表)

项　目	现金流入	现金流出	现金净流量	内部结构(%)	现金流入结构(%)	现金流出结构(%)	现金流入流出比
支付的各项税费		13 270		14.5			
其他		16 300		17.7			
现金流出小计		91 810		100.0		69.2	
经营活动现金流量净额			38 990				1.42
二、投资活动							
取得投资收益收到的现金	24 800			100.0			
现金流入小计	24 800			100.0	15.9		
投资支付的现金		4 700		98.9			
其他		50		1.1			
现金流出小计		4 750		100.0		3.6	
投资活动现金流量净额			20 050				5.22
三、筹资活动							
现金流入小计	0				0		
偿还债务支付的现金		31 000		85.9			
分配股利、利润或偿付利息支付的现金		2 100		5.8			
其他		2 980		8.3			
现金流出小计		36 080		100.0		27.2	
筹资活动现金流量净额			−36 080				
合　计	155 600	132 640	22 960		100	100	

注：表中资料已作简化处理。

现金流量表的结构分析包括现金流入结构、现金流出结构和现金流入流出比分析。

1. 现金流入结构分析

现金流入结构分析，分为现金总流入结构和经营活动、投资活动、筹资活动三类活动现金流入的内部结构分析。

该公司的现金总流入中,经营活动现金流入占 84.1%,是其主要来源;投资活动现金流入占 15.9%,也占有重要地位。

经营活动现金流入中,销售商品、提供劳务收到的现金占 99.3%,收到其他与经营活动有关的现金占 0.7%,比较正常;投资活动现金流入中,全部是取得投资收益收到的现金;筹资活动现金流入为 0。

2. 现金流出结构分析

现金流出结构分析,分为现金总流出结构和经营活动、投资活动、筹资活动三类活动现金流出的内部结构分析。

该公司的现金总流出中,经营活动现金流出占 69.2%,投资活动现金流出占 3.6%,筹资活动现金流出占 27.2%。

经营活动现金流出中,购买商品、接受劳务支付的现金占 63.5%,支付给职工以及为职工支付的现金占 4.3%,支付的各项税费占 14.5%,支付其他与经营活动有关的现金占 17.7%;投资活动现金流出中,投资支付的现金占 98.9%,支付其他与投资活动有关的现金占 1.1%;筹资活动现金流出中,偿还债务支付的现金占 85.9%,分配股利、利润或偿付利息支付的现金占 5.8%,支付其他与筹资活动有关的现金占 8.3%。

3. 现金流入流出比分析

经营活动现金流入流出比为 1.42,表明该公司 1 元的现金流出可换回 1.42 元的现金流入,该比值越大越好。投资活动现金流入流出比为 5.22,表明该公司投资活动的现金流入较大。筹资活动现金流入为 0,现金流出 36 080 万元。该公司在本年度内没有增发新股和对外举债,而是偿还以前的债务,资金来源主要是经营活动和投资活动的现金流入。

总的看来,该公司 2008 年度现金流量净增加 22 960 万元,经营活动和投资活动的现金流入比较充分。该公司不仅具备自创现金的能力,而且投资活动也取得了一定的效益。筹资活动现金流出中用来偿还债务的比重较大,这样公司的负债水平降低,资本结构得到改善。基本上表明该公司处于稳定发展阶段。

需要强调的是,企业的现金流量表提供了以收付实现制为基础的经营活动、投资活动和筹资活动方面的信息,应当引起我们的高度关注。根据现金流量表的资料,深入研究现金流量的结构,这对充分了解企业现金流入和流出的原因,仔细分析企业理财活动对财务状况和经营成果的影响是非常必要的。

(三) 因素分析法

因素分析法是将某一综合性指标分解为若干个因素,然后分别测定各因素变动对该项综合指标影响程度的一种方法。

1. 连环替换分析法

连环替换分析法是依次用各项因素的实际数替换基数,借以计算各因素影响程度的一种分析方法。

【例 10-3】 丁企业生产 A 产品,其材料费用的有关定额和实际资料如表 10-3 所示。

表 10-3

A 产品材料费用的有关资料

项目	产品数量(件)	单位产品消耗量(千克/件)	材料单价(元/千克)	材料费用(元)
定额	1 000	20	50	1 000 000
实际	1 200	16	55	1 056 000
差异	+200	-4	+5	+56 000

要求:根据上述资料,对 A 产品材料费用定额的执行情况进行因素分析。

计算如下:

(定额)　　　　　　　1 000×20×50＝1 000 000(元)　　　　　　　①

产量变动的影响:　　1 200×20×50＝1 200 000(元)　　　　　　　②

②－①:　　　　　　1 200 000－1 000 000＝＋200 000(元)

单耗变动的影响:　　1 200×16×50＝960 000(元)　　　　　　　③

③－②:　　　　　　960 000－1 200 000＝－240 000(元)

材料单价变动的影响:

(实际)　　　　　　　1 200×16×55＝1 056 000(元)　　　　　　　④

④－③:　　　　　　1 056 000－960 000＝＋96 000(元)

综合结果:　　　　　200 000＋(－240 000)＋96 000＝56 000(元)

从以上分析可见,A 产品材料费用超支 56 000 元,是三因素共同作用的结果。其中,产量增加,使其增加 200 000 元,只要 A 产品适销对路,产量增加引起材料费用增加是正常的。单耗下降,使其减少 240 000 元,说明生产车间工作有成绩。材料单价上升,使其增加 96 000 元,要具体分析,是客观原因,还是供应部门的工作存在问题。该企业通过降低单耗抵消了材料单价上升的不利影响,情况是好的。应进一步采取措施,发扬成绩,克服缺点,节约材料费用。

2. 差额计算分析法

差额计算分析法是根据各项因素的实际数与基数的差额来计算各项因素影响程度的方法,它是连环替换分析法的简化做法。上例如果采用差额计算分析法,则:

产量变动的影响： $(1\,200-1\,000) \times 20 \times 50 = +200\,000$(元)

单耗变动的影响： $1\,200 \times (16-20) \times 50 = -240\,000$(元)

材料单价变动的影响： $1\,200 \times 16 \times (55-50) = +96\,000$(元)

上述计算结果与连环替换分析法的计算结果完全相同。

运用因素分析法,应按照各因素之间的相互关系合理排列各因素分析的顺序。一般来说,先分析数量因素变动的影响,后分析质量因素变动的影响;先分析实物因素变动的影响,后分析价值因素变动的影响。

(四) 比率分析法

比率分析法是将某些彼此性质不同而又存在关联的项目加以对比,计算比率,借以考察经济活动相对效益的一种分析方法。

在实际工作中,同一财务报表的不同项目之间、不同财务报表的有关项目之间,都可以用比率来反映相互关系,以评价企业的经营效绩。例如,目前在我国广泛运用的企业效绩评价指标体系中,8项基本指标和12项修正指标都属于比率指标,它们分别从不同的角度对企业的经营效绩进行分析,详见表10-5。对于上市公司来说,除了对其财务效益、资产营运、偿债能力、发展能力进行比率分析外,还有必要运用比率分析法对其市场价值进行深入分析。上市公司市场价值的比率分析指标主要由以下六项计量指标构成。

1. 每股收益

在本年普通股股数未发生变化的情况下,每股收益是指本年净利润与年末普通股股份总数的比值。其计算公式为:

$$每股收益 = 净利润 \div 年末普通股股份总数$$

在普通股股数发生增减变化时,该公式的分母应使用"发行在外普通股的加权平均数"。

【例10-4】 甲上市公司2007年实现净利润4 000万元,发行在外的普通股为5 000万股,该公司本年普通股股数未发生变化。本年利润分配和年末股东权益的有关资料如表10-4所示。

$$甲公司的每股收益 = 4\,000 \div 5\,000 = 0.80(元/股)$$

每股收益可以用来衡量上市公司的盈利能力,它反映普通股的获利水平,是颇受人们关注的重要指标。

表 10-4
2007 年度利润分配和年末股东权益的有关资料

金额单位：万元

项　　　目	金　　额
净利润	4 000
加：年初未分配利润	800
可供分配的利润	4 800
减：提取法定盈余公积	400
提取任意盈余公积	200
分配普通股股利	2 500
未分配利润	1 700
股本（每股面值 1 元，市价 6 元）	5 000
资本公积	10 000
盈余公积	2 000
未分配利润	1 700
股东权益合计	18 700

2. 每股净资产

每股净资产，是年末净资产（即股东权益）与年末普通股股份总数的比值，也称为每股账面价值或每股权益。其计算公式为：

每股净资产＝年末股东权益÷年末普通股股份总数

甲公司的每股净资产 ＝ 18 700÷5 000 ＝ 3.74（元／股）

该指标反映发行在外的每股普通股所代表的净资产，即账面权益。

3. 市盈率

市盈率是指普通股每股市价为每股收益的倍数。其计算公式为：

市盈率（倍数）＝普通股每股市价÷普通股每股收益

甲公司的市盈率 ＝ 6÷0.80 ＝ 7.5（倍）

市盈率是人们普遍关注的指标，该比率反映投资人对每元净利润所愿支付的价格，可以用来估计股票的投资报酬和风险。它是市场对公司的共同期望指标。

市盈率越高,表明市场对公司的未来越看好。在市价确定的情况下,每股收益越高,市盈率越低,投资风险越小,反之亦然。在每股收益确定的情况下,市价越高,市盈率越高,投资风险越大,反之亦然。仅从市盈率高低的横向比较看,高市盈率说明公司能够获得社会信赖,具有良好的前景,反之亦然。

使用市盈率指标时应注意以下问题:

该指标不能用于不同行业公司之间的比较,充满扩展机会的新兴行业市盈率普遍较高,而成熟工业的市盈率普遍较低,这并不说明后者的股票没有投资价值。在每股收益很小或亏损时,市价不会降至零,很高的市盈率往往不说明任何问题。市盈率高低受净利润的影响,而净利润受可选择的会计政策的影响,从而使得公司之间的比较受到限制。市盈率高低受市价的影响,市价变动的影响因素很多,包括投机炒作等,因此观察市盈率的长期趋势很重要。

一般的期望报酬率为 5%～20%,所以正常的市盈率为 5～20。

通常投资者要结合其他有关信息,才能运用市盈率指标判断股票的价值。

4. 市净率

市净率反映普通股每股市价与每股净资产的倍数关系。其计算公式为:

市净率(倍数)＝普通股每股市价÷普通股每股净资产

甲公司的市净率 ＝ 6 ÷ 3.74 ＝ 1.6(倍)

该指标将每股净资产与每股市价联系起来,可以说明市场对公司资产质量的评价。一些投资者往往以其来衡量投资风险,但该指标具有和市盈率相似的缺陷。

5. 股票获利率

股票获利率是指每股股利与股票市价的比率,亦称市价股利比率。其计算公式为:

股票获利率 ＝(普通股每股股利÷普通股每股市价)×100%

甲公司的股票获利率 ＝(0.50÷6)×100% ＝ 8.33%

股票获利率反映股利和股价的比例关系。股票持有人取得收益的来源有两个:一是取得股利,二是取得股价上升的收益。只有股票持有人认为股价将上升,才会接受较低的股票获利率。如果预期股价不能上升,股票获利率就成了衡量股票投资价值的主要依据。

使用该指标的限制因素,在于公司采用非常稳健的股利政策,留存大量的净利润用于再投资。在这种情况下,股票获利率仅仅是股票投资价值非常保守的估计。分析股价的未来趋势成为评价股票投资价值的主要依据。

6. 股利支付率

股利支付率是指净收益中股利所占的比重,它表明每股收益中实际支付现金股利的水平。其计算公式为：

$$股利支付率 = （普通股每股股利 \div 普通股每股收益）\times 100\%$$

普通股每股股利是指股利总额与年末普通股股份总数之比。其计算公式为：

$$每股股利 = 股利总额 \div 年末普通股股份总数$$

公式中的股利总额是指用于分配普通股现金股利的总额。

$$甲公司的每股股利 = 2\,500 \div 5\,000 = 0.50（元/股）$$

$$甲公司的股利支付率 = （0.50 \div 0.80）\times 100\% = 62.5\%$$

股利支付率反映公司的股利分配政策和支付股利的能力。

需要注意的是，在运用上述这些比率指标评估上市公司市场价值的同时，还必须从总体上把握上市公司财务状况、经营成果和现金流量的情况，才能作出恰当的评价和正确的决策。

总之，针对企业经济活动的特点，结合管理的要求，在财务管理的实践中，财务分析方法的具体应用是多种多样的。根据不同的分析目的和要求，分析的具体内容和方法有所不同。应针对企业价值运动中某一方面的问题开展深入细致的分析，并将各种专题分析和综合分析有机结合起来，更好地为管理和决策服务。

第三节　综合分析与评价

企业的理财活动围绕价值运动周而复始地进行，价值运动的各个阶段之间有着非常密切的联系，因此，我们必须运用系统的观点，从企业理财活动的整体出发进行分析。在财务分析中，运用财务报表进行分析时，应注意研究不同财务报表之间的内在联系，把握财务报表分析的三大逻辑切入点——资产质量、盈利质量和现金流量。只有在这个逻辑框架中进行分析，才不至于发生重大的遗漏和偏颇。在实际工作中，我们常常通过计算指标来进行分析，往往单项指标只是从某一特定的角度进行分析，只能反映一个侧面的情况，因而需要计算多种指标，并把一系列的指标联系起来，进行综合分析。要注意根据研究目的和对象的特点以及所处的环境和条件，决定选用哪些指标，以真实、完整地反映价值运动的情况和结果。在综合分析与评价方面，杜邦模型和沃尔比重评分法为我们提供了范例。

一、财务报表分析的逻辑框架

资产负债表、利润表和现金流量表是企业主要的财务报表。在由资产质量、盈利质量和现金流量所构成的逻辑框架中,可以对财务报表进行全面和系统的分析。

(一) 资产质量分析

资产质量分析可以从资产结构和资产的现金含量这两个方面进行。

1. 资产结构分析

在利用资产负债表的资料进行财务分析时,首先关注的是企业的资产结构。分析资产结构,有助于评价企业资产的流动性和变现能力。流动资产占总资产的比重偏大,表明企业资产的流动性较好,变现能力较强。分析资产结构,还有助于评估企业的退出壁垒、经营风险和技术风险。一般而言,固定资产占资产总额的比例越高,表明企业的退出壁垒就越高,企业经营的自由选择权就越小,企业面临的经营风险和技术风险也越大。企业应根据自身生产经营的特点和管理需要,利用资产负债表并结合有关明细资料,分析不同的资产结构,如:分析企业流动资产和固定资产的比例,有形资产和无形资产的比例,速动资产和非速动资产的比例,原材料、在产品、产成品等各种存货的比例,使用中、未使用、不需用固定资产的比例等。运用系统的整体性原理,处理好各类资产的比例关系,在动态中不断优化资产配置,适应企业持续经营和发展的需要,提高资产营运的质量和效益。

2. 资产的现金含量分析

首先,资产的现金含量越高,企业的财务弹性就越大。对于拥有充裕现金储备的企业而言,一旦市场出现良好的投资机会,就可迅速加以利用,而对于出现的市场逆境,也可以坦然应对;反之,对于现金储备严重匮乏的企业,面对再好的投资机会,也只能是失之交臂。其次,资产的现金含量越高,企业发生潜在损失的风险就越低;反之,发生潜在损失的风险就越高。如果在企业的非现金资产,如应收款项、存货、长期股权投资、固定资产等项目中出现减值迹象,如:有确凿证据表明债务人资不抵债或现金流量严重不足,资产的市价大幅度下跌,资产已陈旧过时、已经或将闲置不用等,那么该企业发生坏账损失、跌价损失和减值损失的可能性就很大。

需要指出的是,企业持有现金是有代价的,这种代价就是它的机会成本。现金持有量越大,机会成本越高。如果现金持有量过多,就会导致企业的收益水平下降。因此,企业要在资产的流动性和收益性之间作出合理抉择,尽量减少现金的闲置数量,将资产的现金含量确定在一个合理的水平上。

(二) 盈利质量分析

盈利质量分析可以从收入质量、利润质量和毛利率这三个方面进行。

1. 收入质量分析

在利用利润表的资料进行财务分析时,首先关注的是收入质量。因为销售商品或提供劳务所获得的收入,是企业稳定、可靠的现金流量来源。通过分析收入质量,财务会计报告的使用者就可以评估企业依靠主业创造现金流量的能力,进而对企业能否持续经营作出基本判断。将企业收入与行业有关数据相联系,财务会计报告的使用者还可以计算出市场占有率,而市场占有率是评价一家企业是否具有核心竞争力的重要指标之一。收入质量分析侧重于观察企业收入的成长性和波动性。成长性越高,波动性越小,收入质量越好,说明企业依靠主业创造现金流量的能力和核心竞争力越强;成长性越低,波动性越大,收入质量越差,说明企业创造现金流量的能力和核心竞争力越不稳定。企业可以采取编制收入变动趋势表的方法来观察企业收入的成长性和波动性。分析收入的波动性时,将企业收入波动情况与宏观经济周期的波动情况结合在一起考察,还可以判断企业应对宏观经济周期波动的能力。

2. 利润质量分析

利润是衡量企业经营效绩的重要指标之一。与收入质量的分析方法相类似,企业可以采取编制利润变动趋势表的方法来观察企业利润的成长性和波动性。成长性越高,波动性越小,利润质量越好;成长性越低,波动性越大,利润质量越差。

在进行利润质量分析时,除了分析企业利润的成长性和波动性外,还有必要通过编制营业利润变动趋势表来关注企业营业利润的成长性和波动性。

企业还应利用利润表并结合有关明细资料,分析影响企业利润增加或减少的具体原因,如分析营业收入、营业成本、销售费用、管理费用、财务费用、资产减值损失、公允价值变动损益、投资损益、营业外收支等因素的影响。高质量的利润绝不是企业某一期间偶然的、暂时性的非经常性收益,而是基于企业主业发展基础之上的可持续获得的利润。如果企业由于主营业务收入增长、成本费用降低以及资产周转速度加快而实现利润的持续增长,则表明企业的利润质量高。对于非经常性收益项目对利润的影响要特别予以关注。

3. 毛利率分析

毛利率是指企业获得的销售毛利与销售收入的比率。这里的销售毛利等于销售收入减去销售成本。如果一家企业没有足够大的毛利率就不能形成盈利。具体分析时应将企业毛利率与行业毛利率水平进行比较,以判断企业毛利率的合理性。同时,还应进一步分析销售成本的构成,从而寻求企业降低成本、增强盈利能力的有效途径。

(三)现金流量分析

现金流量分析可以结合考虑企业所处的行业特点、发展阶段和企业战略要求,从经营性现金流量和自由现金流量这两个方面进行。

1. 经营性现金流量分析

在利用现金流量表的资料进行财务分析时,首先关注的是企业经营活动产生的现金流量,简称为经营性现金流量,它相当于企业的"造血功能",即企业通过其具有核心竞争力的主营业务就能创造企业生存和发展所需要的现金流量。如果经营性现金流入明显大于现金流出,表明企业的"造血功能"较强;反之,如果经营性现金流出明显大于现金流入,则表明企业的"造血功能"脆弱,对股东和银行的依赖性较高。

2. 自由现金流量分析

经营性现金流量虽然能够揭示企业"造血功能"的强弱,但需要指出的是,即使经营性现金流量是正数,也未必代表企业可以将其全部用于还本付息和支付股利。衡量企业还本付息和支付股利能力的重要指标是自由现金流量。从定性的角度看,自由现金流量是指企业在维持现有经营规模的前提下,能够自由处置(包括还本付息和支付股利)的经营性现金净流量。从定量的角度看,自由现金流量等于经营性现金流量减去维持现有经营规模所必需的资本性支出(更新改造固定资产的现金流出)。将自由现金流量与企业还本付息、支付股利所需要的现金流出进行比较,就可以评价企业自创现金流量用于还本付息、支付股利的真正能力。

值得注意的是,在现金流量表的补充资料中,将净利润调节为经营活动现金流量,既能沟通利润表和现金流量表的信息,体现权责发生制和收付实现制的互补性,又能揭示净利润的收现能力和品质优劣,提醒企业经营者和企业的利害关系人在重视企业盈利能力的同时,关注企业现金流动的情况。

(四)资产质量、盈利质量和现金流量的相互关系

资产质量、盈利质量和现金流量是相互关联的,盈利质量的高低受资产质量和现金流量的直接影响。对企业收入和利润的分析,不可能不联系企业资产的变动情况。如果资产质量低下,计价基础没有夯实,报告再多的收入和利润都是毫无意义的。如果企业报告的利润较多,但与经营性现金流量出现严重背离,在这种情况下,企业就需要更仔细地研究收入的确认是否稳健,否则,这种没有"真金白银"流入的利润,实质上只能是一种"纸面富贵"。这种性质的利润,要么质量低下,要么含有虚假成分。同样地,资产质量也受到现金流量的影响。因为根据资产的定义,资产"预期会给企业带来经济利益"是其本质所在。预期会给企业带来经济利益是指直接或者间接导致现金及现金等价物流入企业的潜力。不能带来现金流量的资产项目,充其量只能称为"虚拟资产",严格地说,就不应该出现在资产负债表中。"现金至上"的财务管理思想就是基于对现金流量风险的极度重视。将经营性现金流量与资产负债表、利

润表的相关项目进行比较分析,能够客观地评价企业的财务状况和经营成果。

财务报表分析的逻辑框架如图 10-1 所示。

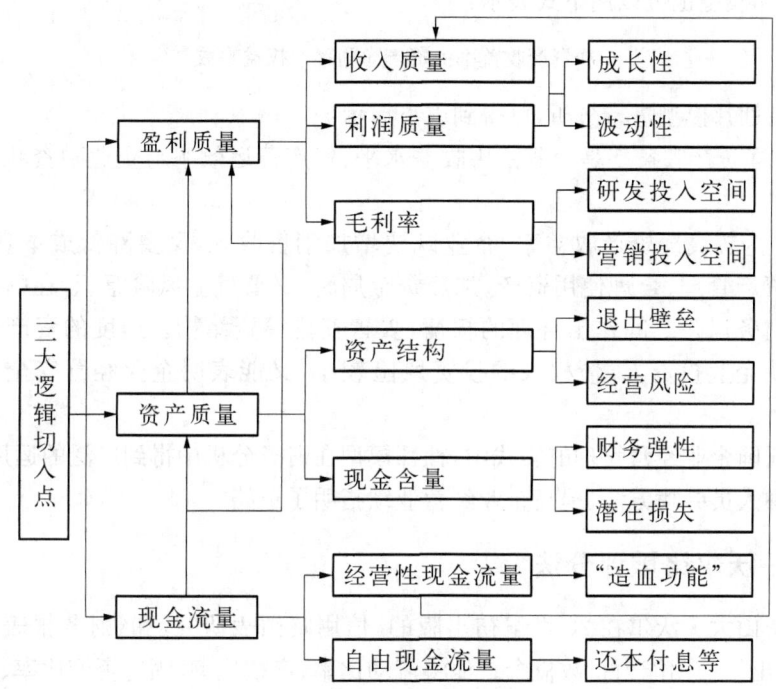

图 10-1 财务报表分析的逻辑框架

资料来源:《财务与会计》,2007 年第 10 期。

二、杜邦模型

杜邦模型即杜邦财务分析体系,它是利用各个主要财务比率之间的内在联系进行综合分析的一种方法。这种分析方法是美国杜邦公司的经理们创造出来的,故得此名。杜邦模型的特点是将评价企业经营效率和财务状况的比率按内在联系有机结合起来进行分析,即:

净资产收益率 = 销售净利率 × 总资产周转率 ÷ (1 - 资产负债率)

其中: 净资产收益率 = (净利润 ÷ 平均净资产) × 100%

销售净利率 = (净利润 ÷ 销售收入净额) × 100%

总资产周转率 = (销售收入净额 ÷ 平均资产总额) × 100%

资产负债率 = (平均负债总额 ÷ 平均资产总额) × 100%

由于：
$$资产净利率＝销售净利率×总资产周转率$$

$$权益乘数＝1÷(1-资产负债率)$$

所以，杜邦模型也可以用下式表示：

$$净资产收益率＝资产净利率×权益乘数$$

运用杜邦模型进行分析，可得到以下启示：

(1) 净资产收益率是企业销售收益水平、资产营运效率与企业融资状况的综合体现。

(2) 为提高净资产收益率，企业既要增加销售收入，又要降低成本费用；既要加强资产管理、合理使用资产、加速资金周转，又要确立风险意识，在财务杠杆利益与财务风险之间作出合理的权衡，妥善安排筹资结构。适度的资产负债率既能表明企业投资人、债权人的投资风险较小，又能表明企业经营安全、稳健、有效。

在我国企业经营管理的实践中，杜邦模型在财务分析中得到广泛的运用，它为企业管理人员寻找方法、提高企业经营业绩指明了道路。

三、沃尔比重评分法

亚历山大·沃尔在20世纪初出版的《信用晴雨表研究》和《财务报表比率分析》中提出了信用能力指数概念。他将流动比率、产权比率、固定资产比率、存货周转率、应收账款周转率、固定资产周转率、自有资金周转率等七项财务比率指标结合起来，将实际比率与标准比率进行比较，并分别给定各自的分数比重，标准分为100分，计算求得实际总评分，对企业的信用水平作出评价。这种方法称为沃尔比重评分法。虽然沃尔当初提出的七项指标已难以适应当今企业评价的需要，但他为我们运用比率指标进行综合分析，评价企业在市场竞争中的优劣地位提供了一种思路。

目前在我国企业效绩评价工作中，广泛运用企业效绩评价指标体系进行企业效绩评价，是沃尔比重评分法在财务分析中的进一步发展。企业效绩评价指标体系由基本指标、修正指标、评议指标三个层次共28项指标构成，企业效绩评价涵盖财务效益、资产营运、偿债能力、发展能力四个方面，如表10-5所示。

(一) 基本指标

基本指标是评价企业效绩的主要计量指标，是整个评价指标体系的核心。基本指标由以下八项计量指标构成。

表 10-5

企业效绩评价指标体系

评价指标 评价内容	权数 100	基本指标	权数 100	修正指标	权数 100	评议指标	权数 100
一、财务 效益状况	38	净资产收益率 总资产报酬率	25 13	资本保值增值率 主营业务利润率 盈余现金保障倍数 成本费用利润率	12 8 8 10	经营者基本素质 产品市场占有能力 (服务满意度) 基础管理水平	18 16 12
二、资产 营运状况	18	总资产周转率 流动资产周转率	9 9	存货周转率 应收账款周转率 不良资产比率	5 5 8	发展创新能力 经营发展战略 在岗员工素质 技术装备更新水平 (服务硬环境)	14 12 10 10
三、偿债 能力状况	20	资产负债率 已获利息倍数	12 8	现金流动负债比率 速动比率	10 10	综合社会贡献	8
四、发展 能力状况	24	销售(营业)增长率 资本积累率	12 12	3年资本平均增长率 3年销售平均增长率 技术投入比率	9 8 7		
权数 100		80				20	

1. 净资产收益率

净资产收益率是指企业在一定时期内净利润同平均净资产的比率。它充分体现了投资者投入企业的自有资本获取净收益的能力,突出反映了投资与报酬的关系,是评价企业资本经营效益的核心指标。其计算公式为:

$$净资产收益率 = (净利润 \div 平均净资产) \times 100\%$$

2. 总资产报酬率

总资产报酬率是指企业在一定时期内获得的报酬总额与平均资产总额的比率。它表明企业全部资产的总体获利能力,是评价企业资产营运效益的重要指标。其计算公式为:

$$总资产报酬率 = (息税前利润总额 \div 平均资产总额) \times 100\%$$

3. 总资产周转率

总资产周转率是指企业一定时期主营业务收入净额同平均资产总额的比值。它是综合评价企业全部资产经营质量和利用效率的重要指标。其计算公式为:

$$总资产周转率(次) = 主营业务收入净额 \div 平均资产总额$$

4. 流动资产周转率

流动资产周转率是指企业一定时期主营业务收入净额同平均流动资产总额的比值。它是评价企业资产利用效率的另一主要指标。其计算公式为:

$$流动资产周转率(次)＝主营业务收入净额÷平均流动资产总额$$

5. 资产负债率

资产负债率是指企业一定时期负债总额同资产总额的比率。它表示企业总资产中有多少是通过负债筹集的,该指标是评价企业负债水平和偿债能力的综合指标。其计算公式为:

$$资产负债率＝(负债总额÷资产总额)×100\%$$

6. 已获利息倍数

已获利息倍数是企业一定时期息税前利润总额与利息支出的比值。它充分反映了企业收益对偿付债务利息的保障程度和企业的债务偿还能力。其计算公式为:

$$已获利息倍数＝息税前利润总额÷利息支出$$

7. 销售(营业)增长率

销售(营业)增长率是指企业本年主营业务收入增长额同上年主营业务收入总额的比率。它揭示企业主营业务收入的增减变动情况,是评价企业成长状况和发展能力的重要指标。其计算公式为:

$$销售(营业)增长率＝(本年主营业务收入增长额÷上年主营业务收入总额)×100\%$$

8. 资本积累率

资本积累率是指企业本年所有者权益增长额同年初所有者权益的比率。它表明企业当年的资本积累能力,是评价企业发展潜力的重要指标。其计算公式为:

$$资本积累率＝(本年所有者权益增长额÷年初所有者权益)×100\%$$

(二)修正指标

修正指标是从多方面调整完善基本指标评价结果的计量因素,是整个评价指标体系的重要辅助部分。通过修正指标的分析评价,实现对基本指标评价结果的全面调整和修正,形成定量指标评价结果。修正指标由以下12项计量指标构成。

1. 资本保值增值率

资本保值增值率是指企业本年年末所有者权益扣除客观增减因素后同年初所有者权益的比率。它表明企业通过自身努力,当年资本的实际增减变动情况,是评价企业效益状况的辅助指标。其计算公式为:

$$资本保值增值率＝(扣除客观因素后的年末所有者权益÷年初所有者权益)×100\%$$

2. 主营业务利润率

主营业务利润率是指企业一定时期主营业务利润同主营业务收入净额的比率。它表明企业每单位主营业务收入能带来多少主营业务利润,反映企业主营业务的获利能力,是评价企业经营效益的主要指标。其计算公式为:

$$主营业务利润率 =(主营业务利润÷主营业务收入净额)×100\%$$

3. 盈余现金保障倍数

盈余现金保障倍数是企业一定时期经营现金净流量同净利润的比值。它反映企业当期净利润中现金收益的保障程度,能够真实地体现企业盈余的质量。其计算公式为:

$$盈余现金保障倍数=经营现金净流量÷净利润$$

4. 成本费用利润率

成本费用利润率是企业一定时期的利润总额同企业成本费用总额的比率。它表示企业为取得利润而付出的代价,从企业支出方面补充评价企业的收益能力。其计算公式为:

$$成本费用利润率 =(利润总额÷成本费用总额)×100\%$$

5. 存货周转率

存货周转率是企业一定时期主营业务成本与存货平均余额的比率。它是对流动资产周转率的补充说明。其计算公式为:

$$存货周转率(次)=主营业务成本÷存货平均余额$$

6. 应收账款周转率

应收账款周转率是企业一定时期主营业务收入净额同应收账款平均余额的比率。它是对流动资产周转率的补充说明。其计算公式为:

$$应收账款周转率(次)=主营业务收入净额÷应收账款平均余额$$

7. 不良资产比率

不良资产比率是企业年末不良资产总额占年末资产总额的比重。它是从企业资产管理角度对企业资产营运状况进行的修正。其计算公式为:

$$不良资产比率 =(年末不良资产总额÷年末资产总额)×100\%$$

8. 现金流动负债比率

现金流动负债比率是企业一定时期的经营现金净流量同流动负债的比率。它是从现金流动的角度来反映企业当期偿付短期负债的能力。其计算公式为:

$$现金流动负债比率 =(年经营现金净流量÷年末流动负债)×100\%$$

9. 速动比率

速动比率是企业一定时期的速动资产同流动负债的比率。它用于衡量企业的短期偿债能力,评价企业流动资产变现能力的强弱。其计算公式为:

$$速动比率 = (速动资产 \div 流动负债) \times 100\%$$

10. 3年资本平均增长率

3年资本平均增长率表示企业资本连续3年的积累情况,它可以在一定程度上反映企业的持续发展水平和发展趋势。其计算公式为:

$$3年资本平均增长率 = \left(\sqrt[3]{\frac{年末所有者权益总额}{3年前年末所有者权益总额}} - 1\right) \times 100\%$$

11. 3年销售平均增长率

3年销售平均增长率表明企业主营业务连续3年的增长情况,它能够体现企业的持续发展态势和市场扩张能力。其计算公式为:

$$3年销售平均增长率 = \left(\sqrt[3]{\frac{当年主营业务收入总额}{3年前主营业务收入总额}} - 1\right) \times 100\%$$

12. 技术投入比率

技术投入比率是指企业当年技术转让费支出与研究开发的实际投入同当年主营业务收入净额的比率。它从企业的技术创新方面反映企业的发展潜力和可持续发展能力。其计算公式为:

$$技术投入比率 = (当年技术转让费支出与研发投入 \div 当年主营业务收入净额) \times 100\%$$

(三) 评议指标

评议指标是用于评价企业资产经营及管理状况等方面的非计量因素,是对计量指标的进一步补充。通过对评议指标多项定性因素的分析判断,对计量指标评价结果进行全面的校验、修正和完善,形成企业效绩定量与定性评价相结合的综合评价结论。评议指标由以下八项非计量指标构成。

1. 经营者基本素质

经营者基本素质是指企业现任领导班子的智力素质、品德素质和能力素质等,具体包括知识结构、道德品质、敬业精神、开拓创新能力、团结协作能力、组织能力和科学决策水平等因素。

2. 产品市场占有能力(服务满意度)

产品市场占有能力是工业企业使用的评价指标,指企业主导产品由于技术含量、功能性质、质量水平、品牌优势、营销策略等因素决定的占有市场的能力。可以借助企业的销售收入净额与行业销售收入净额的比值加以判断。

服务满意度是商贸、交通等服务行业企业使用的评价指标,指消费者或顾客对商品或服务的质量、种类、速度、方便程度等的心理满足程度。

3. 基础管理水平

基础管理水平是指企业按照国家规范做法、国家政策法规规定和本企业实际情况,在生产经营过程中形成和运用的维系企业正常运转及生存与发展的企业组织机构、内部经营管理模式、各项基础管理制度、激励与约束机制、信息支持系统、安全生产管理等的建设及贯彻执行状况。

4. 发展创新能力

发展创新能力是指企业在市场竞争中为保持竞争优势,不断根据外部环境进行自我调整和革新的能力,具体包括管理创新、产品创新、技术创新、服务创新、观念创新等方面的意识和能力。

5. 经营发展策略

企业经营发展策略是指企业所采用的包括科技投入、产品开发、市场营销、更新设备、项目规划、资产重组、资本筹集及人力资源等各方面的谋划和策略。

6. 在岗员工素质

在岗员工素质状况是指企业普通员工的文化水平、道德水准、专业技能、组织纪律性、参与企业管理的积极性及爱岗敬业精神等方面的综合情况。

7. 技术装备更新水平(服务硬环境)

技术装备更新水平是工业企业专用的评价指标,指企业主要生产设备的先进程度和生产适应性、技术水平、开工及闲置状况、更新改造情况、技术投入水平以及采用环保技术措施等情况。

服务硬环境是商贸、交通等服务行业企业使用的评价指标,指商场、车站、饭店等商贸、服务场所的装饰装潢、环境卫生、设备性能等硬件设施情况。

8. 综合社会贡献

综合社会贡献是指企业对经济增长、社会发展、环境保护等方面的综合影响,主要包括对国民经济及区域经济增长的贡献、提供就业和再就业机会、履行社会责任与义务以及信用操守情况、对财政税收的贡献和对环境保护的影响等。

在企业效绩评价工作中,采用了定量指标评价和定性指标评议相结合的方法,将定量指标评价分数和定性指标评议分数按照规定的权重拟合形成综合评价结果。其计算公式为:

$$定量与定性综合评价得分 = 定量指标分数 \times 80\% + 定性指标分数 \times 20\%$$

整个评价过程,可采用专门的评价系统软件,充分利用会计信息资料,运用计算机进行数据处理。

本章小结

本章介绍了财务分析的意义、种类、要求和程序以及财务分析常用的定量分析方法——比较分析法、结构分析法、因素分析法和比率分析法。在综合分析与评价方面,强调企业应当在由资产质量、盈利质量和现金流量所构成的逻辑框架中,对财务报表进行全面和系统的分析,着重说明了杜邦模型和沃尔比重评分法,详细阐述了我国企业效绩评价指标体系的构成及其应用。

案 例

杜邦模型分析实例

运用杜邦模型进行分析,可以解释企业主要财务指标变动的原因和变动趋势,为企业采取措施提高经营业绩指明方向。下面以一家上市公司——北汽福田汽车(600166)为例,说明杜邦模型的运用。福田汽车2001~2002年的基本财务数据和主要财务比率如表10-6、表10-7所示。

表10-6

福田汽车2001~2002年基本财务数据

金额单位:万元

年　度	净利润	销售收入	资产总额	负债总额	全部成本费用
2001	10 284.04	411 224.01	306 222.94	205 677.07	403 967.43
2002	12 653.92	757 613.81	330 580.21	215 659.54	736 747.24

数据来源:福田汽车2002年年报,中国证券报。

表10-7

福田汽车2001~2002年主要财务比率

财　务　比　率	2001年	2002年
净资产收益率	0.102 3	0.110 1
权益乘数	3.045 6	2.876 6
资产负债率	0.671 7	0.652 4
资产净利率	0.033 6	0.038 3
销售净利率	0.025 0	0.016 7
总资产周转率	1.342 9	2.291 8

一、对净资产收益率的分析

该公司的净资产收益率在2001~2002年间出现了一定程度的好转,从2001年的0.1023增加至2002年的0.1101。公司的投资者在很大程度上依据这个指标来判断是否投资或是否转让股份,该指标对公司的管理者也至关重要。

公司经理们为改善财务决策而进行财务分析,他们将净资产收益率分解为资产净利率和权益乘数,以找到问题产生的原因。

净资产收益率＝资产净利率×权益乘数

2001年：0.1023 = 0.0336×3.0456

2002年：0.1101 = 0.0383×2.8766

通过分解可以看出,该公司净资产收益率的变动在于资产利用效果(资产净利率)变动和资本结构(权益乘数)变动两方面共同作用的结果。而该公司的资产净利率太低,显示出很差的资产利用效果。

二、分解分析过程

接下来,我们继续对资产净利率进行分解：

资产净利率＝销售净利率×总资产周转率

2001年：0.0336 = 0.0250×1.3429

2002年：0.0383 = 0.0167×2.2918

通过分解可以看出,该公司2002年的总资产周转率有所提高,说明资产的利用得到了比较好的控制,显示出比前一年略好的效果,表明该公司资产营运取得销售收入的效率在提高。而在总资产周转率提高的同时销售净利率减少,阻碍了资产净利率的增加。我们接着对销售净利率进行分解：

销售净利率＝净利润÷销售收入

2001年：0.0250 = 10 284.04÷411 224.01

2002年：0.0167 = 12 653.92÷757 613.81

该公司2002年大幅度提高了销售收入,但是净利润的提高幅度却很小,分析其原因是成本费用增多,引起销售净利率下降。下面是对全部成本费用进行的分解：

全部成本费用＝制造成本＋销售费用＋管理费用＋财务费用

2001年：403 967.43 = 373 534.53＋10 203.05＋18 667.77＋1 562.08

2002年：736 747.24 = 684 259.91＋21 740.96＋25 718.20＋5 028.17

在本例中，销售净利率的下降，表明该公司销售盈利能力降低。资产净利率的提高归功于总资产周转率的提高，销售净利率的下降却起了阻碍的作用。

福田汽车2002年的权益乘数较2001年有所下降，说明该公司的资本结构在2001～2002年间发生了变动。权益乘数越小，企业负债程度越低，偿还债务能力越强，财务风险程度越低。这个指标同时也反映了财务杠杆对利润水平的影响。财务杠杆具有正反两方面的作用。在收益较好的年度，它可以使股东获得的潜在报酬增加，但股东要承担因负债增加而引起的风险；在收益不好的年度，则可能使股东潜在的报酬下降。管理者应该准确把握公司所处的环境，准确预测利润，合理控制负债带来的风险。

因此，对于福田汽车，当前最为重要的就是要努力降低各项成本费用，在控制成本费用上下力气，同时要保持较高的总资产周转率，这样，可以使销售净利率得到提高，进而提高资产净利率。

综上所述，杜邦模型以净资产收益率为主线，将企业在某一时期的销售成果和资产营运状况以及资本结构全面联系在一起，层层分解，逐步深入，构成一个完整的财务分析体系。它能够较好地帮助管理者发现企业经营活动中存在的问题，为企业改善经营管理提供十分有价值的信息。

但是杜邦模型毕竟是财务分析方法的一种，作为一种综合分析方法，并不排斥其他财务分析方法。将杜邦模型与其他财务分析方法结合运用，能够使分析结果更完整、更科学。比如，以杜邦模型为基础，结合专项分析，对有关问题作更深入、更细致的分析了解；也可结合比较分析法，将不同时期运用杜邦模型得出的分析结果加以对比，进行动态分析，找出财务指标变化的规律，为预测、决策提供依据；也可与财务风险分析方法结合，进行必要的风险分析，为风险管理提供依据，等等。所有这些与其他财务分析方法的结合运用，实质上是杜邦模型分析自身发展的需要。分析者在应用时，应注意这一点。

资料来源：http://info.ceo.hc360.com/2008/03/31072457208—3.shtml。有改动。

复习思考题

1. 简要说明财务分析的意义和种类。
2. 财务分析的要求有哪些？
3. 简要说明财务分析的程序。

4. 什么是比较分析法？举例说明其应用。
5. 什么是结构分析法？举例说明其应用。
6. 什么是因素分析法？举例说明其应用。
7. 什么是比率分析法？举例说明其应用。
8. 简要说明财务报表分析的逻辑框架。
9. 简要说明杜邦模型在财务分析中的应用。
10. 简要说明我国企业效绩评价指标体系的构成及其应用。

习　　题

一、单项选择题

1. 用于评价企业财务效益状况的总资产报酬率指标中的"报酬"是指(　　)。
   A. 息税前利润　B. 营业利润　　C. 利润总额　　D. 净利润
2. 在我国企业效绩评价指标体系中，下列属于基本指标的是(　　)。
   A. 资本积累率　　　　　　　B. 3年销售平均增长率
   C. 成本费用利润率　　　　　D. 技术投入比率
3. 在我国企业效绩评价指标体系中，下列属于修正指标的是(　　)。
   A. 存货周转率　　　　　　　B. 流动资产周转率
   C. 已获利息倍数　　　　　　D. 总资产周转率
4. 企业一定时期主营业务收入净额同平均资产总额的比值称为(　　)。
   A. 总资产报酬率　　　　　　B. 总资产周转率
   C. 流动资产周转率　　　　　D. 应收账款周转率
5. 企业一定时期的经营现金净流量同流动负债的比率称为(　　)。
   A. 现金流动负债比率　　　　B. 速动比率
   C. 盈余现金保障倍数　　　　D. 流动资产周转率
6. 运用杜邦模型进行财务分析的核心指标是(　　)。
   A. 销售净利率　B. 总资产周转率　C. 资产负债率　D. 净资产收益率
7. 下列财务指标中，能有效地将利润表和现金流量表联系起来进行分析的指标是(　　)。
   A. 已获利息倍数　　　　　　B. 流动资产周转率
   C. 盈余现金保障倍数　　　　D. 总资产周转率
8. 我国企业效绩评价指标体系由基本指标、修正指标、评议指标三个层次共28项指标构成，其中，评议指标分数的权重占(　　)。

A. 80%　　B. 20%　　C. 60%　　D. 40%

9. 将某一综合性指标分解为若干个因素,然后分别测定各因素变动对该项综合指标影响程度的分析方法称为(　　)。
　　A. 比较分析法　　　　　　B. 结构分析法
　　C. 因素分析法　　　　　　D. 比率分析法

10. 下列指标中,能够体现企业持续发展态势和市场扩张能力的指标是(　　)。
　　A. 3年资本平均增长率　　　B. 3年销售平均增长率
　　C. 资本保值增值率　　　　　D. 总资产周转率

二、多项选择题

1. 财务分析按照分析范围的不同,可以分为(　　)。
　　A. 全面分析　　　　　　　B. 专题分析
　　C. 书面分析　　　　　　　D. 现场分析

2. 影响速动比率的因素有(　　)。
　　A. 应收票据　　B. 存货　　C. 短期借款　　D. 应收账款

3. 我国企业效绩评价指标体系的组成内容包括(　　)。
　　A. 8项基本指标　　　　　　B. 12项修正指标
　　C. 8项评议指标　　　　　　D. 8项比率指标

4. 在财务分析中,常用的定量分析方法主要有(　　)。
　　A. 比较分析法　　　　　　B. 结构分析法
　　C. 因素分析法　　　　　　D. 比率分析法

5. 下列分析方法中,属于综合分析方法的有(　　)。
　　A. 比较分析法　　　　　　B. 因素分析法
　　C. 杜邦模型　　　　　　　D. 沃尔比重评分法

6. 在我国企业效绩评价指标体系中,用于评价企业发展能力状况的指标有(　　)。
　　A. 技术投入比率　　　　　B. 资本积累率
　　C. 销售增长率　　　　　　D. 速动比率

7. 在我国企业效绩评价指标体系中,用于评价企业偿债能力状况的指标有(　　)。
　　A. 已获利息倍数　　　　　B. 速动比率
　　C. 资产负债率　　　　　　D. 现金流动负债比率

8. 在我国企业效绩评价指标体系中,用于评价企业资产营运状况的修正指标有（　　）。
　　A. 总资产周转率　　　　　　B. 流动资产周转率
　　C. 不良资产比率　　　　　　D. 应收账款周转率
9. 下列财务指标中，能有效地将资产负债表和利润表联系起来进行分析的指标有（　　）。
　　A. 资产负债率　　　　　　　B. 存货周转率
　　C. 盈余现金保障倍数　　　　D. 总资产周转率
10. 影响净资产收益率的因素有（　　）。
　　A. 销售净利率　　　　　　　B. 总资产周转率
　　C. 资产负债率　　　　　　　D. 流动负债与长期负债的比率

三、判断题

1. 运用因素分析法，应按照各因素之间的相互关系合理排列各因素分析的顺序。一般来说，先分析质量因素变动的影响，后分析数量因素变动的影响。　　　　　　　　　　　　　　　　　　　　　　　　　（　　）
2. 已获利息倍数是企业一定时期税前利润总额与利息支出的比值。它充分反映了企业收益对偿付债务利息的保障程度和企业的债务偿还能力。（　　）
3. 资本积累率是指企业本年年末所有者权益同年初所有者权益的比率。
　　　　　　　　　　　　　　　　　　　　　　　　　　　　　（　　）
4. 在每股收益确定的情况下，市价越高，市盈率越高，投资风险越小。（　　）
5. 在市价确定的情况下，每股收益越高，市盈率越低，投资风险越大。（　　）
6. 若资产增长幅度低于主营业务收入净额增长幅度，则会引起总资产周转率增大，表明企业的资产营运能力有所提高。　　　　　　　　　　（　　）
7. 在我国企业效绩评价指标体系中，评议指标是用于评价企业资产经营及管理状况等方面的非计量因素，是对计量指标的进一步补充。　　　（　　）
8. 成本费用利润率是企业一定时期实现的净利润与企业成本费用总额的比率。　　　　　　　　　　　　　　　　　　　　　　　　　　　（　　）
9. 企业的现金流量表能提供以收付实现制为基础的经营活动、投资活动和筹资活动方面的信息。　　　　　　　　　　　　　　　　　　　（　　）
10. 企业应当在由资产质量、盈利质量和现金流量所构成的逻辑框架中，对财务报表进行全面和系统的分析。　　　　　　　　　　　　　　（　　）

四、计算分析题

1. A企业2008年度现金流量表的资料如表10-8所示。

表 10 - 8

现金流量表

编制单位：A 企业　　　　　　　2008 年度　　　　　　　　　金额单位：元

项　　　目	本期金额	上期金额
一、经营活动产生的现金流量		（略）
销售商品、提供劳务收到的现金	8 510 000	
收到的税费返还	78 000	
收到其他与经营活动有关的现金	17 000	
经营活动现金流入小计	8 605 000	
购买商品、接受劳务支付的现金	4 520 000	
支付给职工以及为职工支付的现金	900 000	
支付的各项税费	1 145 000	
支付其他与经营活动有关的现金	20 000	
经营活动现金流出小计	6 585 000	
经营活动产生的现金流量净额	2 020 000	
二、投资活动产生的现金流量		
收回投资收到的现金	0	
取得投资收益收到的现金	90 000	
处置固定资产、无形资产和其他长期资产收到的现金净额	20 000	
处置子公司及其他营业单位收到的现金净额	0	
收到其他与投资活动有关的现金	0	
投资活动现金流入小计	110 000	
购建固定资产、无形资产和其他长期资产支付的现金	1 350 000	
投资支付的现金	0	
取得子公司及其他营业单位支付的现金净额	0	
支付其他与投资活动有关的现金	0	
投资活动现金流出小计	1 350 000	
投资活动产生的现金流量净额	－1 240 000	
三、筹资活动产生的现金流量		

(续表)

项　　　目	本期金额	上期金额
吸收投资收到的现金	0	
取得借款收到的现金	1 200 000	
收到其他与筹资活动有关的现金	0	
筹资活动现金流入小计	1 200 000	
偿还债务支付的现金	600 000	
分配股利、利润或偿付利息支付的现金	100 000	
支付其他与筹资活动有关的现金	0	
筹资活动现金流出小计	700 000	
筹资活动产生的现金流量净额	500 000	
四、汇率变动对现金及现金等价物的影响	0	
五、现金及现金等价物净增加额	1 280 000	
加：期初现金及现金等价物余额	（略）	
六、期末现金及现金等价物余额	（略）	

要求：根据该企业 2008 年度现金流量表的资料进行结构分析。

2．甲企业生产 C 产品，其销售毛利的有关计划和实际资料如表 10-9 所示。

表 10-9

C 产品销售毛利的有关资料

项目	销售数量（件）	销售单价（元/件）	销售额（元）	毛利率（%）	毛利额（元）
计划	10 000	170	1 700 000	36	612 000
实际	12 000	160	1 920 000	35	672 000
差异	+2 000	-10	+220 000	-1	+60 000

要求：采用差额计算分析法对该产品销售毛利的计划执行情况进行因素分析。

3．乙公司 2007 年度利润表上的基本每股收益为 0.64 元，该公司 2007 年年初发行在外的普通股股数为 500 万股，本年没有稀释性证券。该公司用于股利分配的现金数额为 100 万元，目前股票每股市价为 12 元。要求：计算该公司的每股股利、市盈率和股利支付率。

4．丙公司 2008 年的销售额 62 500 万元，比上年提高 28%，有关财务比率的资料如表 10-10 所示。

表 10-10

丙公司有关财务比率的资料

财 务 比 率	2007 年	2008 年
应收账款周转率(次)	10	10
存货周转率(次)	2.59	2.11
销售毛利率(%)	40	40
销售利息率(%)	2.4	3.82
销售净利率(%)	7.2	6.81
总资产周转率(次)	1.11	1.07
固定资产周转率(次)	2.02	1.82
资产负债率(%)	50	61.3
已获利息倍数	4	2.78

注：该公司正处于免税期。

要求：

(1) 运用杜邦模型，比较 2008 年与 2007 年的净资产收益率，并简要分析其变化的原因。

(2) 计算 2008 年的资本保值增值率与资本积累率。

第十一章 信息管理

本章结构图

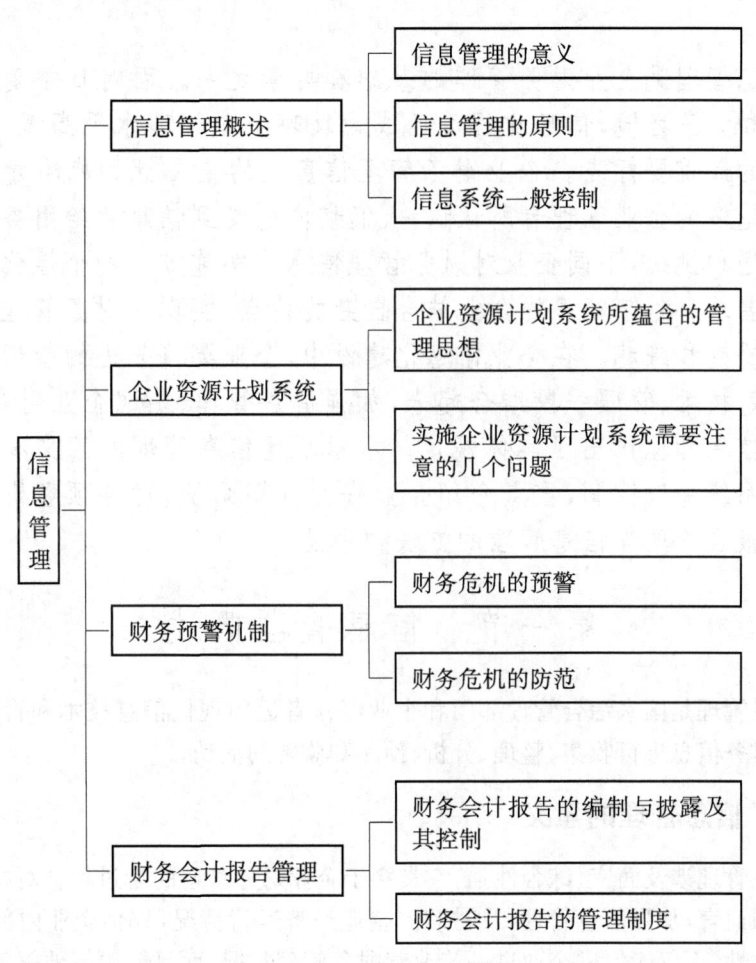

本章学习目标

- 了解信息管理的意义和原则
- 掌握 ERP 系统所蕴含的管理思想
- 熟悉 ERP 系统风险的识别和防范
- 理解 ERP 系统和内部控制的关系
- 掌握财务预警的定量分析方法
- 掌握企业财务会计报告管理的有关规定

信息管理是企业财务管理的基础和要素之一。面对日益复杂的管理环境和竞争环境,信息化程度已成为反映企业管理水平高低、竞争能力强弱的最重要标志。企业财务管理信息化的重要性和战略意义已经被越来越多的企业管理者所认识,人们切实感受到信息化给财务管理带来的机遇和挑战,不同企业对财务管理信息化实施方案的个性化提出了很高的要求。越来越多的企业结合自身的特点,实现了财务管理系统技术上的提升和跨越。在企业信息化建设中,企业要将先进的管理思想和现代信息技术、管理手段结合起来,加强信息管理。新《企业财务通则》对企业信息管理作出了具体规定。本章阐述信息管理的意义和原则以及信息系统一般控制,重点介绍企业资源计划系统、财务预警机制和财务会计报告管理等信息管理的方法和手段。

第一节 信息管理概述

信息管理是国家综合管理部门和企业经营者运用现代信息技术和管理手段,对企业财务信息进行收集、整理、分析、预测和监督的活动。

一、信息管理的意义

信息管理涉及面广、综合性强,它贯穿于企业财务管理的全过程。对国家综合管理部门而言,加强信息管理,及时监测企业经济运行情况,评估企业内部财务控制的有效性,不仅能促进企业进一步改善财务管理状况,而且能更好地服务于国家宏观经济管理。对企业而言,加强信息管理,对规范企业财务管理行为,提高企业决策水平和管理效率,强化内部控制、提升企业价值,都具有极为重要的意义。

(一)规范企业财务管理行为

企业加强信息管理,通过信息化流程能够实现财务规范管理,减少人为因素,使各职能部门及其人员的工作更加规范和高效,有利于实现财务管理的制度化和规范化。

(二)提高企业决策水平和管理效率

企业加强信息管理,通过对财务数据进行科学的加工处理,能够为决策提供可靠的依据。在企业信息化建设中,按照新《企业财务通则》的要求,企业结合经营特点,优化业务流程,建立财务和业务一体化的信息处理系统,逐步实现财务、业务相关信息一次性处理和实时共享,逐步创造条件,实行统筹企业资源计划,全面整合和规范财务、业务流程,对企业物流、资金流、信息流进行一体化管理和集成运作,必将大大提高企业的决策水平和管理效率。

(三)强化内部控制,提升企业价值

企业加强信息管理,通过网络化数据能够实现财务精确管理。通过建立灵敏的信息反馈机制、风险监控机制和财务预警机制,强化内部控制,有效规避风险,提升企业价值。

二、信息管理的原则

企业从实现会计电算化,到建立财务和业务一体化的信息处理系统,再进一步实行统筹企业资源计划,是一个循序渐进的过程,需要具备一定的内、外部条件。企业应结合自身经营特点和所具备的客观条件,总体规划,分步实施,突出重点,先易后难。为了提高财务信息质量,企业信息管理应当遵循以下原则。

(一)合法合规,安全有效

信息管理应当符合我国《会计法》、《企业财务会计报告条例》等法律法规以及国家统一的企业财务、会计制度的规定。企业对外提供财务信息,财务信息使用者使用企业财务信息,不得非法利用和传播,不得利用企业的财务信息谋取私利或者损害企业利益。国家信息产权、通信安全与保密等法规体系逐步健全,为企业信息管理提供了法律保障。

(二)真实完整,重点突出

财务信息必须数字真实,计算准确,内容完整,不得对外提供虚假的或者隐瞒重要事实的财务信息。对影响财务信息使用者据以作出合理判断的重要财务信息,应当充分、准确地披露。

(三)提供及时,便捷适用

企业财务信息必须按规定及时向有关各方提供。信息获取方便、快捷,满足有关各方的需要,提高财务信息的利用效果。

三、信息系统一般控制

信息系统是指利用计算机技术对业务和信息进行集成处理的程序、数据和文档等的总称。

企业至少应当关注涉及信息系统一般控制的下列风险：

（1）信息系统开发与使用违反国家法律法规，可能遭受外部处罚、经济损失和信誉损失。

（2）信息系统开发与使用未经适当审核或超越授权审批，可能因重大差错、舞弊、欺诈而导致损失。

（3）信息系统设计功能不科学、维护与变更程序不规范，可能导致企业经营效率与效果低下。

（4）信息系统外包服务未恰当履行或监控不当，可能导致企业权益受损或违约损失。

（5）信息系统访问安全措施不当，可能导致商业秘密泄露。

（6）信息系统硬件管理不当，可能导致企业资产或股东权益受损。

企业在建立与实施信息系统内部控制中，至少应当强化对下列关键方面或者关键环节的控制：

（1）职责分工、权限范围和审批程序应当明确规范，机构设置和人员配备应当科学合理，重大信息系统开发与使用事项应履行审批程序。

（2）信息系统开发、变更和维护流程应当清晰合理。

（3）应当建立访问安全制度，操作权限、信息使用、信息管理应当有明确规定。

（4）硬件管理事项和审批程序应当科学合理。

（5）会计信息系统流程应当规范；会计信息系统操作管理，硬件、软件和数据管理，会计信息化档案管理应当完善。

第二节 企业资源计划系统

企业资源计划系统（enterprise resource planning，简称 ERP）以业务流程为主线，对人、财、物等资源进行全面整合，是一种可以实现跨地区、跨部门甚至跨企业整合实时信息的企业管理信息系统，实质上是高度集成和标准化的企业管理系统。ERP 系统主要有财务管理、物流管理和人力资源管理等三大功能，在企业资源最优化配置的前提下，整合企业内部主要乃至所有的经营活动，包括财务会计、管理会计、生产计划管理、物料管理、销售与分销等主要功能模块，以达到效率化经营的目标。从长远看，实施 ERP 系统是企业财务管理模式的重大变革。建立和运用 ERP 系统以后,不仅可以改造企业的组织和流程,而且能够为财务职能与其他职能的融合提供一个平台。以用友 ERP-U8 为例,其系统如图 11-1 所示。

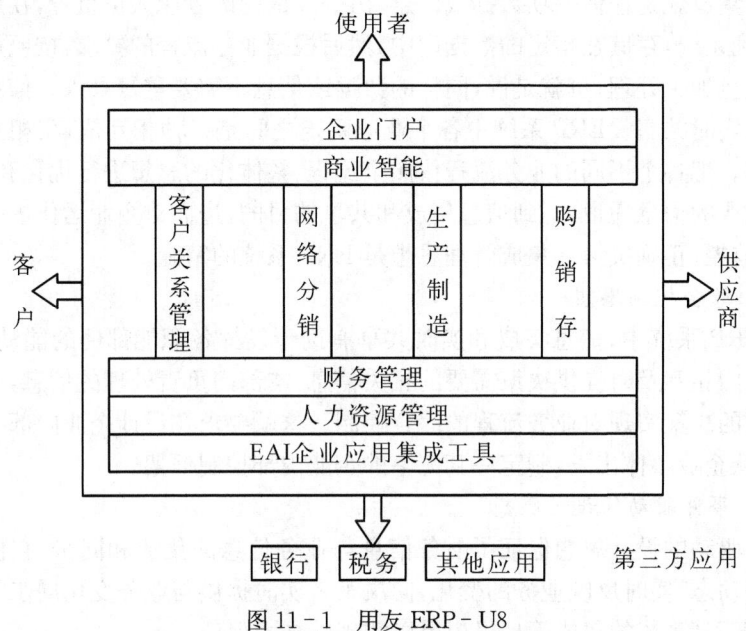

图 11-1　用友 ERP-U8

一、企业资源计划系统所蕴含的管理思想

企业以市场化发展为基本导向,以保护企业资源、提升企业价值为前提,要求运用信息技术手段对企业资源进行管理,以掌握企业资源,支撑企业持续健康发展。实施 ERP 系统,可以实现关键数据的标准化、统一化,资源信息共享化,业务流程规范化,操作环境严密化,管理系统集成化,合理配置和管理企业资源,强化资金管理,满足企业有效管理供应链,降低风险,完善财务评价体系等重要的内部管理要求。ERP 系统的精髓和生命力在于它所蕴含的管理思想对企业管理实践的提升。ERP 系统所蕴含的管理思想主要包括以下几个方面。

(一)全局观念和客户需求导向原则下的全流程思想

企业的生产经营活动是由一系列连贯而又交错的业务流程来实现的。一个局部业务流程的输出是另一个局部业务流程的输入,众多的"输入——处理——输出"构成了一个全流程。全流程的起点是客户需求,这就是市场经济客户需求导向的原则,企业的价值只有在满足客户价值的前提下才能实现。全面考虑企业整体乃至整个供应链资源,以满足客户需求为目标,不断优化业务流程,是 ERP 系统的立足点。因此,围绕业务流程,树立以客户满意为出发点的全局观,是实施 ERP 系统必须树立的一个重要理念。

(二)集成管理思想

信息集成就是任何一项数据或信息,由一个部门的专职人员负责,在规定的时间,录入到系统,存储在指定的数据库中,然后根据业务流程的要求,按照规定的运算方法进行加工处理,也就是说,同样的数据或信息不需要重复录入。信息集成是为了信息实时共享。ERP 系统中各个业务系统之间是一种相互依存、相互作用的集成关系。把各个不同的业务流程按照全流程、整体化的思想进行优化和连接,从而疏通企业的信息通道,达到信息集成和共享的目的,进而对企业运作进行实时反映、实时监控、正确决策。集成管理思想是 ERP 系统的精髓。

(三)综合控制思想

在 ERP 系统中,信息集成和实时共享有助于发挥各职能部门的能动性,促使各职能部门相互及时提供决策需要的相关信息,本部门负责处理的信息,通过参与其他部门的决策实现对业务流程的综合控制。这就要求在设计企业内部控制体系时,必须从企业整体出发,制定一套完整的企业内部控制框架。

(四)事件驱动的设计思想

事件驱动的设计思想保证了财务信息与业务信息的集成和同步,它使得财务信息能够动态、实时反映业务的变化,向决策者实时提供与业务变化同步的资金信息,它是 ERP 系统的集成管理思想得以实现的技术保证。

(五)精细化管理思想

ERP 系统的精细化管理思想使得核算细化和管理细化变成现实。树立精细化管理思想,实现精细化管理,充分发挥现代信息技术在提高管理效率和水平方面的重要作用。

二、实施企业资源计划系统需要注意的几个问题

每个企业都有自身的特殊性。企业要成功实施 ERP 系统,必须正确评价企业的现状,在企业的总体规划下做好需求分析,选择正确的信息化建设方案,做好软件与企业实际情况的匹配;扎实做好管理的基础工作,如流程重组、数据处理等;在企业内部,要政令畅通;企业和软件公司、咨询公司三者之间要在明确权责关系和经济关系的基础上,协同努力,共同创新。这里,特别强调还要注意以下几个问题。

(一)识别 ERP 系统的风险并加强防范

ERP 系统的风险主要有商业风险、控制风险、系统风险和安全风险。识别 ERP 系统的风险并加强对风险的防范,对实施 ERP 系统的企业来说是一项非常重要的工作。

1. 商业风险的识别和防范

商业风险是指那些与企业经营业务本质有关的、可能阻碍企业达到目标的风险。例如，对项目定义不充分是 ERP 系统失败的最重要原因之一。有的企业没有考虑商业目标、实施战略、系统架构、技术需求、成本等，就盲目采纳 ERP 技术而导致失败；有的企业高级管理层缺乏对 ERP 技术及其对企业影响程度的理解而导致失败；用户参与不足、员工培训不充分也是 ERP 系统的重要风险。

一般来说，如果开发和实施一个 ERP 系统，企业管理层应当明确 ERP 系统对以下四个领域的影响：一是对企业使命或目标的贡献，二是经营业绩的变化，三是 ERP 用户的满意度，四是信息系统的适应性和可量测性。企业应当要求 ERP 供应商、咨询师和 IT 人员向高层管理者提供必要的技术信息。高层管理者应当掌握最基本的 ERP 及其对业务影响的知识。在 ERP 环境下，提供足够的培训，不仅包括预实施阶段，也包括事后培训。所有员工都应当理解新业务流程模式、必需的作业、控制机制和业绩评价。

2. 控制风险的识别和防范

控制风险是指 ERP 系统不能执行所设计的功能的风险，包括职责分离不足和运营的无效率。

职责分离是内部控制的重要组成部分，职责分离不足可能会导致灾难性的后果。因此，必须对应用系统的关键用户进行合理的管理，以实现用户授权适当和分工合理。在 ERP 项目实施前，内部审计部门和依靠数据才能运营的部门或分部的经营，应当设置合理的授权作业。对那些被授权的用户、经理应当进行持续的监管，以确保达到内部控制目标。提高运营效率是实施 ERP 系统的主要目的之一。在项目实施之前提高运营效率的一个重要措施，是合理的用户培训和开发阶段的用户参与。

3. 系统风险的识别和防范

系统风险是指已经实施的系统并没有按设计发挥功能的风险。企业选择 ERP 系统时，需要明确特定的系统是否适合本企业的商业文化和业务流程。企业管理层不仅应当考虑 ERP 软件的功能性，也要把握供应商的财务、技术方面的优势与劣势。企业应当选择服务质量良好的咨询公司和聘用具备必需技能的咨询师，同时应当对 IT 人员进行广泛的培训。

4. 安全风险的识别和防范

安全风险是指未经授权进入设备、软件或者数据库的风险。企业管理层需要理解潜在的风险并选择能够提供最高水平保证防范风险的供应商。另外，在将 ERP 系统与其他的外部实体的系统整合之前，企业管理层应当评估与其业务相关的交易方的安全系统，以确保未经授权的进入或交易输入企业系统。企业应建立和完善ERP系统安全运行的规章制度,严格执行,规范管理,定期检查,从严考核。既要做到网络运行稳定、可靠、及时、畅通,又要防止病毒及黑客的入侵造成网络中断和信息泄密,尤其要重视异地备份,防止灾难性损害,确保数据和文件安全存储和传输,做到不泄密、不丢失、不损坏。

(二) 正确认识ERP系统和内部控制的关系

有的企业管理层以为只要实施ERP系统,企业发生的任何事项都逃不过ERP系统的网络监督。然而,曾经在上海发生了一家大型跨国连锁超市营业款被窃案,收银员、计算机管理员等43人集体舞弊,居然利用超市ERP系统的漏洞,在短短半年内,悄声无息地从超市窃走397万元的营业款。这一案例为运用ERP系统的企业敲响了警钟,ERP不是万能的。

ERP系统为企业实施内部控制提供了强有力的技术支持,内部控制的许多控制活动都可以通过ERP系统得以顺利实现;而ERP系统的设计也必须符合内部控制的思想和原则,内部控制也会为ERP系统的实施提供一个基础与环境。但这并不是说ERP系统完全可以替代内部控制,因为内部控制中许多与人密切联系的因素是网络系统无法企及的,诸如内部环境、风险评估、信息与沟通、内部监督等关键内控要素都无法通过ERP系统得以完全实现。

ERP系统的发明和应用,尽管给企业在实施内部控制时带来了许多有利条件,但是,先进的技术还需要良好的控制环境来实施。实施ERP系统后,企业内部控制的环节、控制点以及风险特征都会有所变化,因而需要更有效地设计相应的内部控制体系。如果没有一个坚实的企业内部控制为基础,即使花大力气运用了ERP系统,也难以防范风险。

实际上,ERP系统本身也有一个不断完善的过程,如果过分依赖ERP系统,则会使企业忽视背后隐藏的风险。如果没有一个完善的内部控制系统作基础,这样的ERP系统所面临的风险就可想而知了。因此,应全面正确理解企业内部控制,充分考虑各种有利与不利因素,从而使ERP系统发挥其应有的作用。

(三) 培养一批既懂信息技术,又熟悉企业经营管理的复合型人才

在ERP系统实施的整个过程中,要有目的、有计划地培养人才。如果没有专业人才队伍对ERP系统进行不断完善、不断优化、不断更新,则ERP系统的顺利实施是很难想像的。

(四) 遵循成本效益原则

实施ERP系统,是企业信息化建设中的一项重要的投资决策,要从应用角度进行谨慎的评估,遵循成本效益原则,讲求实用,切实促进企业经营管理水平的提升。

第三节 财务预警机制

在市场经济条件下,企业生产经营很可能发生财务危机。尽管企业财务危机形成的原因有多种,结果的严重程度也不相同,但基本上都有一个逐步恶化的过程。因此,企业应及早发现财务危机的征兆,预测并化解可能发生的财务危机。新《企业财务通则》要求:"企业应当建立财务预警机制,自行确定财务危机警戒标准,重点监测经营性净现金流量与到期债务、企业资产与负债的适配性,及时沟通企业有关财务危机预警的信息,提出解决财务危机的措施和方案。"

一、财务危机的预警

财务危机的预警就是利用财务指标量度企业财务状况偏离预警线的强弱程度,发出财务危机预警信号的过程。财务预警机制是企业选择重点监测财务指标,确定财务危机警戒标准,监测和发现财务危机,及时警示有关责任人员,并分析企业发生财务危机的原因、企业财务运行潜在的问题,提出防范措施的一种制度安排,它兼有监测、诊断和治疗功能。

进行财务危机的预警,常用的定量分析方法主要有以下几种。

(一)资产负债表预警

资产负债表是指反映企业在某一特定日期的财务状况的会计报表。我国企业的资产负债表采用账户式结构。资产负债表分为左、右两方,左方列示资产各项目,右方列示负债和所有者权益各项目;资产和负债分别流动资产和非流动资产,流动负债和非流动负债列示。资产各项目的总计等于负债和所有者权益各项目的总计。从资产负债表各项目的结构,可以据以判断企业的安全状况。一般按资产负债表的平衡关系,可以将企业的财务状况分为稳健型、风险型和危机型三种类型,如表11-1、表11-2和表11-3所示。

表11-1

稳健型资产负债表(简表)

流动资产	流动负债
	非流动负债
非流动资产	所有者权益

(二)比率指标预警

企业在日常经营活动过程中,可以通过观察一些比率指标的变化,发现企业财务危机的征兆。判断企业财务危机的主要比率指标如表11-4所示。

表 11-2

风险型资产负债表(简表)

流动资产	流动负债
非流动资产	非流动负债
	所有者权益

表 11-3

危机型资产负债表(简表)

流动资产	负债
非流动资产	
	未弥补亏损

表 11-4

判断企业财务危机的主要比率指标

比率指标	计算公式	财务危机的征兆
到期债务本息偿付比率	经营现金净流量÷(本期到期债务本金＋现金利息支出)	该指标小于1
资产负债率	(负债总额÷资产总额)×100%	该指标大幅度上升
流动比率	(流动资产÷流动负债)×100%	降到150%以下
存货周转率(次)	主营业务成本÷存货平均余额	大幅度下降
应收账款周转率(次)	主营业务收入净额÷应收账款平均余额	大幅度下降

注：(1) 大幅度上升或大幅度下降，通常是指20%以上，因不同企业而异。
(2) 流动比率的警戒标准因不同企业而异，150%仅是参考值。

此外，企业还可以通过分析经营安全率和资金安全率这一组比率指标来判断企业的财务状况。其计算公式为：

$$经营安全率 = \frac{现有或预计销售额 - 保本销售额}{现有或预计销售额}$$

$$资金安全率 = 资产变现率 - 资产负债率$$

式中：

$$资产变现率 = \frac{资产变现金额}{资产账面价值}$$

运用安全率指标进行判断时，可以归纳为以下四种情况：

(1) 若经营安全率、资金安全率均大于 0,表明经营状况、财务状况良好。

(2) 若经营安全率大于 0,但资金安全率小于 0,表明经营状况良好,但财务状况已存在问题,若不能及时改善财务状况,将危及企业的经营状况。

(3) 若资金安全率大于 0,但经营安全率小于 0,表明财务状况良好,但经营状况已存在问题,若不能及时改善经营状况,将危及企业的财务状况。

(4) 若经营安全率、资金安全率均小于 0,表明企业随时都有可能发生财务危机。

(三)"Z-计分法"预警

1968 年美国学者爱德华·奥特曼(Edward Altman)在经过大量的实证考察和分析研究的基础上,选择了 5 项财务比率,并为每一财务比率确定了其对企业破产的影响程度(即各项财务比率的系数),建立了判别函数,作为预测企业破产的基本模型,即"Z-计分法"(Z-Score)。它是基于会计数据和市场价值的信用风险模型,可以用来计量企业破产的可能性。其判别函数为:

$$Z = 0.012X_1 + 0.014X_2 + 0.033X_3 + 0.006X_4 + 0.999X_5$$

式中:Z 表示判别函数值;X_1 = 营运资本÷资产总额;X_2 = 留存收益÷资产总额;X_3 = 息税前利润÷资产总额;X_4 = 普通股和优先股的市场价值总额÷负债的账面价值总额;X_5 = 销售收入÷资产总额。

爱德华·奥特曼提出的判别标准是:若企业的 Z 值大于 2.675,则企业发生破产的可能性较小;若企业的 Z 值小于 2.675,则企业存在发生破产的危险。一般而言,企业的 Z 值越低,破产的可能性越大。随着经济形势的变化,Z-Score 模型的参数也在不断改进。1983 年,爱德华·奥特曼对 Z-Score 模型进行了如下修正:

$$Z = 6.56X_1 + 3.26X_2 + 6.72X_3 + 1.05X_4$$

式中:X_1,X_2,X_3 与前述相同;X_4 = 股东权益总额÷负债总额。

按此修正后的 Z-Score 模型,爱德华·奥特曼提出的判别标准是:若企业的 Z 值大于 2.6,企业财务状况良好;若企业的 Z 值小于 1.1,则企业破产几乎不可避免。

Z-Score 模型产生于美国,而后世界上许多国家也广泛采用 Z-Score 模型来预测企业的财务危机。尽管 Z-Score 模型在不同国家的应用有所差别,但实践表明,破产企业的 Z 值一般小于 2.6。

这里需要注意的是,进行财务危机预警时,要将定量分析和定性分析方法结合起来加以运用。上述定量分析方法虽然是通过对有关财务报表和财务指标的分析来完成财务危机预警的,有其科学性和合理性,但定量分析方法会受到不同企业条件差异、企业在不同时期有关因素的变化以及企业对会计政策的选择不同等影响，而无法满足企业对财务危机预警的需要。因此，还需要通过定性分析，结合专业分析人员的经验判断，对定量分析的不足加以弥补。专业分析人员根据自己的经验，常常运用"四阶段症状分析法"，对企业财务危机的原因进行分析，以判断财务危机发生的可能性。"四阶段症状分析法"将财务危机区分为潜伏期、发作期、恶化期、实现期四个阶段。潜伏期的症状主要是：销售额下降；销售额上升，但利润额下降；资产流动性差；资本结构不合理；财务信誉持续降低；生产经营秩序混乱。发作期的症状主要是：自有资本不足；过分依赖外部资金，利息负担过重；债务拖延偿付。恶化期的症状主要是：经营者无力经营业务，忙于资金周转；资金周转困难；不能偿还债务。实现期的症状主要是：负债超过资产；丧失偿债能力；宣布倒闭。

二、财务危机的防范

企业应具有风险意识和超前意识，居安思危，未雨绸缪，建立健全财务预警机制，以避免财务危机的发生和恶化。

（一）及时沟通信息

企业内部各级管理层都需要运用信息来帮助识别和评估风险，从而采取应对措施来管理企业并实现其经营目标。为支持有效的风险管理，企业必须收集和使用历史的和实时的信息，从而了解企业在瞬息万变的市场环境中是如何生存的，对需要管理者注意的潜在事项提出警告，以便管理者及时识别经营活动中存在的风险，能够在必要的时候调整企业的经营方针和策略，防范可能出现的财务危机。

信息与沟通是一个过程，在此过程中，应当及时、准确、完整地收集与企业经营管理相关的各种信息，并使这些信息以适当的方式在企业有关层级之间进行及时传递、有效沟通和正确应用。企业要建立一个良好的信息与沟通系统。信息与沟通系统的健全与否直接影响到企业内部控制的效率和效果。一个良好的信息与沟通系统要求能够对信息及时进行识别、获取和加工，并采取便于相关人员理解和使用信息的形式，在企业内部进行纵向和横向的有效传递。除了内部沟通以外，企业还必须与投资者、债权人等利益相关者沟通信息，尽可能得到他们的理解和支持。

（二）根据财务危机发生的不同原因采取相应的对策

由于经济环境的变化、行业不景气、市场竞争激烈等客观原因，会导致企业面临财务危机，但根本原因还是企业自身存在着各种问题。例如，有的企业政企不分，权责不清，机构臃肿，效率低下，法人治理结构严重缺陷，存在"一股独大"、"内部人控制"等现象；有的企业在重大项目投资之前并没有经过科学的可行性论证，投资带有很大的盲目性，结果是项目上马后，不仅没有使企业增加效益，反而带来严重的负面影响；有的企业急功近利，大量举债投资，但经营不善，经营杠杆和财务杠杆的负效应,使企业无力还债,步入债务负担越来越重的恶性循环;有的企业主业萎缩,没有采取开发新产品、提高产品质量、扩大市场占有率等手段来实现主营业务收入的持续增长;有的企业经营管理效率低下,营运成本太高,企业无力支撑等。凡此种种,都会使企业陷入困境,跌入亏损的万丈深渊,最终走向破产。企业应根据财务危机发生的不同原因,采取相应的对策。企业的财务预警机制应能够灵敏地反映环境的变化,以便决策者把握其变化趋势及规律,并制定多种应变措施,提高企业对环境变化的适应能力和应变能力,以降低因环境变化给企业带来的风险。企业的财务预警机制对企业内部控制提出了很高的要求,企业必须建立与实施有效的内部控制,以纠错防弊、消除隐患、堵塞漏洞、防范风险、避免危机。

(三)根据财务危机的不同阶段对症下药

企业还应根据财务危机的不同阶段,对症下药。例如,在财务危机的恶化期,企业可以通过资产重组和债务重组的方式,以使企业摆脱困境,渡过危机。资产重组,如主动寻找并购企业、出售企业非核心资产等;债务重组即与债权人协商,如将债务转为资本,或延期偿还债务、减少债务本金、减少债务利息等。

第四节 财务会计报告管理

财务会计报告是指企业对外提供的反映企业某一特定日期的财务状况和某一会计期间的经营成果、现金流量等会计信息的文件。新《企业财务通则》要求:"企业应当按照有关法律、行政法规和国家统一的会计制度的规定,按时编制财务会计报告,经营者或者投资者不得拖延、阻挠。"

一、财务会计报告的编制与披露及其控制

企业在财务会计报告的编制与披露中,至少应当关注其涉及的下列风险:

(1)财务会计报告编制与披露违反国家法律法规,可能遭受外部处罚、经济损失和信誉损失。

(2)财务会计报告编制与披露未经适当审核或超越授权审批,可能因重大差错、舞弊、欺诈而导致损失。

(3)财务会计报告编制前期准备工作不充分,可能导致结账前未能及时发现会计差错。

(4)纳入合并报表范围不准确、调整事项或合并调整事项不完整,可能导致财务会计报告信息不真实、不完整。

(5)财务会计报告披露程序不当,可能因虚假记载、误导性陈述、重大遗漏和未按规定及时披露导致损失。

企业在建立与实施财务会计报告编制与披露内部控制中,至少应当强化对下列关键方面或者关键环节的控制:

(1) 职责分工、权限范围和审批程序应当明确规范,机构设置和人员配备应当科学合理。

(2) 有关对账、调账、差错更正、结账等流程应当明确规范。

(3) 起草财务会计报告、校验、审核批准等流程应当科学严密。

(4) 财务会计报告的报送与披露流程应当符合有关规定。

企业应当建立财务会计报告编制与披露的岗位责任制,明确相关部门和岗位在财务会计报告编制与披露过程中的职责和权限,确保财务会计报告的编制与披露同和审核相互分离、制约和监督。

二、财务会计报告的管理制度

企业财务会计报告的管理制度主要有以下几种。

(一) 财务会计报告编制制度

企业财会部门应当制定年度财务会计报告编制方案,明确年度财务会计报告编制方法、年度财务会计报告会计调整政策、披露政策及报告的时间要求等。年度财务会计报告编制方案应当经企业总会计师或者财务总监、分管财务会计工作的负责人,核准后签发至各参与编制部门。

企业应当按照国家统一的会计制度规定的会计报表格式和内容,根据登记完整、核对无误的会计账簿记录和其他有关资料编制会计报表,不得漏报或者任意进行取舍。

附注应当披露财务报表的编制基础,相关信息应当与资产负债表、利润表、现金流量表和所有者权益变动表等报表中列示的项目相互参照。

(二) 财务会计报告报送制度

根据《企业财务会计报告条例》(国务院令[2000]第287号)等法律规范的规定,企业财务会计报告应当报送主管财政机关等相关的政府管理部门和投资者等利益相关者。有关部门或者机构依照法律、行政法规或者国务院的规定,要求企业提供部分或者全部财务会计报告及其有关数据的,应当向企业出示依据,并不得要求企业改变财务会计报告有关数据的会计口径。非依照法律、行政法规或者国务院的规定,任何组织或者个人不得要求企业提供部分或者全部财务会计报告及其有关数据。

企业应当依照法律、行政法规和国家统一的会计制度有关财务会计报告提供期限的规定,及时对外提供财务会计报告。月度中期财务会计报告应当于月度终了后6天(节假日顺延,下同)内对外提供;季度中期财务会计报告应当于季度终了后 15 天内对外提供；半年度中期财务会计报告应当于年度中期结束后 60 天内（相当于两个连续的月份）对外提供；年度财务会计报告应当于年度终了后 4 个月内对外提供。企业对外提供的财务会计报告应当依次编定页数，加具封面，装订成册，加盖公章。封面上应当注明：企业名称、企业统一代码、组织形式、地址、报表所属年度或者月份、报出日期，并由企业负责人和主管会计工作的负责人、会计机构负责人（会计主管人员）签名并盖章；设置总会计师的企业，还应当由总会计师签名并盖章。

企业对外提供的财务会计报告反映的会计信息应当真实、完整。向有关各方提供的财务会计报告，其编制基础、编制依据、编制原则和方法应当一致。财务会计报告需经注册会计师审计的，企业应当将注册会计师及其会计师事务所出具的审计报告随同财务会计报告一并对外提供。

（三）财务会计报告审计制度

新《企业财务通则》规定："企业对外提供的年度财务会计报告，应当依法经过会计师事务所审计。国家另有规定的，从其规定。"财政部印发的《关于改进和加强企业年度会计报表审计工作管理的若干规定》（财企[2004]5 号）对企业年度会计报表审计管理的一般要求如下：

(1) 企业委托审计，应当根据董事会或者经理（厂长）办公会的决定进行委托。企业集团所属全资企业年度会计报表审计业务，由集团公司统一委托。尚未实行与政府主管部门脱钩的企业，以直接向政府主管部门报送年度会计报表的企业为单位，统一委托会计师事务所对所属企业年度会计报表进行审计。

(2) 企业应当在 9 月月底之前委托或者变更委托会计师事务所，并与委托的会计师事务所签订业务约定书，明确委托审计的范围、内容、双方的权利与责任、收费金额与付款方式、违约责任，并为会计师事务所实施审计提供必要的条件。

(3) 企业年度会计报表审计由中国注册会计师和境内依法设立的会计师事务所依法进行。企业必须根据拥有的资产规模、子公司数量及其地区分布和业务特点，选择具有相应注册会计师人数、执业经验、审计能力的会计师事务所。任何单位不得排挤、限制依法设立的会计师事务所执业。除企业集团公司外，不直接支付审计费用的任何部门、机构，不得要求或者授意企业委托指定的会计师事务所，也不得给企业委托审计设置障碍。

(4) 接受企业委托审计的会计师事务所，承接的审计业务必须由本所的注册会计师完成，不得分拆后转给其他会计师事务所承担。

(5) 企业集团公司统一委托审计，按照"公正、公开、公平"的原则，制定具体管理办法和操作程序，采取招标等透明、合理的方式选择一家或者多家会计师事务所,并事先以一定方式发布选择会计师事务所的信息。

(6) 企业集团公司选择多家会计师事务所实行联合审计的,应当确定牵头审计的会计师事务所,并协助牵头审计的会计师事务所制定集团审计方案,组织子公司或者所属企业配合实施。

(7) 企业年度会计报表审计,按照"谁委托、谁付费"的原则支付审计费用。企业年度会计报表审计费用标准,按照被审计企业当地政府主管部门的规定执行。

(8) 企业对于上年委托审计的、符合规定且没有出现违纪违规问题的会计师事务所,一般不应随意变更;需要变更的,需说明理由,并予披露。为同一企业连续执业5年的签字注册会计师,企业应当要求会计师事务所予以更换。

(9) 企业在审计年度内实施企业改革,需要进行整体资产评估或者财务咨询等,不得将年度会计报表审计业务委托给执行资产评估或者财务咨询业务的同一家会计师事务所或者相同出资人的会计师事务所。

(10) 审计业务约定书签订后,企业应当在每年10月31日以前向主管财政机关办理备案手续。其中:中央管理企业由集团公司向财政部企业管理机构备案;地方管理企业向地方同级财政部门企业管理机构备案;尚未与政府主管部门脱钩的企业,由政府主管部门向同级财政部门备案。企业向主管财政机关备案,应当提交备案报告,说明集团公司及其子公司选择与更换会计师事务所的理由、约定的审计范围、审计委托方式、审计付费标准等情况,并填报《企业年度会计报表审计备案表》。

(四) 年度财务会计报告抽查制度

财政部门对企业提供的年度财务会计报告及注册会计师出具的审计报告,应当就其真实性和合法性进行重点抽查,以加强对财务会计报告的管理,严肃查处编造、篡改财务会计报告和出具虚假审计报告的情况,打击会计造假和审计违规行为,提升企业会计信息质量和会计师事务所执业质量。

本章小结

信息管理是国家综合管理部门和企业经营者运用现代信息技术和管理手段,对企业财务信息进行收集、整理、分析、预测和监督的活动。在企业信息化建设中,企业要将先进的管理思想和现代信息技术、管理手段结合起来,加强信息管理。

新《企业财务通则》提出了多种信息管理的方法和手段。本章重点阐明ERP系统所蕴含的管理思想以及企业实施ERP系统需要注意的几个问题,强调企业应当建立财务预警机制,加强财务会计报告管理。

案　例

镇江华晨华通路面机械有限公司 ERP 应用案例

镇江华晨华通路面机械有限公司（以下简称"华晨华通"）是我国生产工程机械的知名骨干企业，主要生产摊铺机械、拌和机械、养护机械、建筑机械四大系列产品。华晨华通业务分布于全国各地，年产值、销售、利润等经济指标均居同行业前茅。公司产品不仅遍布全国，而且出口国外，在各地的工程建设中发挥了重要作用。对于在工程机械行业称雄一方的华晨华通而言，信息化工作也不甘落后。20 世纪 90 年代中期，华晨华通就率先引入了 CAD、电算化财务管理等系统。由于信息化工作起步早，基础好，加上软硬件设施配套完善，具有 30 多年历史的华晨华通步入了"而立之年"的辉煌。

进入新世纪后，尤其当中国跨入 WTO"门槛"，企业生存的内外环境发生了裂变。随着市场范围的扩大，管理环境的日渐复杂，原先对企业发展有着不小贡献的信息化管理系统逐渐暴露出越来越多的问题，"需要的数据出不来，想管理的东西管不了"，系统的应用范围很局限，只有财务、仓库、设计部门等几块，其他仍是空白。

在市场环境、工作方式、管理模式、客户要求、竞争对手都在变的新环境下，"顺应形势，再图发展"对华晨华通而言不再是一句口号。引入 ERP，优化管理，提升竞争力成为华晨华通的首要选择。如果说 20 世纪 90 年代中期，引进 CAD、财务管理等分系统是华晨华通企业信息化的第一次浪潮，那么此次引进 ERP 掀起了华晨华通企业信息化的第二次浪潮。与第一次信息化浪潮相比，相同的是"需求拉动，环境推动，企业主动"，不同的是此次信息化的"广度"、"深度"、"高度"都是华晨华通以前从没有经历过的。广度上，信息化应用范围将由局部扩展到几乎所有的业务部门；深度上，从"操作层"深化到"管理层"；高度上，华晨华通一开始就下定决心把项目作成行业信息化应用的"标杆"。

ERP 选型：精心设计四道"坎"

由于企业人员的整体素质还达不到国外一流公司的水平，且国外软件的产品和实施费用较高，所以企业没有考虑选择国外软件，选择合作伙伴的范围圈定为国内优秀的 ERP 厂商。"凡事预则立"，华晨华通在信息化专家的指导下，专门成立了担当"伯乐"的选型小组，在全国范围内"选马赛马"。谁是良驹，空口无凭，"伯乐们"为此精心准备了四道难题，只有跨过这四道"坎"的厂商，才有可能成为华晨华通的合作伙伴。

1. 应用关

华晨华通不是简单的机械制造型企业。它的特点是"大",由此而引发很多相关问题:产品结构层次复杂,工艺流程复杂,BOM 数据多,涉及的业务类型多(锻造、铸造、下料、机加工、热处理、表面处理等机械行业遇到的业务均已涉及)。所以,所选择的系统需要有大型机械企业的成功应用案例,只用于小型机械行业的 ERP 产品不适应华晨华通的需求。

2. 服务关

良好的服务是 ERP 成功必不可少的因素,它以实施管理为核心,具体包括信息化规划、管理咨询、业务流程重组、进度控制、系统维护等。软件提供商是否能提供科学的服务保障体系成为华晨华通看重的因素。

3. 技术关

有着 10 多年信息化经验的华晨华通,对信息化与企业发展之间的关系有着深刻理解:信息化没有终点。随着企业业务的不断扩充,各方面的需求与配置将进一步提升。而作为信息化集大成者的 ERP 系统,将成为企业不断深化应用的基础。因此,华晨华通要求 ERP 不是一个封闭系统,而是需要具有良好的稳定性、扩充性和灵活的可配置性的开放系统,既能整合现有的管理信息系统,又能支持企业长远发展的管理需求。

4. 信誉关

由于市场上的软件供应商众多,参差不齐。选择合作伙伴时,华晨华通除考虑上述因素外,还要考察软件厂商的资质、经营状况、用户口碑及行业评价等信誉指标,这些既是上述三点的综合体现,也是权衡优劣的重要砝码。

经过比较,企业最终选择了金思维,由金思维 ERP(JSERP)担任构建企业信息化的重任。

信息化布局:锁定三大重点

项目初始阶段,金思维咨询顾问对华晨华通进行详细的需求调研,并根据企业的管理特点和行业特色,出具了长达数百页的调研报告。在规划华晨华通信息化全局时,企业围绕着三大重点问题展开。

1. 内部物流管理

华晨华通产品结构复杂(5 000 多个零部件),加工步骤多(每个零部件一般有十几道工序,一个产品有近 20 000 道工序),生产周期长(从产品设计、技术准备、材料采购、零件加工到装配,整机生产过程一般为 3 个月以上)。各部门的不协调导致内部物流管理不畅,生产过程经常出现瓶颈资源和装配时缺料缺件现象,从而影响生产进度。因此,建立企业内部协作的物流管理体系是信息化重点。

2. 生产计划管理

华晨华通是多品种、小批量,产品既有面向订单、以销定产,又有面向预测、补充库存。其组织生产和生产控制难度较大。

3. 系统集成

企业引入 ERP 的同时,还引进了 CAD、PDM、CAPP 等软件,以及实施 5S 现场管理手段。通过 ERP 与 CAD、PDM、CAPP 集成,共同搭建起全新的管理信息化大厦,充分发挥系统的整合效益,突出集成优势。因此,ERP 作为企业管理的中枢神经,与其他系统的集成能力、信息共享能力成为华晨华通的信息化重点。

供需对接,效益盘点

经过金思维与企业的共同努力,华晨华通 ERP 项目取得了成功。以三大重点问题为例,试简要分析。

1. 企业内部物流管理

采购是物流管理的"入口"。华晨华通的采购供应部下设配套库、标准件库、五金库、备件库、油漆库等八个仓库,每年有上千万元的采购物资进进出出。华晨华通原有一套严密的采购流程:采购员依据生产明细计划、产品零部件工艺路线表、产品结构明细表等表格编制采购计划(毛需求),然后查看仓库数量,得到净需求,再根据《合格供应商名单》选择供应商,并编制《订货合同审批表》,经采购供应部经理批准后,由"价格控制小组"成员、采购员与供应商洽谈,最后由"价格控制小组"成员签订供货协议,采购员根据协议签订合同。这套流程虽然严密,但耗费大量的时间和精力,而且手工单据容易丢失,查询检索不便。

应用金思维 ERP 系统后,系统自动生成材料请购单,并进行供应商资格评审与红线价格控制,经过指定领导审批后,采购员就可以直接与供应商洽谈签约了。红线价格由公司领导控制,超过红线价格的供应商和不合格的供应商将无法进入评审流程。仅此一项,不仅缩短了采购时间,规范了采购管理,而且杜绝了采购"黑洞",为企业赢得管理效率与经济效益的双丰收。

通过金思维 ERP 系统,企业还实现了物流管理进程中"采购、送检、检验、收货、入库"一条线的实时监控。内部物流的"闭环"管理,大大减少了瓶颈资源的缺料缺件现象,为有序生产打下了良好基础。

2. 生产计划管理

生产计划环节是生产制造型企业的核心,也是整个企业管理最烦琐和最难管理的环节。金思维ERP的生产计划管理系统在全面、及时、准确地掌握成品库存、原辅材料库存、销售情况、生产能力、实际生产情况的基础上，合理安排生产、销售、资金、采购、生产经营等计划，并通过定额指标评价生产过程情况，从而保证生产过程的顺利进行。同时，金思维ERP系统把实际的生产情况编制成各种报表，供领导作为决策依据。

3. 从"设计BOM"到"制造BOM"，实现CAPP、PDM、ERP集成管理

以BOM为桥梁，实现CAPP、PDM、ERP之间集成，是凸现信息化整合效应的前提。然而，CAPP、PDM产生的BOM数据为"设计BOM"，而ERP需要的是"制造BOM"。两者角度不同："设计BOM"是按设计角度的产品视图，为产品设计服务；"制造BOM"从制造角度考虑，将零部件和装配看成相同集合，描述产品在车间生产及装配的关系，目的是用于指导生产。将"设计BOM"平滑过渡到"制造BOM"，是实现BOM核心数据共享的基础。

在金思维ERP中，系统直接读取PDM、CAPP系统产生的"设计BOM"，再传送到金思维ERP系统的产品结构树上，通过系统可视化产品结构调整工具，轻松实现几大系统的信息共享。

据统计，金思维ERP的成功应用已经取得了明显的经济效益：采购提前期由平均15天缩短到4天；加速应收账款的回收，年效益约60万元；紧急采购情况由3%降到1%以下；节约生产成本100万元；降低库存资金80万元；提高订单响应能力，增加更多订单，产生经济效益120万元；加强质量管理，每年减少损耗40万元。如今，实现了"产品管理数据化、生产计划一体化、生产过程信息化、管理决策科学化"的华晨华通对再次领跑行业发展充满信心。

资料来源：http://www.itfensi.com/administer/ERP/eapal/1173375951279.html。有改动。

复习思考题

1. 简要说明信息管理的意义。
2. 企业信息管理应遵循哪些原则？
3. ERP系统所蕴含的管理思想主要有哪些？
4. 企业实施ERP系统的风险主要有哪些？如何加以防范？
5. 怎样正确认识ERP系统和内部控制的关系？

6. 财务预警的定量分析方法主要有哪些?
7. 简要说明财务会计报告报送制度。
8. 简要说明财务会计报告审计制度。

习　　题

一、单项选择题

1. 企业委托或者变更委托会计师事务所,应当在每年的(　　)。
   A. 9月30日以前　　　　　　B. 10月31日以前
   C. 年度财务会计报告编好以后　D. 年度财务会计报告报送以后
2. 企业对外提供年度财务会计报告,应于(　　)。
   A. 年度终了后15天内　　　　B. 年度终了后1个月内
   C. 年度终了后2个月内　　　　D. 年度终了后4个月内
3. 运用安全率指标进行判断,表明企业随时都有可能发生财务危机的情况是(　　)。
   A. 经营安全率、资金安全率均大于0
   B. 经营安全率、资金安全率均小于0
   C. 经营安全率大于0,但资金安全率小于0
   D. 资金安全率大于0,但经营安全率小于0
4. 关于ERP系统,下列说法中不正确的是(　　)。
   A. ERP系统的精细化管理思想使得核算细化和管理细化变成现实
   B. 围绕业务流程,树立以客户满意为出发点的全局观,是实施ERP系统必须树立的一个重要理念
   C. 只要实施ERP系统,企业发生的任何事项都逃不过ERP系统的网络监督
   D. 员工培训不充分,是ERP系统的重要风险之一

二、多项选择题

1. 关于企业年度会计报表审计,下列说法中正确的有(　　)。
   A. 企业应当根据董事会或者经理(厂长)办公会的决定进行委托审计
   B. 企业集团所属全资企业年度会计报表审计业务,由集团公司统一委托
   C. 企业集团公司选择多家会计师事务所实行联合审计的,应当确定牵头审计的会计师事务所

D. 按照"谁委托、谁付费"的原则支付审计费用

2. 设置总会计师的企业,在对外提供的财务会计报告上签名并盖章的有( )。
    A. 企业负责人   B. 主管会计工作的负责人
    C. 会计机构负责人   D. 总会计师

3. 下列各项中,属于判断企业财务危机的主要比率指标有( )。
    A. 资产负债率   B. 技术投入比率
    C. 存货周转率   D. 应收账款周转率

4. 下列各项中,属于ERP系统的风险主要有( )。
    A. 商业风险   B. 控制风险   C. 系统风险   D. 安全风险

三、判断题

1. 企业向有关各方提供的财务会计报告,其编制基础、编制依据、编制原则和方法应当一致。( )

2. 财务会计报告须经注册会计师审计的,企业应当将注册会计师及其会计师事务所出具的审计报告随同财务会计报告一并对外提供。( )

3. 关于企业年度会计报表审计,审计业务约定书签订后,企业应当在每年9月底以前向主管财政机关办理备案手续。( )

4. 企业对于上年委托审计的、符合规定且没有出现违纪违规问题的会计师事务所,一般不应随意变更;需要变更的,需说明理由,并予披露。( )

5. 运用修正后的Z-Score模型来计量企业破产的可能性,若Z值大于2.6,企业存在很大的破产危险。( )

6. 运用修正后的Z-Score模型来计量企业破产的可能性,若Z值小于1.1,企业发生破产的可能性较小。( )

7. 企业实施ERP系统不能完全替代内部控制。( )

8. 信息管理是企业财务管理的基础和要素之一。( )

第十二章 财务监督

本章结构图

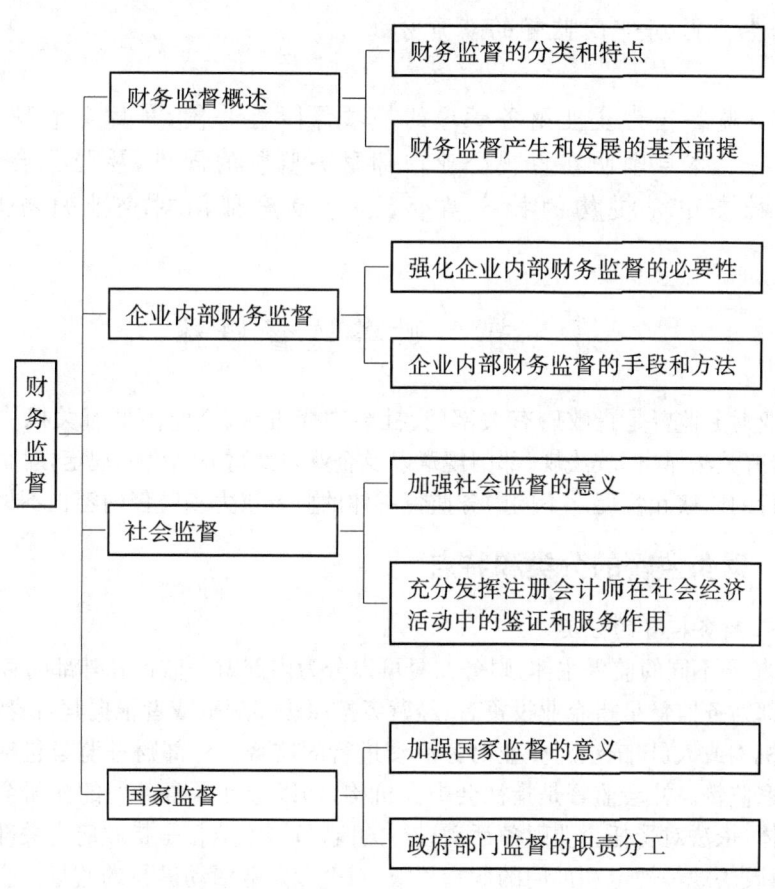

> **本章学习目标**
> - 熟悉财务监督的分类和特点
> - 了解强化企业内部财务监督的必要性
> - 掌握企业内部财务监督的手段和方法
> - 了解加强社会监督和国家监督的意义
> - 熟悉应如何充分发挥注册会计师在社会经济活动中的鉴证和服务作用
> - 熟悉政府部门监督的职责分工

财务监督作为企业财务管理的一项保障性手段,是财务管理的基本内容之一。本章阐明在重视企业内部财务监督的同时,要强化会计师事务所等社会中介机构的社会监督,加大政府部门对企业财务监督的力度。

第一节 财务监督概述

企业财务监督是指政府有关部门、社会中介机构、企业内部有关机构及其人员,根据有关法律、行政法规、部门规章以及企业内部财务制度的规定,对企业财务活动进行的监察和督促。不同财务监督主体的监督权力和监督内容也不尽相同。

一、财务监督的分类和特点

(一)财务监督的分类

1. 按照不同的监督主体,财务监督可以分为内部财务监督和外部财务监督

内部财务监督是指企业投资者、经营者按照法律规范或者根据其自身情况,设置内部机构或人员,依法对企业财务活动进行的监督。外部财务监督包括社会监督和国家监督。社会监督是指社会中介机构,如以会计师事务所的注册会计师为监督主体,依法对受托企业财务活动进行的监督;国家监督是指政府有关部门根据法律、行政法规等规定和部门的职责权限,对企业财务活动进行的监督。企业内部财务监督、社会监督和国家监督三者相互联系,又各有特定的职能范围。

2. 按照不同的监督内容,财务监督可以分为财务状况监督、财务成果监督和财经法纪监督

财务状况监督是指以财务收支活动为内容的监督,主要检查财务状况的

优劣及其原因;财务成果监督是指以财务成果是否达到预期目标为内容的监督;财经法纪监督是指以国家法律法规、制度和财经纪律的遵守情况为内容的监督。

除上述两种分类外,按照不同的监督阶段,财务监督还可以分为事前监督、事中监督和事后监督。

(二)财务监督的特点

财务监督作为一项重要的财务管理活动,它具有以下特点。

1. 财务监督主要利用价值指标来进行监督

财务监督借助于资金、成本、利润等价值指标,全面、及时、有效地监督企业的财务活动。当然,财务监督也要利用实物指标进行监督。例如,对各项财产物资的收、发和结存,既要进行价值监督,还要进行实物监督,检查账实是否相符,以确保各项财产物资的安全和完整。

2. 财务监督是对企业财务活动全过程的监督

财务监督不仅在事后进行,而且在事中和事前进行,它贯穿于企业财务活动的全过程。

事前监督是审查将要进行的财务活动是否符合法律规范和企业内部财务制度的规定,是否合理、有效,并据以施加限制或促进的影响作用。加强事前监督,有利于预防企业财务违法行为,促使企业财务活动按照既定的财务目标进行。事中监督是对正在进行的财务活动进行审查,以及时纠正财务活动中的违法行为和偏离财务目标的行为。事后监督是对已经结束的财务活动进行审查,它是在财务活动完成后对其结果的监督,检查已经完成的财务活动是否符合法律规范和企业内部财务制度的规定,检查财务目标的完成情况。因此,财务监督是对企业财务活动全过程进行的监督。

3. 财务监督是内部监督和外部监督的统一体

企业内部财务监督是基础,是一种经常性的监督。外部监督不可能也不应该取代内部监督,因为外部监督往往定期进行,或者主要针对企业重大财务活动进行监督,它是对内部监督的一种再监督。其目的是为了克服"内部人控制"的弊端,督促企业内部财务监督落实到位,保证企业内部采取的一系列相互联系、相互制约的制度和方法行之有效,保护国家和社会公众的利益不受侵犯。因此,财务监督是内部监督和外部监督的统一体。

二、财务监督产生和发展的基本前提

为了充分认识财务监督的必要性,我们有必要了解一下财务监督产生和发展的基本前提。

（一）委托代理关系是财务监督产生的根源

财务监督是一种行为，也是一种权力；如果行为者没有权力，就无法实施监督。财务监督权来自两权分离后所形成的委托代理关系。经营者受投资者之托经营管理企业。企业的经营者是否尽到责任？投资者如何保证自己目标的实现？如何有效激励并制约经营者为投资者的目标服务？投资者正是通过财务监督系统的有效运作，把对经营者的监督落到实处。经营者要履行受托经济责任，对企业的财务活动要进行监督。通过财务监督，以保证财务活动正常进行，最终实现企业的经营管理目标。

（二）监督者和被监督者之间的利益冲突

阐明财务监督存在的前提，还需要从分析监督者和被监督者之间的利益冲突入手。监督者和被监督者之间存在共同的利害关系，但由于财产所有权与经营权的分离，双方易于形成利益冲突。所有者的资本一旦投入企业，就形成法人财产，经营者可以支配这些财产，经营者在享有经营自主权的同时，可能更为关心自己的薪酬、声望、地位等自身利益。正是由于这种利益冲突，需要设计有效的约束机制，使经营者维护投资者的利益，保证投资者资本保值增值目标的实现。财务监督正是在这一需求之下产生的，通过财务监督，防止投资者的利益受到侵蚀。

（三）监督者和被监督者之间的信息不对称

监督者和被监督者之间的信息不对称也是财务监督存在的前提之一。根据非对称信息理论，市场上买卖双方各自掌握的信息是有差异的，通常供方有较完全的信息，需方有不完全的信息，在这种情况下，有信息优势的一方就希望通过输出对自己有利的信息使自己获利，而较少信息的一方则通过各种手段去获取信息。在现实生活中，人们经常利用这种信息的不对称规律来达到自利的目的。例如，公司的股东不直接参与公司的经营，他们是通过财务会计报告来了解公司经营情况的；而经理人员直接经营公司，掌握公司全面的信息，由于信息不对称，他们可能为了自身利益而在某种程度上牺牲股东的利益。因此，必须建立财务监督系统来解决由于这种信息不对称带来的严重问题，通过财务监督系统的有效运行，促进财务信息公开、公平、公正。

第二节 企业内部财务监督

要充分、有效地实施财务监督，首先必须做好企业内部财务监督工作。国内外的实践经验表明，内部财务监督是财务监督的基础，高效和完善的内部监督能够提高外部监督的效率与效果。

企业内部财务监督是微观层面上的财务监督。监督的内容主要包括：监督企业的财务活动是否符合国家有关法律法规和制度的规定；监督企业资金的筹集、运用、收回和分配是否合理、有效；监督企业各项资产是否安全、完整等。企业内部财务监督有其独特的功能，它与社会监督、国家监督不同，具有监督的日常性与全过程控制的特点，是外部监督所无法替代的。企业内部财务监督的主要意义在于形成企业的自我约束机制，在维护企业合法权益的同时，也有利于维护其他相关利益主体的合法权益。

一、强化企业内部财务监督的必要性

强化企业内部财务监督的必要性主要体现在以下两个方面：

（1）有利于从源头上预防和制止违法违规行为。在我国新、旧经济体制转换过程中，出现了一些问题：有利用企业改组、改制、拍卖、租赁等产权变动的机会中饱私囊的，有在办理采购、销售、工程项目等业务中捞取巨额回扣的，还有转移国家财产、偷逃税款等。导致上述问题存在的原因固然很复杂，但企业内部财务监督弱化是重要原因之一。为了从源头上预防和制止违法违规行为。必须十分重视和强化企业内部财务监督，形成企业的自我约束机制，以及时发现和制止企业财务活动中的违法违规行为，保证相关法律、法规和财务规章以及企业内部财务制度得以贯彻执行。

（2）对提高企业管理水平具有重要作用。强化企业内部财务监督，可以及时发现和纠正企业财务活动中预算执行的偏差，保证企业财务活动按照经营规划和财务目标正常开展。实施企业内部财务监督，可以规范财务行为，明确经济责任，防止出现工作差错和舞弊，避免发生因责任不清而互相扯皮、推诿，甚至越权行事，造成管理失控的现象。

总之，强化企业内部财务监督，对形成企业的自我约束机制，加强企业内部控制，提高企业管理水平至关重要。

二、企业内部财务监督的手段和方法

（一）建立健全企业法人治理结构

完善的企业法人治理结构是实行企业内部财务监督的组织保证。投资者通过企业内部的权力机构、决策机构、监督机构和执行机构来保障对企业的最终控制权。在公司制企业，为使财务监督行之有效，公司要明确股东（大）会、董事会、监事会和经理层的职责，形成各负其责、协调运转、有效制衡的公司法人治理结构。股东（大）会是公司的权力机构，它由全体股东组成。董事会执行股东（大）会的决议，对股东（大）会负责。董事会进行重大问题决策，聘任公司经理。经理主持公司的生产经营管理工作，组织实施董事会的决议，对董事会负责。监事会是对董事和经理的经营管理行为及公司财务进行监督的常设机构,它代表全体股东对公司经营管理进行监督,行使监督职能。

新《企业财务通则》规定:"企业设立监事会或者监事人员的,监事会或者监事人员依照法律、行政法规、本通则和企业章程的规定,履行企业内部财务监督职责。"要有效地实施企业内部财务监督,必须强化监事会或者监事人员的监督功能,发挥监事会或者监事人员对企业财务和董事、经营者行为的监督作用。

按照我国《公司法》的规定,有限责任公司、股份有限公司设监事会,其成员不得少于3人。股东人数较少或者规模较小的有限责任公司,可以设1~2名监事,不设监事会。董事、高级管理人员不得兼任监事。监事会应当包括股东代表和适当比例的公司职工代表,其中职工代表的比例不得低于1/3,具体比例由公司章程规定。监事会中的职工代表由公司职工通过职工代表大会、职工大会或者其他形式民主选举产生。监事会、不设监事会的公司的监事行使下列职权:检查公司财务;对董事、高级管理人员执行公司职务的行为进行监督,对违反法律、行政法规、公司章程或者股东会决议的董事、高级管理人员提出罢免的建议;当董事、高级管理人员的行为损害公司的利益时,要求董事、高级管理人员予以纠正;提议召开临时股东会会议,在董事会不履行本法规定的召集和主持股东会会议职责时召集和主持股东会会议;向股东会会议提出提案;对给公司造成损失的董事、高级管理人员提起诉讼,要求其承担赔偿责任;公司章程规定的其他职权。监事可以列席董事会会议,并对董事会决议事项提出质询或者建议。监事会、不设监事会的公司的监事发现公司经营情况异常,可以进行调查;必要时,可以聘请会计师事务所等协助其工作,费用由公司承担。

值得注意的是,还应充分发挥职工(代表)大会的民主监督作用。

(二) 制度监督

新《企业财务通则》规定:"企业应当建立、健全内部财务监督制度。"企业内部财务监督制度是企业内部控制制度的重要组成部分,它通过投资者、经营者及企业有关内部机构之间的相互制约,以及在企业财务活动各环节设置的复核、审计、检查等程序,确保企业财务行为符合法律法规和财务目标的要求。建立、健全并执行企业内部财务监督制度,切实做到有人负责、有据可查、有章可循,实现对企业财务活动的全面控制和约束。

(三) 预算监督

预算监督是实行企业内部财务监督的有效形式。企业财务预算一经确定,在企业内部便具有约束力。企业围绕实现财务预算开展各项财务活动。企业应当建立预算执行责任制度,对照已确定的责任指标,定期或不定期地对相关部门及人员的责任指标完成情况进行检查,实施考评,以便适时采取必要的财务制约手段,把财务监督贯穿于执行财务预算的全过程中。

（四）核算监督

核算监督是企业会计机构和会计人员在会计核算的基础上对企业财务活动全过程进行监督。它主要包括对原始凭证的审核、会计账簿的稽核、财务会计报告的核对、财产物资的清查、财务收支的审查等内容。应突出重点，抓住关键，并深入企业财务活动一系列相关的具体环节，对资金的筹集、运用、收回和分配的全过程实施核算监督。

（五）内部审计监督

内部审计监督是由企业独立于会计机构之外的专职审计机构和审计人员进行的审计监督，是在核算监督基础上实施的再监督。健全内部审计机构、加强内部审计监督是营造守法、公平、正直的内部环境的重要保证。企业应当加强内部审计工作，保证内部审计机构设置、人员配备和工作的独立性。在企业内部形成有权必有责、用权受监督的良好氛围。

（1）明确工作重点，实施经济监督。内部审计机构和审计人员应熟悉企业经济活动的全过程，突出风险审计、效绩审计和经济责任审计等，充分发挥内部审计的经济监督作用。

（2）规范审计行为，突出评价职能。在市场经济条件下，大量的经济决策依赖于对经济活动的执行及其结果的检查和评价等信息的反馈。要拓宽内部审计领域，规范审计行为，突出内部审计的评价职能，以适应现代企业管理的需要。内部审计机构和审计人员在履行其职能时，还应加强对企业内部控制的评审，定期对内部控制设计和运行的有效性进行自我评价，出具内部控制自我评价报告。内部审计机构对监督检查中发现的内部控制缺陷，应当按照企业内部审计工作程序进行报告；对监督检查中发现的内部控制重大缺陷，有权直接向董事会及其审计委员会、监事会报告。

（3）做好后续审计，实施审计认定。应建立对审计事项的后续审计制度，对企业重大经济活动实施跟踪审计办法，通过后续审计，对其合法性与合规性进行审计认定，以保证内部审计工作的延续性和规范性。

（4）改进审计方法，提高审计效率。内部审计工作要引进现代管理理论，充分运用现代管理方法，积极加快计算机技术在审计工作中的应用，不断提高内部审计的效率和质量。

第三节　社会监督

社会监督即指社会审计监督，也可称为民间审计或注册会计师审计，它是中观层面上的监督形式。其主要职责是鉴证单位会计信息的真实性、合法性和公允性。社会中介机构对企业财务活动的监督主要通过财务会计报告审计和资产评估的方式实施。以注册会计师接受委托依法对被审计单位进行审计为代表的社会监督是适应社会化大生产、投资主体多元化的发展而出现的。社会监督具有很强的权威性和公正性,对维护社会公众利益和投资者的合法权益,维护社会主义市场经济秩序起着不可或缺的作用。

一、加强社会监督的意义

社会监督既是市场经济发展到一定阶段的产物,又是促进市场经济发展不可缺少的手段。在我国社会主义市场经济发展的过程中,随着资本市场多元化、企业组织形式多样化,特别是以两权分离为前提的股份制经济的迅猛发展,加强社会监督具有重大的现实意义。

(一)有利于改善我国投资软环境,进一步深化改革开放

国际经济一体化是世界经济发展的主旋律。顺应潮流,在竞争和合作中提高自己、发展自己是必然的选择。它要求我们积极参与国际经济大协作,如引进外资、吸收先进技术和科学管理经验。这不仅需要具有优越的投资硬环境,而且需要具有完善的投资软环境。与国际惯例接轨的社会监督,就是软环境的一个重要组成部分。通过注册会计师查证验资、会计咨询服务活动,证实企业经济活动及其会计资料的真实性,从而为顺利引进外资和技术等扫清障碍。可见,加强社会监督对改善我国投资软环境和深化改革开放具有重要意义。

(二)有利于提高会计信息的质量和可信程度,促进社会主义市场经济体制的有效运行

在市场经济条件下,运用市场实现资源的有效配置。投资者决策的正确与否,制约着收益和风险,切身利益迫使人们备加关注赖以决策的依据——会计信息的质量和可信程度。加强社会监督能够提高会计信息的可信程度,促进社会主义市场经济体制的有效运行,具体体现在以下四个方面:

(1)有利于考核受托经济责任。受托代理关系产生的受托经济责任是企业所有权和经营权分离的结果,外部监督人员站在第三者的超然立场,对财务会计报告的公允性表示意见,有利于考核经营者的受托经济责任。我国《公司法》规定:"公司聘用、解聘承办公司审计业务的会计师事务所,依照公司章程的规定,由股东会、股东大会或者董事会决定。"这对保护投资者利益具有重要意义。

(2)有利于金融市场的稳定运行。企业财务会计报告的可信性是资本市场稳定运行的必要前提。人们需要依赖真实可靠的会计信息才能作出科学合理的投资决策;否则,将引起错误判断,导致投机诈骗,甚至引发金融危机。

(3) 有利于减少银行信贷决策的风险。银行在作出信贷决策之前,必须慎重考察借款单位的资信状况。银行通常借助外部监督人员的专门审查,核实借款单位会计信息的可信程度,以尽量减少信贷决策风险和贷款损失。

(4) 有利于国家税收征收任务的完成。国家财政收入有赖于可信的应税收益报告。通过外部监督人员的审查鉴定,客观上可以保证企业及个人提供正确的应税收益报告;通过代理纳税申报等会计咨询服务业务,可以帮助客户及时、正确地缴纳应纳税款,从而为完成国家税收征收任务提供服务。

(三) 有利于单位内部控制制度的健全和完善

单位内部控制制度是社会监督的一项重要内容。中国注册会计师协会(以下简称中注协)制定的《内部控制审核指导意见》(会协[2002]41号)明确规定:"注册会计师接受委托,就被审核单位管理当局对特定日期与会计报表相关的内部控制有效性的认定进行审核,并发表审核意见。""按照本意见的要求,了解、测试和评价内部控制,出具审核报告,是注册会计师的责任。"在审核过程中,一旦发现单位内部控制的重大缺陷或薄弱环节,注册会计师就会提出改进意见以帮助完善。因此,社会监督有利于各单位内部控制制度的健全和完善。

二、充分发挥注册会计师在社会经济活动中的鉴证和服务作用

注册会计师是依法取得注册会计师证书并接受委托从事审计和会计咨询、会计服务业务的执业人员。会计师事务所是依法设立并承办注册会计师业务的机构。注册会计师执行业务,应当加入会计师事务所。注册会计师以独立的第三者的身份对委托人编制的会计报表或者其他资料进行检查验证,并出具客观公正的审计报告。从发展社会主义市场经济的要求出发,必须充分发挥注册会计师在社会经济活动中的鉴证和服务作用。

根据我国《注册会计师法》(中华人民共和国主席令[1993]第13号)的规定,注册会计师承办下列审计业务:审查企业会计报表,出具审计报告;验证企业资本,出具验资报告;办理企业合并、分立、清算事宜中的审计业务,出具有关的报告;法律、行政法规规定的其他审计业务。注册会计师可以承办会计咨询、会计服务业务。注册会计师执行审计业务,必须按照执业准则、规则确定的工作程序出具报告。审计报告是表达审计意见的书面文件,是审计工作的最终成果。注册会计师依法执行审计业务出具的报告,具有证明效力。

我国《会计法》(中华人民共和国主席令[1999]第24号)规定:"有关法律、行政法规规定,须经注册会计师进行审计的单位,应当向受委托的会计事务所如实提供会计凭证、会计账簿、财务会计报告和其他会计资料以及有关情况。任何单位或个人不得以任何方式要求或者示意注册会计师及其所在的会计师事务所出具不实或

者不当的审计报告。"这里特别强调了委托注册会计师审计的单位应如实提供会计资料和有关情况,不得干扰注册会计师独立开展审计业务。注册会计师开展审计业务,要求其必须按照法定规则和职业判断作出客观、公正的审计结论,不受外界的干扰和左右,外界也不应违法干预注册会计师的审计业务。只有确保注册会计师客观公正地行使职权,才能保证审计报告的真实性和恰当性,才能充分发挥注册会计师在社会监督中的重要作用。

自1980年以来,我国注册会计师行业得到了高度重视,各项建设都取得了显著进步。经过两会(注册会计师协会和审计协会)合并、清理整顿、脱钩改制、联合兼并等重大举措,我国注册会计师事业发展迅速,执业质量在不断提高,为维护社会公众利益和投资者的合法权益,促进社会主义市场经济的健康发展起到了重要的作用,注册会计师行业已成为我国市场经济运行机制中不可缺少的一环。但是,在发展中也出现了一些问题,如有的注册会计师执业不规范,出具虚假审计报告等,影响了注册会计师及其会计师事务所社会监督作用的发挥,我国注册会计师的执业质量离国家、社会公众以及市场经济发展的要求还有一定差距,注册会计师行业的规范化建设需要进一步加强。

(一)在健全法制的同时,深入推进行业自律体制建设

按照着力完善我国注册会计师执业规范体系、实现与国际准则趋同的要求,中注协拟订了22项准则,并对26项准则进行了必要的修订和完善,已于2006年2月15日,由财政部发布了《中国注册会计师鉴证业务基本准则》等48项注册会计师执业准则(财会[2006]4号)。而后,在注册会计师执业准则框架下,中注协又制定完成了《中国注册会计师执业准则指南》(会协[2006]72号),已于2006年11月1日公布。该准则指南覆盖所有准则项目,是对注册会计师执业准则的细化、深化和具体化,为注册会计师正确理解和运用准则提供了可操作性的指导意见,与注册会计师执业准则共同构成了一个完整的注册会计师执业规范体系,自2007年1月1日起在境内所有会计师事务所施行。注册会计师执业规范体系的发布和实施,为规范注册会计师执业行为提供了科学的标准体系和全方位的指导,满足了新形势下注册会计师的执业需求,突出了维护公众利益的行业宗旨,增强了审计准则的易理解性和可操作性,实现了历史性突破。这为进一步强化监管工作提供了有力支持,有利于改进会计师事务所审计质量控制,提升注册会计师行业社会公信力,有利于促进资本市场健康稳定发展,维护经济秩序和社会公众利益。

从我国注册会计师行业执业监管与制裁机制上看,要深入推进注册会计师行业的自律体制建设。只有充分发挥协会的自律管理作用,加强行业的自律监管,提倡公平竞争,防止违规违约的无序竞争,才能维护行业秩序和整体利益。2006年

12月24日,中注协发布了《中国注册会计师协会会员执业违规行为惩戒办法》(会协[2006]82号),自2007年1月1日起施行。该办法明确规定:"会员具有下列违规行为之一的,应当给予行业惩戒:(一)违反《注册会计师法》有关规定的;(二)违反注册会计师职业道德规范的;(三)违反注册会计师业务准则的;(四)违反会计师事务所质量控制准则的;(五)应当给予惩戒的其他情形。"我们应严格按照该办法的规定,对会员违规行为实施行业惩戒。中注协认为会员的违规行为应当给予行政处罚或可能构成犯罪的,应当及时提请行政、司法机关调查处理。而后,为了加强会计师事务所内部治理,建立健全会计师事务所内部决策和管理机制,提高会计师事务所风险管理和质量控制能力,切实维护公众利益,中注协又制定发布了《会计师事务所内部治理指南》(会协[2007]34号),自2008年1月1日起执行。该指南提供了一套符合执业机构发展规律的权利安排、义务设置、职责分工和约束机制的制度指引,促使会计师事务所建立风险管理严格、质量控制有效、公开透明、相互制衡的治理结构和治理机制。实践表明,近年来中注协采取的这一系列战略性举措对进一步建立健全注册会计师行业监管体系,做好行业监管工作,强化行业监管权威发挥了积极的推动作用。要严格执行《注册会计师法》、《公司法》、《证券法》、《关于审理涉及会计师事务所在审计业务活动中民事侵权赔偿案件的若干规定》(法释[2007]12号)等相关法律规范的规定,通过开展执法检查,对违反注册会计师执业规范及道德准则的会计师事务所及相关人员严肃处理,依法追究法律责任,真正将注册会计师的执业纳入法制轨道。

(二)防止审计鉴证失真,努力降低审计风险

1.不断提高单位会计资料的质量

要大力提高单位负责人和会计人员的政治业务素质,保证被审计单位提供的会计资料能如实反映单位经济活动的情况,这是防止审计鉴证失真的基础。审计风险是可以控制的,但不可能完全消除,这是由审计客体的不可控性决定的。如果被审计单位隐瞒事实、提供虚假会计资料,会计信息严重失实,注册会计师进行审计鉴证的难度就会很大,出具的审计报告就无法达到客观、公正的要求。

2.加强对注册会计师的职业道德教育和专业技术培训

注册会计师的执业质量关系到社会审计事业的兴衰成败,绝不可掉以轻心。会计师事务所应当制定招聘程序,以选择正直的、通过发展能够具备执行业务所需的必要素质和专业胜任能力的人员。要加强对注册会计师的职业道德教育,使其充分认识客观公正执业对促进我国社会主义市场经济的健康发展具有非常重要的意义,认识审计鉴证造假对社会带来的严重危害。崇尚职业道德,恪守独立、客观、公正的原则,把执业质量放在第一位,强化法律意识、责任意识和风险意识,正确处理风险与效益的关系,真正从思想上自觉抵制做虚假审计鉴证,坚决反对弄虚作假

的行为。

随着我国会计改革的不断深入,新的会计准则和审计准则已经出台,财政、税收、金融制度的改革以及企业体制的改革也在不断进行,特别是计算机技术在企业和会计领域已经被广泛应用。因此,要加强对注册会计师的专业技术培训,使其熟悉和掌握新的知识和技能,提高理解和运用审计准则的能力,具备必要的素质,以胜任新形势下的审计鉴证工作。

3. 实施全面质量控制

会计师事务所应当制定质量控制制度。《会计师事务所质量控制准则第5101号——业务质量控制》明确规定,会计师事务所的质量控制制度应当包括针对下列要素而制定的政策和程序:① 对业务质量承担的领导责任。② 职业道德规范。③ 客户关系和具体业务的接受与保持。④ 人力资源。⑤ 业务执行。⑥ 业务工作底稿。⑦ 监控。

会计师事务所的领导层应当树立质量至上的意识。会计师事务所应当通过下列措施实现质量控制的目标:

(1) 合理确定管理责任,以避免重商业利益轻业务质量。

(2) 建立以质量为导向的业绩评价、薪酬及晋升的政策和程序。

(3) 投入足够的资源制定和执行质量控制政策和程序,并形成相关文件记录。

受会计师事务所主任会计师委派承担质量控制制度运作责任的人员,应当具有足够、适当的经验和能力以及必要的权限,以履行其责任。

4. 认真制定审计方案

要针对每一个审计项目的具体情况,制定出科学合理的审计方案,在对审计的内容和被审计单位的特点进行深入的研究之后,对审计的范围、重点、程序、方法、人员分工和工作进度等作出详细的规划,以便于审计工作的正常开展,为审计质量的考核提供依据,减少失察的可能性,有效防范审计风险。

5. 努力营造客观公正的执业环境

一是各级地方政府和有关部门不要干预注册会计师依法执业,不得授意或强迫注册会计师为企业或其他单位出具虚假的审计鉴证;二是社会公众和新闻媒体都要关心和支持维护市场经济健康发展的社会审计鉴证工作,对那些造假的机构和有关人员要公开曝光,在社会上努力营造客观公正的执业环境,形成"诚信为本、操守为重"的良好风尚。

第四节 国家监督

国家监督即政府部门监督,它是宏观层面上的监督形式,主要包括财政部门监督、审计部门监督、税务部门监督、人民银行监督、证券监管部门监督、保险监管部门监督等形式。国家有关政府部门监督检查所针对的单位、目的和重点各不相同，但都是对单位经济活动及其会计资料进行监督检查，都具有权威性和强制性。国家监督对促进社会主义市场经济的健康发展，维护国家利益和社会公众利益具有极为重要的作用。

一、加强国家监督的意义

在社会主义市场经济条件下，为了保护国家、投资者、债权人及社会公众利益，维护市场经济秩序，必须强化政府部门的监督。这是成熟的市场经济国家的通行做法。

（一）国家监督和社会监督构成强有力的外部监督子系统，是促进企业内部监督有效进行的重要保证

财务监督系统由内部财务监督和外部财务监督两个子系统组成。国家监督和社会监督都是从单位外部进行的监督，它们构成强有力的外部监督子系统。由于内部监督主要是站在本单位的立场上，当单位利益与国家利益和社会公众利益发生冲突时，有可能使损害国家利益和社会公众利益的行为得不到有效的制止，因此，国家监督和社会监督的有效开展，可以弥补企业内部财务监督存在的种种不足。通过国家监督和社会监督对企业内部财务监督的再监督，可以推动企业内部财务监督的充分开展，防止企业内部财务监督受各种因素影响而弱化，促进企业依法理财，打击财务犯罪，有效地保证法律规范以及国家统一财务规定的贯彻执行，保护各利益相关主体的合法权益不受侵犯。所以，国家监督和社会监督的加强，不仅是维护社会主义市场经济秩序的重要手段，而且是促进企业内部财务监督有效进行的重要保证。

（二）国家监督是社会监督有效进行的重要保证

社会监督机构属于中介服务性质的机构，它有盈利性的一面，在实施社会监督的过程中，与受托单位有着密切的利益关系，如果缺乏必要的监督机制，就有可能失去独立、客观、公正的立场，作出损害国家利益和社会公众利益的行为，在实际经济生活中，这样的事件屡见不鲜。为使社会监督有效进行，我国《注册会计师法》规定："国务院财政部门和省、自治区、直辖市人民政府财政部门，依法对注册会计师、会计师事务所和注册会计师协会进行监督、指导。"我国《会计法》规定："财政部门有权对会计师事务所出具审计报告的程序和内容进行监督。"上述法律规定，表明社会监督和国家监督是监督与再监督的关系。《会计法》赋予财政部门监督注册会计师出具的审计报告的权限，可以促使注册会计师依法履行职责，保护社会公众利益，维护社会正常的经济秩序。

由此可见,在财务监督系统中,单位内部财务监督、社会监督与国家监督之间具有清晰的层次与科学的程序,它们相辅相成,密切配合,构成一个完整的财务监督体系,三者缺一不可。

二、政府部门监督的职责分工

政府部门实施财务监督,主要依靠各级财政部门即主管财政机关进行。但由于会计资料作为一项社会性资源,存在于社会经济的各个领域,其他有关政府部门在对特定单位进行监督检查时,也会涉及对会计资料真实性、完整性的监督检查,并且也经有关法律和行政法规授权。我国《会计法》规定:"财政、审计、税务、人民银行、证券监管、保险监管等部门应当依照有关法律、行政法规规定的职责,对有关单位的会计资料实施监督检查。"政府有关部门根据各自的职责范围依法对有关单位实施财务监督,具有专业性强、针对性强的特点,政府各有关部门的监督检查有效衔接,形成合力,共同发挥着重要作用。

(一)财政部门的监督

在国家监督中,财政部门行使普遍监督权。就对企业实施财务监督而言,主管财政机关按照企业的财务隶属关系或者上级财政机关的授权履行监督职责。财务监督的内容主要包括:一是监督企业是否按照新《企业财务通则》等国家统一的财务规定,建立健全内部财务制度,监督企业财务规章制度的执行情况,财政政策的执行情况,企业财务运行情况等;二是监督企业的重大财务活动是否遵守新《企业财务通则》等国家统一的财务规定;三是监督企业是否按照国家规定披露财务信息;四是监督企业的财务活动是否影响公共利益和经济秩序。

(二)审计部门的监督

我国《审计法》(中华人民共和国主席令[2006]第48号)规定,国家实行审计监督制度。国务院和县级以上地方人民政府设立审计机关。国务院各部门和地方各级人民政府及其各部门的财政收支,国有的金融机构和企业事业组织的财务收支,以及其他依照本法规定应当接受审计的财政收支、财务收支,依照本法规定,接受审计监督。

审计机关进行审计时,有权检查被审计单位的会计凭证、会计账簿、财务会计报告和运用电子计算机管理财政收支、财务收支电子数据的系统,以及其他与财政收支、财务收支有关的资料和资产,被审计单位不得拒绝;有权就审计事项的有关问题向有关单位和个人进行调查,并取得有关证明材料,有关单位和个人应当支持、协助审计机关工作,如实向审计机关反映情况,提供有关证明材料。审计机关对被审计单位正在进行的违反国家规定的财政收支、财务收支行为,有权予以制止。审计机关认为被审计单位所执行的上级主管部门有关财政收支、财务收支的规定与法律、行政法规相抵触的,应当建议有关主管部门纠正;有关主管部门不予纠正的,审计机关应当提请有权处理的机关依法处理。

(三)税务部门的监督

我国《税收征收管理法》(中华人民共和国主席令[2001]第 49 号)规定,税务机关有权检查纳税人的账簿、记账凭证、报表和有关资料,检查扣缴义务人代扣代缴、代收代缴税款账簿、记账凭证和有关资料;有权到纳税人的生产、经营场所和货物存放地检查纳税人应纳税的商品、货物或者其他财产,检查扣缴义务人与代扣代缴、代收代缴税款有关的经营情况;税务机关依法进行税务检查时,有权向有关单位和个人调查纳税人、扣缴义务人和其他当事人与纳税或者代扣代缴、代收代缴税款有关的情况,有关单位和个人有义务向税务机关如实提供有关资料及证明材料。税务部门的监督主要是各级税务机关在税收征收管理过程中,对各单位的纳税及影响纳税的其他工作所实行的监督。

(四)人民银行的监督

我国《中国人民银行法》(中华人民共和国主席令[2003]第 12 号)规定,中国人民银行依法监测金融市场的运行情况,对金融市场实施宏观监控,促进其协调发展。中国人民银行根据履行职责的需要,有权要求银行业金融机构报送必要的资产负债表、利润表以及其他财务会计、统计报表和资料;中国人民银行应当和国务院银行业监督管理机构、国务院其他金融监督管理机构建立监督管理信息共享机制;中国人民银行负责统一编制全国金融统计数据、报表,并按照国家有关规定予以公布。

(五)证券监管部门的监督

我国《证券法》(中华人民共和国主席令[2005]第 43 号)规定,国务院证券监督管理机构依法对证券市场实行监督管理,维护证券市场秩序,保障其合法运行。国务院证券监督管理机构依法制定有关证券市场监督管理的规章、规则,并依法行使审批或者核准权;依法对证券的发行、上市、交易、登记、存管、结算进行监督管理,依法对证券发行人、上市公司、证券公司、证券投资基金管理公司、证券服务机构、证券交易所、证券登记结算机构的证券业务活动进行监督管理,依法制定从事证券业务人员的资格标准和行为准则,并监督实施,依法监督检查证券发行、上市和交易的信息公开情况,依法对证券业协会的活动进行指导和监督,依法对违反证券市场监督管理法律、行政法规的行为进行查处;国务院证券监督管理机构可以和其他国家或者地区的证券监督管理机构建立监督管理合作机制,实施跨境监督管理。

(六)保险监管部门的监督

我国《保险法》(中华人民共和国主席令[2002]第 78 号)规定,国务院保险监督管理机构依法负责对保险业实施监督管理。保险监督管理机构应当建立健全保险公司偿付能力监管指标体系,对保险公司的最低偿付能力实施监控;保险监督管理机构有权检查保险公司的业务状况、财务状况及资金运用状况;有权要求保险公司在规定的期限内提供有关的书面报告和资料;保险公司依法接受监督检查;保险监督管理机构有权查询保险公司在金融机构的存款;保险代理人、保险经纪人应当有自己的经营场所,设立专门账簿记载保险代理业务或者经纪业务的收支情况,并接受保险监督管理机构的监督。

需要指出的是,财政部门实施的监督检查是面向各单位的,而审计、税务、人民银行、证券监管、保险监管等部门实施的监督检查并不是面向所有单位的,有关部门应当按照法律、行政法规的授权和部门的职责分工,对有关单位实施监督检查,不能超越范围和权限。实施国家监督的政府部门应对其监督行为负责,在对有关单位的会计资料依法实施监督检查后,应当出具检查结论。有关监督检查部门已经作出的检查结论能够满足其他监督检查部门履行本部门职责需要的,其他监督检查部门应当加以利用,避免重复查账,以提高监督检查部门的工作效率。

另外,监督检查部门实施监督检查,必须得到被监督检查单位的配合。各单位必须依照有关法律、行政法规的规定,接受有关监督检查部门依法实施的监督检查,如实提供会计凭证、会计账簿、财务会计报告和其他会计资料以及有关情况,不得拒绝、隐匿、谎报。

按照我国《会计法》的规定,任何单位和个人对违反《会计法》和国家统一的会计制度规定的行为,有权检举。企业财务活动涉及面很广,因而需要将专业性监督和群众性监督结合起来,从而为查处财务违法行为提供更多的情况、线索和证据,使违法者难逃法律的惩治,以维护法律的尊严。

需要特别强调的是,加强企业财务监督,必须同时加大执法力度,特别是惩罚力度。对企业财务违法行为,主管财政机关等政府有关部门在法定职权范围内,依照法律、行政法规等规定,依法进行处理和处罚。我国的《公司法》、新《企业财务通则》及其他相关法律规范对企业财务违法行为规定了相应的处理和处罚措施,明确了企业财务违法行为的法律责任,确定了依法追究法律责任的具体措施和途径,强化了有关财务规定的执行效力。对财务违法行为,一定要依法严肃处理,有关企业和个人需要对其违法行为承担相应的行政责任和刑事责任。只有这样,企业财务监督才能真正发挥其重要作用。

本章小结

企业财务监督是指政府有关部门、社会中介机构、企业内部有关机构及其人员,根据有关法律、行政法规、部门规章以及企业内部财务制度的规定,对企业财务活动进行的监察和督促。在财务监督系统中,单位内部财务监督、社会监督与国家监督之间具有清晰的层次与科学的程序,它们相辅相成,密切配合,构成一个完整的财务监督体系。

本章不仅详细阐述了强化企业内部财务监督的必要性以及企业内部财务监督的手段和方法,而且强调了社会监督和国家监督的重要性,提出应充分发挥注册会计师在社会经济活动中的鉴证和服务作用,并阐明政府部门监督的职责分工,政府各有关部门的监督检查有效衔接,形成合力,共同发挥着重要作用。

案 例

用友 ERP 审计信息化成功案例

"审计信息化是一场革命,审计人员不掌握计算机技术,将失去审计资格。"李金华审计长的这一讲话,吹响了审计信息化建设的号角。

随着我国各级政府、行业、企业信息化程度不断提高,在"金审工程"建设的带动下:以审计为专业的审计机关、行业、企业内审与财务监督部门、会计师事务所,以稽查为专业的财政监察、税务稽查、行政监察部门,均急切地需要专业的管理审计软件系统,通过专业的管理审计软件系统完成对被审对象单位的管理信息系统(ERP 或 GRP 系统)的审计与监察工作,以达到降低审计风险、提高审计效率的目的。

用友 GRP 审计—用友审计—审易软件经过多年的开发与推广,已在公安、司法、教育、工会、交通、铁路、烟草、石油天然气等几十个行业,近 5 000 家客户成功应用,是国内用户量最大的、优秀的通用审计软件。

建维集团是国有控股集团企业,集团现有职工 8 000 余名、总资产达 32 亿元,公司下设 4 个分公司、6 个子公司,集团实行母公司和分公司两级核算。集团内各单位地域上分散,下属单位已实行财务电算化,使用包括用友财务软件、浪潮、金蝶、小蜜蜂、神犬、降龙等 10 余种财务应用软件。

集团公司非常重视内部财务自查与监督工作,需要在不统一财务软件的情况下,低成本地建立独立的、集中的财务监审系统,以达到健全内部监督体系,提高集团内部防范财务风险能力的目的。

一、建立一体化集中财务监审平台,强化财务内部监督机制

针对公司的特点与要求,总公司和地区分、子公司及其所属二级单位统一部署了用友审计—审易软件网络版,通过网络建立了一体化的财务、审计监督体系,对各级所管辖的核算对象数据进行统一上报、集中管理。

1. 本地转换,自查自律

在本地采集数据后,用用友审计—审易软件的转换工具,把取得的数

据进行转换，只要选择相应的数据接口模板，按一下转换按钮，就可以有效地、迅速地转换到审计软件中，形成统一的数据格式，以便进一步自查分析。

2. 统一上报，集中管理

三级、二级单位经网络平台或其他移动存储人工方式，将财务数据定期传输报送到上级单位的集中数据管理平台上。

3. 定期转换，实时监督

数据上传集中管理后，应用用友审计—审易软件的转换工具，将不同监督对象的数据定期转换到审计软件中，逐步形成了下级单位集中的财务数据仓库，无需等到结账时间，上级单位即可检查与监督下级单位的财务情况。

二、发挥审计软件功能，实现监审全面控制

在集团内部的财务收支审计、经济效益审计、专项检查等方面均已应用用友审计—审易软件，实现内部监督控制。

1. 及时有效地反映下属的财务情况

（1）现金流情况。及时反映账面现金和银行存款的变化情况。使上级单位对下级的资金情况有深入细致的了解，做到对现金流的进一步监督。

（2）收入情况。及时反映收入的变化情况，并且可用图形分析工具对收入、成本进行对比分析，使上级单位对下级单位的收入进度和成本支出了如指掌。

（3）纳税情况。通过对纳税情况的监督，可监督下级的纳税进度，适时调度各单位的纳税进度。

（4）内部往来。核对上下级、各单位之间的往来款项等。

2. 规范财务核算，完善监督机制

（1）对科目的设置进行检查。

（2）对监督对象的数据进行全面检查。

（3）采用抽样方法，对监督对象的数据进行抽样检查。

（4）使用自定义报表和工作底稿，形成专业检查工作结果。

通过对集团公司下属10余个分、子公司的所属每一个核算单位上年度的经营成果和财务收支情况进行核实，以确定各单位经营成果的真实性、准确性，为集团公司对各单位业绩考核提供可靠的依据。各分、子公司的年度经济效益和财务收支的自查自检覆盖率达到100%。

3. 有效开展各种专项监督检查，为企业发展保驾护航

集团公司是以交通、运输为主的企业,每年还承担着部分国家交通资金项目的建设。交通建设资金项目具有政策性强、管理要求高等特点。应用软件坚持对每一个工程项目的资金使用情况进行内部监督,提高了资金使用效益。近年来,集团公司承担的所有交通基金项目,都顺利通过上级有关部门的审计、检查、验收,没有发生严重的违纪事项。

除了经济效益、经济责任、国家专项资金监督外,还根据集团公司管理工作的需要,完成其他专项检查任务,如工资奖金、专项费用、对外投资、项目决算等。

三、逐步深入开展 ERP 系统监督,提升监督能力,提高监督质量

1. 对 ERP 系统进行符合性和实质性测试

监督人员从企业计算机会计系统数据库提取数据,将数据输入到用友审计——审易软件中进行处理,并将处理结果与会计系统产生的结果进行测试和对比分析,形成对会计信息系统的可靠性、安全性和真实性监督的制度。

2. 科学抽样监督

随着企业管理的进步和内部监督约束机制的完善,内部监督工作的重点也从常规监督转向管理及效益等经营监督。监督人员在开展此类业务时,可利用软件,输入抽样参数,再读入拟抽取样本的数据库,确定抽样字段后,由计算机自动完成样本抽取、计算等工作,从而确定监督重点。如资产真实性监督,即可通过计算机抽样,再对样本实物进行重点跟踪盘查。

3. 对会计资料进行计算、对比及分析

企业开展管理和效益监督,监督人员仅凭对会计资料的审查,很难发现生产经营过程中存在的深层次问题,无法准确评价与经济活动相关的内部控制的有效性。因此,要达到监督目的,就必须将企业经营活动信息进行统计、比较、分析,找出存在经营风险的关键部位。利用用友审计——审易软件中的图形分析,实现从数据到图形化的分析,优选重点,实施监督。如对所属某单位 2003 年度物资采购和管理效益监督时,就是利用软件进行统计、分析,确定监督重点,发现该单位采取弄虚作假等手段采购计算机及其他办公设备,并形成账外资产等问题。

集团公司内部各单位利用用友审计——审易软件取得了成效,使各分、子公司始终处于集团公司的有效监督之下,加强了财务监督,降低了财务风险,从而保证了企业经营稳定、健康、有序地发展。

资料来源:http://www.e-gov.org.cn/jiejuefangan/jiejuefangan/hangyexinxihua/200511/11873.html。有改动。

复习思考题

1. 什么是财务监督？简要说明我国财务监督体系的组成。
2. 简要说明财务监督的分类和特点。
3. 联系企业实际，说明企业内部财务监督的手段和方法。
4. 简要说明社会监督和国家监督的重要性。
5. 如何充分发挥注册会计师在社会经济活动中的鉴证和服务作用？
6. 简要说明政府部门监督的职责分工。

习　　题

一、单项选择题

1. 关于企业内部财务监督的手段和方法，下列说法中不正确的是（　　）。
   A. 财务预算一经确定，在企业内部便具有约束力
   B. 核算监督是对企业财务活动全过程的监督
   C. 完善的企业法人治理结构是实行企业内部财务监督的组织保证
   D. 内部审计监督是由企业会计机构和会计人员进行的审计监督
2. 2006年2月15日，财政部发布的注册会计师执业准则有（　　）项。
   A. 26　　　　B. 38　　　　C. 39　　　　D. 48
3. 在股份有限公司的监事会中，公司职工代表的比例不得低于（　　）。
   A. $\dfrac{2}{3}$　　　B. $\dfrac{1}{2}$　　　C. $\dfrac{1}{3}$　　　D. $\dfrac{3}{4}$
4. 在有限责任公司，下列说法中正确的是（　　）。
   A. 董事可以兼任监事
   B. 高级管理人员可以兼任监事
   C. 董事、高级管理人员不得兼任监事
   D. 必须设监事会
5. 股份有限公司设监事会，其成员不得少于（　　）人。
   A. 3　　　　B. 5　　　　C. 7　　　　D. 13
6. 关于社会监督，下列说法中不正确的是（　　）。
   A. 注册会计师执行业务，应当加入会计师事务所
   B. 公司聘用承办公司审计业务的会计师事务所，由经营者决定

C. 注册会计师是依法取得注册会计师证书并接受委托从事审计和会计咨询、会计服务业务的执业人员

D. 注册会计师依法执行审计业务出具的报告,具有证明效力

二、多项选择题

1. 关于财务监督,下列说法中正确的有(　　)。
   A. 财务监督是企业财务管理的一项保障性手段
   B. 财务监督可以分为事前监督、事中监督和事后监督
   C. 财务监督是内部监督和外部监督的统一体
   D. 财务监督主要利用实物指标来进行监督

2. 下列各项中,属于企业财务监督主体的有(　　)。
   A. 主管财政机关　　　　　　B. 会计师事务所
   C. 投资者　　　　　　　　　D. 经营者

3. 国家行政机关依照法定职权对企业实施的财务监督包括(　　)。
   A. 财政监督　　　　　　　　B. 审计监督
   C. 社会中介机构监督　　　　D. 税务监督

4. 在内部财务监督方面,企业可以设置的内部机构或人员有(　　)。
   A. 职工代表大会　　　　　　B. 注册会计师
   C. 总会计师　　　　　　　　D. 内部审计委员会

5. 在有限责任公司,监事会行使的职权有(　　)。
   A. 检查公司财务
   B. 对董事、高级管理人员执行公司职务的行为进行监督
   C. 对违反法律、行政法规、公司章程或者股东会决议的董事、高级管理人员提出罢免的建议
   D. 当董事、高级管理人员的行为损害公司的利益时,要求董事、高级管理人员予以纠正

6. 审计机关进行审计时,有权检查被审计单位的(　　)。
   A. 会计凭证
   B. 会计账簿
   C. 财务会计报告
   D. 运用电子计算机管理财政收支、财务收支电子数据的系统

三、判断题

1. 投资者对企业财务活动监督的权力,源于其对企业的出资。　　(　　)

2. 企业外部财务监督就是指政府有关部门根据法律、行政法规的规定和部门的职责权限,对企业财务活动进行的监督。 ( )

3. 规模较小的股份有限公司可以设1~2名监事,不设监事会。 ( )

4. 国家监督是社会监督有效进行的重要保证。 ( )

5. 财政部门有权对会计师事务所出具审计报告的程序和内容进行监督。
( )

6. 税务机关有权检查纳税人的账簿、记账凭证、报表和有关资料,检查扣缴义务人代扣代缴、代收代缴税款账簿、记账凭证和有关资料。 ( )

附 录

附录一

企业财务通则

(财政部令[2006]第41号)

第一章 总 则

第一条 为了加强企业财务管理,规范企业财务行为,保护企业及其相关方的合法权益,推进现代企业制度建设,根据有关法律、行政法规的规定,制定本通则。

第二条 在中华人民共和国境内依法设立的具备法人资格的国有及国有控股企业适用本通则。金融企业除外。

其他企业参照执行。

第三条 国有及国有控股企业(以下简称企业)应当确定内部财务管理体制,建立健全财务管理制度,控制财务风险。

企业财务管理应当按照制定的财务战略,合理筹集资金,有效营运资产,控制成本费用,规范收益分配及重组清算财务行为,加强财务监督和财务信息管理。

第四条 财政部负责制定企业财务规章制度。

各级财政部门(以下通称主管财政机关)应当加强对企业财务的指导、管理、监督,其主要职责包括:

(一)监督执行企业财务规章制度,按照财务关系指导企业建立健全内部财务制度。

(二)制定促进企业改革发展的财政财务政策,建立健全支持企业发展的财政资金管理制度。

(三)建立健全企业年度财务会计报告审计制度,检查企业财务会计报告质量。

（四）实施企业财务评价,监测企业财务运行状况。

（五）研究、拟订企业国有资本收益分配和国有资本经营预算的制度。

（六）参与审核属于本级人民政府及其有关部门、机构出资的企业重要改革、改制方案。

（七）根据企业财务管理的需要提供必要的帮助、服务。

第五条 各级人民政府及其部门、机构,企业法人、其他组织或者自然人等企业投资者(以下通称投资者),企业经理、厂长或者实际负责经营管理的其他领导成员(以下通称经营者),依照法律、法规、本通则和企业章程的规定,履行企业内部财务管理职责。

第六条 企业应当依法纳税。企业财务处理与税收法律、行政法规规定不一致的,纳税时应当依法进行调整。

第七条 各级人民政府及其部门、机构出资的企业,其财务关系隶属同级财政机关。

第二章 企业财务管理体制

第八条 企业实行资本权属清晰、财务关系明确、符合法人治理结构要求的财务管理体制。

企业应当按照国家有关规定建立有效的内部财务管理级次。企业集团公司自行决定集团内部财务管理体制。

第九条 企业应当建立财务决策制度,明确决策规则、程序、权限和责任等。法律、行政法规规定应当通过职工(代表)大会审议或者听取职工、相关组织意见的财务事项,依照其规定执行。

企业应当建立财务决策回避制度。对投资者、经营者个人与企业利益有冲突的财务决策事项,相关投资者、经营者应当回避。

第十条 企业应当建立财务风险管理制度,明确经营者、投资者及其他相关人员的管理权限和责任,按照风险与收益均衡、不相容职务分离等原则,控制财务风险。

第十一条 企业应当建立财务预算管理制度,以现金流为核心,按照实现企业价值最大化等财务目标的要求,对资金筹集、资产营运、成本控制、收益分配、重组清算等财务活动,实施全面预算管理。

第十二条 投资者的财务管理职责主要包括:

（一）审议批准企业内部财务管理制度、企业财务战略、财务规划和财务预算。

（二）决定企业的筹资、投资、担保、捐赠、重组、经营者报酬、利润分配等重大财务事项。

（三）决定企业聘请或者解聘会计师事务所、资产评估机构等中介机构事项。

（四）对经营者实施财务监督和财务考核。

（五）按照规定向全资或者控股企业委派或者推荐财务总监。

投资者应当通过股东（大）会、董事会或者其他形式的内部机构履行财务管理职责，可以通过企业章程、内部制度、合同约定等方式将部分财务管理职责授予经营者。

第十三条 经营者的财务管理职责主要包括：

（一）拟订企业内部财务管理制度、财务战略、财务规划，编制财务预算。

（二）组织实施企业筹资、投资、担保、捐赠、重组和利润分配等财务方案，诚信履行企业偿债义务。

（三）执行国家有关职工劳动报酬和劳动保护的规定，依法缴纳社会保险费、住房公积金等，保障职工合法权益。

（四）组织财务预测和财务分析，实施财务控制。

（五）编制并提供企业财务会计报告，如实反映财务信息和有关情况。

（六）配合有关机构依法进行审计、评估、财务监督等工作。

第三章　资　金　筹　集

第十四条 企业可以接受投资者以货币资金、实物、无形资产、股权、特定债权等形式的出资。其中，特定债权是指企业依法发行的可转换债券、符合有关规定转作股权的债权等。

企业接受投资者非货币资产出资时，法律、行政法规对出资形式、程序和评估作价等有规定的，依照其规定执行。

企业接受投资者商标权、著作权、专利权及其他专有技术等无形资产出资的，应当符合法律、行政法规规定的比例。

第十五条 企业依法以吸收直接投资、发行股份等方式筹集权益资金的，应当拟订筹资方案，确定筹资规模，履行内部决策程序和必要的报批手续，控制筹资成本。

企业筹集的实收资本，应当依法委托法定验资机构验资并出具验资报告。

第十六条 企业应当执行国家有关资本管理制度，在获准工商登记后30日内，依据验资报告等向投资者出具出资证明书，确定投资者的合法权益。

企业筹集的实收资本，在持续经营期间可以由投资者依照法律、行政法规以及企业章程的规定转让或者减少，投资者不得抽逃或者变相抽回出资。

除《公司法》等有关法律、行政法规另有规定外，企业不得回购本企业发行的股份。企业依法回购股份,应当符合有关条件和财务处理办法,并经投资者决议。

第十七条 对投资者实际缴付的出资超出注册资本的差额(包括股票溢价),企业应当作为资本公积管理。

经投资者审议决定后,资本公积用于转增资本。国家另有规定的,从其规定。

第十八条 企业从税后利润中提取的盈余公积包括法定公积金和任意公积金,可以用于弥补企业亏损或者转增资本。法定公积金转增资本后留存企业的部分,以不少于转增前注册资本的25%为限。

第十九条 企业增加实收资本或者以资本公积、盈余公积转增实收资本,由投资者履行财务决策程序后,办理相关财务事项和工商变更登记。

第二十条 企业取得的各类财政资金,区分以下情况处理:

(一)属于国家直接投资、资本注入的,按照国家有关规定增加国家资本或者国有资本公积。

(二)属于投资补助的,增加资本公积或者实收资本。国家拨款时对权属有规定的,按规定执行;没有规定的,由全体投资者共同享有。

(三)属于贷款贴息、专项经费补助的,作为企业收益处理。

(四)属于政府转贷、偿还性资助的,作为企业负债管理。

(五)属于弥补亏损、救助损失或者其他用途的,作为企业收益处理。

第二十一条 企业依法以借款、发行债券、融资租赁等方式筹集债务资金的,应当明确筹资目的,根据资金成本、债务风险和合理的资金需求,进行必要的资本结构决策,并签订书面合同。

企业筹集资金用于固定资产投资项目的,应当遵守国家产业政策、行业规划、自有资本比例及其他规定。

企业筹集资金,应当按规定核算和使用,并诚信履行合同,依法接受监督。

第四章 资产营运

第二十二条 企业应当根据风险与收益均衡等原则和经营需要,确定合理的资产结构,并实施资产结构动态管理。

第二十三条 企业应当建立内部资金调度控制制度,明确资金调度的条件、权限和程序,统一筹集、使用和管理资金。企业支付、调度资金,应当按照内部财务管理制度的规定,依据有效合同、合法凭证,办理相关手续。

企业向境外支付、调度资金应当符合国家有关外汇管理的规定。

企业集团可以实行内部资金集中统一管理,但应当符合国家有关金融管理等法律、行政法规规定,并不得损害成员企业的利益。

第二十四条 企业应当建立合同的财务审核制度,明确业务流程和审批权限,实行财务监控。

企业应当加强应收款项的管理,评估客户信用风险,跟踪客户履约情况,落实收账责任,减少坏账损失。

第二十五条 企业应当建立健全存货管理制度,规范存货采购审批、执行程序,根据合同的约定以及内部审批制度支付货款。

企业选择供货商以及实施大宗采购,可以采取招标等方式进行。

第二十六条 企业应当建立固定资产购建、使用、处置制度。

企业自行选择、确定固定资产折旧办法,可以征询中介机构、有关专家的意见,并由投资者审议批准。固定资产折旧办法一经选用,不得随意变更。确需变更的,应当说明理由,经投资者审议批准。

企业购建重要的固定资产、进行重大技术改造,应当经过可行性研究,按照内部审批制度履行财务决策程序,落实决策和执行责任。

企业在建工程项目交付使用后,应当在一个年度内办理竣工决算。

第二十七条 企业对外投资应当遵守法律、行政法规和国家有关政策的规定,符合企业发展战略的要求,进行可行性研究,按照内部审批制度履行批准程序,落实决策和执行的责任。

企业对外投资应当签订书面合同,明确企业投资权益,实施财务监管。依据合同支付投资款项,应当按照企业内部审批制度执行。

企业向境外投资的,还应当经投资者审议批准,并遵守国家境外投资项目核准和外汇管理等相关规定。

第二十八条 企业通过自创、购买、接受投资等方式取得的无形资产,应当依法明确权属,落实有关经营、管理的财务责任。

无形资产出现转让、租赁、质押、授权经营、连锁经营、对外投资等情形时,企业应当签订书面合同,明确双方的权利义务,合理确定交易价格。

第二十九条 企业对外担保应当符合法律、行政法规及有关规定,根据被担保单位的资信及偿债能力,按照内部审批制度采取相应的风险控制措施,并设立备查账簿登记,实行跟踪监督。

企业对外捐赠应当符合法律、行政法规及有关财务规定,制定实施方案,明确捐赠的范围和条件,落实执行责任,严格办理捐赠资产的交接手续。

第三十条 企业从事期货、期权、证券、外汇交易等业务或者委托其他机构理财,不得影响主营业务的正常开展,并应当签订书面合同,建立交易报告制度,定期对账,控制风险。

第三十一条 企业从事代理业务,应当严格履行合同,实行代理业务与自营业务分账管理,不得挪用客户资金、互相转嫁经营风险。

第三十二条 企业应当建立各项资产损失或者减值准备管理制度。各项资产损失或者减值准备的计提标准，一经选用，不得随意变更。企业在制订计提标准时可以征询中介机构、有关专家的意见。

对计提损失或者减值准备后的资产，企业应当落实监管责任。能够收回或者继续使用以及没有证据证明实际损失的资产，不得核销。

第三十三条 企业发生的资产损失，应当及时予以核实、查清责任，追偿损失，按照规定程序处理。

企业重组中清查出的资产损失，经批准后依次冲减未分配利润、盈余公积、资本公积和实收资本。

第三十四条 企业以出售、抵押、置换、报废等方式处理资产时，应当按照国家有关规定和企业内部财务管理制度规定的权限和程序进行。其中，处理主要固定资产涉及企业经营业务调整或者资产重组的，应当根据投资者审议通过的业务调整或者资产重组方案实施。

第三十五条 企业发生关联交易的，应当遵守国家有关规定，按照独立企业之间的交易计价结算。投资者或者经营者不得利用关联交易非法转移企业经济利益或者操纵关联企业的利润。

第五章 成 本 控 制

第三十六条 企业应当建立成本控制系统，强化成本预算约束，推行质量成本控制办法，实行成本定额管理、全员管理和全过程控制。

第三十七条 企业实行费用归口、分级管理和预算控制，应当建立必要的费用开支范围、标准和报销审批制度。

第三十八条 企业技术研发和科技成果转化项目所需经费，可以通过建立研发准备金筹措，据实列入相关资产成本或者当期费用。

符合国家规定条件的企业集团，可以集中使用研发费用，用于企业主导产品和核心技术的自主研发。

第三十九条 企业依法实施安全生产、清洁生产、污染治理、地质灾害防治、生态恢复和环境保护等所需经费，按照国家有关标准列入相关资产成本或者当期费用。

第四十条 企业发生销售折扣、折让以及支付必要的佣金、回扣、手续费、劳务费、提成、返利、进场费、业务奖励等支出的，应当签订相关合同，履行内部审批手续。

企业开展进出口业务收取或者支付的佣金、保险费、运费，按照合同规定的价格条件处理。

企业向个人以及非经营单位支付费用的,应当严格履行内部审批及支付的手续。

第四十一条 企业可以根据法律、法规和国家有关规定,对经营者和核心技术人员实行与其他职工不同的薪酬办法,属于本级人民政府及其部门、机构出资的企业,应当将薪酬办法报主管财政机关备案。

第四十二条 企业应当按照劳动合同及国家有关规定支付职工报酬,并为从事高危作业的职工缴纳团体人身意外伤害保险费,所需费用直接作为成本(费用)列支。

经营者可以在工资计划中安排一定数额,对企业技术研发、降低能源消耗、治理"三废"、促进安全生产、开拓市场等作出突出贡献的职工给予奖励。

第四十三条 企业应当依法为职工支付基本医疗、基本养老、失业、工伤等社会保险费,所需费用直接作为成本(费用)列支。

已参加基本医疗、基本养老保险的企业,具有持续盈利能力和支付能力的,可以为职工建立补充医疗保险和补充养老保险,所需费用按照省级以上人民政府规定的比例从成本(费用)中提取。超出规定比例的部分,由职工个人负担。

第四十四条 企业为职工缴纳住房公积金以及职工住房货币化分配的财务处理,按照国家有关规定执行。

职工教育经费按照国家规定的比例提取,专项用于企业职工后续职业教育和职业培训。

工会经费按照国家规定比例提取并拨缴工会。

第四十五条 企业应当依法缴纳行政事业性收费、政府性基金以及使用或者占用国有资源的费用等。

企业对没有法律法规依据或者超过法律法规规定范围和标准的各种摊派、收费、集资,有权拒绝。

第四十六条 企业不得承担属于个人的下列支出:

(一)娱乐、健身、旅游、招待、购物、馈赠等支出。

(二)购买商业保险、证券、股权、收藏品等支出。

(三)个人行为导致的罚款、赔偿等支出。

(四)购买住房、支付物业管理费等支出。

(五)应由个人承担的其他支出。

第六章 收 益 分 配

第四十七条 投资者、经营者及其他职工履行本企业职务或者以企业名义开展业务所得的收入,包括销售收入以及对方给予的销售折扣、折让、佣金、回扣、手续费、劳务费、提成、返利、进场费、业务奖励等收入,全部属于企业。

企业应当建立销售价格管理制度,明确产品或者劳务的定价和销售价格调整的权限、程序与方法,根据预期收益、资金周转、市场竞争、法律规范约束等要求,采取相应的价格策略,防范销售风险。

第四十八条 企业出售股权投资,应当按照规定的程序和方式进行。股权投资出售底价,参照资产评估结果确定,并按照合同约定收取所得价款。在履行交割时,对尚未收款部分的股权投资,应当按照合同的约定结算,取得受让方提供的有效担保。

上市公司国有股减持所得收益,按照国务院的规定处理。

第四十九条 企业发生的年度经营亏损,依照税法的规定弥补。税法规定年限内的税前利润不足弥补的,用以后年度的税后利润弥补,或者经投资者审议后用盈余公积弥补。

第五十条 企业年度净利润,除法律、行政法规另有规定外,按照以下顺序分配:

(一)弥补以前年度亏损。

(二)提取10%法定公积金。法定公积金累计额达到注册资本50%以后,可以不再提取。

(三)提取任意公积金。任意公积金提取比例由投资者决议。

(四)向投资者分配利润。企业以前年度未分配的利润,并入本年度利润,在充分考虑现金流量状况后,向投资者分配。属于各级人民政府及其部门、机构出资的企业,应当将应付国有利润上缴财政。

国有企业可以将任意公积金与法定公积金合并提取。股份有限公司依法回购后暂未转让或者注销的股份,不得参与利润分配;以回购股份对经营者及其他职工实施股权激励的,在拟订利润分配方案时,应当预留回购股份所需利润。

第五十一条 企业弥补以前年度亏损和提取盈余公积后,当年没有可供分配的利润时,不得向投资者分配利润,但法律、行政法规另有规定的除外。

第五十二条 企业经营者和其他职工以管理、技术等要素参与企业收益分配的,应当按照国家有关规定在企业章程或者有关合同中对分配办法作出规定,并区别以下情况处理:

(一)取得企业股权的,与其他投资者一同进行企业利润分配。

(二)没有取得企业股权的,在相关业务实现的利润限额和分配标准内,从当期费用中列支。

第七章 重组清算

第五十三条 企业通过改制、产权转让、合并、分立、托管等方式实施重组,对

涉及资本权益的事项,应当由投资者或者授权机构进行可行性研究,履行内部财务决策程序,并组织开展以下工作:

(一)清查财产,核实债务,委托会计师事务所审计。

(二)制订职工安置方案,听取重组企业的职工、职工代表大会的意见或者提交职工代表大会审议。

(三)与债权人协商,制订债务处置或者承继方案。

(四)委托评估机构进行资产评估,并以评估价值作为净资产作价或者折股的参考依据。

(五)拟订股权设置方案和资本重组实施方案,经过审议后履行报批手续。

第五十四条 企业采取分立方式进行重组,应当明晰分立后的企业产权关系。

企业划分各项资产、债务以及经营业务,应当按照业务相关性或者资产相关性原则制订分割方案。对不能分割的整体资产,在评估机构评估价值的基础上,经分立各方协商,由拥有整体资产的一方给予他方适当经济补偿。

第五十五条 企业可以采取新设或者吸收方式进行合并重组。企业合并前的各项资产、债务以及经营业务,由合并后的企业承继,并应当明确合并后企业的产权关系以及各投资者的出资比例。

企业合并的资产税收处理应当符合国家有关税法的规定,合并后净资产超出注册资本的部分,作为资本公积;少于注册资本的部分,应当变更注册资本或者由投资者补足出资。

对资不抵债的企业以承担债务方式合并的,合并方应当制定企业重整措施,按照合并方案履行偿还债务责任,整合财务资源。

第五十六条 企业实行托管经营,应当由投资者决定,并签订托管协议,明确托管经营的资产负债状况、托管经营目标、托管资产处置权限以及收益分配办法等,并落实财务监管措施。

受托企业应当根据托管协议制订相关方案,重组托管企业的资产与债务。未经托管企业投资者同意,不得改组、改制托管企业,不得转让托管企业及转移托管资产、经营业务,不得以托管企业名义或者以托管资产对外担保。

第五十七条 企业进行重组时,对已占用的国有划拨土地应当按照有关规定进行评估,履行相关手续,并区别以下情况处理:

(一)继续采取划拨方式的,可以不纳入企业资产管理,但企业应当明确划拨土地使用权权益,并按规定用途使用,设立备查账簿登记。国家另有规定的除外。

(二)采取作价入股方式的,将应缴纳的土地出让金转作国家资本,形成的国有股权由企业重组前的国有资本持有单位或者主管财政机关确认的单位持有。

(三)采取出让方式的,由企业购买土地使用权,支付出让费用。

（四）采取租赁方式的，由企业租赁使用，租金水平参照银行同期贷款利率确定，并在租赁合同中约定。

企业进行重组时，对已占用的水域、探矿权、采矿权、特许经营权等国有资源，依法可以转让的，比照前款处理。

第五十八条 企业重组过程中，对拖欠职工的工资和医疗、伤残补助、抚恤费用以及欠缴的基本社会保险费、住房公积金，应当以企业现有资产优先清偿。

第五十九条 企业被责令关闭、依法破产、经营期限届满而终止经营的，或者经投资者决议解散的，应当按照法律、法规和企业章程的规定实施清算。清算财产变卖底价，参照资产评估结果确定。国家另有规定的，从其规定。

企业清算结束，应当编制清算报告，委托会计师事务所审计，报投资者或者人民法院确认后，向相关部门、债权人以及其他的利益相关人通告。其中，属于各级人民政府及其部门、机构出资的企业，其清算报告应当报送主管财政机关。

第六十条 企业解除职工劳动关系，按照国家有关规定支付的经济补偿金或者安置费，除正常经营期间发生的列入当期费用以外，应当区别以下情况处理：

（一）企业重组中发生的，依次从未分配利润、盈余公积、资本公积、实收资本中支付。

（二）企业清算时发生的，以企业扣除清算费用后的清算财产优先清偿。

第八章 信息管理

第六十一条 企业可以结合经营特点，优化业务流程，建立财务和业务一体化的信息处理系统，逐步实现财务、业务相关信息一次性处理和实时共享。

第六十二条 企业应当逐步创造条件，实行统筹企业资源计划，全面整合和规范财务、业务流程，对企业物流、资金流、信息流进行一体化管理和集成运作。

第六十三条 企业应当建立财务预警机制，自行确定财务危机警戒标准，重点监测经营性净现金流量与到期债务、企业资产与负债的适配性，及时沟通企业有关财务危机预警的信息，提出解决财务危机的措施和方案。

第六十四条 企业应当按照有关法律、行政法规和国家统一的会计制度的规定，按时编制财务会计报告，经营者或者投资者不得拖延、阻挠。

第六十五条 企业应当按照规定向主管财政机关报送月份、季度、年度财务会计报告等材料，不得在报送的财务会计报告等材料上作虚假记载或者隐瞒重要事实。主管财政机关应当根据企业的需要提供必要的培训和技术支持。

企业对外提供的年度财务会计报告，应当依法经过会计师事务所审计。国家另有规定的，从其规定。

第六十六条 企业应当在年度内定期向职工公开以下信息：

（一）职工劳动报酬、养老、医疗、工伤、住房、培训、休假等信息。

（二）经营者报酬实施方案。

（三）年度财务会计报告审计情况。

（四）企业重组涉及的资产评估及处置情况。

（五）其他依法应当公开的信息。

第六十七条 主管财政机关应当建立健全企业财务评价体系,主要评估企业内部财务控制的有效性,评价企业的偿债能力、盈利能力、资产营运能力、发展能力和社会贡献。评估和评价的结果可以通过适当方式向社会发布。

第六十八条 主管财政机关及其工作人员应当恰当使用所掌握的企业财务信息,并依法履行保密义务,不得利用企业的财务信息谋取私利或者损害企业利益。

第九章 财务监督

第六十九条 企业应当依法接受主管财政机关的财务监督和国家审计机关的财务审计。

第七十条 经营者在经营过程中违反本通则有关规定的,投资者可以依法追究经营者的责任。

第七十一条 企业应当建立、健全内部财务监督制度。

企业设立监事会或者监事人员的,监事会或者监事人员依照法律、行政法规、本通则和企业章程的规定,履行企业内部财务监督职责。

经营者应当实施内部财务控制,配合投资者或者企业监事会以及中介机构的检查、审计工作。

第七十二条 企业和企业负有直接责任的主管人员和其他人员有以下行为之一的,县级以上主管财政机关可以责令限期改正、予以警告,有违法所得的,没收违法所得,并可以处以不超过违法所得3倍、但最高不超过3万元的罚款;没有违法所得的,可以处以1万元以下的罚款。

（一）违反本通则第三十九条、四十条、四十二条第一款、四十三条、四十六条规定列支成本费用的。

（二）违反本通则第四十七条第一款规定截留、隐瞒、侵占企业收入的。

（三）违反本通则第五十条、五十一条、五十二条规定进行利润分配的。但依照《公司法》设立的企业不按本通则第五十条第一款第二项规定提取法定公积金的,依照《公司法》的规定予以处罚。

（四）违反本通则第五十七条规定处理国有资源的。

（五）不按本通则第五十八条规定清偿职工债务的。

第七十三条 企业和企业负有直接责任的主管人员和其他人员有以下行为之

一的,县级以上主管财政机关可以责令限期改正、予以警告。

（一）未按本通则规定建立健全各项内部财务管理制度的。

（二）内部财务管理制度明显与法律、行政法规和通用的企业财务规章制度相抵触,且不按主管财政机关要求修正的。

第七十四条 企业和企业负有直接责任的主管人员和其他人员不按本通则第六十四条、第六十五条规定编制、报送财务会计报告等材料的,县级以上主管财政机关可以依照《公司法》、《企业财务会计报告条例》的规定予以处罚。

第七十五条 企业在财务活动中违反财政、税收等法律、行政法规的,依照《财政违法行为处罚处分条例》(国务院令第427号)及有关税收法律、行政法规的规定予以处理、处罚。

第七十六条 主管财政机关以及政府其他部门、机构有关工作人员,在企业财务管理中滥用职权、玩忽职守、徇私舞弊或者泄露国家机密、企业商业秘密的,依法进行处理。

第十章 附 则

第七十七条 实行企业化管理的事业单位比照适用本通则。

第七十八条 本通则自2007年1月1日起施行。

附录二

企业内部控制基本规范

(财会[2008]7号)

第一章 总 则

第一条 为了加强和规范企业内部控制,提高企业经营管理水平和风险防范能力,促进企业可持续发展,维护社会主义市场经济秩序和社会公众利益,根据《中华人民共和国公司法》、《中华人民共和国证券法》、《中华人民共和国会计法》和其他有关法律法规,制定本规范。

第二条 本规范适用于中华人民共和国境内设立的大中型企业。

小企业和其他单位可以参照本规范建立与实施内部控制。

大中型企业和小企业的划分标准根据国家有关规定执行。

第三条 本规范所称内部控制,是由企业董事会、监事会、经理层和全体员工实施的、旨在实现控制目标的过程。

内部控制的目标是合理保证企业经营管理合法合规、资产安全、财务报告及相关信息真实完整,提高经营效率和效果,促进企业实现发展战略。

第四条 企业建立与实施内部控制,应当遵循下列原则:

(一)全面性原则。内部控制应当贯穿决策、执行和监督全过程,覆盖企业及其所属单位的各种业务和事项。

(二)重要性原则。内部控制应当在全面控制的基础上,关注重要业务事项和高风险领域。

(三)制衡性原则。内部控制应当在治理结构、机构设置及权责分配、业务流程等方面形成相互制约、相互监督,同时兼顾运营效率。

(四)适应性原则。内部控制应当与企业经营规模、业务范围、竞争状况和风险水平等相适应,并随着情况的变化及时加以调整。

(五)成本效益原则。内部控制应当权衡实施成本与预期效益,以适当的成本实现有效控制。

第五条 企业建立与实施有效的内部控制,应当包括下列要素:

(一)内部环境。内部环境是企业实施内部控制的基础,一般包括治理结构、机构设置及权责分配、内部审计、人力资源政策、企业文化等。

（二）风险评估。风险评估是企业及时识别、系统分析经营活动中与实现内部控制目标相关的风险,合理确定风险应对策略。

（三）控制活动。控制活动是企业根据风险评估结果,采用相应的控制措施,将风险控制在可承受度之内。

（四）信息与沟通。信息与沟通是企业及时、准确地收集、传递与内部控制相关的信息,确保信息在企业内部、企业与外部之间进行有效沟通。

（五）内部监督。内部监督是企业对内部控制建立与实施情况进行监督检查,评价内部控制的有效性,发现内部控制缺陷,应当及时加以改进。

第六条 企业应当根据有关法律法规、本规范及其配套办法,制定本企业的内部控制制度并组织实施。

第七条 企业应当运用信息技术加强内部控制,建立与经营管理相适应的信息系统,促进内部控制流程与信息系统的有机结合,实现对业务和事项的自动控制,减少或消除人为操纵因素。

第八条 企业应当建立内部控制实施的激励约束机制,将各责任单位和全体员工实施内部控制的情况纳入绩效考评体系,促进内部控制的有效实施。

第九条 国务院有关部门可以根据法律法规、本规范及其配套办法,明确贯彻实施本规范的具体要求,对企业建立与实施内部控制的情况进行监督检查。

第十条 接受企业委托从事内部控制审计的会计师事务所,应当根据本规范及其配套办法和相关执业准则,对企业内部控制的有效性进行审计,出具审计报告。会计师事务所及其签字的从业人员应当对发表的内部控制审计意见负责。

为企业内部控制提供咨询的会计师事务所,不得同时为同一企业提供内部控制审计服务。

第二章 内部环境

第十一条 企业应当根据国家有关法律法规和企业章程,建立规范的公司治理结构和议事规则,明确决策、执行、监督等方面的职责权限,形成科学有效的职责分工和制衡机制。

股东(大)会享有法律法规和企业章程规定的合法权利,依法行使企业经营方针、筹资、投资、利润分配等重大事项的表决权。

董事会对股东(大)会负责,依法行使企业的经营决策权。

监事会对股东(大)会负责,监督企业董事、经理和其他高级管理人员依法履行职责。

经理层负责组织实施股东(大)会、董事会决议事项,主持企业的生产经营管理工作。

第十二条 董事会负责内部控制的建立健全和有效实施。监事会对董事会建立与实施内部控制进行监督。经理层负责组织领导企业内部控制的日常运行。

企业应当成立专门机构或者指定适当的机构具体负责组织协调内部控制的建立实施及日常工作。

第十三条 企业应当在董事会下设立审计委员会。审计委员会负责审查企业内部控制,监督内部控制的有效实施和内部控制自我评价情况,协调内部控制审计及其他相关事宜等。

审计委员会负责人应当具备相应的独立性、良好的职业操守和专业胜任能力。

第十四条 企业应当结合业务特点和内部控制要求设置内部机构,明确职责权限,将权利与责任落实到各责任单位。

企业应当通过编制内部管理手册,使全体员工掌握内部机构设置、岗位职责、业务流程等情况,明确权责分配,正确行使职权。

第十五条 企业应当加强内部审计工作,保证内部审计机构设置、人员配备和工作的独立性。

内部审计机构应当结合内部审计监督,对内部控制的有效性进行监督检查。内部审计机构对监督检查中发现的内部控制缺陷,应当按照企业内部审计工作程序进行报告;对监督检查中发现的内部控制重大缺陷,有权直接向董事会及其审计委员会、监事会报告。

第十六条 企业应当制定和实施有利于企业可持续发展的人力资源政策。人力资源政策应当包括下列内容:

(一)员工的聘用、培训、辞退与辞职。

(二)员工的薪酬、考核、晋升与奖惩。

(三)关键岗位员工的强制休假制度和定期岗位轮换制度。

(四)掌握国家秘密或重要商业秘密的员工离岗的限制性规定。

(五)有关人力资源管理的其他政策。

第十七条 企业应当将职业道德修养和专业胜任能力作为选拔和聘用员工的重要标准,切实加强员工培训和继续教育,不断提升员工素质。

第十八条 企业应当加强文化建设,培育积极向上的价值观和社会责任感,倡导诚实守信、爱岗敬业、开拓创新和团队协作精神,树立现代管理理念,强化风险意识。

董事、监事、经理及其他高级管理人员应当在企业文化建设中发挥主导作用。

企业员工应当遵守员工行为守则,认真履行岗位职责。

第十九条 企业应当加强法制教育,增强董事、监事、经理及其他高级管理人员和员工的法制观念,严格依法决策、依法办事、依法监督,建立健全法律顾问制度和重大法律纠纷案件备案制度。

第三章 风险评估

第二十条 企业应当根据设定的控制目标,全面系统持续地收集相关信息,结合实际情况,及时进行风险评估。

第二十一条 企业开展风险评估,应当准确识别与实现控制目标相关的内部风险和外部风险,确定相应的风险承受度。

风险承受度是企业能够承担的风险限度,包括整体风险承受能力和业务层面的可接受风险水平。

第二十二条 企业识别内部风险,应当关注下列因素:

(一)董事、监事、经理及其他高级管理人员的职业操守、员工专业胜任能力等人力资源因素。

(二)组织机构、经营方式、资产管理、业务流程等管理因素。

(三)研究开发、技术投入、信息技术运用等自主创新因素。

(四)财务状况、经营成果、现金流量等财务因素。

(五)营运安全、员工健康、环境保护等安全环保因素。

(六)其他有关内部风险因素。

第二十三条 企业识别外部风险,应当关注下列因素:

(一)经济形势、产业政策、融资环境、市场竞争、资源供给等经济因素。

(二)法律法规、监管要求等法律因素。

(三)安全稳定、文化传统、社会信用、教育水平、消费者行为等社会因素。

(四)技术进步、工艺改进等科学技术因素。

(五)自然灾害、环境状况等自然环境因素。

(六)其他有关外部风险因素。

第二十四条 企业应当采用定性与定量相结合的方法,按照风险发生的可能性及其影响程度等,对识别的风险进行分析和排序,确定关注重点和优先控制的风险。

企业进行风险分析,应当充分吸收专业人员,组成风险分析团队,按照严格规范的程序开展工作,确保风险分析结果的准确性。

第二十五条 企业应当根据风险分析的结果,结合风险承受度,权衡风险与收益,确定风险应对策略。

企业应当合理分析、准确掌握董事、经理及其他高级管理人员、关键岗位员工的风险偏好,采取适当的控制措施,避免因个人风险偏好给企业经营带来重大损失。

第二十六条 企业应当综合运用风险规避、风险降低、风险分担和风险承受等风险应对策略，实现对风险的有效控制。

风险规避是企业对超出风险承受度的风险，通过放弃或者停止与该风险相关的业务活动以避免和减轻损失的策略。

风险降低是企业在权衡成本效益之后，准备采取适当的控制措施降低风险或者减轻损失，将风险控制在风险承受度之内的策略。

风险分担是企业准备借助他人力量，采取业务分包、购买保险等方式和适当的控制措施，将风险控制在风险承受度之内的策略。

风险承受是企业对风险承受度之内的风险，在权衡成本效益之后，不准备采取控制措施降低风险或者减轻损失的策略。

第二十七条 企业应当结合不同发展阶段和业务拓展情况，持续收集与风险变化相关的信息，进行风险识别和风险分析，及时调整风险应对策略。

第四章 控制活动

第二十八条 企业应当结合风险评估结果，通过手工控制与自动控制、预防性控制与发现性控制相结合的方法，运用相应的控制措施，将风险控制在可承受度之内。

控制措施一般包括：不相容职务分离控制、授权审批控制、会计系统控制、财产保护控制、预算控制、运营分析控制和绩效考评控制等。

第二十九条 不相容职务分离控制要求企业全面系统地分析、梳理业务流程中所涉及的不相容职务，实施相应的分离措施，形成各司其职、各负其责、相互制约的工作机制。

第三十条 授权审批控制要求企业根据常规授权和特别授权的规定，明确各岗位办理业务和事项的权限范围、审批程序和相应责任。

企业应当编制常规授权的权限指引，规范特别授权的范围、权限、程序和责任，严格控制特别授权。常规授权是指企业在日常经营管理活动中按照既定的职责和程序进行的授权。特别授权是指企业在特殊情况、特定条件下进行的授权。

企业各级管理人员应当在授权范围内行使职权和承担责任。

企业对于重大的业务和事项，应当实行集体决策审批或者联签制度，任何个人不得单独进行决策或者擅自改变集体决策。

第三十一条 会计系统控制要求企业严格执行国家统一的会计准则制度，加强会计基础工作，明确会计凭证、会计账簿和财务会计报告的处理程序，保证会计资料真实完整。

企业应当依法设置会计机构，配备会计从业人员。从事会计工作的人员，必须取得会计从业资格证书。会计机构负责人应当具备会计师以上专业技术职务资格。

大中型企业应当设置总会计师。设置总会计师的企业，不得设置与其职权重叠的副职。

第三十二条 财产保护控制要求企业建立财产日常管理制度和定期清查制度，采取财产记录、实物保管、定期盘点、账实核对等措施，确保财产安全。

企业应当严格限制未经授权的人员接触和处置财产。

第三十三条 预算控制要求企业实施全面预算管理制度，明确各责任单位在预算管理中的职责权限，规范预算的编制、审定、下达和执行程序，强化预算约束。

第三十四条 运营分析控制要求企业建立运营情况分析制度，经理层应当综合运用生产、购销、投资、筹资、财务等方面的信息，通过因素分析、对比分析、趋势分析等方法，定期开展运营情况分析，发现存在的问题，及时查明原因并加以改进。

第三十五条 绩效考评控制要求企业建立和实施绩效考评制度，科学设置考核指标体系，对企业内部各责任单位和全体员工的业绩进行定期考核和客观评价，将考评结果作为确定员工薪酬以及职务晋升、评优、降级、调岗、辞退等的依据。

第三十六条 企业应当根据内部控制目标，结合风险应对策略，综合运用控制措施，对各种业务和事项实施有效控制。

第三十七条 企业应当建立重大风险预警机制和突发事件应急处理机制，明确风险预警标准，对可能发生的重大风险或突发事件，制定应急预案、明确责任人员、规范处置程序，确保突发事件得到及时妥善处理。

第五章 信息与沟通

第三十八条 企业应当建立信息与沟通制度，明确内部控制相关信息的收集、处理和传递程序，确保信息及时沟通，促进内部控制有效运行。

第三十九条 企业应当对收集的各种内部信息和外部信息进行合理筛选、核对、整合，提高信息的有用性。

企业可以通过财务会计资料、经营管理资料、调研报告、专项信息、内部刊物、办公网络等渠道，获取内部信息。

企业可以通过行业协会组织、社会中介机构、业务往来单位、市场调查、来信来访、网络媒体以及有关监管部门等渠道，获取外部信息。

第四十条 企业应当将内部控制相关信息在企业内部各管理级次、责任单位、业务环节之间，以及企业与外部投资者、债权人、客户、供应商、中介机构和监管部门等有关方面之间进行沟通和反馈。信息沟通过程中发现的问题,应当及时报告并加以解决。

重要信息应当及时传递给董事会、监事会和经理层。

第四十一条 企业应当利用信息技术促进信息的集成与共享,充分发挥信息技术在信息与沟通中的作用。

企业应当加强对信息系统开发与维护、访问与变更、数据输入与输出、文件储存与保管、网络安全等方面的控制,保证信息系统安全稳定运行。

第四十二条 企业应当建立反舞弊机制,坚持惩防并举、重在预防的原则,明确反舞弊工作的重点领域、关键环节和有关机构在反舞弊工作中的职责权限,规范舞弊案件的举报、调查、处理、报告和补救程序。

企业至少应当将下列情形作为反舞弊工作的重点:

(一)未经授权或者采取其他不法方式侵占、挪用企业资产,牟取不当利益。

(二)在财务会计报告和信息披露等方面存在的虚假记载、误导性陈述或者重大遗漏等。

(三)董事、监事、经理及其他高级管理人员滥用职权。

(四)相关机构或人员串通舞弊。

第四十三条 企业应当建立举报投诉制度和举报人保护制度,设置举报专线,明确举报投诉处理程序、办理时限和办结要求,确保举报、投诉成为企业有效掌握信息的重要途径。

举报投诉制度和举报人保护制度应当及时传达至全体员工。

第六章 内部监督

第四十四条 企业应当根据本规范及其配套办法,制定内部控制监督制度,明确内部审计机构(或经授权的其他监督机构)和其他内部机构在内部监督中的职责权限,规范内部监督的程序、方法和要求。

内部监督分为日常监督和专项监督。日常监督是指企业对建立与实施内部控制的情况进行常规、持续的监督检查;专项监督是指在企业发展战略、组织结构、经营活动、业务流程、关键岗位员工等发生较大调整或变化的情况下,对内部控制的某一或者某些方面进行有针对性的监督检查。

专项监督的范围和频率应当根据风险评估结果以及日常监督的有效性等予以确定。

第四十五条 企业应当制定内部控制缺陷认定标准,对监督过程中发现的内部控制缺陷,应当分析缺陷的性质和产生的原因,提出整改方案,采取适当的形式及时向董事会、监事会或者经理层报告。

内部控制缺陷包括设计缺陷和运行缺陷。企业应当跟踪内部控制缺陷整改情况,并就内部监督中发现的重大缺陷,追究相关责任单位或者责任人的责任。

第四十六条 企业应当结合内部监督情况,定期对内部控制的有效性进行自我评价,出具内部控制自我评价报告。

内部控制自我评价的方式、范围、程序和频率,由企业根据经营业务调整、经营环境变化、业务发展状况、实际风险水平等自行确定。

国家有关法律法规另有规定的,从其规定。

第四十七条 企业应当以书面或者其他适当的形式,妥善保存内部控制建立与实施过程中的相关记录或者资料,确保内部控制建立与实施过程的可验证性。

第七章 附 则

第四十八条 本规范由财政部会同国务院其他有关部门解释。

第四十九条 本规范的配套办法由财政部会同国务院其他有关部门另行制定。

第五十条 本规范自 2009 年 7 月 1 日起实施。

附录三

表一　复利终值系数表

期数	1%	2%	3%	4%	5%	6%	7%	8%	9%	10%
1	1.010 0	1.020 0	1.030 0	1.040 0	1.050 0	1.060 0	1.070 0	1.080 0	1.090 0	1.100 0
2	1.020 1	1.040 4	1.060 9	1.081 6	1.102 5	1.123 6	1.144 9	1.166 4	1.188 1	1.210 0
3	1.030 3	1.061 2	1.092 7	1.124 9	1.157 6	1.191 0	1.225 0	1.259 7	1.295 0	1.331 0
4	1.040 6	1.082 4	1.125 5	1.169 9	1.215 5	1.262 5	1.310 8	1.360 5	1.411 6	1.464 1
5	1.051 0	1.104 1	1.159 3	1.216 7	1.276 3	1.338 2	1.402 6	1.469 3	1.538 6	1.610 5
6	1.061 5	1.126 2	1.194 1	1.265 3	1.340 1	1.418 5	1.500 7	1.586 9	1.677 1	1.771 6
7	1.072 1	1.148 7	1.229 9	1.315 9	1.407 1	1.503 6	1.605 8	1.713 8	1.828 0	1.948 7
8	1.082 9	1.171 7	1.266 8	1.368 6	1.477 5	1.593 8	1.718 2	1.850 9	1.992 6	2.143 6
9	1.093 7	1.195 1	1.304 8	1.423 3	1.551 3	1.689 5	1.838 5	1.999 0	2.171 9	2.357 9
10	1.104 6	1.219 0	1.343 9	1.480 2	1.628 9	1.790 8	1.967 2	2.158 9	2.367 4	2.593 7
11	1.115 7	1.243 4	1.384 2	1.539 5	1.710 3	1.898 3	2.104 9	2.331 6	2.580 4	2.853 1
12	1.126 8	1.268 2	1.425 8	1.601 0	1.795 9	2.012 2	2.252 2	2.518 2	2.812 7	3.138 4
13	1.138 1	1.293 6	1.468 5	1.665 1	1.885 6	2.132 9	2.409 8	2.719 6	3.065 8	3.452 3
14	1.149 5	1.319 5	1.512 6	1.731 7	1.979 9	2.260 9	2.578 5	2.937 2	3.341 7	3.797 5
15	1.161 0	1.345 9	1.558 0	1.800 9	2.078 9	2.396 6	2.759 0	3.172 2	3.642 5	4.177 2
16	1.172 6	1.372 8	1.604 7	1.873 0	2.182 9	2.540 4	2.952 2	3.425 9	3.970 3	4.595 0
17	1.184 3	1.400 2	1.652 8	1.947 9	2.292 0	2.692 8	3.158 8	3.700 0	4.327 6	5.054 5
18	1.196 1	1.428 2	1.702 4	2.025 8	2.406 6	2.854 3	3.379 9	3.996 0	4.717 1	5.559 9
19	1.208 1	1.456 8	1.753 5	2.106 8	2.527 0	3.025 6	3.616 5	4.315 7	5.141 7	6.115 9
20	1.220 2	1.485 9	1.806 1	2.191 1	2.653 3	3.207 1	3.869 7	4.661 0	5.604 4	6.727 5
21	1.232 4	1.515 7	1.860 3	2.278 8	2.786 0	3.399 6	4.140 6	5.033 8	6.108 8	7.400 2
22	1.244 7	1.546 0	1.916 1	2.369 9	2.925 3	3.603 5	4.430 4	5.436 5	6.658 6	8.140 3
23	1.257 2	1.576 9	1.973 6	2.464 7	3.071 5	3.819 7	4.740 5	5.871 5	7.257 9	8.954 3
24	1.269 7	1.608 4	2.032 8	2.563 3	3.225 1	4.048 9	5.072 4	6.341 2	7.911 1	9.849 7
25	1.282 4	1.640 6	2.093 8	2.665 8	3.386 4	4.291 9	5.427 4	6.848 5	8.623 1	10.835
26	1.295 3	1.673 4	2.156 6	2.772 5	3.555 7	4.549 4	5.807 4	7.396 4	9.399 2	11.918
27	1.308 2	1.706 9	2.221 3	2.883 4	3.733 5	4.822 3	6.213 9	7.988 1	10.245	13.110
28	1.321 3	1.741 0	2.287 9	2.998 7	3.920 1	5.111 7	6.648 8	8.627 1	11.167	14.421
29	1.334 5	1.775 8	2.356 6	3.118 7	4.116 1	5.418 4	7.114 3	9.317 3	12.172	15.863
30	1.347 8	1.811 4	2.427 3	3.243 4	4.321 9	5.743 5	7.612 3	10.063	13.268	17.449
40	1.488 9	2.208 0	3.262 0	4.801 0	7.040 0	10.286	14.794	21.725	31.409	45.259
50	1.644 6	2.691 6	4.383 9	7.106 7	11.467	18.420	29.457	46.902	74.358	117.39
60	1.816 7	3.281 0	5.891 6	10.520	18.679	32.988	57.946	101.26	176.03	304.48

(续表)

期数	12%	14%	15%	16%	18%	20%	24%	28%	32%	36%
1	1.120 0	1.140 0	1.150 0	1.160 0	1.180 0	1.200 0	1.240 0	1.280 0	1.320 0	1.360 0
2	1.254 4	1.299 6	1.322 5	1.345 6	1.392 4	1.440 0	1.537 6	1.638 4	1.742 4	1.849 6
3	1.404 9	1.481 5	1.520 9	1.560 9	1.643 0	1.728 0	1.906 6	2.097 2	2.300 0	2.515 5
4	1.573 5	1.689 0	1.749 0	1.810 6	1.938 8	2.073 6	2.364 2	2.684 4	3.036 0	3.421 0
5	1.762 3	1.925 4	2.011 4	2.100 3	2.287 8	2.488 3	2.931 6	3.436 0	4.007 5	4.652 6
6	1.973 8	2.195 0	2.313 1	2.436 4	2.699 6	2.986 0	3.635 2	4.398 0	5.289 9	6.327 5
7	2.210 7	2.502 3	2.660 0	2.826 2	3.185 5	3.583 2	4.507 7	5.629 5	6.982 6	8.605 4
8	2.476 0	2.852 6	3.059 0	3.278 4	3.758 9	4.299 8	5.589 5	7.205 8	9.217 0	11.703
9	2.773 1	3.251 9	3.517 9	3.803 0	4.435 5	5.159 8	6.931 0	9.223 4	12.166	15.917
10	3.105 8	3.707 2	4.045 6	4.411 4	5.233 8	6.191 7	8.594 4	11.806	16.060	21.647
11	3.478 5	4.226 2	4.652 4	5.117 3	6.175 9	7.430 1	10.657	15.112	21.199	29.439
12	3.896 0	4.817 9	5.350 3	5.936 0	7.287 6	8.916 1	13.215	19.343	27.983	40.037
13	4.363 5	5.492 4	6.152 8	6.885 8	8.599 4	10.699	16.386	24.759	36.937	54.451
14	4.887 1	6.261 3	7.075 7	7.987 5	10.147	12.839	20.319	31.691	48.757	74.053
15	5.473 6	7.137 9	8.137 1	9.265 5	11.974	15.407	25.196	40.565	64.359	100.71
16	6.130 4	8.137 2	9.357 6	10.748	14.129	18.488	31.243	51.923	84.954	136.97
17	6.866 0	9.276 5	10.761	12.468	16.672	22.186	38.741	66.461	112.14	186.28
18	7.690 0	10.575	12.375	14.463	19.673	26.623	48.039	85.071	148.02	253.34
19	8.612 8	12.056	14.232	16.777	23.214	31.948	59.568	108.89	195.39	344.54
20	9.646 3	13.743	16.367	19.461	27.393	38.338	73.864	139.38	257.92	468.57
21	10.804	15.668	18.822	22.574	32.324	46.005	91.592	178.41	340.45	637.26
22	12.100	17.861	21.645	26.186	38.142	55.206	113.57	228.36	449.39	866.67
23	13.552	20.362	24.891	30.376	45.008	66.247	140.83	292.30	593.20	1 178.7
24	15.179	23.212	28.625	35.236	53.109	79.497	174.63	374.14	783.02	1 603.0
25	17.000	26.462	32.919	40.874	62.669	95.396	216.54	478.90	1 033.6	2 180.1
26	19.040	30.167	37.857	47.414	73.949	114.48	268.51	613.00	1 364.3	2 964.9
27	21.325	34.390	43.535	55.000	87.260	137.37	332.95	784.64	1 800.9	4 032.3
28	23.884	39.204	50.066	63.800	102.97	164.84	412.86	1 004.3	2 377.2	5 483.9
29	26.750	44.693	57.575	74.009	121.50	197.81	511.95	1 285.6	3 137.9	7 458.1
30	29.960	50.950	66.212	85.850	143.37	237.38	634.82	1 645.5	4 142.1	10 143
40	93.051	188.83	267.86	378.72	750.38	1 469.8	5 455.9	19 427	66 521	*
50	289.00	700.23	1 083.7	1 670.7	3 927.4	9 100.4	46 890	*	*	*
60	897.60	2 595.9	4 384.0	7 370.2	20 555	56 348	*	*	*	*

* > 99 999

表二 复利现值系数表

期数	1%	2%	3%	4%	5%	6%	7%	8%	9%	10%
1	0.9901	0.9804	0.9709	0.9615	0.9524	0.9434	0.9346	0.9259	0.9174	0.9091
2	0.9803	0.9612	0.9426	0.9246	0.9070	0.8900	0.8734	0.8573	0.8417	0.8264
3	0.9706	0.9423	0.9151	0.8890	0.8638	0.8396	0.8163	0.7938	0.7722	0.7513
4	0.9610	0.9238	0.8885	0.8548	0.8227	0.7921	0.7629	0.7350	0.7084	0.6830
5	0.9515	0.9057	0.8626	0.8219	0.7835	0.7473	0.7130	0.6806	0.6499	0.6209
6	0.9420	0.8880	0.8375	0.7903	0.7462	0.7050	0.6663	0.6302	0.5963	0.5645
7	0.9327	0.8706	0.8131	0.7599	0.7107	0.6651	0.6227	0.5835	0.5470	0.5132
8	0.9235	0.8535	0.7894	0.7307	0.6768	0.6274	0.5820	0.5403	0.5019	0.4665
9	0.9143	0.8368	0.7664	0.7026	0.6446	0.5919	0.5439	0.5002	0.4604	0.4241
10	0.9053	0.8203	0.7441	0.6756	0.6139	0.5584	0.5083	0.4632	0.4224	0.3855
11	0.8963	0.8043	0.7224	0.6496	0.5847	0.5268	0.4751	0.4289	0.3875	0.3505
12	0.8874	0.7885	0.7014	0.6246	0.5568	0.4970	0.4440	0.3971	0.3555	0.3186
13	0.8787	0.7730	0.6810	0.6006	0.5303	0.4688	0.4150	0.3677	0.3262	0.2897
14	0.8700	0.7579	0.6611	0.5775	0.5051	0.4423	0.3878	0.3405	0.2992	0.2633
15	0.8613	0.7430	0.6419	0.5553	0.4810	0.4173	0.3624	0.3152	0.2745	0.2394
16	0.8528	0.7284	0.6232	0.5339	0.4581	0.3936	0.3387	0.2919	0.2519	0.2176
17	0.8444	0.7142	0.6050	0.5134	0.4363	0.3714	0.3166	0.2703	0.2311	0.1978
18	0.8360	0.7002	0.5874	0.4936	0.4155	0.3503	0.2959	0.2502	0.2120	0.1799
19	0.8277	0.6864	0.5703	0.4746	0.3957	0.3305	0.2765	0.2317	0.1945	0.1635
20	0.8195	0.6730	0.5537	0.4564	0.3769	0.3118	0.2584	0.2145	0.1784	0.1486
21	0.8114	0.6598	0.5375	0.4388	0.3589	0.2942	0.2415	0.1987	0.1637	0.1351
22	0.8034	0.6468	0.5219	0.4220	0.3418	0.2775	0.2257	0.1839	0.1502	0.1228
23	0.7954	0.6342	0.5067	0.4057	0.3256	0.2618	0.2109	0.1703	0.1378	0.1117
24	0.7876	0.6217	0.4919	0.3901	0.3101	0.2470	0.1971	0.1577	0.1264	0.1015
25	0.7798	0.6095	0.4776	0.3751	0.2953	0.2330	0.1842	0.1460	0.1160	0.0923
26	0.7720	0.5976	0.4637	0.3604	0.2812	0.2198	0.1722	0.1352	0.1064	0.0839
27	0.7644	0.5859	0.4502	0.3468	0.2678	0.2074	0.1609	0.1252	0.0976	0.0763
28	0.7568	0.5744	0.4371	0.3335	0.2551	0.1956	0.1504	0.1159	0.0895	0.0693
29	0.7493	0.5631	0.4243	0.3207	0.2429	0.1846	0.1406	0.1073	0.0822	0.0630
30	0.7419	0.5521	0.4120	0.3083	0.2314	0.1741	0.1314	0.0994	0.0754	0.0573
35	0.7059	0.5000	0.3554	0.2534	0.1813	0.1301	0.0937	0.0676	0.0490	0.0356
40	0.6717	0.4529	0.3066	0.2083	0.1420	0.0972	0.0668	0.0460	0.0318	0.0221
45	0.6391	0.4102	0.2644	0.1712	0.1113	0.0727	0.0476	0.0313	0.0207	0.0137
50	0.6080	0.3715	0.2281	0.1407	0.0872	0.0543	0.0339	0.0213	0.0134	0.0085
55	0.5785	0.3365	0.1968	0.1157	0.0683	0.0406	0.0242	0.0145	0.0087	0.0053

(续表)

期数	12%	14%	15%	16%	18%	20%	24%	28%	32%	36%
1	0.8929	0.8772	0.8696	0.8621	0.8475	0.8333	0.8065	0.7813	0.7576	0.7353
2	0.7972	0.7695	0.7561	0.7432	0.7182	0.6944	0.6504	0.6104	0.5739	0.5407
3	0.7118	0.6750	0.6575	0.6407	0.6086	0.5787	0.5245	0.4768	0.4348	0.3975
4	0.6355	0.5921	0.5718	0.5523	0.5158	0.4823	0.4230	0.3725	0.3294	0.2923
5	0.5674	0.5194	0.4972	0.4761	0.4371	0.4019	0.3411	0.2910	0.2495	0.2149
6	0.5066	0.4556	0.4323	0.4104	0.3704	0.3349	0.2751	0.2274	0.1890	0.1580
7	0.4523	0.3996	0.3759	0.3538	0.3139	0.2791	0.2218	0.1776	0.1432	0.1162
8	0.4039	0.3506	0.3269	0.3050	0.2660	0.2326	0.1789	0.1388	0.1085	0.0854
9	0.3606	0.3075	0.2843	0.2630	0.2255	0.1938	0.1443	0.1084	0.0822	0.0628
10	0.3220	0.2697	0.2472	0.2267	0.1911	0.1615	0.1164	0.0847	0.0623	0.0462
11	0.2875	0.2366	0.2149	0.1954	0.1619	0.1346	0.0938	0.0662	0.0472	0.0340
12	0.2567	0.2076	0.1869	0.1685	0.1373	0.1122	0.0757	0.0517	0.0357	0.0250
13	0.2292	0.1821	0.1625	0.1452	0.1163	0.0935	0.0610	0.0404	0.0271	0.0184
14	0.2046	0.1597	0.1413	0.1252	0.0985	0.0779	0.0492	0.0316	0.0205	0.0135
15	0.1827	0.1401	0.1229	0.1079	0.0835	0.0649	0.0397	0.0247	0.0155	0.0099
16	0.1631	0.1229	0.1069	0.0980	0.0708	0.0541	0.0320	0.0193	0.0118	0.0073
17	0.1456	0.1078	0.0929	0.0802	0.0600	0.0451	0.0258	0.0150	0.0089	0.0054
18	0.1300	0.0946	0.0808	0.0691	0.0508	0.0376	0.0208	0.0118	0.0068	0.0039
19	0.1161	0.0829	0.0703	0.0596	0.0431	0.0313	0.0168	0.0092	0.0051	0.0029
20	0.1037	0.0728	0.0611	0.0514	0.0365	0.0261	0.0135	0.0072	0.0039	0.0021
21	0.0926	0.0638	0.0531	0.0443	0.0309	0.0217	0.0109	0.0056	0.0029	0.0016
22	0.0826	0.0560	0.0462	0.0382	0.0262	0.0181	0.0088	0.0044	0.0022	0.0012
23	0.0738	0.0491	0.0402	0.0329	0.0222	0.0151	0.0071	0.0034	0.0017	0.0008
24	0.0659	0.0431	0.0349	0.0284	0.0188	0.0126	0.0057	0.0027	0.0013	0.0006
25	0.0588	0.0378	0.0304	0.0245	0.0160	0.0105	0.0046	0.0021	0.0010	0.0005
26	0.0525	0.0331	0.0264	0.0211	0.0135	0.0087	0.0037	0.0016	0.0007	0.0003
27	0.0469	0.0291	0.0230	0.0182	0.0115	0.0073	0.0030	0.0013	0.0006	0.0002
28	0.0419	0.0255	0.0200	0.0157	0.0097	0.0061	0.0024	0.0010	0.0004	0.0002
29	0.0374	0.0224	0.0174	0.0135	0.0082	0.0051	0.0020	0.0008	0.0003	0.0001
30	0.0334	0.0196	0.0151	0.0116	0.0070	0.0042	0.0016	0.0006	0.0002	0.0001
35	0.0189	0.0102	0.0075	0.0055	0.0030	0.0017	0.0005	0.0002	0.0001	*
40	0.0107	0.0053	0.0037	0.0026	0.0013	0.0007	0.0002	0.0001	*	*
45	0.0061	0.0027	0.0019	0.0013	0.0006	0.0003	0.0001	*	*	*
50	0.0035	0.0014	0.0009	0.0006	0.0003	0.0001	*	*	*	*
55	0.0020	0.0007	0.0005	0.0003	0.0001	*	*	*	*	*

*＜0.0001

表三 年金终值系数表

期数	1%	2%	3%	4%	5%	6%	7%	8%	9%	10%
1	1.000 0	1.000 0	1.000 0	1.000 0	1.000 0	1.000 0	1.000 0	1.000 0	1.000 0	1.000 0
2	2.010 0	2.020 0	2.030 0	2.040 0	2.050 0	2.060 0	2.070 0	2.080 0	2.090 0	2.100 0
3	3.030 1	3.060 4	3.090 9	3.121 6	3.152 5	3.183 6	3.214 9	3.246 4	3.278 1	3.310 0
4	4.060 4	4.121 6	4.183 6	4.246 5	4.310 1	4.374 6	4.439 9	4.506 1	4.573 1	4.641 0
5	5.101 0	5.204 0	5.309 1	5.416 3	5.525 0	5.637 1	5.750 7	5.866 6	5.984 7	6.105 1
6	6.152 0	6.308 1	6.468 4	6.633 0	6.801 9	6.975 3	7.153 3	7.335 9	7.523 3	7.715 6
7	7.213 5	7.434 3	7.662 5	7.898 3	8.142 0	8.393 8	8.654 0	8.922 8	9.200 4	9.487 2
8	8.285 7	8.583 0	8.892 3	9.214 2	9.549 1	9.897 5	10.260	10.637	11.028	11.436
9	9.368 5	9.754 6	10.159	10.583	11.027	11.491	11.978	12.488	13.021	13.579
10	10.462	10.950	11.464	12.006	12.578	13.181	13.816	14.487	15.193	15.937
11	11.567	12.169	12.808	13.486	14.207	14.972	15.784	16.645	17.560	18.531
12	12.683	13.412	14.192	15.026	15.917	16.870	17.888	18.977	20.141	21.384
13	13.809	14.680	15.618	16.627	17.713	18.882	20.141	21.495	22.953	24.523
14	14.947	15.974	17.086	18.292	19.599	21.015	22.550	24.215	26.019	27.975
15	16.097	17.293	18.599	20.024	21.579	23.276	25.129	27.152	29.361	31.772
16	17.258	18.639	20.157	21.825	23.657	25.673	27.888	30.324	33.003	35.950
17	18.430	20.012	21.762	23.698	25.840	28.213	30.840	33.750	36.974	40.545
18	19.615	21.412	23.414	25.645	28.132	30.906	33.999	37.450	41.301	45.599
19	20.811	22.841	25.117	27.671	30.539	33.760	37.379	41.446	46.018	51.159
20	22.019	24.297	26.870	29.778	33.066	36.786	40.995	45.752	51.160	57.275
21	23.239	25.783	28.676	31.969	35.719	39.993	44.865	50.423	56.765	64.002
22	24.472	27.299	30.537	34.248	38.505	43.392	49.006	55.457	62.873	71.403
23	25.716	28.845	32.453	36.618	41.430	46.996	53.436	60.893	69.532	79.543
24	26.973	30.422	34.426	39.083	44.502	50.816	58.177	66.765	76.790	88.497
25	28.243	32.030	36.459	41.646	47.727	54.865	63.249	73.106	84.701	98.347
26	29.526	33.671	38.553	44.312	51.113	59.156	68.676	79.954	93.324	109.18
27	30.821	35.344	40.710	47.084	54.669	63.706	74.484	87.351	102.72	121.10
28	32.129	37.051	42.931	49.968	58.403	68.528	80.698	95.339	112.97	134.21
29	33.450	38.792	45.219	52.966	62.323	73.640	87.347	103.97	124.14	148.63
30	34.785	40.568	47.575	56.085	66.439	79.058	94.461	113.28	136.31	164.49
40	48.886	60.402	75.401	95.026	120.80	154.76	199.64	259.06	337.88	442.59
50	64.463	83.579	112.80	152.67	209.35	290.34	406.53	573.77	815.08	1 163.9
60	81.670	114.05	163.05	237.99	353.58	533.13	813.52	1 253.2	1 944.8	3 034.8

(续表)

期数	12%	14%	15%	16%	18%	20%	24%	28%	32%	36%
1	1.0000	1.0000	1.0000	1.0000	1.0000	1.0000	1.0000	1.0000	1.0000	1.0000
2	2.1200	2.1400	2.1500	2.1600	2.1800	2.2000	2.2400	2.2800	2.3200	2.3600
3	3.3744	3.4396	3.4725	3.5056	3.5724	3.6400	3.7776	3.9184	3.0624	3.2096
4	4.7793	4.9211	4.9934	5.0665	5.2154	5.3680	5.6842	6.0156	6.3624	6.7251
5	6.3528	6.6101	6.7424	6.8771	7.1542	7.4416	8.0484	8.6999	9.3983	10.146
6	8.1152	8.5355	8.7537	8.9775	9.4420	9.9299	10.980	12.136	13.406	14.799
7	10.089	10.730	11.067	11.414	12.142	12.916	14.615	16.534	18.696	21.126
8	12.300	13.233	13.727	14.240	15.327	16.499	19.123	22.163	25.678	29.732
9	14.776	16.085	16.786	17.519	19.086	20.799	24.712	29.369	34.895	41.435
10	17.549	19.337	20.304	21.321	23.521	25.959	31.643	38.593	47.062	57.352
11	20.655	23.045	24.349	25.733	28.755	32.150	40.238	50.398	63.122	78.998
12	24.133	27.271	29.002	30.850	34.931	39.581	50.895	65.510	84.320	108.44
13	28.029	32.089	34.352	36.786	42.219	48.497	64.110	84.853	112.30	148.47
14	32.393	37.581	40.505	43.672	50.818	59.196	80.496	109.61	149.24	202.93
15	37.280	43.842	47.580	51.660	60.965	72.035	100.82	141.30	198.00	276.98
16	42.753	50.980	55.717	60.925	72.939	87.442	126.01	181.87	262.36	377.69
17	48.884	59.118	65.075	71.673	87.068	105.93	157.25	233.79	347.31	514.66
18	55.750	68.394	75.836	84.141	103.74	128.12	195.99	300.25	459.45	700.94
19	63.440	78.969	88.212	98.603	123.41	154.74	244.03	385.32	607.47	954.28
20	72.052	91.025	102.44	115.38	146.63	186.69	303.60	494.21	802.86	1 298.8
21	81.699	104.77	118.81	134.84	174.02	225.03	377.46	633.59	1 060.8	1 767.4
22	92.503	120.44	137.63	157.41	206.34	271.03	469.06	812.00	1 401.2	2 404.7
23	104.60	138.30	159.28	183.60	244.49	326.24	582.63	1 040.4	1 850.6	3 271.3
24	118.16	158.66	184.17	213.98	289.49	392.48	723.46	1 332.7	2 443.8	4 450.0
25	133.33	181.87	212.79	249.21	342.60	471.98	898.09	1 706.8	3 226.8	6 053.0
26	150.33	208.33	245.71	290.09	405.27	567.38	1 114.6	2 185.7	4 260.4	8 233.1
27	169.37	238.50	283.57	337.50	479.22	681.85	1 383.1	2 798.7	5 624.8	11 198.0
28	190.70	272.89	327.10	392.50	566.48	819.22	1 716.1	3 583.3	7 425.7	15 230.3
29	214.58	312.09	377.17	456.30	669.45	984.07	2 129.0	4 587.7	9 802.9	20 714.2
30	241.33	356.79	434.75	530.31	790.95	1 181.9	2 640.9	5 873.2	12 941	28 172.3
40	767.09	1 342.0	1 779.1	2 360.8	4 163.2	7 343.9	22 729	69 377	*	*
50	2 400.0	4 994.5	7 217.7	10 436	21 813	45 497	*	*	*	*
60	7 471.6	18 535	29 220	46 058	*	*	*	*	*	*

*＞99 999

表四　年金现值系数表

期数	1%	2%	3%	4%	5%	6%	7%	8%	9%
1	0.990 1	0.980 4	0.970 9	0.961 5	0.952 4	0.943 4	0.934 6	0.925 9	0.917 4
2	1.970 4	1.941 6	1.913 5	1.886 1	1.859 4	1.833 4	1.808 0	1.783 3	1.759 1
3	2.941 0	2.883 9	2.828 6	2.775 1	2.723 2	2.673 0	2.624 3	2.577 1	2.531 3
4	3.902 0	3.807 7	3.717 1	3.629 9	3.546 0	3.465 1	3.387 2	3.312 1	3.239 7
5	4.853 4	4.713 5	4.579 7	4.451 8	4.329 5	4.212 4	4.100 2	3.992 7	3.889 7
6	5.795 5	5.601 4	5.417 2	5.242 1	5.075 7	4.917 3	4.766 5	4.622 9	4.485 9
7	6.728 2	6.472 0	6.230 3	6.002 1	5.786 4	5.582 4	5.389 3	5.206 4	5.033 0
8	7.651 7	7.325 5	7.019 7	6.732 7	6.463 2	6.209 8	5.971 3	5.746 6	5.534 8
9	8.566 0	8.162 2	7.786 1	7.435 3	7.107 8	6.801 7	6.515 2	6.246 9	5.995 2
10	9.471 3	8.982 6	8.530 2	8.110 9	7.721 7	7.360 1	7.023 6	6.710 1	6.417 7
11	10.367 6	9.786 8	9.252 6	8.760 5	8.306 4	7.886 9	7.498 7	7.139 0	6.805 2
12	11.255 1	10.575 3	9.954 0	9.385 1	8.863 3	8.383 8	7.942 7	7.536 1	7.160 7
13	12.133 7	11.348 4	10.635 0	9.985 6	9.393 6	8.852 7	8.357 7	7.903 8	7.486 9
14	13.003 7	12.106 2	11.296 1	10.563 1	9.898 6	9.295 0	8.745 5	8.244 2	7.786 2
15	13.865 1	12.849 3	11.937 9	11.118 4	10.379 7	9.712 2	9.107 9	8.559 5	8.060 7
16	14.717 9	13.577 7	12.561 1	11.652 3	10.837 8	10.105 9	9.446 6	8.851 4	8.312 6
17	15.562 3	14.291 9	13.166 1	12.165 7	11.274 1	10.477 3	9.763 2	9.121 6	8.543 6
18	16.398 3	14.992 0	13.753 5	12.659 3	11.689 6	10.827 6	10.059 1	9.371 9	8.755 6
19	17.226 0	15.678 5	14.323 8	13.133 9	12.085 3	11.158 1	10.335 6	9.603 6	8.950 1
20	18.045 6	16.351 4	14.877 5	13.590 3	12.462 2	11.469 9	10.594 0	9.818 1	9.128 5
21	18.857 0	17.011 2	15.415 0	14.029 2	12.821 2	11.764 1	10.835 5	10.016 8	9.292 2
22	19.660 4	17.658 0	15.936 9	14.451 1	13.163 0	12.041 6	11.061 2	10.200 7	9.442 4
23	20.455 8	18.292 2	16.443 6	14.856 8	13.488 6	12.303 4	11.272 2	10.371 1	9.580 2
24	21.243 4	18.913 9	16.935 5	15.247 0	13.798 6	12.550 4	11.469 3	10.528 8	9.706 6
25	22.023 2	19.523 5	17.413 1	15.622 1	14.093 9	12.783 4	11.653 6	10.674 8	9.822 6
26	22.795 2	20.121 0	17.876 8	15.982 8	14.375 2	13.003 2	11.825 8	10.810 0	9.929 0
27	23.559 6	20.706 9	18.327 0	16.329 6	14.643 0	13.210 5	11.986 7	10.935 2	10.026 6
28	24.316 4	21.281 3	18.764 1	16.663 1	14.898 1	13.406 2	12.137 1	11.051 0	10.116 1
29	25.065 8	21.844 4	19.188 5	16.983 7	15.141 1	13.590 7	12.277 7	11.158 4	10.198 3
30	25.807 7	22.396 5	19.600 4	17.292 0	15.372 5	13.764 8	12.409 0	11.257 8	10.273 7
35	29.408 6	24.998 6	21.487 2	18.664 6	16.374 2	14.498 2	12.947 7	11.654 6	10.566 8
40	32.834 7	27.355 5	23.114 8	19.792 8	17.159 1	15.046 3	13.331 7	11.924 6	10.757 4
45	36.094 5	29.490 2	24.518 7	20.720 0	17.774 1	15.455 8	13.605 5	12.108 4	10.881 2
50	39.196 1	31.423 6	25.729 8	21.482 2	18.255 9	15.761 9	13.800 7	12.233 5	10.961 7
55	42.147 2	33.174 8	26.774 4	22.108 6	18.633 5	15.990 5	13.939 9	12.318 6	11.014 0

(续表)

期数	10%	12%	14%	15%	16%	18%	20%	24%	28%	32%
1	0.909 1	0.892 9	0.877 2	0.869 6	0.862 1	0.847 5	0.833 3	0.806 5	0.781 3	0.757 6
2	1.735 5	1.690 1	1.646 7	1.625 7	1.605 2	1.565 6	1.527 8	1.456 8	1.391 6	1.331 5
3	2.486 9	2.401 8	2.321 6	2.283 2	2.245 9	2.174 3	2.106 5	1.981 3	1.868 4	1.766 3
4	3.169 9	3.037 3	2.913 7	2.855 0	2.798 2	2.690 1	2.588 7	2.404 3	2.241 0	2.095 7
5	3.790 8	3.604 8	3.433 1	3.352 2	3.274 3	3.127 2	2.990 6	2.745 4	2.532 0	2.345 2
6	4.355 3	4.111 4	3.888 7	3.784 5	3.684 7	3.497 6	3.325 5	3.020 5	2.759 4	2.534 2
7	4.868 4	4.563 8	4.288 2	4.160 4	4.038 6	3.811 5	3.604 6	3.242 3	2.937 0	2.677 5
8	5.334 9	4.967 6	4.638 9	4.487 3	4.343 6	4.077 6	3.837 2	3.421 2	3.075 8	2.786 0
9	5.759 0	5.328 2	4.916 4	4.771 6	4.606 5	4.303 0	4.031 0	3.565 5	3.184 2	2.868 1
10	6.144 6	5.650 2	5.216 1	5.018 8	4.833 2	4.494 1	4.192 5	3.681 9	3.268 9	2.930 4
11	6.495 1	5.937 7	5.452 7	5.233 7	5.028 6	4.656 0	4.327 1	3.775 7	3.335 1	2.977 6
12	6.813 7	6.194 4	5.660 3	5.420 6	5.197 1	4.793 2	4.439 2	3.851 4	3.386 8	3.013 3
13	7.103 4	6.423 5	5.842 4	5.583 1	5.342 3	4.909 5	4.532 7	3.912 4	3.427 2	3.040 4
14	7.366 7	6.628 2	6.002 1	5.724 5	5.467 5	5.008 1	4.610 6	3.961 6	3.458 7	3.060 9
15	7.606 1	6.810 9	6.142 2	5.847 4	5.575 5	5.091 6	4.675 5	4.001 3	3.483 4	3.076 4
16	7.823 7	6.974 0	6.265 1	5.954 2	5.668 5	5.162 4	4.729 6	4.033 3	3.502 6	3.088 2
17	8.021 6	7.119 6	6.372 9	6.047 2	5.748 7	5.222 3	4.774 6	4.059 1	3.517 7	3.097 1
18	8.201 4	7.249 7	6.467 4	6.128 0	5.817 8	5.273 2	4.812 2	4.079 9	3.529 4	3.103 9
19	8.364 9	7.365 8	6.550 4	6.198 2	5.877 5	5.316 2	4.843 5	4.096 7	3.538 6	3.109 0
20	8.513 6	7.469 4	6.623 1	6.259 3	5.928 8	5.352 7	4.869 6	4.110 3	3.545 8	3.112 9
21	8.648 7	7.562 0	6.687 0	6.312 5	5.973 1	5.383 7	4.891 3	4.121 2	3.551 4	3.115 8
22	8.771 5	7.644 6	6.742 9	6.358 7	6.011 3	5.409 9	4.909 4	4.130 0	3.555 8	3.118 0
23	8.883 2	7.718 4	6.792 1	6.398 8	6.044 2	5.432 1	4.924 5	4.137 1	3.559 2	3.119 7
24	8.984 7	7.784 3	6.835 1	6.433 8	6.072 6	5.450 9	4.937 1	4.142 8	3.561 9	3.121 0
25	9.077 0	7.843 1	6.872 9	6.464 1	6.097 1	5.466 9	4.947 6	4.147 4	3.564 0	3.122 0
26	9.160 9	7.895 7	6.906 1	6.490 6	6.118 2	5.480 4	4.956 3	4.151 1	3.565 6	3.122 7
27	9.237 2	7.942 6	6.935 2	6.513 5	6.136 4	5.491 9	4.963 6	4.154 2	3.566 9	3.123 3
28	9.306 6	7.984 4	6.960 7	6.533 5	6.152 0	5.501 6	4.969 7	4.156 6	3.567 9	3.123 7
29	9.369 6	8.021 8	6.983 0	6.550 9	6.165 5	5.509 8	4.974 7	4.158 5	3.568 7	3.124 0
30	9.426 9	8.055 2	7.002 7	6.566 0	6.177 2	5.516 8	4.978 9	4.160 1	3.569 3	3.124 2
35	9.644 2	8.175 5	7.070 0	6.616 6	6.215 3	5.538 6	4.991 5	4.164 4	3.570 8	3.124 8
40	9.779 1	8.243 8	7.105 0	6.641 8	6.233 5	5.548 2	4.996 6	4.165 9	3.571 2	3.125 0
45	9.862 8	8.282 5	7.123 2	6.654 3	6.242 1	5.552 3	4.998 6	4.166 4	3.571 4	3.125 0
50	9.914 8	8.304 5	7.132 7	6.660 5	6.246 3	5.554 1	4.999 5	4.166 6	3.571 4	3.125 0
55	9.947 1	8.317 0	7.137 6	6.663 6	6.248 2	5.554 9	4.999 8	4.166 6	3.571 4	3.125 0

教学课件索取单

敬爱的老师：

感谢您使用由江景主编的《财务管理教程》一书。为了方便教学，本书配有相关教学课件。如果您需要，请您填写下面表格中的相关信息，并以电子邮件的形式发到我社，我们在核对您的信息后，即免费向您提供教学课件。

我们的联系方式：

地址：上海市中山西路 2230 号 1 号楼 1505 室　　邮编：200235
　　　立信会计出版社　　　　　　　　　　　　　电话：(021)64411197
电子邮件：xiaoxia602@163.com

姓　　名		性别		身份证号	
学　　校			院系		教 研 室	
学校地址					邮　编	
职　　务			职称		办公电话	
E-mail			手机		宅　电	
通信地址					邮　编	
教材用量		册	委托订购单位		

您对本书的意见和建议是：